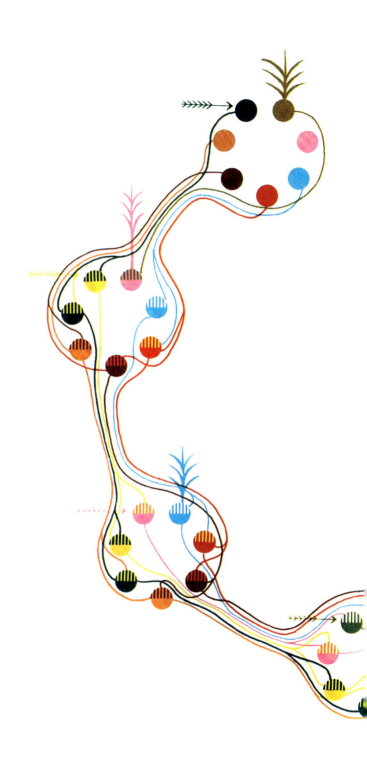

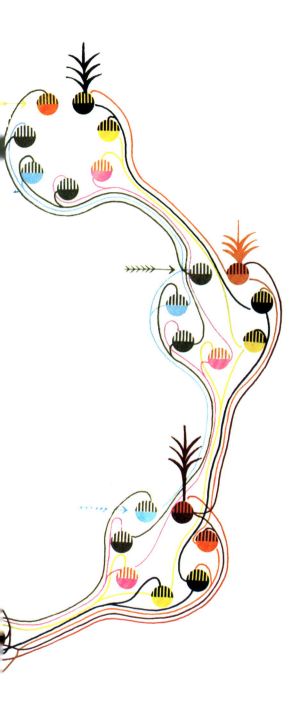

DIAGRAMA 4

A VISÃO TEOSÓFICA DAS ORIGENS DO HOMEM

Annie Besant
C. W. Leadbeater

A VISÃO TEOSÓFICA DAS ORIGENS DO HOMEM

Um Ensaio sobre Antropologia Esotérica

Tradução:
JOAQUIM GERVÁSIO DE FIGUEIREDO

Editora
Pensamento
SÃO PAULO

Título original: *Man: Whence, How and Whither.*

Edição original de The Theosophical Publishing House. Adyar, Índia.

Copyright da edição brasileira © 2009 Editora Pensamento-Cultrix Ltda.
1ª edição 2009.
1ª reimpressão 2013.
Texto de acordo com as novas regras ortográficas da língua portuguesa.

Este livro foi originalmente publicado com o título: *O homem: Donde e como veio, e para onde vai?*

Todos os direitos reservados. Nenhuma parte deste livro pode ser reproduzida ou usada de qualquer forma ou por qualquer meio, eletrônico ou mecânico, inclusive fotocópias, gravações ou sistema de armazenamento em banco de dados, sem permissão por escrito, exceto nos casos de trechos curtos citados em resenhas críticas ou artigos de revistas.

A Editora Pensamento não se responsabiliza por eventuais mudanças ocorridas nos endereços convencionais ou eletrônicos citados neste livro.

Dados Internacionais de Catalogação na Publicação (CIP)
(Câmara Brasileira do Livro, SP, Brasil)

Besant, Annie Wood, 1847-1933.
A visão teosófica das origens do homem : um ensaio sobre antropologia esotérica / Annie Besant, C. W. Leadbeater ; tradução Joaquim Gervásio de Figueiredo. — São Paulo: Pensamento, 2009.

Título original: *Man: whence, how and whither.*
ISBN 978-85-315-1573-6

1. Clarividência 2 Ocultismo 3. Reencarnação 4. Teosofia I. Leadbeater, C. W. II. Título.

09-02817   CDD-133.84

Índices para catálogo sistemático:
1. Clarividência : Comunicações parapsicológicas :
Fenômenos paranormais   133.84

Direitos de tradução para o Brasil
adquiridos com exclusividade pela
EDITORA PENSAMENTO-CULTRIX LTDA.
Rua Dr. Mário Vicente, 368 — 04270-000 —- São Paulo, SP
Fone: (11) 2066-9000 — Fax: (11) 2066-9008
E-mail: atendimento@editorapensamento.com.br
http://www.editorapensamento.com.br
que se reserva a propriedade literária desta tradução.
Foi feito depósito legal.

SUMÁRIO

Prólogo 11

Introdução 16

1 — Preliminares 20

2 — Primeira e Segunda Cadeias 32

3 — Tempos Primitivos da Cadeia Lunar 41

4 — A Sexta Ronda da Cadeia Lunar 49

5 — A Sétima Ronda da Cadeia Lunar 57

6 — Tempos Primitivos da Cadeia Terrestre 71

7 — Primeiras Etapas da Quarta Ronda 81

8 — A Quarta Raça Raiz 91

9 — A Magia Negra entre os Atlantes 100

10 — A Civilização dos Atlantes 107

11 — Duas Civilizações Atlantes 112

12 — Duas Civilizações Atlantes 131

13 — Duas Civilizações Atlantes 147

14 — Primórdios da Quinta Raça Raiz 169

15 — A Edificação da Grande Cidade 179

16 — Primórdios da Civilização e Império Ários 185

17 — Segunda Sub-Raça – A Árabe 192

18 — Terceira Sub-Raça – A Irânia 203

19 — Quarta Sub-Raça – A Céltica 211

20 — Quinta Sub-Raça – A Teutônica 219

21 — A Invasão da Índia pela Raiz Troncal Ariana 222

O HOMEM — PARA ONDE VAI?

Prefácio 233

22 — Primórdios da Sexta Raça Raiz 234
23 — Os Começos da Sexta Raça Raiz 239
24 — Religião e Templos 247
25 — A Educação e a Família 268
26 — Edifícios e Costumes 282
27 — Conclusão 302
28 — Epílogo 314
Apêndices 317
Notas 335

PRÓLOGO

Já não se considera totalmente fantástica a ideia de que é possível a capacidade de clarividência. Não a aceita a maioria das pessoas, nem é aceita de maneira ampla. Contudo, uma minoria cada vez mais numerosa de pessoas inteligentes crê que a clarividência é um fato, e a considera como faculdade natural, que chegará a ser comum a todos os homens no transcorrer da evolução. Não a tem por graça milagrosa, nem como necessária prova de elevada espiritualidade, superior inteligência e pureza de caráter, já que todas ou algumas dessas qualidades podem manifestar-se em pessoas que nada tenham de clarividentes. Sabe que é um poder oculto em todo homem, que poderá ser desenvolvido por quem for capaz disso e não recusar o preço exigido por seus esforços em colocar-se na vanguarda da evolução geral.

Se for ou não merecedora de crédito a obra assim concluída, terão de o dizer as gerações futuras, que possuirão a faculdade empregada hoje com esse propósito.

Não é novo o emprego da clarividência na investigação do passado, pois dela temos permanente exemplo na Doutrina Secreta de H. P. Blavatsky. Sabemos que muitos leitores, estudantes de ocultismo, convencidos da realidade da clarividência e seguros de nossa retidão, acharão este livro interessante e esclarecedor. Foi escrito para esses. À medida que cresça o número de estudantes, aumentará o de leitores. Mais do que isso não podemos esperar. Séculos adiante, quando houver mentes capazes de escrever livros muito melhores, baseados em investigações semelhantes, será este livro considerado como um curioso explorador, se se levar em conta a época em que foi escrito. Não é possível dar provas categóricas da veracidade deste livro, ainda que eventualmente venham futuros descobrimentos confirmar umas ou outras de suas afirmações. A verdade da investigação clarividente é tão impossível de provar à grande maioria das pessoas como as cores do céu. O leitor alheio ou vulgar receberá este livro com rude incredulidade. Uns o julgarão hábil artifício, outros o encararão como uma estupidez; muitos dirão que os autores são iludidos ou impostores, segundo a boa ou má vontade de seus julgadores. Mas aos estudantes diremos: aceite este livro em proporção à ajuda que lhe preste em seus estudos e na medida em que esclareça tudo quanto já conhece. O futuro poderá ampliá-lo e corrigi-lo, pois nós só publicamos alguns fragmentos de uma extensa história, e mesmo assim foi muito pesada a nossa tarefa.

Efetuamos os trabalhos de investigação em Adyar, durante o verão de 1910. O calor dispersou muitos estudantes e nós nos recolhíamos cinco tardes por semana para, sem que ninguém nos interrompesse, observar e dizer rigorosamente o verificado em nossa observação. Dois membros, a Senhora Van Hook e Dom Francisco Ruspoli, tiveram a gentileza de ir transcrevendo exatamente o que dizíamos. De ambos conservamos os apontamentos que formam o texto deste relato, escrito, em parte, durante umas tantas semanas dedicadas a esta tarefa no verão de 1911, e completado em abril e maio de 1912, nos intervalos das obrigações cotidianas. Não são possíveis trabalhos desta natureza entre contínuas interrupções, e o único modo de levá-los a cabo é se distanciar do mundo e permanecer, durante aquele tempo, em retirada solidão, como dizem os católicos.

Seguimos o amplo esboço teosófico da evolução, e o expomos entre as Preliminares, no Primeiro Capítulo. Esse esboço domina o conjunto e é o fundamento básico da obra. É completamente aceita a existência de uma Hierarquia oculta que guia e modela a evolução, e alguns de seus membros aparecem necessariamente no desenrolar deste relato.

A fim de nos referirmos às etapas primitivas, procuramos retroceder até elas a nossa própria consciência, pois nos seria mais fácil partir deste ponto do que de outro qualquer, porque além dele nada mais nos era possível reconhecermos. Aquelas primeiras etapas nos forneceram, por assim dizer, uma pista nas primeira e segunda Cadeias. Desde a última porção da terceira Cadeia em diante, traçamos a história da humanidade seguindo um grupo de indivíduos, exceto quando este grupo esteve ocupado durante importantes etapas da evolução, como as correspondentes aos começos das sub-raças terceira e quarta da quinta Raça Raiz. Em tais casos deixamos tal grupo e seguimos a corrente principal do progresso. Poucos pormenores referentes a pessoas podemos dar neste relato, pela grande extensão do quadro em que se movem. No entanto, algumas vidas foram publicadas biograficamente em *The Theosophist*, sob o título geral de *Rasgaduras no Véu do Tempo*, através das quais se pode vislumbrar o passado dos indivíduos. Logo se publicará um volume destas biografias, intitulado *Vidas de Alcione*, com tábuas genealógicas completas, que assinalam o parentesco em cada vida dos personagens cuja identificação foi possível. Trabalhos desta classe poderão ser concluídos livremente, se houver quem estiver capacitado para empreendê-los.

Como todo relato exige que se deem nomes aos personagens e como, por ser a reencarnação um fato, reaparece um mesmo personagem em épocas sucessivas, com diferente nome próprio em cada existência, demos a muitos destes personagens um nome característico, pelo qual possam ser reconhecidos em todos os dramas em que intervieram. Assim como, por exemplo, Irving é sempre Irving para nós, quer represente Macbeth, Ricardo III, Shylock, Carlos I, Fausto, Romeu ou Matias, e em sua vida de ator se chama sempre Irving e por toda a parte reconhecemos a sua personalidade, seja qual for o papel que represente nos palcos assim também um ser humano, na longa história em que as vidas são dias, desempenha cem papéis sem que deixe de ser ele mesmo em seus aspectos de homem, mulher, aldeão, príncipe ou sacerdote. A este *ele mesmo* demos um nome característico com que possa ser reconhecido sob todos os disfarces adequados à representação do papel que tomou. Para a maioria escolhemos tais nomes dentre os dos astros e constelações; assim, por exemplo, demos o nome de Corona a Júlio César, o de Palas a Platão e o de Lira a Lao-Tsé. Com isso veremos quão distintas são as modalidades evolutivas ou vidas prévias que têm de engendrar um César ou um Platão, e, por outro lado, terá o relato um interesse mais humano, ao mesmo tempo em que instrui o estudante sobre a reencarnação.

Os nomes d'Aqueles que constantemente aparecem neste relato como homens e mulheres, porém que já são Mestres[1], darão maior realidade a esses grandes Seres aos olhos de alguns leitores. Subiram aos pontos culminantes em que se erguem pela mesma escada de vidas por onde estamos subindo agora. Passaram pelas contingências da cotidiana vida doméstica, com as penas e alegrias, êxitos e fracassos de que se nutre a experiência humana. Não têm sido deuses perfeitos desde ilimitadas épocas, mas homens e mulheres que manifestaram seu Deus interno e, após longo e penoso caminho, ultrapassaram a etapa super-humana. São promessa plena do que seremos no futuro. São as gloriosas flores da planta cujos botões somos.

E assim lançamos nosso pequeno barco no tormentoso oceano da publicidade para que encare sua sorte e encontre seu destino.

ALGUNS PERSONAGENS DO RELATO

OS QUATRO KUMARAS . . .Quatro Senhores da Chama, ainda viventes em Shamballa.

MAHAGURU . . . . .O Bodhisattva da época que aparece nas personalidades de Vyása, Thoth (Hermes), Zarathustra, Orfeu, e, finalmente, Gautama, que chegou a ser o Senhor Buda.

SÚRYA . . . . .O Senhor Maitreya, atual Bodhisattva, o Supremo Instrutor do mundo.

MANU . . . . .Chefe de uma Raça Raiz. Com os nomes de Manu-Raiz ou Manu-Semente, designa-se um ministro de categoria ainda mais elevada, que preside um ciclo maior de evolução, como uma Ronda ou uma Cadeia. Os livros hindus chamam Vaivasvata indistintamente ao Manu-Raiz de nossa Cadeia e ao Manu da Quinta Raça Raiz, ou seja, a Raça Ária.

VIRAJ . . . . .O Maha-Chohan, Hierarca de categoria igual à de Manu e Bodhisattva.

SATURNO . . . . .É atualmente um Mestre, ao qual se dá em alguns livros teosóficos o sobrenome de "O Veneziano".

JÚPITER . . . . .O Mestre residente nas montanhas de Nilgiri.

MARTE . . . . .O Mestre M. do livro *O Mundo Oculto*, de A. P. Sinnett.

MERCÚRIO . . . . .O Mestre K. H. do mesmo livro acima.

NETUNO . . . . .O Mestre Hilarião.

OSÍRIS . . . . .O Mestre Serapis.

BRHASPATI . . . . .O Mestre Jesus.

VÊNUS . . . . .O Mestre Râgozci (ou Rakovzky); o "Adepto húngaro"; o Conde de St. Germain do século XVIII.

URANO . . . . .O Mestre D. K.

VULCANO . . . . .Um Mestre que em sua última vida terrena foi *sir* Thomas More.

ATHENA . . . . .Um Mestre que na Terra teve o nome de Thomas Vaughan, como o sobrenome de "Eugênio Filaletes".

ALBA . . . . .Ethel White

ALBIREU . . . . .Maria Luísa Kirby

ALCIONE . . . . .J. Krishnamurti

ALETEIA . . . . .João de Manen

ALTAIR . . . . .Herbert White

ARCOR . . . . .A. J. Wilson

ATLAS	Filha de Charles Blech
AURORA	Conde Bubna-Licics
CAPELA	S. Maud Sharpe
CORONA	Júlio César
CRUZ	O Hon. Otway Cuffe
DENER	Lorde Cócrane (Décimo conde de Dundonal)
ESPIGA	Francisca Arundale
EUDÓXIA	Luísa Shaw
FÊNIX	Tomas Pascal
FIDES	G. S. Arundale
FOCEA	W. Q. Judge
GÊMINI	E. Maud Green
HEITOR	W. H. Kirby
HÉLIOS	Maria Russak
HÉRACLES	Annie Besant
LEO	Fabrício Ruspoli
LILI	Filha de Charles Blech
LIRA	Lao-Tsé
LOMIA	J. I. Wedgwood
LUTÉCIA	Charles Bradlaugh
MIRA	Charles Hilbrook
MIZAR	J. Nityananda
MONA	Piet Meuleman
NORMA	Margarida Ruspoli
OLÍMPIA	Damodar K. Mavalankar
PALAS	Platão
POLARIS	B. P. Wadia
PROTEU	O Lama Teshu
SELENE	C. Jinarajadasa
SÍRIO	C. W. Leadbeater
SIVA	T. Subba Rao
TAURO	Jerônimo Anderson
ULISSES	H. S. Olcott
VAJRA	H. P. Blavatsky
VESTA	Minnie C. Holdbrook

Alguns membros da Sociedade Teosófica permitiram, corajosamente, o aparecimento de seus nomes na lista acima, a despeito do ridículo que pudesse cair sobre eles. Numerosos de nossos amigos estão atualmente encarnados em corpos hindus; mas não podemos expô-los ao desdém e à perseguição que sofreriam se os indicássemos, e por isso não lhes solicitamos sua permissão.

INTRODUÇÃO

O problema da origem, evolução e destino do homem não deixa nunca de ser interessante. De onde vem esta gloriosa Inteligência que, pelo menos, neste planeta é coroa dos seres visíveis? Desceu repentinamente do alto, como um anjo radiante, para ser temporário morador de uma mansão de barro, ou tem se elevado ao longo de obscuras idades, tirando sua humilde linhagem do lodo primitivo através do peixe, réptil e mamífero, até o reino humano? E qual é o seu destino situado além? Evolui progressivamente e eleva-se mais e mais, tão só para descer pelo longo declive da degeneração até cair no precipício da morte, deixando para trás um gelado planeta como túmulo de incontáveis civilizações? Ou sua elevação atual nada mais é que o adestramento de um Poder espiritual e eterno, destinado em sua plenitude a empunhar o cetro de um mundo, de um sistema, de um conjunto de sistemas, com a atuação de um verdadeiro Deus?

Muitas respostas têm sido dadas total ou parcialmente a estas perguntas, nas Escrituras das antigas religiões, nas obscuras tradições deixadas pelos poderosos homens da antiguidade, nas explorações dos arqueólogos modernos e nas investigações dos geólogos, físicos, biólogos e astrônomos, nossos contemporâneos.

Os conhecimentos recentes têm confirmado os registros mais antigos, ao confirmarem ao nosso planeta e seus habitantes um período de existência de vasta extensão e maravilhosa complexidade. Centenas de milhões de anos se acumularam para dar tempo ao lento e trabalhoso processo da Natureza, em que cada vez mais e mais para trás fica o "homem primitivo". Vemos a Lemúria, onde agora ondeia o Pacífico; e a Austrália, apesar de seu descobrimento relativamente recente, é uma das terras mais antigas. A Atlântida esteve onde agora se estende o Atlântico, e a África se uniu com a América por meio de um sólido istmo, que tira o mérito de descobridor de Cristovão Colombo, que vemos seguindo as pegadas de gerações há longo tempo desaparecidas, que encontraram o caminho da

Europa para as terras do Sol poente. Já não é Poseidonis por mais tempo o fantástico conto relatado pelos supersticiosos sacerdotes egípcios ao filósofo grego. Minos de Creta ressurge de sua velha tumba como homem e não como mito. Babilônia, computada como antiga, passa a ser a moderna sucessora de uma série de cultíssimas cidades sepultadas, camada sob camada, até desaparecer na noite dos tempos. A tradição convida o explorador a escavar o Turquestão no centro da Ásia, e lhe sussurra ao ouvido sobre colossais ruínas que só esperam o seu enxadão para serem exumadas.

Neste entrechoque de opiniões, neste conflito de teorias, nesta afirmação e negação de sempre renovadas hipóteses, talvez achem alguma probabilidade de leitura o relato dos observadores, dos exploradores que têm percorrido o caminho muito antigo por onde poucos andam hoje, apesar de cada vez mais, apressados estudantes o trilharão, segundo o tempo comprove sua estabilidade.

A ciência está explorando hoje em dia as maravilhas da chamada "mente subjetiva", e descobre nela curiosíssimas forças, impulsos e reminiscências. A essa mente subjetiva e equilibrada, dominadora do cérebro, chamam gênio. À mente subjetiva desencaixada do cérebro, vaga e errante, chamam loucura. Algum dia acabará vendo a ciência que a religião chama de "alma" o que ela chama de "mente subjetiva", e que a atualização de suas forças depende dos instrumentos, físico e suprafísico, de que dispõe. Se esses instrumentos estão bem construídos, flexíveis e íntegros, e obedecem docilmente e por completo ao seu controle, as faculdades de visão, audição e memória, irregularmente brotadas da mente subjetiva, chegarão a ser as faculdades normais e ativas da alma. E se a alma, em vez de unir-se ao corpo, se esforça por ascender ao Espírito, ao divino Eu velado na matéria de nosso Sistema, então o homem verdadeiro e interno acrescenta suas forças, até alcançar o conhecimento que de outro modo seria impossível obter.

Os metafísicos antigos e modernos declaram que o passado, o presente e o futuro existem sempre, simultaneamente, na divina Consciência, e que são sucessivos apenas em sua manifestação, isto é, condicionados pelo tempo, que inteiramente consiste na sucessão de estados de consciência. Como nossa limitada consciência existe no tempo, está inevitavelmente ligada por esta sucessão, e assim só podemos pensar sucessivamente. Mas todos sabemos, pela experiência dos estados do sonho, que a medida do tempo não é a mesma durante os mesmos, ainda que persista a sucessão.

Também sabemos que a medida do tempo varia muito mais ainda no mundo do pensamento, pois quando forjamos imagens mentais, podemos retardá-las, apressá-las e repeti-las à vontade, embora ainda ligadas pela sucessão.

Raciocinando deste modo, não será difícil formar uma mente de transcendental poder, a mente de um LOGOS, ou VERBO, de um Ser tal como o representado no quarto Evangelho,[2] que contenha em Si todas as imagens mentais incorporadas num Sistema Solar, dispostas na ordem sucessiva de sua manifestação projetada, mas todas ali passíveis de exame atento, assim como nós investigamos e revisamos nossas imagens mentais, por mais que não tenhamos ainda conseguido o divino poder tão elegantemente proclamado por Maomé nesta frase: "Ele somente lhe diz: 'Sê', e ele é".[3] Contudo, assim como o recém-nascido contém em si as potencialidades de seu progenitor, assim também nós, frutos de Deus, temos em nós mesmos as potencialidades da Divindade. Daí que, quando nos determinamos a desapegar da Terra a nossa alma e converter sua atenção ao Espírito de cuja substância é sombra no mundo da matéria, possa a alma chegar à "Memória da Natureza", ou seja, a incorporação no mundo material dos pensamentos do LOGOS, o reflexo, por assim dizer, de Sua Mente. Ali reside o passado em registros sempre vivos; ali reside também o futuro, de mais fácil alcance para a Alma semievoluída, porque não está totalmente manifestado e incorporado, ainda que seja completamente "real". A Alma que lê estas memórias pode transportá-las ao corpo e imprimi-las no cérebro, até o ponto de registrá-las em palavras e escritos.

Quando a Alma se unifica com o Espírito, como no caso dos "homens perfeitos", d'Aqueles que completaram a sua evolução humana e "libertaram" ou "salvaram"[4] seu Espírito, o contato com a divina Memória é imediato, direto, sempre valioso e infalível. Mas antes de chegar a este ponto, o toque é imperfeito, dependente e exposto a erros de observação e transmissão.

Os autores deste livro aprenderam o método de estabelecer o contato imediato; mas como estão sujeitos às dificuldades próprias de sua evolução incompleta, fizeram tudo quanto lhes coube para observar e transmitir, ainda que seguramente saibam que muitas fraquezas mancham sua obra.

Os Irmãos Maiores lhes ajudaram eventualmente, ampliando o rascunho em alguns pontos e lhes indicando as datas sempre que isso foi necessário.

Como no caso dos livros referidos, que a este precederam no movimento teosófico, "o tesouro está em vasos terrenos", e ao mesmo tempo que agradecem o desinteressado auxílio recebido, os autores aceitam por inteiro a responsabilidade dos erros.

CAPÍTULO 1
PRELIMINARES

De onde vem e para onde vai o homem? Nossa resposta completa só pode ser: Como ser espiritual, o homem tem origem em Deus e a Deus retornará; mas o *De onde* e *Para onde* aqui focalizados mostram limites muito mais modestos. Não passam de uma simples página da história da vida humana, aqui transcrita, contando o nascimento na densa matéria de alguns dos Filhos do Homem – Que há além desse nascimento, ó impenetrada Noite? – e seguindo seu curso de mundo em mundo até um ponto no próximo futuro, daqui distante a apenas alguns séculos – Que há além dessa rubra névoa, ó ainda não amanhecido Dia?

Contudo, o título não é de todo impróprio, porque o que tem origem em Deus e volta a Deus não é precisamente o "Homem". Aquele Raio do divino Esplendor que emana da Divindade no Começo de uma manifestação, aquela "partícula de Meu próprio Ser, transformada no mundo de vida num Espírito imortal",[5] é muito mais que "Homem". O Homem não é senão uma etapa do seu desenvolvimento, e o mineral, o vegetal e o animal não são mais nem menos que etapas de sua embrionária vida na matriz da natureza, antes de nascer como Homem. O Homem é a etapa em que o Espírito e a Matéria lutam entre si pelo predomínio, e quando ao fim da luta se ergue o Espírito como senhor da Matéria, em dono da vida e da morte, entra o Espírito em sua evolução super-humana e já não é Homem, mas Super-Homem. Porém aqui temos que considerá-lo apenas como Homem; temos de tratar do Homem em suas etapas embrionárias nos reinos mineral, vegetal e animal; temos de observar o Homem durante seu desenvolvimento no reino humano, o Homem e seus mundos, o Pensador e seu campo de evolução.

A fim de poder melhor aproveitar o relato contido neste livro, é necessário o leitor deter-se por uns minutos no conceito de um Sistema Solar, tal qual o descreve a literatura teosófica,[6] e nos capitais princípios da evolução que ali se desenvolvem. Isto não oferece maior dificuldade de compreensão do que a terminologia de uma ciência qualquer, ou do que as demais descrições cósmicas da astronomia; e com um pouco de atenção o estudante conseguirá dominá-lo. O leitor frívolo, a quem tudo isto pareça palidamente fraco e queria passar-lhe por alto, se encontrará, como consequência, em uma condição mental mais ou menos confusa e extraviada, porque terá pretendido edificar uma casa sem alicerces, e será forçado a reduzi-la continuamente. O leitor cuidadoso evitará ativamente essas dificuldades, dominando-as de uma vez para sempre, e com o conhecimento assim adquirido, prosseguirá facilmente, e os detalhes posteriores serão prontamente assimilados em seus respectivos lugares. Aqueles que preferirem não se deter no exame inicial a que nos referimos, podem abrir mão deste capítulo e começar, desde logo, no segundo, mas os leitores mais avisados dedicarão algum tempo em dominar o que segue.

O eminente sábio Platão, uma das mais poderosas inteligências do mundo, cujas elevadas ideias têm dominado o pensamento europeu, declara em fértil afirmação que "Deus geometriza". Quanto melhor conhecemos a Natureza, tanto mais nos convencemos desta verdade. As folhas das plantas estão dispostas na ordenação definida de 1/2, 1/3, 2/5, 3/8, 5/13, e assim sucessivamente. As vibrações das notas de uma escala podem representar-se correspondentemente em série regular. Algumas enfermidades seguem o seu curso num ciclo detinido de dias em que o 7º, 14º e 21º assinalam as crises, cujo resultado é ou a continuação da vida física ou a morte. Não há necessidade de multiplicar os exemplos.

Assim, pois, não é estranho que na ordenação de nosso Sistema Solar intervenha continuamente o número sete, que por esta razão se chama "número sagrado". Uma lunação se divide naturalmente em duas setenas de crescente com outras duas de minguante, e os seus quartos nos dão a semana de sete dias. Vemos que o sete é o número radical de nosso Sistema Solar, cujos departamentos ou distritos são sete, que por sua vez se subdividem noutros sete subalternos, e estes noutros sete, e assim sucessivamente. O estudante de religião se recordará neste ponto dos sete Ameshaspentas zoroastrianos e dos sete Espíritos diante do trono do Senhor, segundo os cristãos. E o teosofo pensará no supremo e Trino Logos do Sistema, rodeado de Seus Ministros, os "Governadores das sete Cadeias",[7] ca-

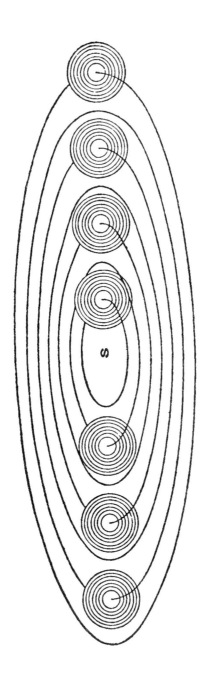

DIAGRAMA 1

da um dos quais rege seu próprio departamento do Sistema, como os vice-reis de um Imperador.

Aqui só consideraremos em pormenor um departamento dos dez que compreende o Sistema Solar, pois que ainda que radicados em sete, desenvolvem-se em dez, e assim os místicos chamam este número de "o número perfeito". A estes departamentos Sinnett denominou "Esquemas de Evolução", em cada um dos quais evolui ou evoluirá uma humanidade. Nos limitaremos agora ao nosso Esquema, embora sem esquecermos de que também há outros e que de um a outro podem passar Inteligências altamente evoluídas. Com efeito, tais visitantes vieram à nossa Terra em determinada etapa de sua evolução, para servirem de guia e auxílio à nossa recém-nascida humanidade.

Cada Esquema de Evolução passa por sete grandes etapas evolutivas, chamadas Cadeias, por constar cada Cadeia de sete globos mutuamente relacionados, de modo que cada globo é um dos sete elos da Cadeia. O Diagrama I representa os sete Esquemas em torno do Sol central, de sorte que em determinada época está em atividade, em cada Esquema, só uma Cadeia composta de sete globos, que no diagrama não aparecem separados, senão dispostos em anéis ou círculos concêntricos para poupar espaço.

No Diagrama II estão já esboçados os globos, de maneira que temos claramente um Esquema com as sete etapas de sua evolução, isto é, com suas sete Cadeias sucessivas e relacionadas com cinco das sete esferas ou tipos de matéria existentes no Sistema Solar. A matéria de cada tipo está composta de átomos de determinada espécie; e como todos os sólidos, líquidos, gases e éteres de cada tipo de matéria são agregações de uma só espécie de átomos,[8] esta matéria recebe a denominação correspondente à modalidade de consciência a que responde, a saber: física, emocional, mental, intuicional e espiritual.[9] Na primeira Cadeia, os sete mundos, A, B, C, D, E, F, G, estão dispostos como segue[10]: A, mundo-raiz, e G, mundo-semente; estão no plano espiritual, porque tudo desce de cima para baixo, do sutil para o denso, para tornar a subir ao superior, enriquecido dos frutos da jornada, que têm de servir de semente à Cadeia sucessora. B e F estão no plano intuicional; o primeiro é de colheita e o segundo de assimilação. C e E estão igualmente relacionados no plano mental superior. D, ponto de equilíbrio e conversão entre os arcos descendente e ascendente, está situado na zona inferior do plano mental. Estes pares de globos se relacionam intimamente em cada Cadeia; mas um deles é o tosco rascunho e o outro a pintura concluída.

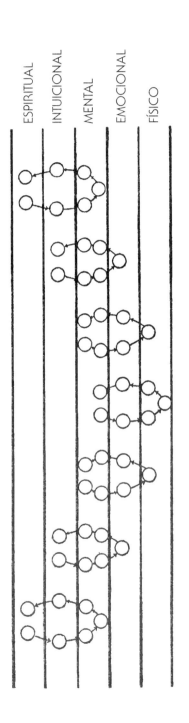

DIAGRAMA 2

Na segunda Cadeia, todos os globos desceram uma etapa e a D está no plano emocional. Na terceira Cadeia desce uma etapa mais e D baixa até o plano físico. A quarta Cadeia, a intermediária das sete, profundamente sumida em densa matéria, é o ponto de conversão das Cadeias, como D o é dos globos. Tão somente esta Cadeia tem situados três globos – C, D e E – no plano físico. Na viagem de retorno, por assim dizer, a elevação parece descida; nas Cadeias terceira e quinta há um só globo físico; nas segunda e sexta o globo D é mental. No fim da sétima Cadeia fica cumprido o esquema de evolução, cujo fruto se colhe.

Para facilitar a compreensão dos sete Esquemas evolucionários de nosso Sistema Solar, podem denominar-se segundo os respectivos globos D, que são os mais conhecidos, a saber: Vulcano, Vênus, Terra, Júpiter, Saturno, Urano e Netuno.[11] No Esquema a que pertence a Terra, a Cadeia precedente à nossa foi a terceira da série, e seu único globo físico D, o planeta que hoje chamamos Lua.

Por isso se dá o nome de Lunar à terceira Cadeia, ao passo que a segunda e primeira se designam apenas numericamente. Nossa Cadeia, a Terrestre, é a quarta na ordem de sucessão, e tem, portanto, fisicamente manifestados, três de seus globos, que são: o quarto, D, a Terra; o terceiro, C, Marte, e o quinto, E, Mercúrio.

O Esquema Netuniano tem, também, fisicamente manifestados, três de seus globos, que são: Netuno, globo D, e dois planetas físicos C e E com ele relacionados, cuja existência assinalou a Teosofia antes que a ciência os descobrisse. Portanto, está na quarta Cadeia de sua própria série.

O Esquema Venusiano está no término de sua quinta Cadeia, e, portanto, Vênus perdeu recentemente sua Lua ou globo D da Cadeia precedente.[12] É possível que Vulcano, descoberto por Herschel, mas desaparecido depois da vista dos astrônomos, esteja atualmente em sua sexta Cadeia, embora não tenhamos informação sobre esse particular, nem direta nem indireta. Júpiter não está ainda habitado, mas em seus satélites há seres de densos corpos físicos.

Os Diagramas III e IV representam a correspondência entre as sete Cadeias de um mesmo Esquema, para demonstração do progresso evolutivo de Cadeia em Cadeia.

Convém estudar primeiramente o Diagrama III, mera simplificação do Diagrama IV, copiado por sua vez do desenho de um Mestre. Embora a princípio pareça este Diagrama um tanto desconcertante, se tornará muito instrutivo quando o estudante o compreender.

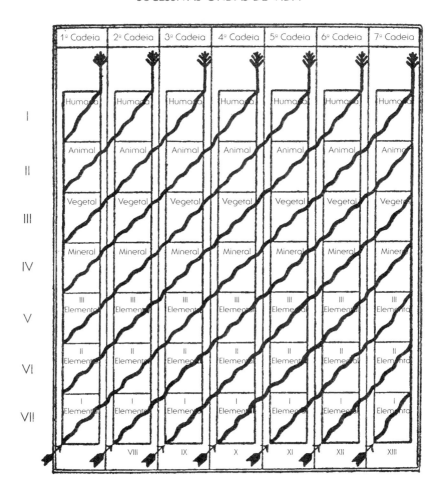

DIAGRAMA 3

O Diagrama III dispõe as sete Cadeias de um Esquema em colunas próximas, a fim de que o fluxo divino de Vida assinalado pelas flechas possa ser indicado em ascensão de reino para reino. Cada seção de uma coluna figura um dos sete reinos da natureza: três elementais, mineral, vegetal, animal e humano.[13]

Seguindo a sétima Onda de Vida, única que passa no Esquema pelos sete reinos, vemos que entra na primeira Cadeia pelo primeiro reino elemental, que ali se desenvolve durante o período vital da Cadeia. Na segunda Cadeia passa pelo segundo reino elemental, que igualmente se desenvolve ali durante seu período vital. Na terceira Cadeia aparece no terceiro reino elemental e na quarta entra no mineral. Depois atravessa sucessivamente os reinos vegetal e animal nas quinta e sexta Cadeias, até alcançar o reino humano na sétima. Assim temos que o Esquema em conjunto proporciona um campo de evolução para a corrente de Vida divina, desde sua incorporação na matéria até o homem.[14] As correntes restantes de Vida, ou começaram já em outro Esquema e entraram neste pelo ponto de evolução ali alcançado, ou chegaram demasiado tarde para alcançar nesse o reino humano.

No estudo do Diagrama IV, temos de notar antes de tudo que os círculos de cor não são sete Cadeias de *globos*, como poderiam parecer, senão os sete reinos da natureza em cada Cadeia sucessiva, e, portanto, correspondem-se com as seções em coluna do Diagrama III. Aqui temos um completo Esquema Evolucionário, com a situação de cada reino em cada Cadeia. O estudante pode escolher uma linha qualquer de cor no primeiro círculo e segui-la progressivamente.

Tomemos o círculo azul do extremo superior esquerdo, assinalado pela flecha. Este círculo representa o primeiro reino elemental da primeira Cadeia, e a sua corrente deixa essa primeira Cadeia para entrar na segunda (o anel seguinte de círculos coloridos). No momento de entrar, a corrente bifurca-se e sua porção menos avançada, que não está ainda disposta para entrar no segundo reino elemental, se desvia da corrente principal para entrar no primeiro reino elemental dessa segunda Cadeia, unindo-se à nova corrente de Vida (de cor amarela e assinalada com uma flecha), a qual inicia sua evolução nessa Cadeia. A principal corrente azul vai ao segundo reino elemental dessa segunda Cadeia, recebendo em seu seio alguns retardados do segundo reino elemental da primeira Cadeia, os quais assimila e leva consigo. Convém atentar que só sai deste reino uma corrente azul, pois todos os elementos estranhos foram completamente assimilados. A corrente azul prossegue para a terceira Cadeia, onde se bifurca e deixa que seus retardados continuem no segundo reino elemental da terceira Cadeia, enquanto sua massa vai formar o terceiro reino elemental dessa terceira Cadeia. Também recebe alguns retardados do terceiro reino elemental da segunda Cadeia, e os assimila e leva consigo para entrar como não atenuada corrente azul no reino mineral da quarta corrente. Igualmente deixa alguns retardados, que se desenvolverão no terceiro reino elemental da quarta Cadeia, e recebe outros do reino mineral da terceira Cadeia, assimilando-os como antes. Neste ponto alcança o máximo de densidade na evolução, ou seja, o reino mineral, e ao sair dele (seguindo ainda a linha azul), ascende ao reino vegetal da quinta Cadeia, enviando seus retardados ao reino mineral da mesma e recebendo os do reino vegetal da quarta. De novo ascende até alcançar desta vez o reino animal da sexta Cadeia, deixando que os vegetais retardados completem sua evolução no reino vegetal desta sexta Cadeia e recebendo em seu próprio reino os animais retardados da quinta Cadeia. Por fim, ao terminar sua evolução, entra no reino humano da sétima Cadeia, deixando os animais retardados no reino animal desta sétima Cadeia e recebendo alguns seres humanos do reino relativo ao homem da sexta Cadeia, os quais leva consigo à sua esplêndida conclusão, onde se aperfeiçoa a evolução humana nos seres super-humanos, ao longo de uma das sete sendas, indicadas no comando azul do extremo final.

No Esquema seguinte de evolução, os retardados do reino animal da sétima Cadeia do Esquema anterior aparecerão no reino humano da primeira Cadeia, e ali chegarão a homens perfeitos. Estarão no círculo que corresponde ao assinalado pelo comando cinzento-escuro, na primeira Cadeia do Diagrama que estamos estudando.

De idêntica maneira se tem de seguir todas as linhas de reino a reino, nas Cadeias sucessivas. O círculo alaranjado representa o segundo reino elemental da primeira Cadeia, e, portanto, teve uma etapa de vida na Cadeia precedente, isto é, entrou na corrente de evolução como primeiro reino elemental da sétima Cadeia do Esquema anterior, como se pode ver pelo círculo superior esquerdo, assinalado com flecha na sétima Cadeia de nosso Diagrama. Alcança o reino humano na sexta Cadeia e continua adiante. A vida no terceiro círculo, de cor púrpura, com dois reinos evoluídos no Esquema precedente, alcança o reino do homem na quinta Cadeia e prossegue adiante. A vida que no quarto círculo anima o reino mineral, passa para a quarta Cadeia. A que anima o reino vegetal passa para a terceira Cadeia; a do reino animal passa para a segunda, e a do reino humano para a primeira.

O estudante que compreender todo este Diagrama, se achará de posse de um plano de compartimentos de que poderá reunir bastantes pormenores, sem, em meio de sua complexidade, perder de vista os princípios gerais da evolução cônica.

Dois pontos restam por esclarecer: o subelemental e o super-humano. A corrente de Vida procedente do LOGOS, anima primeiramente a matéria no primeiro ou insignificante reino elemental; daí que, quando procedente da primeira Cadeia, esta corrente penetra no segundo reino elemental da segunda Cadeia, a matéria que há de constituir o primeiro reino elemental desta segunda Cadeia, tem de ser animada por uma nova corrente de Vida originária do LOGOS, e assim sucessivamente em cada uma das Cadeias restantes.[15]

Logo que transpôs o reino humano, chega o homem ao início da vida super-humana e é já um Espírito liberto, e ante ele se abrem sete sendas para sua opção. Pode entrar na onisciência e onipotência bem-aventuradas do Nirvana, cuja atuação transcende a tudo quanto conhecemos, com possibilidade de chegar a ser, em algum futuro mundo, um Avatar ou encarnação divina. A isso se costuma chamar "a vestimenta do Dharmakâya". Também pode entrar no "período espiritual", frase que encobre desconhecidos significados, entre eles, provavelmente, o de "tomar a vestimenta de Sambhogakâya". Igualmente pode tornar-se parte naquele reservatório de poderes espirituais que os agentes do LOGOS extraem para a Sua obra, "tomando a vestimenta de Nirmanakâya". Pode ainda ser um membro da Hierarquia Oculta, que governa e protege o mundo onde Ele alcançou a perfeição. Por outra senda pode passar à Cadeia seguinte para ajudar a construir suas formas. Da mesma maneira pode entrar na esplêndida evolução angélica dos devas. Por último, pode consagrar-se ao serviço imediato do LOGOS, em alguma parte do Sistema Solar, para ser por ELE usado como Seu Ministro ou Mensageiro, que vive só para cumprir Sua vontade e levar a cabo a Sua obra no conjunto do Sistema por Ele governado. Assim como um general tem seu Estado-Maior, cujos indivíduos transmitem suas ordens a todos os pontos do campo de batalha, assim são esses Espíritos o Estado-Maior d'Aquele que a todos comanda, "os Ministros que cumprem Seu consentimento".[16] Parece que esta Senda é muito espinhosa, porque o Adepto tem de suportar ali grandes sacrifícios, e, portanto, o diferenciam e consideram em extremo. Um indivíduo do Estado-Maior geral não tem corpo físico; mas mediante o "poder criador" (*kriyâshakti*), ele constrói um para si, com a matéria do globo ao qual é enviado. No Estado-Maior há Seres de diversos graus de evolução, do de Arhat[17] em diante. Alguns alcançaram o Arhatado na Cadeia Lunar; outros são Adeptos[18] e também há os que já transcenderam este grau da evolução humana.

A necessidade desse Estado-Maior se origina, provavelmente, entre outras razões para nós desconhecidas, do fato de que as primitivas etapas de evolução de uma Cadeia, e mais ainda se é do arco descendente, requererem maior auxílio externo do que as etapas posteriores. Assim, por exemplo, na primeira Cadeia de nosso Esquema, a primeira Grande Iniciação foi o ponto máximo do nível humano; nenhum indivíduo daquela humanidade alcançou o Adeptado, e muito menos a iluminação. Daí a necessidade de proceder do exterior os funcionários superiores. Semelhante auxílio receberam as Cadeias posteriores; e nossa Terra terá de dar ministros superiores às primeiras Cadeias de outros Esquemas, assim como também os agentes comuns para os últimos Globos e Rondas de nossa própria Cadeia. Segundo sabemos, dois Seres de nossa Hierarquia Oculta deixaram já a Terra, talvez para se reunirem ao Estado-Maior ou por terem sido enviados pelo Chefe de nossa Hierarquia para capitanear algum outro Globo estranho ao nosso Esquema.

Os seres humanos que numa Cadeia não chegam, ao fim de certo tempo, ao máximo nível assinalado à humanidade daquela Cadeia, são "fracassados", podendo seu fracasso se originar de falta de tempo, falta de atuação, etc. Mas qualquer que seja a causa, os que não alcançam o ponto necessário para dali progredir de modo que antes do término da Cadeia cheguem ao nível assinalado nela, ficam eliminados da evolução dessa Cadeia antes de seu fim e se veem necessitados de entrar na Cadeia seguinte, no ponto determinado pela etapa alcançada na precedente, a fim de que possam completar sua carreira humana. Existem outros seres que conseguem atravessar este ponto crucial, ou "Dia do Juízo" na Cadeia, e, contudo, não progrediram com suficiente rapidez para alcançar o nível ante o qual se abrem as sete Sendas.

Conquanto não sejam "fracassados", também esses não triunfaram de todo, e, portanto, passam do mesmo modo para a Cadeia seguinte e guiam aquela humanidade, a que se incorporam quando essa humanidade chega a uma etapa em que seus corpos estão suficientemente desenvolvidos para lhes servir de veículos em seu progresso futuro. Em nosso estudo encontraremos essas diversas classes de seres, pois agora só os examinamos numa visão de pássaro; os pormenores nos serão mostrados mais claramente. Apenas na primeira Cadeia vemos que não tem havido fracassados excluídos de sua evolução. Houve alguns que não triunfaram, mas não pudemos observar se essa primeira Cadeia teve seu "Dia do Juízo".

Numa Cadeia, a onda de evolução se estende do Globo A ao G, que são, em turno sucessivo, os campos de desenvolvimento. Esta passagem da onda ao longo da Cadeia se chama Ronda, e a onda passa sete vezes ou sete Rondas por todos os Globos, antes que termine a vida da Cadeia e fique completa a sua obra. Então se colhem e armazenam seus frutos, que servem de semente para a Cadeia seguinte, exceto Aqueles que, terminada Sua carreira humana, chegam a ser Super-Homens e, entrando em outra das sete Sendas, preferem empregar-se em funções distintas das de guiar o curso da Cadeia seguinte.

Concluamos estas notas preliminares. Na esfera monádica, no plano superespiritual, moram as Emanações divinas, os Filhos de Deus que têm de tornar-se carne e converter-se em Filhos do Homem no universo futuro. Perpetuamente contemplam a face do Pai e são a contraparte angélica. Este divino Filho recebe em seu mundo peculiar o nome técnico de Mônada ou Unidade. É aquilo que, como já dissemos, "se transforma no mundo de vida num Espírito imortal". O Espírito é a Mônada velada na matéria, e, portanto, trina em seus aspectos de Vontade, Sabedoria e Atividade, que chegará a ser a verdadeira Mônada depois de apropriar-se dos átomos de matéria das esferas espiritual, intuicional e mental, que formarão seus corpos. Na Mônada borbulha a inesgotável fonte de vida; o Espírito ou ela mesma disfarçada, é sua manifestação num universo. À medida que o Espírito adquire domínio sobre a matéria da esfera inferior, vai governando com maior acerto a obra evolutiva, e a Vontade determina, a Sabedoria conduz e a Atividade executa as grandes determinações que decidem o destino do homem.

CAPÍTULO 2
PRIMEIRA E SEGUNDA CADEIAS

Temos agora de enfrentar a única dificuldade prática que nos é apresenta no começo de nosso estudo: os ciclos evolutivos das primeira e segunda Cadeias de nosso Esquema. Um Mestre dizia risonhamente sobre esse particular: "Não duvido de que sejais capazes de vê-lo, mas, sim, de que acerteis em descrevê-lo em linguagem tão inteligível que outros possam compreendê-lo". Com efeito, as condições são tão diferentes de tudo quanto conhecemos; as formas são tão frágeis, sutis e mutáveis; a matéria é tão por completo "o material de que se formam os sonhos" que se torna quase impossível descrever claramente as coisas observadas. Contudo, por imperfeita que seja a descrição, alguma temos de dar para representar compreensivelmente a remotíssima evolução, pois por pálida que seja, valerá mais do que se não déssemos nenhuma.

Não é possível achar um verdadeiro "começo". Na Cadeia sem fim dos seres viventes podemos estudar satisfatoriamente um elo; mas o metal que o forma foi extraído do seio da terra, escavado do fundo de alguma mina, derretido em algum forno, forjado em alguma oficina e modelado por alguma mão, antes que aparecesse como elo de uma Cadeia. Assim sucede com o nosso Esquema, que sem outros Esquemas precedentes não poderia existir, pois seus habitantes mais adiantados não começaram nele a sua evolução. Basta partir daquele ponto em que algumas partículas da Divindade, eternos Espíritos (que em outro lugar haviam passado pelo arco descendente, involuindo em cada vez mais densa matéria através dos reinos elementais), chegam ao seu nível mais baixo e começam no reino mineral, nessa primeira Cadeia, a sua longa ascensão e desenvolvimento da matéria sempre em evolução. No reino mineral dessa Cadeia a atual humanidade aprendeu suas primeiras lições de evolução. Esta consciência é a que nos propomos a investigar desde sua vida nos minerais da primeira Cadeia até a sua vida nos homens da quarta. Formando, como formamos, parte da humanidade terrestre, nos será mais fácil investigar esta consciência que outra estranha a nós, pois da Eterna Memória evocaremos cenas em que tivemos nossa parte, com as quais estamos inseparavelmente ligados e que, portanto, podemos alcançar com maior facilidade.

Na primeira Cadeia se veem sete centros, dos quais o primeiro e o sétimo, segundo já foi dito, estão no nível espiritual (nirvânico); o segundo e o sexto no intuicional (búdico); o terceiro e o quinto no mental superior; e o quarto no mental inferior. Nós os denominaremos, como fizemos com os Globos A e G, B e F, C e E; no centro, D, ponto de conversão do ciclo.

O comentário oculto citado em *A Doutrina Secreta* diz que na primeira Ronda da quarta Cadeia (de certo modo uma tosca imitação da primeira Cadeia), a Terra era um feto na matriz do espaço. Esta semelhança nos vem à mente ao tratarmos desta Cadeia, equivalente aos futuros mundos na matriz do pensamento, isto é, os mundos que posteriormente hão de nascer em matéria mais compacta. Mal podemos chamar "globos" a estes centros, pois são como centros de luz num mar de luz, focos de luz dos quais a luz irradia da mesma substância de luz e unicamente luz, modificada pelo fluxo de luz originada dos focos. São como vórtices anulares, anéis de luz somente distinguíveis por seu remoinho e pela diferença de seu movimento, de sorte que à semelhança de molinetes d'água no meio da água, são molinetes de luz em meio da luz.

Os centros primeiro e sétimo são modificações da matéria espiritual, o sétimo é o completo aperfeiçoamento do tosco esboço visível no primeiro, a acabada pintura do denso rascunho do divino Artista. Há ali uma humanidade, uma humanidade muito glorificada, produto de alguma evolução precedente, que tem de completar seu curso humano nesta Cadeia,[19] onde cada entidade tomará (no quarto globo de cada Ronda), seu insignificante corpo, isto é, o corpo de matéria mental, ou seja, o mais denso que essa Cadeia puder subministrar.

A primeira Grande Iniciação (ou o seu equivalente ali) é o nível assinalado nesta Cadeia, e quem não a alcança há de renascer por necessidade na seguinte.

Do que temos podido investigar, conclui-se que nesta primeira Cadeia não houve fracassados, e alguns seres (como também, segundo parece, ocorreu em Cadeias posteriores) transpuseram o nível assinalado. Os membros daquela humanidade, que na sétima Ronda alcançaram a Iniciação, escolheram uma das sete Sendas que antes mencionamos.

Nessa primeira Cadeia aparecem todas as etapas da evolução do ego; mas a carência dos níveis inferiores de matéria a que estamos acostumados, assinala notável diferença nos métodos evolutivos que surpreendem o observador. Ali todas as coisas não só surgem de *cima*, mas que progridem para *cima*, pois não há *baixo* nem *forma* no sentido comum da palavra, e sim, unicamente, centros de vida, seres viventes sem forma estável. Não há mundo emocional nem físico[20] dos quais possam brotar impulsos a que respondam os centros superiores, descendo para utilizar e animar as formas já existentes nos níveis inferiores.

O campo mais próximo para esta ação é o globo D, onde as formas mentais de configuração animal se dirigem para cima e chamam a atenção dos centros sutis que flutuam sobre elas. Então a vida do Espírito palpita intensamente nos centros que se infundem nas formas mentais, e as animam e humanizam.

É muito difícil discernir as Rondas sucessivas, pois parece que umas se desvanecem em outras como ondas desfeitas,[21] e só se distinguem por leves aumentos e diminuições de luz. O progresso é muito lento e traz à memória a idade Satya das Escrituras hinduístas, em que a vida permanece alguns milhares de anos sem mudança apreciável.[22] As entidades se desenvolvem muito lentamente à medida que as ferem os raios de uma luz magnetizada. É como uma gestação, como o crescimento de um ovo ou de um casulo dentro de seus invólucros.

O principal interesse da Cadeia está na evolução dos seres brilhantes (devas ou anjos) que habitualmente moram naqueles níveis superiores, enquanto as evoluções inferiores parecem desempenhar uma parte subalterna. A humanidade está ali muito influída pelos devas, geralmente por sua mera presença e pela atmosfera que formam; mas às vezes se vê um deva tomar um ser como se fosse um brinquedo ou cordeirinho mimado. Por sua própria existência, a vasta evolução angélica auxilia a humanidade. As vibrações estabelecidas por esses gloriosos Espíritos atuam nos mais insignificantes tipos humanos, e os fortalecem e vivificam. Observando a Cadeia em conjunto, a vemos como um campo primordialmente destinado ao reino angélico e apenas secundariamente à humanidade; mas não deixa de causar estranheza, porque os homens estão acostumados a encarar o mundo como exclusivamente seu.

No quarto globo se vê de vez em quando que um deva auxilia deliberadamente um ser humano, transferindo matéria de seu próprio corpo para aumentar a receptividade e capacidade de resposta do corpo daquele. Estes auxiliadores pertencem à classe de anjos corpóreos (rupa-devas) ou com forma, que habitualmente residem no mundo mental inferior.

Voltando ao reino mineral, encontramo-nos entre aqueles dos quais alguns serão homens na Cadeia Lunar e outros na Cadeia Terrestre. A consciência adormecida nestes minerais tem de ir se despertando gradualmente e de se desenvolver através de longas etapas no reino humano.

O reino vegetal está um tanto mais desperto, embora ainda muito insensível e sonolento. O progresso normal neste reino transportará a animada consciência ao reino animal da segunda Cadeia e ao humano na terceira.

Ainda que não seja necessário dar a esses reinos as denominações de mineral e vegetal, convém notar que na realidade estão constituídos por simples formas mentais, isto é, por formas de pensamentos de minerais e de vegetais, com as Mônadas que, por assim dizer, sonham nelas e sobre elas flutuam, e lhes enviam leves pulsações de vida. Parece como se estas Mônadas se vissem precisadas de quando em quando de dirigir sua atenção àquelas formas aéreas, e sentir e experimentar por meio delas as impressões transmitidas pelos contatos exteriores. Essas formas mentais estão à maneira de modelos na mente do Governador das sete Cadeias, o qual, como produto de Sua meditação, vive num mundo de ideias e pensamentos. Vemos que as Mônadas, que em precedentes Esquemas de evolução adquiriram átomos permanentes, aderem às formas mentais sobre as quais flutuam, e nelas e por meio delas chegam a ser vagamente conscientes. Mas não obstante o estado vago dessa consciência, se lhe observam graus distintos, dos quais o inferior plano se pode chamar consciência, pois a vida anima formas mentais de tipo semelhante ao que agora chamamos terra, rochas e pedras.

Das Mônadas em contato com essas formas, dificilmente se pode afirmar que por sua meditação percebam alguma sensação, exceto a do contato pressionante que, em resistência à pressão, extrai delas uma apagada comoção de vida, diferente da ainda mais apagada vida das moléculas químicas não aderidas às Mônadas e insensíveis à pressão. No grau imediato correspondente às formas de pensamento idênticas às que agora chamamos mentais, o sentido do contato pressionante é mais agudo, e algo mais definida a resistência à pressão, pois é quase a reação expansiva do esforço para repeli-la. Quando esta reação subconsciente atua em várias direções, fica formado o pensamento-modelo de um cristal. Observamos que quando nossa consciência estava no mineral, sentimos somente a reação subconsciente; porém mais adiante, ao tentarmos perceber a reação do exterior, apresentava-se em nossa consciência como vago desgosto da pressão e um frouxamente penoso esforço para resistir-lhe e repeli-la. Um de nós manifestou que em suas observações "sentia uma espécie de minerais desgostosos". Provavelmente, a vida monádica, ansiosa por expressão, sentiu vago desgosto ao não encontrá-la, e isto sentimos nós quando saímos do mineral, tal qual o sentimos na parte de nossa consciência, que então estava fora da rígida forma.

Se brevemente observarmos mais adiante, veremos que as Mônadas aderidas aos cristais não entram na Cadeia seguinte pelas inferiores senão pelas superiores formas de vida vegetal, por meio das quais passam para a Cadeia Lunar, em cujo ponto médio entram como mamíferos e ali se individualizam para tomar nascimento humano em sua quinta Ronda.

Um dos fatos mais desconcertantes para os observadores é que esses "pensamentos de minerais" não permaneçam imóveis, mas tenham movimento. Assim, por exemplo, uma colina que parece estar fixa, dá voltas ou flutua daqui para ali, ou muda de forma de maneira que não há terra firme, senão indistinto panorama. Não é necessário que a fé mova essas montanhas, porque elas próprias se movem.

Ao término dessa primeira Cadeia, todos os que alcançaram o nível superior nela estabelecido, isto é, aquele que, como já dissemos, corresponde à nossa primeira Iniciação, entram em qualquer das sete Sendas, uma das quais conduz a colaborar na obra da segunda Cadeia, como construtores das formas de sua humanidade, desempenhando nessa segunda Cadeia funções idênticas às que, mais tarde, desempenharam em nossa Cadeia Terrestre os "Senhores da Lua".[23] Blavatsky chama Asuras,[24] que significa "seres viventes", às entidades que, cumprida a sua evolução na primeira Cadeia, passaram a colaborar na segunda. As entidades que não conseguiram alcançar o nível próprio da primeira Cadeia entraram pelo ponto médio na segunda Cadeia, para prosseguir nela a sua própria evolução, e guiaram a humanidade dessa mesma Cadeia, a cujo término alcançaram a Liberação e adquiriram a categoria de "Senhores" da Cadeia, e alguns deles, por sua vez, colaboram na terceira Cadeia, cujas formas humanas construíram.[25] A primitiva humanidade da segunda Cadeia foi selecionada do reino animal da primeira; e os reinos animal e vegetal da segunda Cadeia derivaram respectivamente dos reinos vegetal e mineral da primeira. Os três reinos elementais do arco descendente da primeira Cadeia passaram semelhantemente à segunda para formar o reino mineral e dois reinos elementais, ao passo que um novo impulso de vida do LOGOS forma o primeiro reino elemental. Na segunda Cadeia, a descida posterior na matéria produz um globo no plano emocional, isto é, nos dá um globo astral, no qual a então mais compacta matéria plasma formas algo mais coerentes e perceptíveis. Nesta segunda Cadeia, os globos A e C estão no plano intuicional; B e F no plano mental superior; C e E no mental inferior, e D no emocional. Neste globo D as formas já são mais parecidas com as que estamos acostumados a ver, embora ainda muito estranhas e indistintas. Assim, por exemplo, as formas de aparência vegetal se movem de um lado para outro, tão livremente como se fossem animais, ainda que, por certo, com escassa ou nenhuma sensibilidade. Não chegaram ainda à matéria física, daí sua grande mobilidade. As jovens entidades humanas viveram aqui em íntimo contato com os seres radiantes que ainda dominavam o campo da evolução, e também influíram naquela humanidade os anjos corpóreos (*rupa-devas*) e os anjos emotivos (*kama-devas*).

Manifestou-se a paixão em muitas entidades que então tiveram corpo emocional no globo D, e os germes da paixão foram visíveis nos animais. Passou-se a notar diferenças na capacidade para responder às vibrações enviadas, já consciente, já inconscientemente, pelos devas, ainda que fosse muito gradual a mutabilidade e lento o progresso. Mais tarde, ao desenvolver-se a consciência intuicional, estabeleceu-se comunicação entre este Esquema e o de que agora Vênus é globo físico.

Este Esquema está numa Cadeia dianteira da nossa, e dali vieram alguns para a nossa segunda Cadeia; mas não podemos dizer se os que vieram pertenciam à humanidade de Vênus ou se eram membros do Estado-Maior.

Rasgo característico do globo D na primeira Ronda desta segunda Cadeia, foram umas grandes e ondulantes nuvens de matéria esplendidamente matizada, que na Ronda seguinte se coloriram com maior brilho e responderam com mais facilidade às vibrações que as plasmaram em formas, não sabemos bem seguramente se vegetais ou animais. Grande parte do trabalho prosseguiu nos planos superiores, vitalizando matéria para fins posteriores, mas com escassos efeitos nas formas inferiores. Assim como agora serve a essência elemental para construir corpos emocionais e mentais, semelhantemente, então os rupa-devas e kama-devas procuravam diferenciar-se mais distintamente, utilizando aquelas nuvens de matéria para viver nelas. Desciam subplano após subplano para matéria mais densa, ainda que sem empregar nesta o reino humano. Ainda atualmente, um deva pode animar todo um distrito de determinado país, o que era ação muito frequente naquela época. Os indistintos e misturados corpos desses devas estavam constituídos por matéria emocional e mental inferior e às vezes, nos corpos desses devas, se arraigavam, cresciam e se desenvolviam átomos permanentes de vegetais, minerais e mesmo animais. Mas os devas não pareciam mostrar particular interesse pelos átomos permanentes, da mesma sorte que nós não nos preocupamos com a evolução dos micróbios viventes em nosso corpo. Contudo, de quando em quando se interessavam um tanto por um animal, cuja capacidade de resposta crescia rapidamente em tais condições.

Ao estudar a consciência vegetal na segunda Cadeia (onde os homens de hoje viviam no reino vegetal), achamos atuando nela uma confusa manifestação de forças e certa tendência para o desenvolvimento. Alguns vegetais sentiam a necessidade e desejo de crescer, e a propósito disto exclamou um dos investigadores: "Estou me esforçando para florescer". Noutros vegetais havia uma leve resistência à modalidade fixa de crescimento, e uma vaga tendência de seguir outra direção espontaneamente escolhida. Alguns outros pareciam como que tratar de utilizar as forças postas em contato com eles, e sua consciência embrionária lhes representava como existente para eles tudo quanto os circundava. Alguns se esforçavam por tomar a direção que os atraía, e ao verem frustrado o seu intento, experimentavam um vago desgosto. Assim vemos embaraçado em seu próprio impulso um vegetal que formava parte do corpo de um deva, pois como é lógico, dispunha este as coisas segundo sua conveniência e não segundo a dos constituintes de seu corpo. Por outro lado, do obscuro ponto de vista do vegetal, o proceder do deva lhe era tão incompreensível e incômodo como para nós o são as tempestades em nossos dias.

Para o fim da Cadeia, os vegetais mais desenvolvidos manifestaram um pouco de mentalidade de índole infantil, e reconheceram ao redor de si a existência de animais, gostando da vizinhança de uns e repugnando-lhe a de outros. Sobrevieram anseios de maior coesão, como resultado, sem dúvida, do impulso descendente para a matéria mais densa, pois a

Vontade operava na natureza no sentido de descer a níveis mais densos. Como ainda não haviam ancorado na matéria física, as formas emocionais eram muito instáveis e propendiam a flutuar vagamente aqui para ali, sem propósito definido.

Na sétima Ronda desta Cadeia ficou excluído de sua humanidade um número considerável de fracassados que se atrasaram muito mais que o necessário para encontrar formas adequadas, e posteriormente continuaram como homens na terceira Cadeia, a Lunar. Outras entidades alcançaram o nível agora assinalado para a terceira Iniciação, ou seja, o nível próprio do êxito na segunda Cadeia, e entraram em uma ou outra das sete Sendas, entre as quais está, segundo já se disse, a que conduz à obra de cooperação na Cadeia seguinte. Os que não fracassaram, mas que tampouco obtiveram êxito, entraram na terceira Cadeia ao chegar esta à Ronda compatível com o grau de evolução que aquelas haviam previamente conseguido.

As primeiras categorias do reino animal se individualizaram na segunda Cadeia, e começaram a sua evolução humana na Cadeia Lunar, passando muito rapidamente pelos seus reinos inferiores e tornando-se humanas. Depois guiaram a evolução naquela Cadeia, até que as entidades antes mencionadas (os fracassados primeiro e depois os que não alcançaram pleno êxito), excluídos na segunda Cadeia, se tornaram sucessivamente os guias.

As primeiras categorias do reino vegetal da segunda Cadeia ingressam como mamíferos no reino animal da Cadeia Lunar, quando esta chega à quarta Ronda, mas sem passarem pelos tipos inferiores de animais (ciliados, peixes e répteis), pois as categorias restantes do reino vegetal da segunda Cadeia constituem esses tipos inferiores do reino animal da terceira Cadeia, em que ingressam pela primeira Ronda. A consciência do reino mineral da segunda Cadeia se transmitiu ao reino vegetal da Cadeia Lunar, cujo reino mineral foi ocupado pelo superior reino elemental da segunda Cadeia. Como na série anterior, o primeiro reino elemental da terceira Cadeia foi constituído por uma nova onda de vida do LOGOS.

Convém expor agora um princípio importante. Cada subplano dos sete que formam um plano, se subdivide por sua vez em sete subdivisões; e, portanto, o corpo que contiver matéria de todas as subdivisões de um subplano, manifestará unicamente sua atividade nas subdivisões correspondentes ao número de Cadeias ou Rondas, pelas quais já passou ou está passando. Assim, por exemplo, um homem que atue na segunda Ronda da segunda Cadeia, só será capaz de empregar em seus corpos emocional e mental a matéria correspondente às primeira e segunda subdivisões de cada subplano dos planos astral e mental. Na terceira Ronda terá capacidade para o emprego da matéria correspondente às subdivisões primeira, segunda e terceira de cada subplano dos citados planos astral e mental. Mas no que se refere à matéria da terceira subdivisão, não a poderá utilizar tão satisfatoriamente como quando mais tarde atuar na terceira Ronda da terceira Cadeia.

Assim também, por exemplo, na segunda Ronda de nossa Cadeia terrestre, o homem atuou plenamente nas primeira e segunda subdivisões de cada subplano, mas muito debilmente na terceira e quarta enquanto esteve na quarta Cadeia. De modo que, se bem que houvesse em seu corpo matéria de todos os subplanos, só estavam plenamente ativas nas duas subdivisões inferiores dos dois subplanos inferiores, e apenas através destes podia a sua consciência atuar plenamente.

Até a sétima Raça de nossa sétima Ronda, o homem não possuirá o esplendente corpo, cujas partículas responderão cada qual com presteza e, ainda assim, não tão perfeitamente como nas Cadeias posteriores.

CAPÍTULO 3
TEMPOS PRIMITIVOS DA CADEIA LUNAR

Na Cadeia Lunar, terceira em sucessão, ocorre uma inversão mais profunda na matéria. Os globos A e G estão no mental superior; B e F no mental inferior; C e E no emocional, e D no físico. Esse globo intermediário, cenário da máxima atividade na Cadeia, subsiste ainda, pois é a Lua, embora tenha perdido muita matéria e só reste dele o núcleo interior, digamos assim, após a desintegração da crosta, resultando um globo muito diminuído de tamanho, um verdadeiro cadáver que aguarda sua desintegração total.

Prosseguindo a observação das evolucionantes consciências que vimos como minerais na primeira Cadeia e como vegetais na segunda, notamos que a crista da avançante onda que nos conduz em seu bojo entra na terceira Cadeia, em seu ponto médio como mamíferos, aparecendo no globo D, a Lua, na quarta Ronda. Estes mamíferos são curiosas criaturas, pequenas, mas extremamente ativas. Os mais adiantados têm forma simiesca e dão enormes saltos. As criaturas da quarta Ronda apresentam, no geral, a pele primeiro escamosa e depois parecida com a da rã. Os tipos superiores pontas agudas, que formam uma pele áspera e grosseira. O ar, inteiramente distinto do de nossa atual atmosfera, é pesado e sufocante como vapor d'água, mas evidentemente adequado aos habitantes da Lua. As consciências que vimos observando se infundem nos corpos de pequenos mamíferos, de tronco grosso, extremidades curtas e configuração semelhante a uma mistura de doninha, lemuriano e cão silvestre, com uma cauda curta, desleixada, espessa e deselegante. Têm os olhos encarnados, cuja visão atravessa a escuridão de suas tocas, e ao saírem delas, erguem-se sobre as patas traseiras, que com a forte e curta cauda, formam um trípode, e fungam movendo a cabeça de um lado para outro. São animais fracamente inteligentes, e suas relações com os homens, pelo menos nesta região, parecem mais amistosas que as dos homens de nossa Terra com os animais selvagens, pois ainda que aqueles não estejam domesticados, não fogem à presença do homem lunar. Mas em outras regiões, onde os homens são meros selvagens e devoram os inimigos que caem em suas mãos, e os animais quando não dispõem de carne humana, as criaturas selvagens são tímidas e evitam a vizinhança do homem.

Após esta primeira etapa da vida animal, aparecem umas criaturas que costumavam viver nas árvores; têm as pernas duplamente articuladas, os pés almofadados e curiosamente munidos de uma espécie de polegar em ângulo reto com a pata, à maneira de espora de galo, armado de uma garra curva que lhe serve para suster-se ao trepar rapidamente ao longo dos ramos, sem necessidade de se valer do resto do pé. Mas quando andam pelo solo, apoiam-se nas almofadinhas e a espora fica sobre o nível do terreno, sem embaraçar-lhes os passos.

Outros animais muito mais desenvolvidos e inteligentes que esses têm forma simiesca e vivem habitualmente nos acampamentos dos homens aos quais estão muito ligados e lhes servem de diversas maneiras. Estes se individualizaram no globo D, em sua quarta Ronda, e nos globos E, F e G desenvolveram os corpos humanos emocional e mental; mas o causal, embora já plenamente formado, mostrou desenvolvimento muito escasso. Deixaram a Cadeia Lunar no meio da sétima Ronda, segundo veremos, e, portanto, desenvolveram-se como homens durante três Rondas da Cadeia Lunar. Entre eles, individualizados numa pequena comunidade residente no campo, observamos os atuais Mestres Marte e Mercúrio, que presentemente se encontram à frente da Sociedade Teosófica[26] e serão o Manu e o Bodhisattva[27] da sexta Raça Raiz de nossa Terra, na presente quarta Ronda da Cadeia Terrestre.

Depois da morte de seus últimos corpos no globo D, a consciência dos animais que estamos considerando ficou adormecida durante o resto da quarta Ronda e nos três primeiros globos na quinta. Como perderam o corpo emocional e o incipiente mental pouco depois da morte do corpo físico, e não tinham o causal, permaneceram adormecidos numa espécie de céu, com agradáveis sonhos e sem contato com os mundos manifestados, pois sobre o abismo entre estes e eles não havia nenhuma ponte. Na quinta Ronda encarnaram-se de novo em corpos físicos de aparência simiesca e tamanho grande, de modo que davam saltos de doze metros e se compraziam em lançar-se ao ar até tremendas alturas. Na época da quarta Raça humana deste globo D, foram animais domésticos e serviram para guardar as propriedades de seus amos e entreter brincalhonamente as crianças das casas com maior fidelidade que hoje os cães guardiães, pois levavam os pequenos nos braços ou nas costas e sentiam muito carinho por seus irmãos donos. As crianças lhes acariciavam deleitosamente a espessa e branda pele, e gozavam com os enormes saltos de seus fiéis guardiães. Uma cena servirá de exemplo típico da individualização desses animais.

Numa choça habitava um homem lunar com sua esposa e filhos, aos quais posteriormente conhecemos pelos nomes de Marte, Mercúrio, Mahaguru e Súrya.[28] Alguns desses animais vivem ao redor da choça e servem a seus amos com o devotamento de fiéis cães. Entre eles estão os futuros Sírio, Héracles, Alcione e Mizar, aos quais já podemos dar estes nomes com o fim de designá-los, embora não sejam ainda homens. Seus corpos astral e mental se desenvolveram ao influxo da inteligência humana de seus donos, como sob o da nossa se desenvolvem agora os dos animais domésticos. Sírio demonstra predileção especial por Mercúrio; Héracles por Marte, e Alcione e Mizar são apaixonados servidores do Mahaguru e Súrya. Uma noite houve alarme. Os selvagens cercaram a choça, trazendo consigo robustos e ferozes animais domesticados, semelhantes a peludos lagartos e crocodilos. Os fiéis guardiães se lançam em torno da choça de seus amos e lutam desesperadamente para defendê-la. Sai Marte e repele os assaltantes com armas de que estes careciam; mas, enquanto isso, um dos lagartos desliza por detrás dele para dentro da choça, e arrebatando a menina Súrya a leva consigo. Sírio se lança contra o raptor, derruba-o e entrega a menina a Alcione, que a restitui à choça enquanto Sírio continua agarrado ao lagarto e após desesperada luta o mata, mas caindo ferido e sem sentidos sobre o cadáver. Enquanto isto ocorre, um selvagem se aproxima por detrás de Marte e vai feri-lo nas costas; mas Héracles se interpõe num salto entre seu dono e a arma cujo golpe recebe em meio do peito, e cai moribundo. Os selvagens fogem então em todas as direções, e como Marte percebe que alguém caíra atrás de si, recupera-se vacilantemente para voltar-se, reconhece seu fiel defensor, sobre cujo corpo se inclina, e lhe recolhe a cabeça em seu colo. O pobre mono levanta os olhos cheios de intenso afeto para seu amo, e cumprido o ato de serviço com apaixonado anelo de o salvar, atrai com ardorosa força uma corrente de resposta do aspecto Vontade da Mônada. No exato momento de morrer, o mono se individualiza e expira feito homem.

O mono Sírio ficou gravemente estropiado pelo lagarto inimigo; mas como ainda respirava, o transportaram para a choça, onde ainda viveu longo tempo, se bem que muito aleijado e com extrema dificuldade de movimentos. É comovedor vê-lo tão fielmente apegado à sua ama e segui-la com a vista aonde quer que ela fosse. De sua parte, a menina Súrya cuidava carinhosamente dele, e seus outros companheiros, Alcione e Mizar, se colocavam ao redor. Pouco a pouco se desenvolveu vigorosamente a inteligência de Sírio, alimentada pelo amor, até que a mente inferior conseguiu atrair resposta da superior, e seu corpo causal relampejou em seu ser pouco antes de sua morte. Alcione e Mizar sobreviveram por algum tempo, sendo sua principal característica a inteira adesão ao Mahaguru e a Súrya, até que o corpo emocional, movido por esse puro ardor, atraiu uma resposta do Plano Intuicional, e também alcançaram a individualização ao morrerem.

Estes casos são adequados exemplos dos três grandes tipos de individualização,[29] em cada um dos quais o fluxo descendente da vida superior passa através de um dos aspectos do trino Espírito: da Vontade, da Sabedoria ou da ativa Inteligência. A Ação alcança e atrai a Vontade; o Amor alcança e atrai a Sabedoria; a Mente alcança e atrai a Inteligência. Estes são os três "meios normais" de individualização. Há outros, que logo examinaremos, reflexos daquele na matéria densa; mas são "meios anormais" e ocasionam muita tristeza.

De agora em diante essas consciências, que de modo especial vimos observando, são já definitivamente humanas, e possuem os mesmos corpos causais que ainda usam. Estão no globo E como seres humanos, embora não tomem parte concreta em sua vida comum, mas flutuam em sua atmosfera como os peixes na água, porque não estão suficientemente avançados para intervir nas atividades normais desse globo. O novo corpo emocional no globo E está constituído por uma espécie de saliência formada ao redor do átomo emocional permanente. As entidades recém-individualizadas não nascem como filhos dos habitantes do globo E (os quais, diga-se de passagem, carecem de aparência notável), e seu verdadeiro progresso como seres humanos não começa até que de novo voltem ao globo D na sexta Ronda. Contudo, alguma coisa se consolida e melhora no corpo emocional, que flutua na atmosfera do globo E, no corpo mental, que equivalentemente flutua no globo F, e no causal, que está na mesma situação no globo G. Este melhoramento se manifesta na descida através das atmosferas dos globos A, B e C na sexta Ronda, onde a matéria constitutiva de cada corpo é a melhor e a mais coerente de sua classe. Mas, segundo temos dito, o progresso efetivo eles realizam no globo D, onde dispõem uma vez mais de matéria.

Entre os animais avançados desta quinta Ronda, que vivem em contato com os primitivos seres humanos, há alguns interessantes, porque mais tarde são agrupados num tipo baseado numa similaridade do método de individualização. Individualizam-se por um dos "meios anormais" a que antes aludimos. Estes animais tratam de imitar os seres humanos com os quais convivem, a fim de adquirir fama de superioridade entre os demais animais da sua espécie, em cuja presença se requebram transbordantes de vaidade e ostentação. Têm também configuração simiesca muito parecida com a dos anteriormente observados, mas com maior astúcia e imaginação, ou pela faculdade imitativa, e se divertem fingindo-se de homens, como as criancinhas brincam de pessoas maiores. Esta intensa vaidade os individualiza, pois estimula em grau anormal a faculdade imitativa e determina um veemente sentimento de separação, fortalecendo o insensato eu do animal, até que o esforço para distinguir-se dos demais atrai uma resposta dos níveis superiores e forma-se o Ego. Mas esse esforço para se avantajarem a seus companheiros, sem admiração nem amor por ninguém superior a eles, os exalta de modo tal que só podem olhar para baixo, sem transmutar as paixões animais em emoções humanas, nem assentar os fundamentos para o desenvolvimento posterior e harmônico das naturezas emocional e intelectual. Os animais assim humanizados são independentes, egoístas, presunçosos, e cada qual pensa unicamente em si mesmo, sem deter sua mente na cooperativa missão para um propósito comum. Ao morrerem, depois de individualizados, ficam adormecidos durante o intervalo entre a morte e o renascimento no globo D, na sexta Ronda, equivalentemente aos já descritos animais individualizados, mas com a diferença, importantíssima no relativo ao desenvolvimento, de que nos casos anteriormente expostos, os novos seres humanos tinham a mente focalizada com amor em seus dourados possuidores do globo D, e por isso fortaleceram para melhor as suas emoções, enquanto os individualizados por vaidade converteram suas mentes apenas para si mesmos e suas próprias excelências, pelo que não houve neles desenvolvimento emocional do amor.

Outro grupo de animais se individualiza por admiração pelos seres humanos com os quais se põe em contato, e também trata de imitá-los, não por ânsia de se sobrepor a seus companheiros, mas porque reconhece a superioridade dos homens e deseja se assemelhar a eles. Embora por eles não sinta nem vivo amor nem desejo de os servir, anseia, no entanto, receber seus ensinamentos, e os obedecem facilmente, por causa da admiração que a seres superiores professam. Seus amos os adestram primeiro em brincadeiras astuciosas e depois os acostumam a prestar serviços pequenos, com o que se lhes desperta o sentido de cooperação com os seus donos, aos quais procuram comprazer para receber sua aprovação, não precisamente pelo cuidado em que os têm, senão porque esta aprovação os aproxima dos seres superiores e lhes permite cooperar com eles. Quando se individualizam a favor do desenvolvimento da inteligência, o intelecto se disciplina facilmente, muito logo está disposto à cooperação e começa a ver as vantagens do esforço unido e a necessidade da obediência. Levam então para a sua existência intermediária o sentimento da unidade do trabalho, e gostosamente se submetem à direção, com muita vantagem para eles no futuro.

Outro tipo se desenvolve debaixo de uma menos afortunada modalidade, que é a da mente despertada e aguçada pelo temor. Os animais perseguidos pelos caçadores ou sujeitos ao domínio de homens selvagens que costumam tratá-los cruelmente, podem individualizar-se por seus esforços para escapar desse tratamento cruel, e pelas artimanhas de que têm de se valer para iludir as perseguições dos caçadores. Assim desenvolvem a astúcia, a picardia e outras qualidades equivalentes, que produzem neles uma reproduzida ingenuidade alimentada pelo medo, com grande parte de receio, desconfiança e ânsia de vingar-se. Depois de fortalecida assim a mente até certo grau, em contato com o homem, enquanto pelos meios mais inconvenientes, sobrevém a individualização. Observamos certa vez que um animal, cuja parelha mataram, se individualizou por efeito do passional arrebatamento de ódio e vingança a que o moveu a perda. Em outro caso, outro animal parecido com o lince se individualizou pelo impetuoso desejo de causar dor, como que cedendo a um sentimento de domínio sobre os demais; mas também, neste caso, foi estimulado pela maligna influência e pernicioso exemplo do homem.

O longo intervalo entre a individualização e o renascimento está ocupado, nestes casos, por sonhos de bem afortunadas fugas e escapatórias, de traiçoeiras vinganças e de crueldades infligidas àqueles que os oprimiram durante a sua última vida animal. É responsável por tão infeliz resultado o homem que o causou e que criou um laço para vidas futuras. Não será fora de propósito considerar todas essas individualizações como prematuras, isto é, por "terem tomado demasiado cedo a forma humana". Voltaremos a encontrar esses tipos na sexta Ronda, elaborando a sua nova humanidade segundo os processos determinados pela sua respectiva ordem de individualização. Parece como se apenas pertencessem ao Esquema evolutivo os três métodos de individualização determinados pelo fluxo descendente do alto, e que o forçado arranco de baixo para cima provém das injustiças do homem.

Antes de seguirmos essas entidades e nossos amigos de outros tipos em suas vidas sobre o globo D, durante a sexta Ronda, podemos lançar uma vista pelas civilizações mais adiantadas das cidades da Cadeia Lunar na quinta Ronda. Pelo globo estavam disseminadas muitas comunidades, cujo gênero de vida era claramente primitivo. Alguns, como os da choça antes mencionada, ainda que de condição pacífica e pouco desenvolvidos, lutavam esforçadamente quando se viam atacados; mas outros, de natureza selvagem e briguenta, andavam continuamente em guerra sem mais motivo que o gosto cruel de verter sangue.

Além dessas diversas comunidades, grandes umas, pequenas outras, umas nômades, outras sedentárias e pastoris, havia gente muito mais civilizada que vivia em cidades, empregava-se no comércio e era dirigida por governos estabelecidos, ainda que sem chegar a constituir o que nós chamamos Nação, pois uma cidade, com sua considerável e muitas vezes vasta periferia, em que se esparramavam as aldeias, formava um Estado independente, que se federava circunstancial e temporariamente com os vizinhos para sua mútua defesa, comércio, etc.

Um exemplo servirá de ilustração. Perto da zona correspondente ao Equador observamos uma grande cidade, mais semelhante a um cemitério, com uma vasta extensão de terra de cultivo ao seu redor. Está construída de bairros separados, segundo as categorias de seus habitantes. Os pobres vivem extramuros durante o dia, e, durante a noite, ou quando chove, aglomeram-se sob tetos chatos, lembrando os dólmens, sobrepostos a umas cavidades ou câmaras oblongas, abertas na rocha. Estas parecem cavas profundas, com intercomunicações em toda a sua extensão, como um labirinto regular, e tendo como porta de entrada uma enorme lousa de pedra apoiada sobre pequenos pilares. Essas câmaras, que se contam aos milhares, estão maciçamente unidas e alinhadas de ambos os lados de uma rua circular que circunda externamente a cidade.

As classes superiores vivem em casas de cúpula, construídas no interior do recinto, mas num nível superior, com um amplo terraço adiante, e alinhadas em circuito exatamente superposto à rua de baixo. As cúpulas estão sustentadas por curtos e severos pilares de superfície inteiramente entalhada, cujo trabalho denota civilização muito adiantada. Multidão destas cúpulas aparecem unidas pela borda inferior, e formam uma espécie de cidade comunal disposta em circuito com outro terraço circular sobre seu passeio interno. O centro é a parte mais elevada da cidade e ali as casas são de maior altura, com três cúpulas, uma sobre outra. A casa central tem cinco cúpulas superpostas, de modo que cada uma delas é menor que a de baixo. Às cúpulas superiores se sobe por degraus dispostos no interior de um dos pilares encravados no solo e que rodeiam o pilar central. Parece como se estes pilares tivessem sido lavrados em uma saliência de rocha viva. Nas cúpulas superiores não há abertura para a luz nem para o ar, e a de cima de todas tem pendente do centro uma espécie de maca. É o oratório, pois segundo indícios, o orante não deve tocar o solo enquanto ora.

Esta é, sem dúvida alguma, a humanidade mais adiantada da Lua, que com o tempo foram os Senhores da Lua por haverem alcançado o nível de Arhat, meta assinalada para a evolução lunar. Já estão civilizados e observamos entre eles um menino que em seu aposento escreve com caracteres completamente desconhecidos para nós.

Os homens lunares que na quinta Ronda daquela Cadeia entraram na Senda, estiveram em contato com um grupo superior de Seres que formavam a Hierarquia daquele tempo, pois tinham vindo da segunda Cadeia para auxiliar a evolução da terceira. Viviam esses Seres em uma elevadíssima e inacessível montanha, mas reconheceram Sua presença os que estavam na Senda, e no geral creram nela os homens mais inteligentes da época. Seus discípulos se reuniam com Eles ao se desprenderem do corpo físico, e de quando em quando baixava um desses Seres à planície para residir temporariamente entre os homens. Os moradores da antes descrita casa central da cidade estavam relacionados com Eles, dos quais recebiam instruções nos assuntos de grave importância.

CAPÍTULO 4
A SEXTA RONDA DA CADEIA LUNAR

Voltamos ao globo D, já na sexta Ronda, onde nossos individualizados animais nasceram como homens simples e primitivos, mas não selvagens nem brutais. Não são belos no conceito que temos hoje da beleza, pois têm o cabelo áspero, os lábios grossos, nariz achatado e largo na base. Habitam uma ilha onde escasseia o alimento, e assim vemos que, em sua primeira vida completamente humana, aparece Héracles em cena, empenhado em vigorosa luta com outro selvagem, em disputa do cadáver de um animal extremamente repugnante. Não parecem muito frequentes os conflitos entre os ilhéus, pois só sobrevêm por escassez de alimento; mas precisam repelir de vez em quando os invasores vindos da terra firme, onde os selvagens são brutalmente canibais, de cruel ferocidade e muito temidos pelos pacíficos ilhéus. Esses perversos vizinhos atravessam o estreito numa espécie de primitivas jangadas, e invadem a ilha destruindo tudo quanto encontram em sua passagem. Os ilhéus os tinham por demônios, e todavia lutam bravamente contra eles em defesa própria e matam quantos lhes caem nas mãos; mas não os torturam vivos nem os comem depois de mortos, como o fazem os selvagens de terra firme com os seus prisioneiros.

Esses selvagens são os que se individualizaram por temor na quinta Ronda, e entre eles descobrimos Escorpião, cujo ódio a Héracles, tão intenso em futuras vidas, pode se ter originado daqui, pois naquela iniciante humanidade os vemos em tribos hostis, lutando furiosamente um contra o outro. Na segunda vida de Héracles, naquela comunidade, comandou Escorpião o ataque a uma das tribos da ilha que logo mencionaremos, e Héracles ia numa expedição de socorro, que acometeu os selvagens quando já estes regressavam para seu país, e os destruiu por completo, salvando um prisioneiro ferido, de raça superior, que reservavam para torturá-lo. Pela mesma época descobrimos entre os ilhéus a Sírio, Alcione e Mizar, sem que os ligue especial parentesco, pois a vida é ali comum e as pessoas andam em promiscuidade, que sobrepuja as relações estabelecidas pela atração pessoal criada em qualquer vida. Os intervalos entre a morte e o renascimento são muito curtos, uns poucos anos apenas, e nossos selvagens renascem na mesma comunidade. Na segunda vida já denotam algum progresso, porque recebem auxílio externo, que lhes apressa a evolução.

Desembarca na ilha um homem estrangeiro, de tipo muito superior, e mais delicada compleição, de um azul claro e brilhante, em vez do moreno escuro dos ilhéus, que o rodearam com muita curiosidade e admiração. Vem civilizar os dóceis e doutrináveis ilhéus, com o propósito de os incorporar ao Império cuja capital é a cidade de onde vem. Começa por lhes causar surpresas. Enche de água uma concha fabricada com a casca de uma fruta, e deita nela uma bolinha à maneira de semente que tira de um bolsinho. Pega fogo e acende umas tantas folhas secas que ardem em cintilante fogueira. É o primeiro fogo que veem os selvagens, os quais fogem velozmente e trepam nas árvores, de onde contemplam com aterrorizados olhos tão estranha e deslumbrante criatura. O estrangeiro lhes faz sucessivas demonstrações de carinho, e eles se lhe vão aproximando timidamente, até que, ao verem que nada de mau ocorre e que o fogo é agradável para a noite, tomam o recém-vindo como um deus e lhe tributam adoração, assim como também ao fogo. Estabelecida desta maneira a sua influência, lhes ensina depois a cultivar a terra, e plantar vegetal parecido com o cacto, mas de folhas vermelhas, que produz tubérculos subterrâneos, algo semelhantes a inhames. O instrutor racha os grossos talos e as folhas, os seca ao sol e lhes ensina a preparar com isso uma espécie de sopa espessa. A medula dos talos é um tanto parecida com o pó nutritivo de araruta, e o suco que dela se extrai, ao espremê-la, produz um açúcar doce ainda que rústico. Héracles e Sírio são íntimos amigos, e à sua tosca e ignorante maneira discutem os processos empregados pelo estrangeiro, pelo qual sentem ambos muita inclinação.

Entretanto, uma expedição de selvagens de terra firme havia atacado uma tribo residente a certa distância do acampamento de nossa tribo, matando a maior parte dos homens e as mulheres velhas, e levando prisioneiros uns tantos varões com todas as mulheres casadouras e as crianças.

Estes últimos eram levados como se levassem animais de carne esquisitamente saborosa. Um ferido fugitivo chegou ao povoado com a notícia, implorando um contingente de guerreiros para resgatar os infelizes cativos.

Saiu então Héracles à frente de uma expedição, disposto à briga, e caindo sobre os selvagens enquanto estavam se regalando com o festim, exterminou todo o bando, livrando-se somente Escorpião, por achar-se ausente. Os vencedores encontram na choça um homem ferido, cuja pele denotava que pertencia à mesma raça do estrangeiro desembarcado na ilha, e seguramente o destinavam ao tormento para gozar depois de suas posses. Acomodaram-no sobre uma liteira de lanças cruzadas, se cabe dar este nome a umas achas pontiagudas, e o levaram para a ilha com dois ou três cativos resgatados e as jovens que ainda apanharam vivas. Embora o estado do ferido fosse grave, exalou um grito de gozo ao chegar à ilha e reconhecer no estrangeiro um amigo muito estimado de sua própria cidade, pelo que o deixaram na choça deste, onde permaneceu até se restabelecer. Referiu então que o haviam enviado para exterminar os selvagens na costa da terra firme, mas que a sorte havia mudado, de modo que os selvagens cercaram e aniquilaram o seu exército, caindo ele prisioneiro com alguns oficiais e soldados. Todos foram condenados a morrer entre horríveis tormentos, mas a ele lhe perdoaram a vida por algum tempo, para que recuperasse forças, pois estava demasiado fraco e não teriam podido gozar em seu tormento. Isto havia determinado a sua salvação.

Héracles cuidou dele à sua rude maneira: com fidelidade de cão, passava as horas mortas escutando como os dois amigos (Marte e Mercúrio) conversavam em idioma para ele completamente estranho. Mercúrio sabia algo de medicina, e seu amigo progrediu rapidamente na cura sob seu cuidado, de modo que sarou das feridas e recuperou as forças perdidas.

Graças à influência de Mercúrio, civilizaram-se um tanto aquelas pessoas e quando Marte se restabeleceu, resolveu regressar à sua cidade, enquanto Mercúrio decidiu permanecer por mais tempo na tribo que instruía. Organizou-se uma expedição para acompanhar Marte através do perigoso círculo habitado pelos selvagens antropófagos, e uma escolta destacada para esse fim o protegeu até entrar na cidade. Héracles insistiu em acompanhá-lo como criado, e de modo algum quis separar-se dele. Muito alvoroço houve na cidade por causa do regresso de Marte, pois os vizinhos o acreditavam morto, e as notícias que trouxe do aniquilamento do seu exército e de sua penosa salvação excitaram os ânimos até o ponto de prepararem sem demora outra expedição.

A cidade estava notavelmente civilizada, e tinha grandes e formosos edifícios nos bairros principais, com imenso número de lojas. Viam-se muitos animais domésticos, alguns deles destinados ao tiro e montaria. Mantinha-se o comércio com outras cidades, e um sistema de canais a comunicava com as mais distantes. A cidade estava dividida em bairros, cada qual habitado por uma diferente classe social. Os habitantes dos bairros centrais eram de estatura mais elevada e pele azulada, e o governador e sua corte estavam em contato com um grupo de homens residentes em certo distrito inacessível. Esses homens, alguns dos quais serão mais tarde os Senhores da Lua, eram por sua vez discípulos de outros Seres ainda mais sublimes, que procediam de outra esfera. Parte da comunidade lunar transpôs a iniciação de Arhat, e os mais adiantados deles pertenciam evidentemente a uma humanidade que havia alcançado nível muito superior.

Desses recebeu o governador da cidade (capital de um vasto Império) a ordem de exterminar os selvagens da costa continental. A expedição, de esmagadora força, ia comandada por Viraj (cujo aspecto se assemelhava muito ao de um índio norte-americano), com Marte sob suas ordens. Contra forças tão poderosas não tinham probabilidade alguma de vencer os mal armados e indisciplinados selvagens, cuja aniquilação foi total. De novo esteve Escorpião à frente de uma parte do exército selvagem, e tanto ele como os seus lutaram desesperadamente até o último extremo. Héracles seguiu a Marte na qualidade de criado e lutou sob suas ordens. Terminada a guerra, resolveram os chefes transportar para o continente os dóceis selvagens da ilha e incorporá-los ao Império, como colônia. Voltaram a encontrar-se Sírio e Héracles com muito deleite, tão intenso em proporção à sua capacidade inferior como o profundo júbilo de Marte e Mercúrio em seu nível superior. Mercúrio conduziu seu povo para o continente, e depois de os estabelecer ali para cultivar a terra, regressou para a cidade com Marte. Então Héracles persuadiu Sírio (que não era nada relutante) a acompanhá-los, e desta maneira foram vizinhos da cidade, onde viveram até idade muito avançada, extremamente apegados aos seus respectivos senhores, encarados por eles como divindades, isto é, como que pertencentes a uma raça divina e onipotente.

Ainda que o extermínio dos selvagens se tenha levado a efeito em obediência a uma ordem que ninguém teria ousado recusar, os soldados e mesmo muitos oficiais o interpretaram como um plano de conquista com o propósito de expandir os limites do Império, e como aquelas tribos se interpunham no caminho, foi preciso desfazer-se delas. Mas do superior ponto de vista, havia-se chegado a uma etapa mais além da qual era impossível aqueles selvagens progredirem na Cadeia Lunar, e, portanto, já não encontrariam corpos adequados à sua inferior etapa evolutiva. Daí que, ao morrerem, não renasceram, mas passaram para a condição de sonho. Outros muitos corpos de semelhante inferioridade de tipo foram aniquilados por catástrofes sísmicas que despovoaram jurisdições inteiras, e assim diminuiu consideravelmente a povoação do globo lunar. Aquela época foi o "Dia do Juízo" para a Cadeia Lunar, a separação entre os capazes e os incapazes de progresso futuro nessa Cadeia, e desde aquele ponto se orientou no sentido de acelerar o mais possível a evolução dos remanescentes, os que desse modo se prepararam para evoluir em outra Cadeia.

Convém notar que então o ano durava pouco mais ou menos o mesmo que agora, e a relação entre o globo e o Sol era semelhante, embora diferisse quanto às constelações.

Toda a tribo parcialmente civilizada por Mercúrio se salvou da eliminação, assim como Héracles e Sírio com os domésticos e dependentes de Marte e Mercúrio,[30] que viviam na cidade e transpuseram a linha divisória em virtude de sua adesão aos seus respectivos donos. Contraíram matrimônio (se este nome calhar às livres concessões daquele tempo) com mulheres de baixa classe, e encarnação após encarnação pertenceram às insignificantes camadas do povo mais civilizado da época, com escasso progresso, pois a inteligência era muito pobre e muito lento o desenvolvimento. Numa de suas vidas Sírio foi um pequeno comerciante, cuja tenda consistia numa toca de dez pés quadrados, onde vendia objetos de diversas classes. Doze vidas mais adiante foi Héracles uma aldeã bastante adiantada, para cozinhar os ratos e outros comestíveis, em vez de os comer crus. Tinha vários irmãos (Capela, Píndaro, Beatriz e Lutécia) que ao mesmo tempo lhe serviam de maridos. Por então escasseavam as mulheres, e era muito frequente a união conjugal destas com mais de um homem.

Muitas existências mais tarde era já visível o adiantamento. Os indivíduos do grupo antes mencionado deixaram de ser tão primitivos, e já tinham atrás de si outros que, no entanto, na ocasião eram apenas modestos aldeões, vendeiros e colonos, sem passar muito mais além dessa condição na Lua. Numa vida que chamou a atenção pelo curioso dos processos agrícolas, Sírio era a esposa de um pequeno fazendeiro, que tinha outros homens a seu serviço. A colheita era um verdadeiro pesadelo, porque a maior parte da vegetação pertencia à hoje família dos cogumelos, se bem que monstruosos e gigantescos. Havia árvores que num ano alcançavam muita altura e eram semianimais, pois os ramos cortados se enroscavam como cobras em torno do tronco que as sustentara antes, e se contraíam ao morrer. A seiva, vermelha como sangue, brotava de certos cortes do tronco; a contextura da árvore era carnosa, e a sua alimentação era carnívora, porque durante o crescimento prendia o animal que a tocava, enroscando-lhe seus ramos como tentáculos de um octópode e chupando-o até secá-lo. A colheita desta plantação era tida como muito perigosa e nela tomavam parte apenas homens robustos e hábeis. Ao abaterem a árvore, e lhe podarem os galhos, os colheiteiros esperavam que morresse, e quando cessava todo movimento, arrancavam a casca para fabricar uma espécie de couro, e, depois de cozida, a carne vegetal lhes servia de alimento. Muitas das culturas que devemos chamar plantas eram meio animais e meio vegetais. Uma delas tinha como acabamento uma espécie de amplo guarda-sol, com uma fenda central, cujas duas metades armadas de dentes podiam abrir-se e inclinar-se para o solo e prender entre elas, com um movimento de fechar, qualquer animal que as roçasse. Naquele ponto se endireitava o encurvado tronco e as fechadas mandíbulas formavam de novo a sombrinha em cujo interior ficava o animal que era chupado lentamente. Abatiam-se essas árvores enquanto mantinham erguidas e fechadas as mandíbulas, e a habilidade da operação se baseava em evitar de um salto o alcance da sombrinha que se encurvava para prender o agressor.

Os insetos eram de tamanho gigantesco e serviam de frequente alimento às árvores carnívoras. Alguns mediam sessenta centímetros de comprimento, e por seu aspecto muito formidável despertavam profundo temor nos habitantes humanos.

As casas eram de construção quadrangular, com amplas varandas em seu recinto, de cobertas fortes e reticulares, e nas estações do ano em que pululavam os insetos monstruosos, não se permitia que as crianças saíssem à varanda.

Nasceu nas cidades a maioria das entidades individualizadas na quinta Ronda por vaidade, e vida após vida se atraíram mutuamente por afinidade de gostos e menosprezo aos demais, embora sua dominante idiossincrasia de vaidade suscitasse entre eles frequentes divergências e rompimentos. Intensificou-se extremamente a separatividade, e ao fortalecer-se de viciosa maneira o corpo mental formou uma concha que os separava do resto do povo. Segundo foram reprimindo as paixões animais, decresceu a potência do corpo emocional, porque essas paixões se aplacaram em consequência de um duro e frio ascetismo, em vez de transformá-las em emoções humanas. Assim, por exemplo, a paixão sexual se aniquilou em vez de converter-se em amor, dando como resultado que vida após vida foi se debilitando o sentimento, e o organismo físico inclinou-se à assexualidade até o extremo de conduzi-la a contínuas e alvoroçadas pendências. Constituíram comunidades que se desuniam em pouco tempo, porque ninguém gostava de obedecer e todos queriam mandar. Pessoas de maior cultura tentaram lhes dar orientação auxiliadora, mas isto ocasionou uma explosão de receio e rancor, porque lhes atribuíram propósitos de os pretender dominar e depreciar. O orgulho se intensificou cada vez mais, de sorte que chegaram a ser frios calculadores, sem piedade nem remorsos. Quando o fluxo de vida ascendeu ao quinto globo (de matéria emocional), permaneceram algum tempo em atividade, e o corpo emocional foi se debilitando até a atrofia, ao passo que no sexto globo se endureceu o corpo mental com perda de sua plasticidade, produzindo-se um curioso mas repulsivo efeito de mutilação, algo parecido a um homem que houvesse perdido as pernas dos joelhos para baixo e costurasse as calças nas coxas.

Os do tipo individualizado por admiração na Ronda precedente eram dóceis e doutrináveis, e também em sua maioria renasceram nas cidades, onde no princípio formaram a classe de trabalhadores idôneos que através das camadas inferiores da classe alcançaram a superior com notável desenvolvimento de sua inteligência. Estiveram livres do excessivo orgulho do tipo anterior – orgulho esse que lhes tingia as auras de um profundo alaranjado – e mostravam, por sua vez, um claro e brilhante matiz amarelo de ouro. Não careciam de emoções, mas eram essas de índole mais egoísta que amorosa, ainda que os movesse à cooperação entre si e a obedecer aos superiores em sabedoria. Claramente viam que a cooperação lhes era mais proveitosa que a luta, e assim se combinavam cooperativamente mais em proveito próprio do que com o desejo de difundir a felicidade entre os demais. Eram muito mais inteligentes que os indivíduos que temos seguido especialmente, e seu método e disciplina aceleraram a sua evolução. Contudo, pareceu como se houvessem desenvolvido em seu corpo mental (pela clara percepção do que era mais conveniente ao seu próprio proveito) as qualidades radicadas no corpo emocional, ali plantadas pelo amor e nutridas pela devoção. Daí que o corpo emocional se desenvolvesse insuficientemente, embora sem se atrofiar como no tipo antes mencionado. Tampouco lhes aproveitou grande coisa sua permanência no globo E, enquanto melhoraram consideravelmente o seu corpo mental no globo F.

Os globos E, F e G foram muito proveitosos para os grupos de egos que haviam se individualizado por qualquer um dos três "processos retos", e, portanto, se desenvolveram harmônica e não unilateralmente, como sucedeu aos individualizados segundo os "processos viciosos", no referente à inteligência. Contudo, mais tarde esses egos se verão necessitados de desenvolver as emoções que primitivamente negligenciaram ou reprimiram. No decurso do caminho todas as potencialidades têm que ser completamente desenvolvidas, e ao contemplar o enorme curso evolutivo desde a nesciência até a onisciência, o processo de progresso em determinada etapa perde a imensa importância que parece ter quando o olhamos através da névoa de nossa ignorância e limitado ponto de vista.

Conforme os três globos do arco ascendente se foram pondo em atividade um após outro, os egos mais adiantados progrediram muito em seus corpos emocional e mental. Como unicamente se revestiram deles os que haviam transposto o período crítico do "Dia do Juízo" na Cadeia Lunar, não houve retardados que entorpecessem a evolução, e o desenvolvimento foi assim mais rápido e constante que antes. Ao terminar a sexta Ronda, começaram os preparativos para as condições excepcionais da sétima e última Ronda, durante a qual todos os habitantes e grande parte da substância da Cadeia Lunar se transferiram para a imediata Cadeia sucessora, em que a nossa Terra é o quarto e central globo.

CAPÍTULO 5
A SÉTIMA RONDA DA CADEIA LUNAR

A sétima Ronda de uma Cadeia difere das Rondas precedentes, pois os seus globos vão passando um após outro para a quietude, em vias de desintegração, à medida que pela última vez os deixam os seus habitantes. Ao chegar o tempo dessa última partida de cada globo, todos os seus habitantes, que são capazes de futura evolução na Cadeia, passam para o globo imediato, como nas primeiras Rondas, enquanto aqueles, aos quais não convêm as condições dos demais globos, saem da Cadeia ao deixarem o globo, e permanecem num estado, que logo descreveremos, à espera de renascimento na próxima Cadeia. Ali, a corrente de saída de cada globo nesta Ronda (prescindindo dos que alcançaram o nível de Arhat), se bifurca de modo que uns vão como de costume para o globo sucessivamente imediato, enquanto outros se vão para navegar num oceano cuja longínqua orla é a Cadeia seguinte.

Normalmente, o homem não fica em liberdade de deixar a Cadeia (a menos que temporariamente fracasse) até alcançar o nível assinalado para a humanidade evolucionada na mesma Cadeia. Na Lunar, segundo já dissemos, foi este nível equivalente ao que agora chamamos de quarta Iniciação, ou seja o de Arhat. Mas com muita surpresa vemos que, na sétima Ronda, partem grupos de imigrantes dos globos A, B e C, ao passo que o grosso da povoação do globo D deixa definitivamente a Cadeia Lunar quando a onda de vida sai deste globo para envolver progressivamente o globo E. Apenas um número relativamente exíguo fica atrás para prosseguir sua evolução nos três globos restantes, e ainda desse número saem alguns definitivamente da Cadeia, segundo cada globo vá caindo em inatividade.

57

Parece que em toda a sétima Ronda o poderoso Ser chamado "Manu-Semente de uma Cadeia" toma a Seu cargo a humanidade e as formas inferiores dos seres viventes que têm feito ali a sua evolução. O Manu-Semente de uma Cadeia reúne e acumula em Si, em Sua potente e ampliada aura, os frutos da evolução na Cadeia, transportando-os para uma esfera intercatenária, o Nirvana para os habitantes de nossa Cadeia, e os nutre em Si Mesmo até que em seu devido tempo os transmite ao Manu-Raiz da Cadeia seguinte, o qual, de acordo com o plano do Manu-Semente, determina o tempo e o lugar do ingresso em Seu reino.

Parece que o Manu-Semente da Cadeia Lunar traçou um vasto plano segundo o qual agrupou as criaturas lunares, dividindo-as depois de sua última morte em classes, subclasses e re-subclasses, de conformidade com um meio definido, que sem dúvida foi certa espécie de magnetização, por cujo efeito estabeleceu particulares tonalidades vibratórias, e os seres capazes de atuar melhor em determinada tonalidade formaram um mesmo grupo. Procedeu desta maneira quando, como no globo D, teve que intervir em enormes multidões.

Estes grupos se formaram automaticamente no mundo celeste do globo D, como num disco vibrante se formam as figuras ao impulso de uma nota musical; mas nos três primeiros globos da Cadeia apareceram ajustes de mais fácil distinção, e as entidades foram expedidas por um oficial superior que evidentemente obedecia a um plano fixo. Ajudaram o Manu-Semente em Sua obra gigantesca vários Seres principais que executavam as Suas ordens; e o vasto plano foi levado a cabo com ordem e exatidão indizivelmente maravilhosos.

Entre outros pormenores observamos que o Manu-Semente escolheu para oficiais da Cadeia seguinte os que no extenso curso da evolução haviam de se colocar à frente de seus companheiros e Ser Mestres, Manus e Bodhisattvas nas várias Rondas e Raças. Evidentemente escolheu muito mais do que necessitava, assim como um jardineiro escolhe diversidade de plantas para as culturas especiais, entre as quais efetua mais tarde outra seleção. A maior parte, senão todos os escolhidos, o foram no globo D, e logo voltaremos a falar desta seleção quando chegarmos ao referido mundo. Enquanto isso, consideraremos os globos A, B e C.

No globo A da Cadeia Lunar vemos que uma parte da humanidade não passa para o globo B, senão que é obrigada a sair da Cadeia, por não lhe ser possível progredir mais nela. O oficial superior que tinha o globo a seu cargo não foi capaz de desenvolver alguns de seus habitantes segundo Ele desejava, por haver encontrado seus materiais humanos demasiado rígidos para evoluir posteriormente, e em consequência, os despachou ao terminar a vida do globo. Este carregamento de chalupa (assim o chamamos porque não era muito numeroso) compreendia nossos amigos de aura alaranjada, que haviam desenvolvido seu corpo mental até um ponto além do qual não podiam mais desenvolvê-lo na Cadeia Lunar, sob pena de caírem na malignidade. Portanto, tiveram que se encerrar em sua concha mental e esgotar de tal sorte os germes de seu corpo emocional, que com segurança não puderam descer de grau, e por outro lado eram excessivamente orgulhosos para desejá-lo. Neles o corpo causal é um rígido envoltório, mas não uma forma elástica e vivente, e, por isso, se se lhes permitissem passar para o globo B, lhes teria endurecido perigosamente o mental inferior. São muito manhosos e extremamente egoístas, e se incapacitaram temporariamente para todo progresso normal, de maneira que lhes seria prejudicial o que lhes fosse feito. O oficial está muito claramente descontente com essas entidades, e o melhor que por elas pode fazer é despachá-las. Ao contemplar mais adiante, vemos que alguns desses seres serão entre os atlantes os "Senhores da Face Sombria", os "Sacerdotes do culto tenebroso", os inimigos do "Imperador Branco", etc. Entretanto, permaneceram na esfera intercatenária tão egoístas como sempre.

O outro grupo de entidades antes mencionado, cujas auras matizava o amarelo dourado da inteligência disciplinada, passaram para o globo B com o resto dos habitantes da Cadeia, incluindo entre eles alguns que no globo A haviam alcançado o nível de Arhat, e chegaram ao Adeptado no globo B, onde o grupo de aura dourada foi expedido, porque tampouco tinha em seu aspecto emocional suficiente desenvolvimento para formar um corpo emocional adequado à sua evolução no globo C. Sua espontânea obediência lhes preparava um futuro muito mais belo que o das entidades alaranjadas, e voltaremos a encontrá-los na Atlântida como sacerdotes dos templos brancos, e pouco a pouco iam formando para si corpos emocionais de tipo vantajoso. As duas expedições humanas se incorporaram à evolução terrestre na quarta Ronda, porque estavam demasiado adiantadas para tomar parte nas primeiras etapas. Parece que é condição indispensável desenvolver em cada globo as qualidades que, futuramente, para sua plena manifestação, necessitarão de um corpo formado pela matéria do próximo globo. E, assim, como as entidades de aura dourada não podiam seguir adiante na Cadeia Lunar, foram expedidas com destino à esfera intercatenária.

Do globo C saiu um reduzido número que havia alcançado o nível Arhat, e desenvolvido a inteligência e a emoção até muito alto grau. Não necessitavam por isso evoluir posteriormente na Cadeia Lunar, tendo saído dela por uma das habituais sete Sendas. Um grupo dessas entidades tem especial interesse para nós porque formaram parte da classe de Senhores da Lua, chamados Pitris Barishad em *A Doutrina Secreta,* os quais presidiram a evolução das formas em nossa Cadeia Terrestre. Ao deixarem o globo C, dirigiram-se para a região em que se estava construindo a Cadeia Terrestre, onde posteriormente se reuniram a eles outras entidades que também se aplicaram ao mesmo trabalho. O globo A da Cadeia Terrestre começou a se formar quando a onda de vida saiu do globo A da Cadeia Lunar. Ao fim da vida de um globo, o seu Espírito Planetário se reencarna, e, por assim dizer, transfere consigo a vida ao globo correspondente da Cadeia seguinte. Depois de sair dela, seus habitantes tiveram que esperar longo tempo que sua nova morada estivesse pronta; mas a preparação dessa morada começa quando o Espírito do primeiro globo o abandona e tal globo se converte num corpo morto, ao passo que o Espírito entra num novo ciclo de vida, e ao seu redor começa a formar-se um novo globo. As moléculas se vão agrupando sob a direção dos Devas, pois a humanidade não está de todo evoluída. O Espírito de um globo pertence provavelmente a esta categoria de Devas, cujos membros levam a cabo a tarefa de construir globos em todo o Sistema.

Uma grande onda de vida procedente do LOGOS condensa os átomos num Sistema por intermédio do Deva planetário, e sucessivamente se vão agrupando as moléculas e formando células, etc. As criaturas viventes são como parasitas na superfície do Espírito da Terra, mas não se relaciona com eles nem talvez se aperce de sua existência, ainda que se possa senti-los levemente quando produzem minas parasitárias muito profundas.

Os Arhats, que ao saírem da Cadeia Lunar escolheram a Senda que conduz à Cadeia Terrestre, passaram, segundo dissemos, para a região onde se estava formando o globo A da Cadeia Terrestre. Principiou pelo primeiro reino elemental, que fluiu para cima desde o meio do globo (a oficina do Terceiro LOGOS), tal como brota a água de um poço artesiano e sobre suas bordas flui em todas as direções. Emana do coração do Lótus como a seiva ascende por uma folha. Aqueles Senhores da Lua não tomam parte ativa nesta etapa, mas parece como se contemplassem a construção do futuro mundo. Anos mais tarde se reuniram alguns dos Senhores da

Lua procedentes do globo G da Cadeia Lunar, que modelaram no globo A as formas originárias, proporcionando para esse fim sombras e *châyâs*, segundo as chama a Doutrina Secreta. Depois as Vidas vêm ocupar sucessivamente as formas. De maneira semelhante se formaram os globos B e C em torno de seus respectivos Espíritos, ao abandonarem estes os precedentes globos lunares.

Nossa Terra física se formou quando os habitantes saíram do globo D da Cadeia Lunar. O Espírito do globo abandonou a Lua, que então começa a desintegrar-se, de modo que grande parte de sua substância serve de material para a construção da Terra. Quando os habitantes começaram a sair definitivamente da Lua, estavam já formados os globos A, B e C da Cadeia Terrestre; mas o globo D, ou seja a nossa Terra, não podia ir mais longe em sua formação até que houvesse morrido seu semelhante, a Lua, ou seja, o globo D da Cadeia Lunar.

Como já se disse, os poucos grupos que saíram da Cadeia Lunar desde os globos A e B eram, segundo vimos, entidades muito destacadas por sua inteligência, mas que se haviam individualizado na quinta Ronda. Os Arhats saídos do globo C se individualizaram durante a quarta Ronda em sua população urbana, e por isso se incorporaram a uma civilização onde a pressão acelerou sua evolução, pelo estímulo que neles despertava seu trato com as entidades mais adiantadas que os rodeavam. Para estar em disposição de se aproveitar dessas condições, é evidente que sua evolução no reino animal da Cadeia anterior devia alcançar ponto mais alto que o dos individualizados nos primitivos distritos rurais da mesma Cadeia. Parece como se a humanidade de uma Cadeia só possa avançar para a entrada na Senda quando praticamente houver cessado a individualização de animais na mesma Cadeia, de modo que unicamente se individualiza um ou outro em casos excepcionais. Fechada a porta do reino humano para os animais, abre-se a porta da Senda para os homens.

Segundo dissemos, poucos foram os grupos que deixaram a Cadeia Lunar desde os globos A, B e C, pois a massa geral da povoação de cada globo passou do modo ordinário ao imediato seguinte. Mas no globo D foi muito diferente o processo, pois estando já próxima a morte do globo, a massa geral da população, ao deixar pela última vez o seu corpo físico, não estava ainda disposta para transferir-se ao globo E, e, portanto, foram expedidos com destino à esfera intercatenária ou Nirvana Lunar, na expectativa de ingresso na nova Cadeia que se preparava para eles. Se compararmos a carregamentos de chalupa os outros grupos lançados no oceano do espaço, teremos agora uma enorme frota de barcos lançados no mesmo oceano. O grosso da frota zarpa da Lua, onde, por motivos que logo se dirão, só resta uma diminuta povoação que deixa os globos E, F e G em pequenos grupos, semelhantes a carregamentos de chalupa, segundo nossa metáfora.

O grupo de egos que estamos seguindo, como exemplos da humanidade inferior da Lua, apresenta sinais de evidente progresso no globo D. O corpo causal está definido, a inteligência mais desenvolvida e o afeto pelos superiores se fortaleceu e intensificou. À paixão sucedeu a emoção como sua característica mais distintiva. A este grupo podemos chamar de Servidores, porque, se bem que o instinto seja ainda cego e semiconsciente, o predominante motivo de suas vidas é servir e comprazer as entidades superiores às quais têm se consagrado. Olhando adiante, vemos que esta característica lhes perdura através de longa série de existências que têm de passar na Terra, levam a cabo o trabalho muito árduo de pioneiros no futuro. Amam seus superiores e estão prontos a obedecer-lhes, "sem vacilação nem demora".

Durante esta Ronda lhes sobreveio uma notável modificação no corpo físico, porque sua pele é de cor azul-clara, em vez de morena suja como antes. Encarnaram-se simultaneamente durante suas últimas vidas na Lua; mas antes houve muitos ajustes entre eles, pois os laços que ligam uns egos com outros servem para conduzi-los a renascer em comunidade.

Aqui aparece a maioria dos personagens de *Rasgaduras no Véu do Tempo*; e se pudéssemos reconhecer os restantes, os veríamos entre os companheiros de última época, pois todos são Servidores prontos para fazer tudo que se lhes mande e a ir aonde quer que se lhes ordene. Estão caracterizados por um ligeiro fluxo da vida superior, que determina uma leve expansão de um fio de matéria intuicional para enlaçar os átomos permanentes intuicional e mental, dando-lhe uma forma um pouco mais ampla em cima do que embaixo, à maneira de um pequeno funil. Muitas outras entidades mais inteligentes que eles não apresentam esta característica, própria de seu desejo congênito de servir, de que carecem as entidades de maior adiantamento em outros aspectos. O grupo compreende diversidade de tipos, porque contra o que se pudesse esperar, não são todos do mesmo Raio ou temperamento espiritual. São entidades que se individualizaram por uma das três "retas vias", ou seja, através dos aspectos de Vontade, Sabedoria e Inteligência ativa,[31] determinando-se à ação por devoção a um superior.

O grupo se subdivide segundo os respectivos métodos de individualização das entidades que o compõem, e de acordo com o método, assim é a duração do intervalo entre a morte e o renascimento, ainda que nada influa na característica de ser serviçal, a qual, por outro lado, determina a tônica vibratória do corpo causal, cuja formação está determinada por um esforço em servir, segundo os três casos seguintes:

1º) Um ato de devoção;
2º) Uma intensa explosão de pura devoção;
3º) O esforço de compreender e estimar, engendrado pela devoção.

A formação do corpo causal é sempre súbita, pois vem à existência como um relâmpago; mas as circunstâncias precedentes determinam a modalidade vibratória do corpo assim formado. Um ato de sacrifício no corpo físico atrai a Vontade e determina uma pulsação na matéria espiritual. A devoção opera no corpo emocional,[32] atrai a Sabedoria e determina uma pulsação na matéria intuicional. A atividade na mente inferior desperta a Inteligência ativa e determina uma pulsação na matéria mental superior.

Muito breve encontraremos dividido em dois o nosso grupo de Servidores por causa dessas diferenças. As duas primeiras diferenças formam um subgrupo cujo período médio entre os nascimentos é de sete séculos, e a terceira diferença forma um segundo subgrupo cuja vida extraterrena dura doze séculos em média. Esta diferença aparecerá na Cadeia Terrestre como um maior grau de evolução e os dois subgrupos alcançarão a Terra na quarta Ronda, num intervalo de 400.000 anos entre um e outro, com o evidente fim de que em determinado período se reencarnem simultaneamente quando forem necessários seus serviços coordenados. Tão minuciosos em seus pormenores é o Grande Plano! A referida divisão não influi nada nas relações entre Mestres e discípulos, pois em ambos os subgrupos vemos discípulos dos Mestres que serão o Manu e o Bodhisattva da sexta Raça Raiz. Assim temos que o congênito anseio de serviço, notado pelas Autoridades superiores, é a característica de todo o grupo, cuja divisão em dois grupos vem das diferenças de individualização, que por sua vez determinam os intervalos entre a morte e o renascimento.[33]

À frente do grupo vão muitos dos que agora são Mestres, e sobre Eles estão muitos outros que já haviam sido Arhats, e transmitiram aos seus subordinados as ordens recebidas de Seres incomparavelmente mais poderosos. O Manu da sétima Raça do globo lunar tem a seu cargo a execução do Plano, e a obediência e cumprimento das ordens do Manu-Semente, que dirige os preparativos para transferir a massa geral da povoação. Alguns dos indivíduos mais adiantados pressentem vagamente a aproximação de profundas mudanças, que, por longínquas e lentas, não lhes chamam muito a atenção, enquanto outros cooperam inconsciente mas efetivamente na realização do Plano, embora crentes de que estão levando a cabo grandes esquemas seus. Assim, por exemplo, há quem concebeu em sua mente uma comunidade ideal, e anda reunindo pessoas com as quais possa construí-la, para comprazer deste modo a um Mestre que chegou a ser Arhat na Lua. As pessoas congregadas em torno do convocador formam um grupo definido com um propósito comum, que deste modo favorece a execução do Grande Plano. De nosso nível inferior encaramos como deuses os Arhats e entidades superiores, e à nossa muito humilde maneira procuramos obedecer todas as indicações que notamos em seus desejos.

Quando os indivíduos deste grupo de Servidores, ao morrerem pela última vez na Lua, alcançam o nível assinalado a esse globo, passam todos para o plano mental ou mundo celeste, onde permanecem durante longo período, tendo sempre diante de si a imagem dos Seres amados, e mais vívida ainda a dos egos avançados aos quais se entregaram com especial devoção. Precisamente esta arrebatadora devoção os ajuda muito em seu progresso, e desenvolve-lhes as qualidades superiores, de modo que os tornam mais receptivos às influências que sobre eles pairam na esfera intercatenária. Estes egos formam o grupo denominado por Blavatsky *Pitris Solares*, e por Sinnett, *Primeira Classe de Pitris*.

Outras densas multidões alcançam também o mundo mental sem que se reencarne nenhum dos que chegaram ao nível prefixado. Parece que estes possuem já completamente formado o corpo causal e vão constituindo grandes grupos sob a ação da poderosa força magnética antes mencionada, que sobre eles derrama o Manu-Semente. Como cordas que, segundo sua tensão, dão notas distintas, assim o corpo causal deste grupo de egos[34] responde à corda que o Manu-Semente vibra, e deste modo ficam separados em grupos definidos, pois não pertencem a um mesmo grupo nem os egos procedentes de um mesmo Governador Planetário, nem os amigos, como se nenhum dos laços ordinários influísse na agrupação. Os egos ficam automaticamente classificados e aguardam em seu respectivo lugar, como os passageiros aguardam nas salas de espera a chegada de seu trem, ou para servir-nos do acostumado semelhante, do navio em que têm de embarcar. Observamos especialmente dois destes carregamentos, porque formávamos parte dele. Num estavam os futuros Manu e Bodhisattva, e os que agora são já Chohans e Mestres, com muitos dos Servidores que atualmente estão no Discipulado ou muito próximos a alcançá-lo. Todos os deste carregamento pertenciam, evidentemente, ao subgrupo cujo intervalo entre a morte e o renascimento foi de sete séculos. O outro carregamento continha muitos dos atuais Mestres e discípulos, com a metade, talvez, dos personagens mencionados em *Rasgaduras no Véu do Tempo*, pertencentes todos ao subgrupo de doze séculos de intervalo entre as encarnações. Ambos os carregamentos continham muitos, senão todos, dos que hão de formar o *Homem Celeste*, e ficaram na ocasião classificados em dois subgrupos. O Manu-Vaivasvata e o atual Bodhisattva estiveram juntos no globo D, mas passaram para os globos superiores da Cadeia Lunar.

Esta grande massa de egos compreende sete grupos, a saber:

1º) Os Servidores a que já nos referimos, verdadeira mistura de diversos graus de evolução, unidos por uma característica comum.

2º) Um robusto grupo de egos extremamente evoluídos, que, se bem que se aproximem da Senda,[35] não poderão entrar nela antes do fim da Cadeia.

3º) Um numeroso grupo de egos de boa Índole, mas sem desejos de servir, e que, portanto, não se converteram ainda para a Senda. Formarão o núcleo da população da Atlântida nos bons tempos do continente.

4º) Uma admirável minoria de egos unidos pela característica comum de sua poderosa força intelectual, que no futuro se manifestará em gênio, mas muito discrepantes em relação ao caráter e costumes. É um grupo destinado a capitanear expedições humanas no porvir, sem se entregar ao Serviço nem voltar seu rosto para a Senda.

5º) Certo número de egos bons e com frequência religiosos, entre os quais se contam comerciantes, militares, etc., de agudo entendimento, mas concentrados em si mesmos, de sorte que antes de tudo pensam em seu próprio desenvolvimento e adiantamento, sem saberem nada da Senda, e, portanto, sem anseios de entrar nela.

6º) Grupo muito numeroso de pessoas da burguesia vulgar e incapaz, cujo tipo fica descrito por sua própria denominação.

7º) Também numeroso grupo de pessoas de bons sentimentos, mas faltas de educação e desenvolvimento. É a classe inferior das que têm já completamente formado o corpo causal.

Todos estes grupos aguardam no mundo celeste da Lua sua saída para a esfera intercatenária. À medida que as convulsões sísmicas começam a esfacelar a Lua, como começo do rompimento de sua crosta, passa também para o mundo celeste um número muito considerável de "Pitris Solares", ou "Primeira Classe de Pitris", que por estarem em condições de progredir nos mundos restantes da Cadeia, onde voltaremos a encontrá-los, esperam ao ciclo lunar a oportunidade de sua passagem para o globo E.

Imediatamente depois dos Pitris Solares vem um imenso número de egos que ainda não têm de todo formado o corpo causal. São os que Sinnett chama "Segunda Classe de Pitris", e nós chamaremos cestoides, devido à semelhança com a reticular obra de cestaria que neles oferece a conexão entre o ego e a mente inferior. Esta massa de egos *cestoides* se desencarnam pela última vez na Cadeia Lunar ao se aproximar a morte da Lua, e ficam congregados no mundo emocional, onde, por não poderem atuar, caem no sono. E quando este mundo emocional da Lua já é inabitável, perdem esses egos o seu corpo emocional e permanecem voltados para baixo como bulbos, à espera de embarque para outro destino, e em seu devido tempo serem expedidos para a esfera intercatenária, onde dormirão durante séculos, até que a terceira Ronda da Cadeia Terrestre lhes ofereça campo adequado ao seu desenvolvimento. Contudo, alguns egos cestoides demonstram capacidade para realizar evolução posterior na Cadeia Lunar, pelo que passam para os globos superiores ao se porem estes em atividade, e ali formam seu corpo causal para reforçar depois o grupo de Pitris Solares ou de Primeira Classe.

A insiginificante classe de homens, que precede imediatamente aos animais, são os animais-homens, chamados por Blavatsky "Primeira Classe de Pitris" e por Sinnett "Terceira Classe de Pitris".

Distinguem-se esses egos pelas delicadas linhas de matéria que ligam o germinante ego com o insipiente mental inferior. Como os egos cestoides, ficam também estes outros congregados no mundo emocional que pela última vez se desencarnam na Lua, sem que tenham consciência no mundo mental. A seu devido tempo são eles expedidos com destino à esfera intercatenária, onde permanecem adormecidos durante imensas idades, e por fim entram na Cadeia Terrestre e empreendem no globo A o longo trabalho de construção através de todos os reinos, até chegarem ao humano, no qual têm de permanecer sobre os globos sucessivos da Ronda e nas Rondas seguintes. Distinguiremos esses egos com a denominação de lineares, e entre eles também há alguns que ficam retidos ao ser enviada a massa geral, e passam ao globo E para a sua evolução posterior, incorporando-se assim à classe dos cestoides que imediatamente os precederam.

Temos assim seguido o destino das diversas classes da humanidade lunar. Parte dela (os fracassados) ficou eliminada na sexta Ronda, permanecendo "suspensa" até que a Cadeia seguinte lhe proporcionou campo adequado para sua próxima evolução. Os de matriz alaranjada saíram do globo A na sétima Ronda, e os de cor áurea saíram do globo B. Alguns Arhats deixaram a Cadeia Lunar desde os globos A, B e C, e deste último passaram uns tantos para a Cadeia Terrestre, porque então estava em formação. Temos depois as classes que saíram do globo D, ou sejam: os egos de corpo causal completamente formado, os cestoides e os lineares. Os dentre estas três classes que ficam no globo D, passam sucessivamente aos globos E, F e G, para sair deles quando tiverem efetuado todo o progresso de que são capazes. Alguns cestoides, a classe superior de Pitris e os Arhats saem assim de cada globo. A maior parte dos animais marcha para o Nirvana intercatenário, semelhante à arca de Noé. Uns tantos animais capazes de converter-se em animais-homens, foram transferidos para os globos posteriores.

As diferenças entre os corpos causais têm como fator determinante a etapa em que ocorreu a individualização. Nas camadas inferiores do reino animal, multidão de animais está animada por uma só alma grupo; mas seu número vai diminuindo à medida que ascendem para a humanidade, até que nas espécies superiores não há senão de dez a vinte animais com uma mesma alma grupo. A companhia e contato do homem pode provocar a individualização de um animal em etapa relativamente inferior. Se o animal, um cão, por exemplo, esteve durante muito tempo em contato com o homem e pertence a um grupo de dez ou vinte, fica completamente formado o corpo causal no ato da individualização. Se o animal pertence a um grupo de cem (como na etapa dos cães de gado), se formará um corpo causal cestoide; e se for de um grupo de alguns centenares (como os cães vagabundos de Constantinopla ou da Índia), o esboço do corpo causal redundaria numa forma de linhas conectivas.

Essas etapas nos recordam diferenças semelhantes no reino vegetal, cujos membros mais adiantados passam diretamente para a ordem dos mamíferos do reino animal, assim como o animal de índole suave não se transforma em brutal e cruel selvagem, senão em pacífico homem primitivo. Se estendermos nossa observação de um reino para outro, veremos que um delicado animal pode ser mais agradável companheiro do que muitos seres humanos.

Calha também uma entidade permanecer um tempo muito curto na etapa animal e tempo muito longo na etapa humana, ou vice-versa. Isto parece que não tem importância real, pois no fim de tudo o resultado é o mesmo, assim como a permanência mais ou menos longa no mundo celeste conduz a igual estado de progresso entre os homens. Provavelmente é uma extravagância humana o imaginar-se haver sido o melhor de sua espécie em cada época, e que houvesse alguém que tenha preferido ser árvore baniana ou carvalho, em vez de bando de mosquitos, ou um soberbo mastim em vez de um selvagem comedor de argila ou antropófago.

Mas voltemos ao assunto. Parece que os globos E, F e G serviram de uma espécie de estufas para culturas especiais, como a habilitar alguns para entrar na Senda ou alcançar o Arhatado, o que não teriam podido conseguir no globo D, ainda que já se encarnassem para tal fim. Também serviram para que alguns outros chegassem a uma etapa evolutiva mais elevada, da qual já se aproximavam.

Estes globos E, F e G merecem, melhor que o nome de mundos, o de centros. Sua população era pequena, pois que a massa geral de homens e animais havia sido levada do globo D, e por outro lado foi diminuindo cada vez mais pelo sucessivo envio de uma expedição de cada um dos globos à medida que estes caíam na indiferença. A expedição saída do globo E se compunha: 1º) de alguns que já estavam na Senda e que nesse globo alcançaram o Arhatado; 2º) de alguns cestoides que haviam completado seu corpo causal; 3º) de alguns lineares convertidos já em cestoides. Ao saírem essas categorias do globo E, a população restante, composta dos que não havendo chegado ainda ao Arhatado, eram no entanto capazes de esforços posteriores, se transferiu para o globo F. Os que saíram do globo E passaram para o Nirvana intercatenário, onde ficaram distribuídos entre as classes que haviam alcançado, da mesma maneira que as letras de uma composição tipográfica são distribuídas em suas respectivas caixas logo depois da impressão.

Processo semelhante ocorre no globo F, sendo de profundo interesse assinalar que o Senhor Gautama Buda e o Senhor Maitreya estavam entre os que sucessivamente passaram para os globos E e F, até alcançarem a primeira grande Iniciação no globo G. Ambos haviam sido excluídos na sétima Ronda da Segunda Cadeia, por não estarem capacitados para continuar seus esforços nos globos E, F e G dessa Cadeia, cujas condições eram demasiado árduas e somente acessíveis àqueles que podiam alcançar o nível de êxito assinalado para a Cadeia, ou da categoria em que se achavam passar para a superior. Entraram no globo D da Cadeia Lunar durante a quarta Ronda, em estado de homens primitivos, com os animais da segunda Cadeia já próximos da individualização.

No globo F Gautama e Maitreya fizeram juntos o voto de ser Budas; mas o ritual desse voto era diferente do de nossa Terra. No mundo celeste havia uma espécie de Conselho (o Sukhavati dos budistas), e ambos depuseram seus votos ante o grande Ser chamado Dipânkara nos livros, que os aceitou na qualidade de Buda. Alcançaram o Arhatado no globo G antes de deixar a Cadeia Lunar.

O Senhor Buda Dipânkara procedia da Quarta Cadeia do Esquema de Vênus, cujo globo físico era o satélite de Vênus descoberto por Herschel[36] e desaparecido desde então. Pertencia Dipânkara ao Estado-Maior, cujos membros podiam ser enviados a qualquer Cadeia necessitada de auxílio. O Senhor Dipânkara foi sucedido em seu elevado cargo de Buda pelos Budas da Cadeia Terrestre, entre os quais se contam, por exemplo, o Senhor Kashyapa, o Bodhisattva da Terceira Raça Raiz, que alcançou o Budado na quarta, e o Senhor Gautama, o Bodhisattva da quarta Raça Raiz, que foi Buda na quinta, sucedendo-o o Senhor Maitreya, Bodhisattva da quinta Raça Raiz, que tem de alcançar o Budado na sexta. O atual Mestre K. H. será Bodhisattva da sexta Raça Raiz e Buda da sétima.

Convém recordar que um Buda não só tem a seu cargo uma humanidade, senão que além de ser instrutor de homens o é também de anjos e Devas; e assim, por muito atrasada que uma humanidade esteja em evolução, sempre é necessário o cargo superior de Buda.

Também vemos o Mestre Júpiter entre os que entraram na Senda no globo G da Cadeia Lunar.

O Nirvana Intercatenário

A mente humana se abisma ante os enormes períodos de tempo referentes à evolução, pelo que não há mais remédio do que ater-se ao antigo e moderno conceito, segundo o qual o tempo não tem existência determinada, mas é curto ou longo segundo a atuação da consciência do ser a que se refere.[37] No Nirvana Intercatenário as consciências verdadeiramente ativas foram as do Manu-Semente da Cadeia Lunar e do Manu-Raiz da Terrestre. Quem será capaz de supor o tempo computado à consciência destes Seres?

O Grande Plano está na mente do Manu-Semente, de quem o recebe o Manu-Raiz e o executa na nova Cadeia confiada à Sua direção. Ao fim da Cadeia, os resultados da evolução nela prosseguida se resumem na aura do Manu-Semente, onde, se se nos permite empregar a terminologia da vida comum, ficam classificados, encaixados e catalogados em perfeita ordem. O Manu-Semente derrama intermitentes fluxos de Seu magnetismo estimulador sobre as inteligências de diversidade de graus, que, concentradas em si mesmas, vivem lenta e subjetivamente sem noção alguma de tempo. Se a corrente fosse contínua, as faria em pedaços, e por isso se interrompe logo após havê-lo influído, para que lentamente a assimilem "cochilando" durante um milhão de anos. Então o Manu-Semente lhes derrama outro fluxo de corrente, e assim repetidamente durante milhões e milhões de anos.

A observação dessa curiosa cena nos sugere diversas analogias, como, por exemplo, a dos bulbos que de quando em quando o jardineiro inspeciona, e a dos enfermos de um hospital que o médico visita diariamente. Aproxima-se cada vez mais o tempo em que o grande Jardineiro havia de entregar seus bulbos para a plantação. O solo foi a Ceia Terrestre e os bulbos se converteram em almas viventes.

CAPÍTULO 6
TEMPOS PRIMITIVOS DA CADEIA TERRESTRE

Durante todo esse intervalo foi se formando, lentamente, a Cadeia Terrestre, cuja construção presenciaram, segundo vimos, os Senhores da Lua. Chegou o tempo de mandar para a nova Cadeia os primeiros dos que haviam de evoluir nela durante as idades futuras. O Manu-Semente determinou o conteúdo de cada expedição e a ordem de sua partida, ao passo que o Manu-Raiz os ia distribuindo à medida que chegavam, uns após outros, ao globo A da Cadeia Terrestre.

Aqui podemos esboçar brevemente o Governo da Cadeia, de modo que o estudante compreenda algo do Plano Evolucionário que tem de considerar.

Preside esse Governo Chakshushas, o Manu-Semente da Cadeia anterior, de cuja vasta obra temos visto algo na Cadeia Lunar. Tem oficiais ajudantes que o informam de como os membros de um ou de outro grupo têm respondido às influências que derramou sobre eles durante sua permanência no Nirvana Intercatenário. Assim como os menores em "idade" são enviados a incorporar-se nas formas mais primitivas e depois seguem mais adiante quando as formas evoluem até um grau superior, assim também dentre determinado grupo trazido da Lua e estacionado no Nirvana Intercatenário, vão primeiramente ao mundo novo os que menos progrediram sob a influência do Manu-Semente durante o período nirvânico.

Vaivasvata,[38] o Manu-Raiz da Cadeia Terrestre, que preside todo o ordenamento de sua evolução, é uma poderosa Entidade procedente da quarta Cadeia do Esquema de Vênus. De seus três ajudantes, dois vieram da mesma Cadeia, e o terceiro é um elevado Adepto que chegou primitivamente à Cadeia Lunar.[39]

O Manu-Raiz de uma Cadeia deve alcançar o nível fixado para a Cadeia ou Cadeias em que evoluiu como homem, até chegar a ser um dos Senhores dessa Cadeia, e então ascende à categoria de Manu de uma Raça, para ser sucessivamente Pratyeka Buda, Senhor do Mundo, Manu-Raiz e Manu-Semente de uma Ronda, pois só depois de passar por todos esses graus pode ser Manu-Raiz de uma Cadeia e governar os Manus das Rondas, que por sua vez distribuem o trabalho entre os Manus das Raças. Além disso, cada Cadeia proporciona um número de triunfantes seres humanos, os "Senhores da Cadeia", alguns dos quais se dedicam ao trabalho da Nova Cadeia sob a direção de seu Manu-Raiz. Assim temos para a nossa Cadeia Terrestre sete categorias de Senhores da Lua, vindos dos sete globos da Cadeia Lunar, que trabalham sob as ordens de nosso Manu-Raiz e constituem uma das grandes classes de Protetores externos, aos quais incumbe a liderança da evolução geral da Cadeia Terrestre. A segunda classe de Protetores externos são os Senhores da Chama, que no meio da terceira Raça Raiz, durante a quarta Ronda, chegaram ao quarto globo vindos de Vênus, para apressar a evolução mental e constituir a Hierarquia Oculta da Terra, a cujo cargo está desde então o Governo do globo. Sua prodigiosa influência avivou de tal maneira os germes da viela mental, que brotaram em crescimento, seguindo-se disso o grande fluxo descendente através da Mônada, chamado terceira onda de Vida, cujo efeito foi a formação do corpo causal, isto é, o "nascimento" ou "descida do Ego" em todas as entidades procedentes do reino animal. Tão instantaneamente responderam as miríades de habitantes da Terra ao influxo dos Senhores da Chama, que d'Eles se disse que "deram" ou "projetaram" a chispa da mente. Mas "avivaram", não "projetaram" essa chispa, e a natureza da "dádiva" foi a excitação do germe já oculto na infantil humanidade, isto é, que produziram nela efeito semelhante ao do raio de sol na semente, mas não deram a semente.[40] Os Senhores da Chama concentraram nas Mônadas a energia do LOGOS, da mesma maneira que uma lente concentra os raios solares, e sob essa influência apareceu a chispa que responde. Esses Senhores da Chama são os verdadeiros Mâna-saputras,[41] os Filhos da Mente ou Filhos do Fogo, provenientes da quinta Ronda ou Ronda mental de Vênus.

O Manu-Raiz distribuiu pela Cadeia Terrestre as sete classes de Senhores da Lua, encarregando-os das Rondas e globos, enquanto os Manus das Raças tomaram a seu cuidado especial a evolução das raças, um para cada Raça Raiz.

Primeira Ronda

Os Senhores da Lua, procedentes dos globos A, B e C da Cadeia Lunar, foram as três classes que, conforme dissemos antes, presenciaram, sem tomar parte nela, a construção material dos globos de nossa Cadeia, à medida que ia sucessivamente se formando em torno do Espírito de cada globo, e presidiram o pormenorizado trabalho dos Senhores que chegaram depois. A classe inferior, procedente do globo G, plasmou no globo A da Cadeia Terrestre, durante a primeira Ronda, as primitivas formas arquetípicas e guiaram os lineares que vieram ocupá-las e evolucionar nelas. A classe imediatamente superior, procedente do globo F, presidiu a evolução das formas na segunda Ronda; os do globo E presidiram idêntica evolução na terceira Ronda, e os do globo D fizeram trabalho semelhante na quarta.[42]

Além disso, vemos que alguns Senhores vindos do globo E atuam em Marte durante a quarta Ronda, enquanto mais tarde operam na Terra os que vieram do globo D.

Ao iniciar-se a expedição das primeiras entidades do Nirvana Intercatenário, os primeiros enviados são os lineares, a grande massa de animais pertencentes ao globo D da Cadeia Lunar. Os primeiros carregamentos ou expedições se sucedem uns aos outros em intervalos de cerca de cem mil anos, e então se interrompe a expedição para dar tempo a que, durante um extenso período, os recém-chegados, os soldados de trincheira de nossa Cadeia Terrestre, prossigam sua longa jornada na primeira, segunda e parte da terceira Ronda.

Os mundos oferecem um aspecto estranho, semelhante ao de inquietos torvelinhos. Nossa Terra, o torvelinho mais sólido, é uma massa de lama quente e viscosa, sem que na maior parte de sua superfície haja lugar apropriado para desembarcar com firmeza. Está fervente, e sua consistência muda sem cessar. Enormes cataclismos engolem de quando em quando as multidões que, dado o seu estado embrionário, não se importam com o engolimento, mas crescem e se multiplicam em vastas covas e cavernas, tanto quanto se vivessem na superfície.

Os globos da primeira Ronda da Cadeia Terrestre estiveram nos mesmos níveis que os da sétima Ronda da Cadeia Lunar. O globo A estava no plano mental superior com alguma de sua matéria componente precariamente ativa; o globo B estava no mental inferior; o C no emocional; o D no físico; o E no emocional; o F no mental inferior, e o G no mental superior.

Na segunda Ronda desce a Cadeia inteira, e os globos C, D e E se tornaram físicos, mas os seres neles viventes eram de substância etérica e parecidos com "sacos de pudim", para servir-me de um epíteto gráfico de H. B. Blavatsky. Os globos C e E são os que agora chamamos Marte e Mercúrio, e tinham então matéria física, contudo em estado de gases ardentes.

Durante a primeira Ronda, os corpos humanos existentes na Terra eram ameboides, nebulosos, flutuantes, em sua maior parte etéricos, e, portanto, indiferentes ao calor. Reproduziam-se por separação e iam se sucedendo em raças sem encarnações separadas, pois cada forma durava todo o tempo de uma raça. Não havia nascimentos nem mortes, porque os corpos desfrutavam de imortalidade amébica e estavam ao cuidado dos Senhores da Lua, que haviam conseguido o Arhatado no globo G. Alguns flutuantes corpos etéricos pareciam estar se esforçando, sem muito êxito, para ser esboços de vegetais.

Os minerais eram um tanto mais sólidos, pois a Lua os lançou na Terra em estado de fusão. A temperatura seria algo maior que 8.500°C, pois o cobre estava em vapor, e sabido é que este metal se volatiliza nos fornos a essa temperatura. O silício era visível, mas a maior parte das substâncias se achava em estado de protoelementos, não de elementos, pois apenas se conheciam as atuais combinações. A Terra estava rodeada de enormes massas de vapor, cujas incalculáveis calorias demoravam muito lentamente o seu esfriamento. No polo havia pântano fervente, o qual pouco a pouco foi se sedimentando, e ao fim de alguns milhares de anos apareceu uma espuma verde de natureza vegetal, ou para dizer com mais precisão, que seriam vegetal em tempos futuros.

Segunda Ronda

Na segunda Ronda havia descido consideravelmente a temperatura do globo; o cobre já frio era líquido e em algumas partes sólido. Havia algo de terra perto dos polos, mas teriam saído chamas caso houvesse nela um orifício, como agora sucede em alguns pontos laterais da extremidade do Vesúvio. As criaturas parecidas com "sacos de pudim" flutuavam sobre aquela ardente superfície, aparentemente insensíveis ao calor, e suas formas lembravam soldados de pernas amputadas com o uniforme cozido ao redor do tronco. Um golpe produzia naquele corpo uma fenda que logo se enchia como carne de uma pessoa hidrópica. Na parte anterior, o corpo tinha uma espécie de boca sugadora, pela qual tomava o alimento, cravando-a rapidamente em outro corpo e sorvendo-o à maneira como agora sorvemos um ovo, com o simples abrir de um pequeno orifício em sua casca. O corpo chupado se amolecia pela sucção do outro, e deixava de existir, não sem ocorrer uma luta entre ambos. Tinham uma espécie de mão em forma de remo, como pata de foca e produziam um agradável ruído semelhante ao de uma trombetinha com que expressavam suas sensações de prazer e dor. O prazer se reduzia para eles no bem-estar geral de seu ser, e a dor era um pesado incômodo, não muito intenso, mas de débil gosto e desgosto. A pele era às vezes adentada, com tonalidades de cor.

Mais tarde esses corpos foram se tornando menos amorfos e mais humanos, e se arrastavam pelo solo como lagartas. Ainda mais tarde, perto do Polo Norte, no promontório ali existente, lhes nasceram mãos e pés, embora sem que essas criaturas pudessem valer-se deles em posição bipedal, e deram mostras de maior inteligência. Observamos que um Senhor da Lua, um Arhat do globo F da Cadeia Lunar, magnetizou uma ilha e conduziu para ela um rebanho dessas criaturas, parecidas então a bezerros ou porcos marinhos, mas sem cabeça definida. Ali se lhes ensinou a morder em vez de chupar, e quando se atacavam uns aos outros, preferiam certas partes da vítima, como se já lhes houvesse despertado o sentido do gosto. A depressão que lhes servia de boca foi tomando figura de funil, e começou a formar-se neles um estômago que se invertia rapidamente enquanto lhe penetrava alguma substância estranha e inconveniente, sem que tal inversão produzisse qualquer dano.

Como a superfície terrestre não se achava ainda definitivamente assentada, costumavam essas criaturas se queimar ou cozinhar em parte, o qual, como pode se compreender, os desgostava, e se o acidente era grave, desapareciam num colapso. Por causa da muita densidade da atmosfera, transferiam-se de um ponto para outro, o que contrastava com o serpenteante movimento sobre o solo, parecido com o da "miserável lagarta". A reprodução era feita por meio de gemas, isto é, aparecia no corpo uma protuberância que ia crescendo até dele se separar com vida independente.

Sua inteligência era muito embrionária. Vimos um deles apontar sua boca contra o vizinho, e havendo errado o golpe, deu com a boca no extremo inferior de seu próprio corpo e começou a chupar muito gostosamente, crendo que fosse o da vítima, até notar pela sensação de desgosto o erro cometido. Outra dessas criaturas percebeu que enrolando a extremidade de seu corpo no seio, podia flutuar verticalmente em vez de hori-

75

zontalmente, e com isso pareceu muito orgulhoso de si mesmo. Gradualmente, o extremo em que se continha o funil se tornou algo cônico e apareceu nele um pequeno centro que em remoto futuro poderia converter-se em cérebro. Saiu uma pequena protuberância e as criaturas adquiriram o costume de mover-se para diante, dirigindo sempre a boca onde havia provisões, e assim se fomentou o desenvolvimento do corpo.

A vida vegetal se desenvolveu durante todo esse período a favor da pesada e sufocante atmosfera. Havia vegetação de natureza florestal e tessitura muito semelhante à erva, porém de mais de doze metros de altura, com espessura proporcional. Cresciam no pântano quente e floresciam com muito vigor.

Pelo fim desse período, já estavam completamente solidificadas algumas porções da superfície, e o calor havia diminuído consideravelmente. Ocorreram muitas e tumultuosas rachaduras, ocasionadas sem dúvida pela contração da crista, e cada colina era um vulcão em erupção.

O globo Marte se solidificou mais ainda, esfriando-se com maior rapidez por causa de seu tamanho menor, e a vida nele era muito semelhante à da Terra.

Terceira Ronda

Na terceira Ronda estava Marte já inteiramente solidificado e firme, e começavam a desenvolver-se alguns animais, embora no princípio mais parecessem espessos pedaços de madeira serrada de um lenho ou algo semelhante aos esboços que as crianças fazem quando ainda não sabem desenhar; mas com o tempo foram tomando forma distintamente humana, se bem que mais parecida a gorilas do que a homens.

A configuração de Marte era então muito diferente da que conhecemos hoje em dia, porque a água ocupava umas três quartas partes da sua superfície e só uma quarta parte era terra firme. Daí que não houvesse canais como agora, e suas condições físicas fossem muito semelhantes às da Terra atual.

As pessoas que começaram com a indicação linear do corpo causal tinham por essa época desenvolvido contextura cestoide de espécie mais tosca, conforme observamos, do que a que havia sido desenvolvida na Lua. Ao atingir essa etapa, chegaram em corrente a Marte os cestoides procedentes da Lua, e o Manu-Semente expediu novos carregamentos humanos para a Terra.

Ao deter a vista no Nirvana Intercatenário para assinalar a chegada dos cestoides a Marte, encontramo-nos num ponto extremamente interessante. Os "invólucros" em que estavam acumulados os "bulbos" eram, evidentemente, de matéria mental superior; mas ao se transportarem para a aura do Manu-Semente, passaram pela esfera espiritual e se desintegrou o cestoide formado de matéria mental lunar, de modo que era preciso reconstituí-lo antes que aquelas entidades começassem sua evolução terrestre. Durante séculos haviam estado adormecidas na esfera espiritual, até que se revestiu de um cestoide formado pela equivalente matéria mental da Cadeia Terrestre. Pois convém notar que não há continuidade de matéria mental entre as Cadeias. A distância não é elemento estimável, pois a Cadeia Terrestre ocupa quase a mesma posição que ocupou a Lunar; mas a descontinuidade da matéria mental exige a desintegração e reintegração dos corpos causais de contextura cestoide.

Vemos um Manu que chegava a Marte com uma legião de cestoides, e esse espetáculo nos recordou o episódio dos Puranas hinduístas, em que o Manu atravessa o oceano numa nave onde leva as sementes de um novo mundo; assim como nos trouxe também à memória o Noé hebreu, que conservou na arca todo o necessário para repovoar a terra depois do dilúvio. As lendas contidas nas escrituras religiosas são com frequência relatos históricos do passado, e assim temos que o Manu iria realmente a Marte para dar um novo impulso à evolução, estabelecendo ali uma colônia de cestoides.

Olhando mais para trás, vemos que os primeiros cestoides chegados à Cadeia Terrestre vieram do globo G da Cadeia Lunar, no qual haviam conseguido aquele estado. De toda a multidão de cestoides estes eram os menos desenvolvidos, tendo sido os últimos a alcançar aquele estágio. O Manu os conduziu para se encarnarem nas mais distintas famílias da Terceira Raça de Marte, e à medida que iam se desenvolvendo, os conduzia para a Sua colônia, para que evoluíssem mais rapidamente entre indivíduos da Quarta Raça. Todos os membros dessa colônia eram movidos pela vontade central do Manu, como as abelhas na colmeia, pois Ele dirigia tudo com as correntes de Sua energia.

Também chegaram em Marte outros dois enxames de cestoides, que alcançaram esse estágio nos globos E e F da Cadeia Lunar; mas chegaram em ordem inversa à que saíram da Lua, pois os procedentes do globo F formaram a quarta Raça de Marte e os do globo E a quinta. Desenvolveram algo de afeto e inteligência sob o educativo cuidado do Manu. No princípio viveram em cavernas, mas muito logo começaram a edificar, e instruíram os aborígines na arte da construção, e mesmo se tornaram guias naquele estágio de evolução.

Os indivíduos eram então hermafroditas, ainda que no geral tinham mais desenvolvido um sexo que outro, e a reprodução requeria o ajuntamento de dois seres. Contudo, nos tipos inferiores se notavam os processos distintos de reprodução, e havia alguns embrionários seres humanos, semelhantes à hidra, que se reproduziam uns por gemas, outros por transpiração e outros por geração ovípara. Mas entre os cestoides não ocorria nenhum desses processos inferiores de reprodução.

Na quinta Raça foi se modificando a organização social à proporção que se desenvolvia a inteligência. Desapareceu o regime de colmeia; mas como ainda tinham muito pouca individualidade, reuniram-se em rebanhos e manadas alimentados pelo Manu. A tessitura dos cestoides se tornou mais compacta, e demonstraram com isso o que pôde conseguir o desenvolvimento da vida naqueles que resolutamente evoluíam para a humanidade, sem a ajuda do potente estímulo dado na quarta Ronda pelos Senhores da Chama.

O tipo congregado em rebanhos tem ainda reminiscências muito intensas nas pessoas cujo pensamento se acomoda à opinião alheia e estão completamente dominadas pela rotina. São em geral boas, mas muito simplórias e espantosamente monótonas. Não havia entre elas outras diferenças senão as que possa haver entre aqueles que, por exemplo, compram chá ao peso de um quarto de libra ou de uma onça, notadas entre eles mesmos.

Observamos um tipo feroz de cestoides que não viviam em comunidade, mas vagavam aos pares pelas selvas. A parte superior da cabeça era de osso duro, pelo que lutavam entre si a cabeçadas como cabritos. Também havia tipos inferiores de forma estranha, semelhantes a répteis, que viviam nas árvores. Eram mais corpulentos do que os lineares, mas muito menos inteligentes, e os devoravam sempre que tinham oportunidade.

Além disso, havia em Marte alguns animais carnívoros. Vimos um enorme bruto parecido com um homem, que se defendia com uma espécie de clava, cujos golpes não pareciam ferir grande coisa o monstro, entre cujas mandíbulas caiu por fim o homem, de ponta-cabeça, por haver tropeçado numa rocha.

A terceira Ronda terrestre foi muito semelhante à marciana, e ainda que os habitantes fossem menores e mais grosseiros, pareciam enormes

78

gorilas, de nosso atual ponto de vista. Durante essa Ronda chegou à Terra o grosso dos cestoides procedentes do globo D da Cadeia Lunar, para guiar a evolução humana. Após eles vieram os cestoides de Marte, e uns e outros ofereciam em conjunto o aspecto de inteligentes gorilas. Os animais eram muito escamosos, e ainda os seres a que hoje chamamos aves estavam recobertos de escamas em vez de penas, como se os houvessem formado de retalhos, cuja costura dera como resultado um corpo metade ave, metade réptil, mas de aspecto repulsivo. Contudo, esse globo era um pouco mais mundo que os globos anteriores, pelo menos de tudo que vimos desde que deixamos a Lua, e posteriormente começaram a edificar-se cidades. A obra dos Senhores da Lua (nesta Ronda Arhats vindos do globo F) assemelhava-se mais à domesticação de animais do que à evolução de homens; mas convém notar que, por assim dizer, atuavam em seções dos corpos físico e sutil. Elaboravam especialmente os terceiros subplanos das esferas física, astral e mental, reanimando as formas espiraladas dos átomos desses subplanos.

Durante a terceira Ronda terrestre os processos de reprodução foram os mesmos que agora se limitam aos reinos inferiores da natureza. Nas primeira e segunda Raças se reproduziram ainda os indivíduos por separação; mas desde a terceira Raça em diante se observam os seguintes processos:

1º) A gemação ao estilo de hidra nos seres menos organizados.

2º) A transpiração de células em diferentes órgãos do corpo, que reproduzem outros órgãos similares e crescem como duplicação em miniatura do órgão pater.

3º) A desovação ou postura de ovos em cujo interior se desenvolve o novo ser humano.

Os indivíduos eram hermafroditas e gradualmente foi predominando um sexo, mas nunca o suficiente para definir o macho ou a fêmea.

A passagem da onda de vida de um para outro globo é gradual, com intervalos notáveis. Convém recordar que o globo A da Cadeia Terrestre começou a formar-se quando seu correspondente da Cadeia Lunar estava em processo de desintegração, e a mudança do Espírito determinou a transferência da atividade.[43] Assim a vida ativa é contínua, ainda que os egos tenham longos períodos de repouso. Um globo se "obscurece" quando o LOGOS desvia dele a Sua atenção, e lhe retira a Sua Luz. Cai numa espécie de estado comático e deixa atrás de si um resíduo de criaturas viventes, cujo número não aumenta durante esse período. Mas, enquanto as raças perecem, os egos que as habitaram continuam adiante e o globo se converte em campo de atividade para a Ronda interna, ou seja, o lugar aonde vão os egos em estado de transição para se submeterem a um tratamento especial que acelere seu progresso. O globo para o qual se converte a atenção do LOGOS desperta-se para a atividade e recebe as frotas de egos dispostos a prosseguir em sua jornada.

Outro ponto digno de nota é o retorno de tipos a nível superior de evolução, em que só formam etapas transitórias. Assim como no atual embrião humano aparecem os tipos de peixe, réptil e mamífero, de sorte que em poucos meses repetem a cônica evolução do passado, assim também vemos que em cada Ronda precede um período de repetição ao do novo avanço. A terceira Ronda elaborou pormenorizadamente o que as terceira e quarta Raças reproduziram com relativa velocidade, enquanto a segunda Raça refletiria semelhantemente a segunda Ronda e a primeira Raça a primeira Ronda.

Uma vez compreendido este princípio capital, é já mais fácil o estudo, e torna-se claro o esboço em que têm de se enquadrar os pormenores.

CAPÍTULO 7
PRIMEIRAS ETAPAS DA QUARTA RONDA

Ao fazer uma rápida observação preliminar da quarta Ronda, nota-se uma importante e transcendental mudança no ambiente em que se desenvolve a evolução humana. Nas três Rondas precedentes o homem chegou a tocar a essência elemental, que só foi afetada pelos devas ou anjos sob cuja influência evoluía. O homem não estava bastante desenvolvido para afetá-la de maneira notável. Mas na quarta Ronda, a influência do homem toma parte muito importante, e seus pensamentos concentrados levantam nuvens densas na essência elemental circundante. Também os elementais começam a mostrar-se hostis, segundo vão saindo do estado animal para entrar no humano, pois do ponto de vista dos elementais, o homem já não é um animal entre os animais, mas uma entidade independente e dominante, com propensão a hostilizar e agredir.

Outra característica importante da quarta Ronda, a intermediária das sete, é que nela ficou fechada a porta para o reino animal e se abriu a da Senda. Contudo, ambas as afirmações devem ser entendidas em linhas gerais, porque, de quando em quando, aqui e ali, pode um animal, por ajuda particular, evoluir até um ponto onde seja capaz de encarnar em forma humana, embora quase nunca a encontrem em suficientemente inferior desenvolvimento para isso. O homem que alcançou o Arhatado, ou um grau mais elevado, na Cadeia Lunar, pode escalar alturas ainda maiores; mas todos os de nível inferior, que haviam de completar seus corpos causais, não entraram na evolução da Cadeia Terrestre até os fins da terceira e o começo da quarta Raças Raízes.

Na quarta Ronda de Marte vemos certo número de selvagens, que ainda não estavam bastante avançados para passar daquele globo para a Terra, quando a massa de egos o fez na Ronda precedente. Em cada globo houve alguns fracassados que permaneceram estacionários ao começar o obscurecimento do globo, mas que, retomados a ele quando este recobrou a sua plena atividade, formaram uma classe muito retardada. Estes foram cestoides de índole pobre, os selvagens de tipo brutal e cruel, alguns dos quais se haviam individualizado pelo temor e pela cólera.

Na quarta Ronda, Marte sentiu as angústias da escassez de água e os Senhores da Lua (Arhats que haviam alcançado este nível no globo E) projetaram o sistema de canalização que sob suas ordens os cestoides executaram. Os mares de Marte não são salubres, e, ao se derreterem as neves polares, fornecem a água necessária para o vale que fertiliza os terrenos de cultivo onde crescem os cereais.

A quinta Raça Raiz Marciana foi branca e progrediu consideravelmente, até converter sua forma de cesta em completo corpo causal. Eram de natureza bondosa, ingênuos e afáveis, embora incapazes de ideias vastas e de amplos sentimentos de afeto e sacrifício. Muito logo começaram a repartir entre si o alimento em vez de pelejarem por ele, e atualizaram até certo ponto o sentimento de sociabilidade.

As primeira e segunda Raças Raízes da Terra apareceram antes da despovoação de Marte, pois as últimas etapas desse globo eram demasiado avançadas para que a elas se acomodassem algumas entidades a cujo estado convinham as primitivas condições terrestres, ainda que naqueles prematuros tempos o LOGOS não dirigisse plenamente sua atenção para a Terra. Os Senhores da Lua (Arhats que haviam alcançado este nível no globo D da Cadeia Lunar) trouxeram para essas primitivas raças certo número de entidades retardadas que serviram de estímulo para os preguiçosos, que de sua parte pagaram a boa vontade que se teve com eles ao formarem os tipos inferiores da primeira sub-raça da terceira Raça Raiz. Tinham a cabeça ovoide, com um só olho na parte superior, uma espiral arredondada representando a fronte, e mandíbulas proeminentes. A configuração ovoide da cabeça persistiu durante longo tempo, embora muito modificada nas últimas sub-raças da terceira Raça, encontraram-se alguns exemplares desse tipo na última época lemuriana. Os indivíduos de pele azul que constituíram a poderosa sexta sub-raça, e as de pele branca que formaram a sétima, foram os tipos mais belos, mas ainda com as características lemurianas e vestígios de cabeça ovoide por causa de suas testas achatadas.[44]

Durante as primeira e segunda Raças, foi muito limitada a povoação da Terra, e parece que se lhe deu essa ajuda especial porque no quarto globo da quarta Cadeia "a porta estava fechada". Mas adiante se fez todo o possível para incentivar o progresso dos capazes de receber esse impulso, antes que a vinda dos Senhores da Chama na metade da terceira Raça Raiz impedisse quase por completo saltar o abismo entre o reino animal e o humano.

No fim da sua sétima Raça Raiz, tinha Marte uma população muito considerável a transferir-se para a Terra, a fim de encabeçar nela a terceira Raça até que os egos mais adiantados da Cadeia Lunar viessem tomar a direção. Esses cestoides, que já então haviam completado o seu corpo causal, tinham progredido consideravelmente em Marte e eram os precursores de outros egos mais adiantados, cuja chegada se aproximava. Eles lutaram com os viscosos e invertebrados répteis selvagens a que as paragens de Dzyân chamam "terríveis e malvados homens aquáticos", isto é, os reencarnados remanescentes das rondas anteriores, que haviam sido em Marte "homens aquáticos", ou sejam, animais anfíbios e escamosos de aspecto semi-humano.

Os diversos processos de reprodução característicos da terceira Ronda, reaparecem nessa terceira Raça e também simultaneamente em vários pontos da Terra. A massa geral da povoação passou pelas sucessivas etapas até chegar a ser em sua maior parte ovípara, pois houve alguns poucos aspectos em que persistiram os processos primitivos. Parece como se as diversas ordens de reprodução conviessem aos egos segundo a sua etapa evolutiva, e assim persistiram nos retardados depois de os haver transcendido a massa geral da povoação. O processo ovíparo desapareceu muito lentamente.

A casca foi se afinando cada vez mais, e o ser humano nela contido teve caráter hermafrodita, ainda que depois tenha predominado em cada indivíduo um dos dois sexos e, por último, se definiu a unissexualidade. Essas transformações principiaram há uns 16.500.000 anos e durou seu processo cerca de cinco e meio a seis milhões de anos, pois os corpos físicos foram se alterando muito lentamente e de vez em quando sofriam algumas regressões. Além do que, o primitivo número de habitantes era pequeno e necessitou de tempo para se multiplicar. Ao estabilizar-se definitivamente o último tipo, ficou o ovo mantido dentro do corpo feminino, assumindo a reprodução a atual modalidade ovípara que ainda persiste.

Em resumo, temos a primeira Raça Raiz, repetição da primeira Ronda, em formas de nuvens etéricas, flutuantes de cá para lá numa cálida e pesada atmosfera, que envolvia um mundo desmembrado por cataclismos periódicos. Os indivíduos dessa primeira Raça se reproduziram por fendidura. A segunda Raça, repetição da segunda Ronda, era do tipo saco descrito na segunda Ronda e se reproduziu por brote. O princípio da terceira Raça Raiz, repetição da terceira Ronda, tinha forma de gorila antropoide e se reproduziu no princípio por excrescência celular, ou sejam, as "gotas de suor" da Doutrina Secreta. Depois veio a etapa ovípara e por último a unissexual.

Alguns ovos humanos foram objeto de um tratamento especial, pois os Senhores da Lua os levavam para magnetizá-los cuidadosamente e mantê-los sob temperatura uniforme até que o ser humano rompia a casca, na ocasião de sexualidade hermafrodita. Depois o alimentavam com um regime especial, e atendiam solicitamente ao seu crescimento, para que, uma vez disposto, se apossasse dele um dos Senhores da Lua, muitos dos quais se encarnavam com o fim de atuar no plano físico, para cujo efeito utilizavam esses corpos cuidadosamente preparados, de que também se serviram com o mesmo propósito alguns devas. Isto parece que ocorreu unicamente uns tantos séculos antes do desdobramento dos sexos.

Enquanto os últimos nascidos oviparamente estiveram sob o cuidado dos Senhores da Lua, chegou diretamente do Nirvana Intercatenário o mais escolhido dos cestoides, ao qual logo se seguiram as entidades mais inferiores das que haviam completado seu corpo causal na Lua, embora entre os mais adiantados dos primeiros e os mais atrasados dos segundos mediasse pouca diferença. O primeiro carregamento dos últimos esteve formado por aqueles que haviam respondido fracamente à influência do Manu-Semente nos globos G, F e E da Cadeia Lunar. A maior parte deles vinha do globo G e eram os mais lerdos de todos que haviam completado o seu corpo causal. O segundo carregamento se compôs de um grande número do globo G, um menor contingente do F e outro menor ainda do globo E. O terceiro carregamento continha o ótimo do globo G, alguns dos melhores do globo F e o bom do globo E. O quarto carregamento constava do melhor do globo F e de tudo, menos o ótimo, do globo E. O quinto carregamento conduziu o melhor do globo E com algo do globo D. Os indivíduos desses carregamentos estavam classificados mais por "idade" que por "tipo", pois se viam ali todos os tipos. Entre eles estava o que, individualizado pelo temor, havia sido chefe da tribo continental da Lua, em cujo poder caíra Marte prisioneiro. Todos esses carregamentos encarnaram nos nascidos oviparamente em número de algumas centenas de milhares.

Posteriormente, fazendo já de dez a onze milhões de anos, depois de separados definitivamente os sexos, veio a importante etapa em que alguns desses encarnados Senhores da Lua desceram à heptagonal estrela polar lemuriana e formaram suas próprias imagens etéricas, que depois se densificaram e multiplicaram para o uso dos egos viventes. Os Senhores da Lua eram de diferentes tipos, segundo expressa a frase: "Sete homens, cada qual em sua partilha", e proporcionaram corpos adequados aos sete raios ou modalidades idiossincráticas da humanidade, construindo as formas nas pontas da estrela.

Nesta etapa houve quatro classes de entidades que se influíram mutuamente para o aperfeiçoamento da forma humana. Essas quatro classes foram:

1ª) O contingente dos melhores cestoides, com o corpo causal completo, que formaram os cinco já referidos carregamentos procedentes dos globos G, F e E da Cadeia Lunar.

2ª) Os cestoides procedentes de Marte.

3ª) Os lineares que haviam estado na Terra todo o tempo.

4ª) Os recentemente saídos do reino animal.

Por baixo dessas quatro classes estavam os animais, vegetais e minerais, dos quais não nos convém dizer nada.

A encarnação dessas quatro classes nas formas etéricas, dispostas pelos Senhores da Lua, teve certo caráter de luta, porque com frequência havia vários aspirantes a uma mesma forma, e quem conseguia apoderar-se dela só podia conservá-la por poucos instantes. Essa cena nos recorda a fábula grega que atribui aos deuses a formação do mundo entre ruidosas gargalhadas, pois tinham a sua parte cômica as brigas dos egos para apoderar-se de uma forma que os demais não deixavam utilizá-la quem a conseguisse. Esta etapa é uma das descidas na matéria, a definitiva materialização do corpo humano, o complemento da "queda do homem". Pouco a pouco se foram acostumando os egos às novas "túnicas de pele" e se dispuseram a reproduzir os sete tipos idiossincráticos.

Em diversas partes da Terra subsistiram ainda por longo tempo os demais processos de reprodução; as etapas sucessivas demasiado extensas, por causa dos notáveis desníveis de evolução. Porque as entidades vindas de outras Rondas não haviam estado nas duas primeiras Raças terrestres, e as tribos em que persistiam os primitivos processos de reprodução se tornavam gradualmente estéreis, enquanto os tipos vivíparos se multiplicaram em grande número, até ficar definitivamente estabelecida na Terra a espécie humana tal qual a conhecemos agora.

As formas plasmadas pelos Senhores da Lua tinham aspecto formoso; mas como eram etéricas e, portanto, facilmente alteráveis, as aleijaram bastante os egos nelas encarnados. Os filhos nascidos dessas formas foram em verdade horríveis, pois seus procriadores estariam provavelmente acostumados a pensar na cabeça ovoide e na testa com depressão, do que proveio o reaparecimento dessa forma.

Após haver evoluído várias gerações de seres definidamente humanos, descendentes das materializadas formas etéricas, os Arhats incitaram as entidades saídas dos globos A, B e C da Cadeia Lunar, a encarnarem-se nos corpos já dispostos então para sua morada, porque não lhes era possível continuarem ali a sua evolução. Deste contingente houve três carregamentos:

1º) Mais de dois milhões de indivíduos de cor alaranjada, procedentes do globo A.

2º) Pouco menos de três milhões de indivíduos de cor dourada, procedentes do globo C.

3º) Mais de três milhões de indivíduos de cor rosada, procedentes do globo C.

Em conjunto somavam uns nove milhões, e foram conduzidos para diferentes paragens da superfície do globo, com o propósito de formarem tribos. Os de cor alaranjada, ao verem os corpos que lhes eram oferecidos para se encarnarem, se recusaram a entrar neles, não por maldade, mas por orgulho, pois lhes pareceram desprezíveis tão repulsivas formas, e talvez também porque ainda conservavam sua repugnância pelo ajuntamento sexual. Em troca, os de cor amarela e os rosados obedeceram docilmente, e pouco a pouco melhoraram os corpos em que moravam. Esses indivíduos de cor rosada e os amarelos constituíram a quarta sub-raça lemuriana, a primeira que em todos os aspectos, menos no embriônico, se pôde chamar humana e cuja origem cabe remontar à doação das formas. Convém notar que em *A Doutrina Secreta* Blavatsky pinta esta sub-raça de cor amarela, embora, evidentemente, se referisse às entidades de cor dourada, vindas do globo B da Cadeia Lunar, pois não é possível que mencionasse a coloração própria da quarta sub-raça, porque esta era negra, como o foram também, posteriormente, as classes inferiores da sexta sub-raça, em que as classes superiores eram de cor azul, embora com um ligeiro fundo negro.

Devido à recusa dos alaranjados, ficou em descoberto a área designada para eles, e os corpos em que teriam de morar caíram gostosamente em poder das entidades recém-saídas do reino animal, isto é, a mais ínfima das classes antes mencionadas, cujo tipo era pauperrimamente humano. Essas entidades não notaram grande diferença entre elas e as fileiras de que acabavam de sair, e daí proveio o pecado dos amantes.

Convém frisar que os alaranjados criaram carma ao se negarem a ocupar seu devido lugar na obra de povoar a Terra, pois posteriormente a lei da evolução os compeliu a encarnar-se, e tiveram de servir-se de corpos ainda piores e mais grosseiros que os recusados, já que os Senhores da Lua estavam nessa ocasião empregados em outro trabalho. Desta maneira foram uma raça tardia, mas não de boa índole, que teve de passar por experiências desagradáveis, e o número de seus indivíduos escasseou por causa da constante colisão em que estiveram com a ordem comum, e foram amaciados pelos muitos sofrimentos que experimentaram entre as pessoas comuns. Uns tantos, de severo temperamento, insensíveis e sem escrúpulos, chegaram a ser os "Senhores da Face Tenebrosa" na Atlântida; outros apareceram entre os índios norte-americanos de rosto duro, ainda que refinado; e alguns poucos têm persistido até nossos dias entre os reis das finanças, estadistas como Bismarck e conquistadores como Napoleão. Contudo, vão desaparecendo pouco a pouco, porque aprenderam lições muitas amargas. Os homens sem coração que sempre estão na luta, e por tudo e em toda a parte se opõem aos princípios gerais, têm de mudar, por fim, no reino da lei, o seu modo de ser. Alguns, muito poucos, poderão valerse da magia negra; mas a maioria não pode resistir à constante pressão que os encobre. É um caminho demasiado áspero para o progresso!

Advento dos Senhores da Chama

A grande Estrela Polar Lemuriana estava ainda perfeita, e o enorme Crescente se estendia ao longo do Equador, incluindo Madagascar. O mar cujo leito era o atual deserto de Gobi, quebrava suas ondas nas ásperas costas formadas pelas encostas setentrionais do Himalaia, e tudo se ia preparando para o mais dramático instante da história da Terra: o advento dos SENHORES DA CHAMA.

Os Senhores da Lua e o Manu da terceira Raça Raiz haviam feito todo o possível para colocar os homens no ponto adequado para que, estimulado o germe de sua mente, pudesse descer o seu ego. Receberam impulso todos os retardados e já não havia nas fileiras animais quem pudesse ascender então à categoria humana. A porta por onde os imigrantes vindos do reino animal entravam no reino humano, fechou-se quando já não acudia ninguém a ela, nem teria sido possível alcançá-la sem que se repetisse o formidável impulso que se dá pela única vez na metade de cada Esquema de Evolução.

Para o advento dos Senhores da Chama se escolheu a época coincidente com o insólito fenômeno astronômico de uma conjunção especial de planetas, que colocava a Terra em condições magnéticas mais favoráveis. Isso aconteceu há uns seis e meio milhões de anos, quando já não restava por cumprir outra obra senão a que unicamente podiam levar a cabo os Senhores da Chama.

Com o estrondoso bramido de uma torrente e envolta em ardentes nuvens que cobriam o firmamento de extensas línguas de fogo, descendo então de inconcebíveis alturas, relampejou através do espaço a carruagem dos Filhos do Fogo, dos Senhores da Chama, que, vindos de Vênus, pousaram sobre a "Ilha Branca" risonhamente estendida no seio do mar de Gobi. Achava-se a ilha verdejante de folhagem e radiante colorida floração, como se a Terra oferecesse a mais amorosa e gentil bem-vinda ao seu chegado Rei. Ali permaneceu Ele, "o Donzel de dezesseis estios", Sanat Kumara, a "Eterna e Virginal Juventude", o novo Governador da Terra, que veio a Seu reino acompanhado de Seus Discípulos, os três Kumaras, Seus Auxiliares imediatos. Ali estavam trinta poderosos Seres, demasiado grandes para que a Terra os reconhecesse, embora graduados em ordem e revestidos dos gloriosos corpos que Eles haviam criado pelo poder de Kriyashakti. Constituíram a primeira Hierarquia Oculta. Eles, os ramos da única Árvore Baniana em expansão, viveiro de futuros Adeptos e centro de toda a vida oculta. A morada desses Seres foi e é a imperecível Terra Sagrada, em que brilha a eterna Estrela Refulgente, símbolo do Monarca da Terra, o imutável Polo em cujo torno está sempre girando a vida de nossa Terra.[45]

Diz um *Catecismo*:

Dos sete Kumaras, sacrificaram-se quatro pelos pecados do mundo e instrução dos ignorantes, a fim de permanecerem até o fim do atual manvantara. Estes quatro Kumaras são a Cabeça, o Coração, a Alma e a Semente do conhecimento imortal.

E acrescenta Blavatsky:

Maior que os "Quatro" existe somente UM, assim na terra como no céu. É o ainda mais misterioso Ser chamado o "Vigilante Silencioso".[46]

Até a vinda dos Senhores da Chama haviam chegado separadamente os carregamentos vindos do Nirvana Intercatenário; mas com o formidável impulso recebido neste ponto, intensificou-se rapidamente a fecundidade, como tudo o mais, e foram necessárias frotas inteiras para trazer os egos que haviam de encarnar-se nos corpos. Enquanto estes se infundiam nos corpos, os de tipo inferior se apossaram de todos os animais com germes mentais que se individualizaram por ocasião da Vinda, e assim os Senhores da Chama fizeram num momento por milhões o que agora com muito trabalho fazemos por unidades.

E então encarnaram os Arhats dos globos A, B e C para ajudar o Manu no estabelecimento e civilização das quinta, sexta e sétima sub-raças lemurianas. A quarta sub-raça continuou sendo de cabeça ovoide, estatura de 7,40 m a 8,30 m, constituição frouxa e tosca e de cor preta; um que medimos tinha 8,25 m de altura.[47] Seus edifícios eram proporcionais à sua altura, de construção ciclópica, feita de enormes pedras.

Os Arhats foram, nas últimas sub-raças, os reis iniciados de que nos falaram os mitos, mais verídicos neste ponto do que a própria história.

Esses reis iniciados se rodeavam de certo número de escolhidos, com os quais formavam uma casta; ensinavam-lhes alguma arte de civilização e os dirigiam e ajudavam a construir cidades. Segundo essas instruções, levantou-se uma grande cidade na atual ilha de Madagáscar, e muitas obras se edificaram sobre o grande Crescente. Como já dissemos, o estilo arquitetônico foi colossal e de imponente grandiosidade.

Durante esse longo período mudou o aspecto físico dos lemurianos. O olho central da parte superior da cabeça, à medida que cessava de funcionar, foi se retirando da superfície para o interior, até formar a glândula pineal, ao passo que os dois olhos (no princípio um de cada lado da cabeça), começaram a se pôr em atividade. A fábula grega dos ciclopes é evidentemente uma tradição da primitiva época lemuriana.

Havia então alguns animais domésticos, e vimos um lemuriano de cabeça ovoide que conduzia um monstro escamoso, de aparência quase tão repulsiva como a de seu amo. Comiam-se animais crus de toda espécie, pois a algumas tribos humanas não lhes repugnava a carne; e certos bichos como as nossas lesmas, caracóis e lagartas, porém muito maiores que seus degenerados descendentes, eram um saboroso bocado para os lemurianos.

Durante o desenvolvimento da sexta sub-raça, foram enviados para a Terra,[48] do Nirvana Intercatenário, numerosos Iniciados com seus discípulos, para se encarnarem nos melhores corpos que até então houvessem sido formados pelo Manu da quarta Raça Raiz, a quem deviam ajudar. Nos melhores desses corpos se encarnaram os que haviam esgotado o carma, e seus ocupantes foram capazes de aperfeiçoá-los e obter deles quanto lhes foi possível pedir. Esses Arhats e seus discípulos atuaram sob a direção dos Senhores da Lua e dos Manus das terceira e quarta Raças Raízes, e por sua ajuda evoluiu a sétima sub-raça, de cor branca-azulada, que proporcionou homens e mulheres de tipo mais aperfeiçoado para servir de posterior modelo ao Manu da quarta Raça.

CAPÍTULO 8
A QUARTA RAÇA RAIZ

Quase imediatamente após Sua chegada, começou o Chefe da Hierarquia a tomar Suas disposições para o estabelecimento da quarta Raça Raiz, valendo-se do futuro Manu para escolher os menores, mais densos e melhores dos tipos lemurianos aproveitáveis. Enquanto o estabelecimento e desenvolvimento da civilização sob a direção dos Reis Iniciados prosseguiam entre os lemurianos, o Manu da futura Raça buscava diligentemente os egos mais adequados ao Seu propósito, e lhes escolhia encarnações apropriadas. Primeiro reuniu milhares de indivíduos, e por fim escolheu um dentre eles, após provas que duravam vários anos, com muita dificuldade, sem dúvida, em achar dignos progenitores da Raça que tinha de estabelecer. Separou tribos inteiras, cujos indivíduos se cruzaram em matrimônio durante longos períodos, e escolheu os exemplares que lhe pareceram mais adequados para serem transplantados, entrando Ele e Seus discípulos na ascendência desses escolhidos, a fim de realçar o nível físico do tipo humano.

Efetuou o Manu, simultaneamente, diversas experiências nas pontas da Estrela, aproveitando as diferenças de clima. A princípio pareceu tarefa impossível fazer nascer uma Raça branca do matrimônio de negros e mulatos; porém, depois de gerações de seleção dentro de uma tribo, o Manu logrou escolher um ou dois indivíduos e emparelhá-los com um ou dois semelhantemente selecionados de outra tribo. O Manu da terceira Raça havia desenvolvido um tipo de cor azul para Sua sexta sub-raça e outro branco-azulado para a sétima sub-raça, embora a massa geral dos lemurianos continuasse sendo negra. Parte da quarta sub-raça se misturou com a azul, e muito lentamente foi se aperfeiçoando o tipo comum lemuriano. Convém assinalar que ao aparecer em outras partes do mundo um tipo ligeiramente colorido ou de melhor qualidade, era enviado ao Manu e posto à Sua disposição, e o Manu lhe escolhia um marido ou mulher adequados. Observamos um indivíduo que fora enviado ao Manu, da cidade de Madagáscar, e também chegaram outros semelhantes de diversos pontos.

Com a chegada dos Iniciados a que nos referimos no capítulo anterior, acelerou-se o progresso da espécie humana, pois o Manu aproveitou para a modelação de Sua primeira sub-raça os corpos que os Iniciados aperfeiçoaram ao morar neles. A quarta Raça teve, por fim, deste modo, um refinado estabelecimento e excelente nutrição, graças ao grande número de indivíduos evoluídos que guiaram e impeliram o progresso. Finalmente pôde o Manu dispor dos corpos da sétima sub-raça lemuriana, aperfeiçoados pelos Iniciados que os utilizavam, e os empregou como núcleo da sub-raça ramohal, a primeira da quarta Raça, cujos indivíduos foram os Iniciados e discípulos encarnados nos referidos corpos, sem que entrasse a formar parte dessa etapa qualquer indivíduo dos que haviam evoluído previamente na Cadeia Terrestre.

Subba Rao afirma que os lemurianos eram de cor negro-azulada, os atlantes de vermelho-amarelada, e os ários branco-morenos. Vemos que o Manu da quarta Raça elimina o azul da cor de Seu povo e através da cor púrpura passa para o vermelho da sub-raça ramohal, para misturá-lo com o branco-azulado da sétima sub-raça lemuriana e obter a primeira sub-raça com aspecto já completamente humano, de sorte que poderia conviver entre nós.

Uma vez completamente estabelecida a Raça-Tipo, o Manu dispôs dos materiais necessários para o intenso vermelho-escuro dos toltecas, a terceira sub-raça, que constituiu o povo mais esplêndido e imperial da Atlântida e reteve por muitos milhares de anos o governo do mundo. Após longo período de paciente trabalho e cerca de um milhão de anos de inquietudes e cuidados, conseguiu o Manu produzir uma formosa semelhança do tipo que Lhe havia sido encomendado. Fundou então, definitivamente, a Raça; Ele próprio tomou corpo, e em Sua própria família se encarnaram os Seus discípulos, para que desta forma constituísse Sua posteridade a Raça por Ele estabelecida. Em sentido estritamente liberal, o Manu de uma Raça é o seu progenitor, pois toda ela descende fisicamente de seu Manu.

No entanto, os descendentes imediatos do Manu não eram de aspecto muito agradável, se o julgarmos por nosso padrão atual, embora valessem muito mais que o resto dos povos. Eram de estatura menor e de organização nervosa rudimentar, com o corpo astral ainda imperfeito. Foi verdadeiramente extraordinária a obra realizada pelo Manu, não só para modelar semelhante corpo de maneira que se ajustasse aos Seus próprios astral e mental, mas também para modificar o pigmento da pele até darlhe a cor desejada para Sua Raça.

Desde então se sucederam muitas gerações antes que a jovem Raça tomasse posse do continente atlante destinado para sua morada; mas uma vez ali assentada, começaram a chegar carregamentos de egos procedentes do Nirvana Intercatenário, para se encarnarem nos corpos da quarta Raça. O Manu combinou com o Manu-Raiz que Lhe enviasse grande número de egos dispostos para a encarnação, isto é, os do globo D da Cadeia Lunar, que haviam completado o corpo causal e se individualizado durante a quarta e quinta Rondas Lunares. Alguns desses egos se encarnaram na sub-raça tlavatli, e outros, mais tarde, na tolteca, quando já se achava florescente. Então se reencarnou o Manu nesta última, para fundar a cidade das Portas de Ouro, primeira das várias que sucessivamente usaram este nome. A fundação da citada cidade data de um milhão de anos, ou seja, 150.000 antes do primeiro cataclismo que desmembrou o continente atlante.

Por essa época os toltecas constituíram a raça governante por causa de sua grande superioridade, pois eram de índole guerreira e se estenderam pelo mundo para subjugar todos os povos, ainda que sem se misturarem jamais em parte alguma com as classes inferiores. Ainda na mesma cidade das Portas de Ouro só eram toltecas a aristocracia e a classe média; mas o povo tinha o sangue adulterado pelo cruzamento com os prisioneiros de guerra pertencentes a outras sub-raças, que os conquistadores haviam reduzido à escravidão.

Por esse tempo chegou à Terra um carregamento de egos em um de cujos grupos, que se mantinha muito unido, figuravam vários de nossos antigos amigos, como Sírio, Órion, Leo e outros. Vaivasvata, o Manu da quinta Raça, marcou alguns destes egos na orelha, para que formassem parte de Seus futuros materiais. Apoiada nesta seleção, Blavatsky remonta o estabelecimento da quinta Raça a um milhão de anos atrás, por mais que sua saída da Atlântida tenha ocorrido no ano 79997 a.C. Os escolhidos constituíram mais tarde um grupo cujo intervalo entre a morte e o nascimento foi de 1.000 a 1.200 anos.[49]

Contudo, na época de que tratamos, os intervalos entre morte e nascimento eram algo mais curtos, porque os materiais reunidos naquelas primeiras existências não bastavam para determinar longos intervalos, por mais longas que fossem. Os homens não eram ainda capazes de sentir profundamente, se bem que realizassem algo peculiar da vida celeste, em cujo mundo os egos permaneciam juntos, e os seres sutis da esfera intuicional, com eles relacionados, demonstravam fortíssima afinidade entre si.

Nas esferas inferiores se experimentava evidentemente um depriemente e indeciso sentimento de "saudade", como se estivessem muito vagamente sentindo a ausência dos velhos amigos de anteriores existências e do intervalo intercatenário, os quais permaneciam ainda adormecidos no Nirvana Intercatenário, e não chegariam à Terra até 400.000 anos mais tarde.

Na esfera intuicional, o grupo de 700 anos de intervalo estava relacionado com o grupo de 1.200 anos; mas, quando o primeiro grupo chegou à Terra, houve uma época de geral regozijo entre os egos da esfera mental superior, porque iam com eles os futuros Mestres a quem amavam e veneravam profundamente. Os diretamente relacionados com alguns indivíduos do primitivo grupo estavam ainda no Nirvana, e outros haviam chegado à Terra com o grupo dos 1.200 anos, contando-se entre eles os dois futuros Mestres que na última encarnação foram de nacionalidade inglesa.[50] A fim de que todos os indivíduos estivessem juntos numa mesma encarnação, foi preciso retardar em uns e adiantar em outros o renascimento.

Em uma daquelas vidas primitivas, um guerreiro chamado Corona,[51] procedente da cidade das Portas de Ouro, submeteu a tribo tlavatli em que nossos amigos haviam se encarnado; e ainda que inconscientes dos laços que a eles o ligavam, recebeu a influência e os tratou com doçura, de modo que em vez de os escravizar, lhes outorgou várias melhoras e incorporou a tribo ao império tolteca. Sírio renasceu umas tantas vezes na sub-raça tlavatli até passar para a tolteca. Mais adiante o vemos encarnado entre os remohais, a fim de se relacionar com Ursa e outros companheiros. Depois passa várias existências na quarta sub-raça, a turânia (etapa chinesa) e outras tantas na sexta sub-raça, ou acadiana. Posteriormente o vemos dedicado ao comércio num povo semelhante aos futuros fenícios. Não se encarnou nas sub-raças por ordem sucessiva; mas é atualmente muito difícil generalizar sobre essa questão.

Continuavam chegando à Terra carregamentos de egos, e a causa principal de sua separação parece que foi a maneira de se individualizarem. Estavam misturados egos de todos os raios e temperamentos, embora de semelhante grau de desenvolvimento geral; mas não o estavam aqueles egos que diferiam nos intervalos entre a morte e o renascimento, nem tampouco se misturavam as numerosas classes de homens lunares e animais-homens. Ao passar o indivíduo de uma classe para outra superior, persistiam os caracteres fundamentais distintivos, sem confundir umas classes com outras, a menos que o indivíduo houvesse sido tomado da Ronda Interna e submetido à especial compulsão. Mesmo os próprios cestoides, ao completarem o seu corpo causal conservaram o rasgo distintivo de sua origem.

O primeiro carregamento que conduzia o grupo dos 700 anos de intervalo, chegou à Terra pelo ano 600000 a.C., ou seja, uns 250.000 anos antes do primeiro cataclismo que desmembrou o continente atlante. Iam nesse grupo os futuros Mestres Marte, Mercúrio e outros. Marte nasceu no norte do território que ocupava a sub-raça tlavatli, e foi Súrya seu pai e Mercúrio sua mãe, tendo Héracles por irmã maior. Era Súrya o Chefe de tribo, da qual muito logo Marte, seu filho mais velho, se tornou o principal guerreiro.[52] Aos quinze anos de idade, este foi deixado como morto num campo de batalha, mas foi procurado e encontrado por sua irmã, que lhe era apaixonadamente dedicada e dele cuidou até o seu restabelecimento. Sucedeu a seu pai como Chefe, e teve então a sua primeira experiência de governo terrestre.

Houve um grupo pequeno mas interessante, composto somente de 105 indivíduos, que chegou à Terra por aquele mesmo ano 600000 a.C., embora não vindo da Lua, mas de uma expedição composta de propósito pelo Chefe da Hierarquia. Parece que esteve formada por alguns indivíduos que em Vênus haviam sido animais prediletos dos Senhores da Chama, e tão firmemente ligados a Estes pelo carinho, que não teriam podido evoluir sem Eles. Haviam se individualizado em Vênus, de onde os tirou o Chefe da Hierarquia, colocando-os nos primeiro e segundo raios.

Houve outros pequenos grupos de evolução anormal, e um dentre eles, correspondente à terceira Ronda, foi enviado ao planeta Mercúrio, de onde voltou a sair depois de submetido às condições especiais desse planeta. Alguns passaram por tratamentos dessa espécie, com o fim de prepará-los para a quinta Raça Raiz.[53]

O terceiro nascimento terrestre de Héracles teve por lugar a mesma tribo em que se viram reunidos alguns indivíduos do grupo. Estavam algo civilizados, mas as casas eram simplesmente choças, e o clima quente os obrigava a usar roupas leves. Esta vida de Héracles teve por característica o reatamento dos repulsivos laços com Escorpião, que se revestiram de certa importância. A tribo em que militava Héracles foi atacada por outra completamente selvagem a que pertencia Escorpião. Era plano deste surpreender a tribo inimiga e exterminá-la em sacrifício à divindade, ou do contrário suicidar-se para deste modo atormentar os inimigos do outro mundo. A tribo de Escorpião praticava ritos de natureza pitônica, que, embora secretos, eram conhecidos de Héracles. O suicídio era indispensável para realizar o projeto da atividade *post-mortem*, e os feitiços com terríveis maldições e conjuros chegaram a ser então efetivos, com resultado tanto mais temido dos inimigos, por isso conheciam as suas consequências. Fracassado o ataque, começaram os selvagens a suicidar-se entre grosseiros ritos; mas Héracles, em parte porque sua religião proibia o suicídio, em parte porque o animavam temores supersticiosos e também porque os selvagens podiam servir de musculosos escravos, interveio para salvar do suicídio muitos deles, mantendo-os prisioneiros. Mais tarde, esses tramaram uma invocação de magia contra a vida de Héracles, que os condenou à morte, e desde então se reproduziu na Terra a prolongada série de antagonismos, não extinta ainda.

Convém ter em conta, para explicar a intimidade dos laços estabelecidos entre diversos indivíduos e mantidos durante centenas de vidas, que desta época em diante certo número de seres dentre os grandes grupos de 1.200 e 700 anos, constituiu a que podemos chamar "Tribo", cujos membros conservaram suas recíprocas relações de parentesco na multidão de países onde se encarnaram; e especialmente Sírio raramente contraiu matrimônio fora desse reduzido grupo. Numa rápida visão, vemos que algumas vezes esteve reunida toda a tribo, como, por exemplo, quando Marte era rei da cidade das Portas de Ouro; quando foi imperador no Peru; no continente, perto da Ilha Branca, sob o mando do Manu; e nos começos da segunda e terceira sub-raças arianas, na época das emigrações, para citar só uns poucos exemplos.

Héracles se converteu em combatente soldado, estreitamente ligado a Marte; Sírio, de temperamento mais pacífico, seguiu continuamente Mercúrio; Alcione e Mizar pertenceram também a esse grupo. Contudo, bom número de indivíduos pertencentes aos grupos mais extensos, com os quais estivemos muito familiarizados naqueles primitivos tempos, ficou pelo caminho e não o encontramos nesta vida. Alguns estarão precisamente agora no mundo celeste.

A Sociedade Teosófica é outro exemplo da reunião dessa mesma tribo, e nela ingressaram continuamente pessoas que com o tempo voltarão a ser antigos amigos. Há os que, como Corona, estão precisamente agora esperando uma conjuntura favorável de reencarnação.

Por longo tempo continuaram chegando carregamentos à Terra, até que cessou a remessa ao ocorrer a catástrofe de 75000 anos a.C., de modo que a frase *porta fechada* se aplica unicamente à passagem do reino animal para o reino humano, mas não às entidades cujo corpo causal estava já desenvolvido. Os monos antropoides cujos corpos são humanos, segundo afirma Blavatsky, pertencem ao reino animal da Lua, mas não ao da Terra, pois se encarraram nos corpos engendrados pelo "pecado dos amantes", e são os gorilas, chimpanzés, orangotangos, cinocéfalos e longímanos. Habitam na África, onde se podem encarnar entre as ainda existentes insignificantes raças humanas do tipo lemuriano.

No ano 220000 a.C. vemos Marte no trono imperial da cidade das Portas de Ouro, com o título hereditário de "Rei Divino", transmitido pelos grandes Iniciados dos primeiros tempos, que haviam governado no passado. Mercúrio era o hierofante maior, ou Sumo Pontífice da religião do Estado. Cabe notar que esses dois personagens aparecem unidos através dos séculos; um sempre como governante e guerreiro, e o outro sempre como instrutor e sacerdote. Também é notável que nunca vejamos Marte em corpo feminino, ao passo que Mercúrio o toma de quando em quando.

A tribo ou grupo estava totalmente reunida naquela época. Vajra era o herdeiro da coroa; e Ulisses, que havia alcançado vitórias na fronteira, comandava a Guarda Imperial, formada por soldados escolhidos que, mesmo os rasos, pertenciam à nobreza e lhes estava confiada a guarda do palácio. Não saíam para as campanhas e somente rodeavam a pessoa do monarca nas cerimônias da corte, cujo esplendor aumentavam com seus soberbos uniformes. Contudo, morto Ulisses, recebeu Vajra o comando da Guarda Imperial e pela persuasão pôde conseguir que seu pai lhe permitisse entrar em campanha com sua gente. Como era homem de caráter inquieto e turbulento, não lhe satisfazia aquela vida sedentária de luxo e ostentação, além do que os soldados o adoravam por seu intrépido valor e lhes apetecia trocar seus dourados peitos pelo severo armamento do guerreiro. Entre os soldados da Guarda Imperial estavam alguns de nossa tribo, como Héracles, Píndaro, Beatriz, Gêmini, Capela, Lutécia, Belona, Ápis, Arcor, Capricórnio, Teodoro, Escoto e Safo. Héracles tinha a seu serviço, na qualidade de pagens, três jovens tlavatlis (Hygeia, Bootes e Alcmene), que seu pai havia capturado numa batalha e lhe dado de presente. Os soldados eram notoriamente desordeiros, muito inclinados a comilanças e bebedeiras, com escândalo da cidade; mas tinham a virtude de respeitar os eruditos, reverenciar os sacerdotes e assistir às cerimônias religiosas em cumprimento dos seus deveres palacianos. Regiam-se por certo código de honra, severamente observado, cujas regras incluíam a proteção do débil. Não careciam de refinamentos, segundo a moda, mas não se adaptavam às ideias modernas.

Não devemos passar por alto pela morte de Ulisses, o capitão da Guarda, porque se ligou com indissoluveis laços aos três personagens que intervieram naquela cena. O imperador Marte havia posto ao cuidado do capitão da Guarda seu filho Vajra, moço atrevido e inquieto; e como então se maquinavam perigosas conjuras na cidade das Portas de Ouro, e teria sido um grande triunfo para os conspiradores apoderarem-se da pessoa do príncipe herdeiro, não queria Ulisses deixá-lo sair sozinho do palácio, ainda que lhe desgostasse a proibição. Estavam um dia o capitão e o príncipe sentados fora do palácio, quando um bando de audazes conspiradores surgidos repentinamente dentre os arbustos, onde espreitavam ocultos, se atiraram contra ambos e os agrediram. O príncipe caiu sem sentidos; mas Ulisses, escudando-o com seu corpo, defendeu-se destemidamente contra os agressores enquanto gritava por auxílio, ao que, ouvido do palácio, acudiram alguns soldados da Guarda, no momento em que o capitão, crivado de feridas, caía sobre o corpo do príncipe e escapavam os conspiradores. Os soldados carregaram os corpos desmaiados em direção ao palácio e os colocaram no salão do trono, aos pés do imperador ali sentado. Então, o moribundo capitão entreabriu os olhos e, voltando-os para o soberano, exclamou: "Perdoai-me, senhor; fiz tudo quanto pude". O imperador se aproximou dele e, banhando o dedo no sangue que lhe escorria do peito, assinalou-lhe a fronte com ele, e depois à sua própria e a seus pés, ao mesmo tempo que sua harmoniosa voz quebrava o silêncio da cena, dizendo: "Pelo sangue derramado em minha defesa e a dos meus, nunca jamais se romperão os laços entre nós. Vai em paz, fiel servidor e amigo".

Os ouvidos apagados do moribundo puderam ainda escutar aquelas palavras. Ulisses sorriu e expirou. O jovem príncipe, que somente estava desmaiado, recuperou os sentidos. O vínculo perdurou milênio após milênio, e tornou-se o laço inquebrantável entre Mestre e discípulos.

As vidas de Héracles não ofereceram nada de notável durante longo tempo, pois quando se encarnava em corpo masculino, sua ocupação era a guerra, e quando em corpo feminino, era ter numerosa prole.

A propagação da magia negra entre os atlantes motivou o segundo grande cataclismo do ano 200000 a.C., que deixou as vastas ilhas de Ruta e Daitya como restos do vasto continente que havia unido a Europa e África com a América. Subsistiram estas ilhas até que a catástrofe do ano 75025 a.C.[54] as submergiu nas águas do atual Oceano Atlântico.

Durante os cem mil anos seguintes, o povo atlante prosperou abundantemente, até formar uma poderosa e superexuberante civilização, cujo foco era a cidade das Portas de Ouro, de onde foi se difundindo por toda a África e Ocidente.

Mas, infelizmente, com a civilização se propagou também o conhecimento do domínio da natureza, que aplicado para fins egoístas, é magia negra. Nela caíram em maior ou menor grau alguns indivíduos de nosso grupo, umas vezes por haver nascido no seio de famílias magonegras e outras porque a praticaram em brincadeiras e ficaram algo contaminados com suas práticas. Podemos recordar agora que essas práticas de magia negra foram a causa dos sonhos que atormentaram Alcione[55] numa vida posterior. Tiveram lugar numa existência cerca de 100000 a.C. Corona era imperador branco da cidade das Portas de Ouro; Marte era um de seus generais, e Héracles era esposa de Marte. Rebentou uma formidável rebelião capitaneada por um homem de estranhos e malignos conhecimentos, um "Senhor da Face Tenebrosa". Aliado com os sombrios espíritos da Terra,[56] que formam o "Reino de Pã", foi reunindo ao redor de si um poderoso exército, que o aclamou como imperador do Sol da Meia-Noite, o imperador tenebroso em oposição ao imperador Branco. Estabeleceu um culto de si mesmo como ídolo central, com enormes imagens suas erguidas nos templos e cerimônias desenfreadamente sensuais, que atraíam os homens pela satisfação de suas paixões animais. Opostamente à branca cripta de iniciação na cidade das Portas de Ouro, estabeleceu-se a cripta tenebrosa para celebrar os mistérios de Pã, o deus da Terra. Tudo se encaminhava para outro tremendo cataclismo.

Umas cento e vinte vidas atrás, era Alcione filho de um seguidor dos abomináveis ritos desse tenebroso culto; mas ainda que no princípio se mantivesse muito afastado deles e se retraísse das selvagens orgias de bestialidade que avassalavam a maioria dos adoradores, acabou, como vulgarmente acontece, por prender-se à beleza de uma mulher e nisso encontrou um destino adverso. Aquele sucesso nos faz conhecer as condições que posteriormente descarregaram sobre os atlantes a pesada sentença pronunciada pela Hierarquia Oculta.

CAPÍTULO 9
A MAGIA NEGRA ENTRE OS ATLANTES

Episódio

Alcione está meio adormecido, meio desperto, na musgosa e inclinada margem de um tumultuoso curso d'água. Seu rosto, mais ansioso que perplexo, reflete a perturbação de sua mente. É filho de uma rica e poderosa família pertencente ao "Sacerdócio do Sol de Meia-Noite", dedicado ao serviço dos deuses do mundo inferior, cujos sacerdotes buscavam na escuridão da noite, nas tenebrosas cavernas subterrâneas, a passagem para abismos cada vez mais profundos e desconhecidos.

Então, as principais nações cultas da Atlântida se haviam dividido em dois campos opostos. Um deles tinha por metrópole sagrada a antiga cidade das Portas de Ouro, e conservava o tradicional culto de sua raça, o culto do Sol, já na beleza do horto revestido das brilhantes cores da aurora e rodeado dos radiantes mancebos e donzelas de sua corte; já no auge de sua glória, em seu deslumbrante resplendor meridiano, quando difunde por toda parte seus cintilantes raios de luz e calor; já no esplêndido leito de seu ocaso, quando se colore de suavíssimos e esquisitos tons as nuvens, que atrás de si deixa como promessa de sua volta.

O povo adorava o Sol com danças, corais, incenso, flores, alegres cantos, trovas e baladas, oferendas de ouro e joias, e divertidos jogos e desportos. O Imperador Branco governava os filhos do Refulgente Sol, e sua estirpe havia mantido sobre eles durante milhares de anos indisputável senhorio. Mas, pouco a pouco, os distantes reinos governados por vice-reis se declararam independentes e estabeleceram uma confederação encabeçada por um homem de sinistra influência que apareceu entre eles.

Esse homem, chamado Oduarpa, de caráter ambicioso e astuto, concebeu que, para consolidar a Federação e fazer oposição ao Imperador Branco, era necessário recorrer à magia negra, pactuar com os moradores do mundo inferior e estabelecer um culto que atraísse o povo por meio dos prazeres sensuais e dos impiedosos poderes mágicos colocados em mãos de seus adeptos. Em consequência do pacto com as potências tenebrosas, havia Oduarpa prolongado a sua vida mais além do término normal e tornou seu corpo invulnerável aos golpes de lança e pontas de espada, mercê da materialização de uma couraça metálica que o escudava dos pés à cabeça como uma cota de malha. Aspirava Oduarpa ao poder supremo e estava a caminho de alcançá-lo, com a presunção de coroar-se no palácio da cidade das Portas de Ouro.

O pai de Alcione era um dos mais íntimos amigos de Oduarpa, cujos ocultos projetos conhecia, e ambos esperavam que o rapaz os ajudasse resolutamente na realização de suas ambições. Mas Alcione tinha desejos e esperanças distintos, que caladamente alimentava em seu coração. Havia visto em sonhos a majestosa figura de Marte, um dos generais de Corona, o Imperador Branco; havia recebido o influxo de sua profunda e dominante vista e escutado como se ao longe ressoassem estas palavras: "Alcione; és meu e dos meus, e certamente virás a mim e te reconhecerás como meu. Não te comprometas com meus inimigos, porque és meu". E Alcione havia prometido ser súdito de Marte, como os subordinados de seu senhor.

Nisto pensava Alcione, embalado pelo rumor do pequeno curso d'água, porque sentia em si outra influência e seu sangue circulava ardente em suas veias. Desgostoso Oduarpa da indiferença, ou melhor, do retraimento de Alcione no tocante ao culto religioso, mesmo em seus ritos externos de sacrifícios animais e excitantes bebedeiras, pensou em atraí-lo para os ritos secretos pelos agrados de uma jovem (Cisne), bela como o estrelado céu da meia-noite, que o amava profundamente sem lhe haver conseguido cativar o coração. Entre o fosco brilho e a semifascinadora vista dos olhos de Cisne, flutuava a esplêndida visão, e de novo ouvia as comoventes e murmurantes palavras: "És meu".

A mãe de Cisne, velha bruxa da pior espécie, sugeriu à sua filha o único meio possível para conquistar o coração de Alcione, que foi o de obter dele a promessa de que a acompanharia às criptas em que se celebravam os ritos mágicos trazidos de seus antros pelos moradores do mundo inferior, para adquirir mediante esses ritos o proibido conhecimento de mudar a figura humana em animal, e dar com isso rédeas soltas às brutais paixões da luxúria e crueldade ocultas no homem.

Movida por sua própria paixão, Cisne influiu habilmente no coração de Alcione, até converter-lhe em fogo a indiferença; não em fogo permanente, mas que realmente ardia enquanto durava. Então sua paixão se inflamou, e acabou por abalá-lo o poder sedutor dela. Pois mal havia ela se despedido dele, após arrancar-lhe a promessa de se encontrar com ela logo depois do sol posto, nas imediações da cripta onde se celebravam os mistérios, sentia-se ele em luta entre as ânsias de segui-la e sua repugnância pelas supostas cenas em que o esperariam para tomar parte. O Sol mergulhou no horizonte e a noite envolveu o céu em seu manto, enquanto Alcione ainda permanecia pensativo; mas bruscamente se pôs de pé, agora com mente decidida, e dirigiu seus passos para o *rendez-vous*.

Com surpresa sua, estava reunido naquele lugar um número considerável de pessoas. Ali se achava seu pai com sacerdotes amigos, e enfeitada com uma meia-lua na cabeça, em sinal de noivado, viu Cisne rodeada de um grupo de donzelas vestidas em traje de gaze coalhada de estrelas, que deixava entrever confusamente as faces morenas. Também o aguardava um grupo de jovens de sua idade, entre os quais reconheceu seus mais íntimos amigos que, vestidos de malhadas peles de animais e levando leves címbalos que entrechocavam, dançavam ao redor de Alcione como faunos.

Ao vê-lo, exclamaram: "Salve! Alcione, favorito do Sol Tenebroso, filho da Noite. Olha onde te esperam tua Lua e suas Estrelas; mas antes deves conquistá-la de nós, seus defensores".

Subitamente foi Cisne lançada no meio dos dançarinos, e desapareceu na escuridão da cripta escancarada em frente, ao mesmo tempo que alguns pegaram Alcione, o despiram de suas vestimentas e lhe puseram uma pele semelhante à que vestiam. Transtornado e fora de si, lançou-se então Alcione na sequência de Cisne, enquanto aquele tropel exclamava entre risos e vozes: "Eia! Jovem caçador; sê célere, antes que os sabujos abatam tua querida".

Após rápidos minutos, Alcione, seguido muito de perto pelo tropel de jovens uivantes, correu para a cripta e se viu num espaçoso salão iluminado de luz avermelhada. No centro se erguia um enorme dossel vermelho matizado de grandes carbúnculos que refletiam para trás a luz, como borbotões de sangue aceso. Sob o dossel havia um trono de cobre marchetado de ouro, e diante dele uma entreaberta cratera da qual brotavam sinistras e brilhantes línguas de fogo. Pesadas nuvens de incenso enchiam o ar, intoxicando e enlouquecendo.

O tropel empurrou Alcione para diante, até metê-lo num desenfreado e tumultuoso torvelinho de dançarinos, que rodeando o encoberto trono, vociferavam, uivavam, atiravam-se ao ar em saltos selvagens e gritavam: "Oduarpa! Oduarpa! Vem, que estamos ansiosos por ti!"

Ao redor da cripta ressoou um surdo rumor de trovão cada vez mais alto, até dar horroríssimo estalo precisamente acima das cabeças. As chamas saltaram então com maior violência, e entre elas apareceu a poderosa figura de Oduarpa, semelhante à de um Arcanjo caído, com a magia de sua postura severa e majestática e seu semblante mais triste do que grave, mas robustecido por seu indomável orgulho e férrea resolução. Sentado Oduarpa no trono e acomodados por toda parte todos que o seguiam, os quais, tristes e silenciosos, não participaram do desenfreio, ele levantou a mão em sinal de que continuassem a insensata orgia. E os selvagens saíam dentre as bordas da cratera.

Alcione, ao ver Cisne em meio dos mancebos e donzelas, atirou-se para ela como um louco; mas ela esquivou o encontro e sua comitiva zombou dele, de modo que só pôde tocá-la para convencer-se de que a haviam arrebatado para fora de seu alcance. Por último, fora de si e ofegante, deu um desesperado empurrão e os do cortejo escaparam então cada qual com uma rapariga, deixando que Alcione se arremessasse sobre Cisne para estreitá-la em seus braços.

Naquele ponto cresceu a orgia desenfreada, e entraram os escravos; uns com enormes cântaros de licores ardentes e outros com copos para distribuí-los. A embriaguez da bebida se acrescentou à do baile, e as sinistras luzes tomaram as vermelhas tintas do crepúsculo. Sobre o resto da orgia é preferível calar a escrever.

Mas eis que do mesmo lugar por onde havia aparecido Oduarpa chega uma estranha procissão de peludos bípedes de longos braços e garras nos pés e mãos, com cabeça de bruto e cobertos de crinas que lhes caíam sobre os ombros; horrorosas e assustadoras figuras que, sem serem de todo definidas, eram horrivelmente humanas. Nas recurvadas mãos levavam caixas e redomas, e ao se unirem aos mais desenfreados dançantes, aumentaram com embriaguez e luxúria a loucura daqueles dissolutos, cujos corpos os monstros lambuzaram com a gordura que levavam nas caixas, e lhes deram a beber o conteúdo das redomas. Então caem sem sentidos ao solo, em confusa mistura, e de cada montão surge uma forma animal de arreganhado e furioso semblante, que desaparece da cripta para sumir-se nas negruras da noite.

Os resplandecentes deuses acodem em auxílio dos caminhantes que encontram essas diabólicas materializações astrais, ferozes e sem consciência em seu aspecto animal, e cruéis e astutas no humano; mas nessa ocasião os resplandecentes deuses estão adormecidos e só saíram de seus antros as hostes do Sol de Meia-Noite, os trasgos, duendes e demais entidades malignas. Com as queixadas jorrando sangue e a pele enlameada de imundícies, se vão essas criaturas antes que aponte o dia, e agachando-se sobre os corpos amontoados no solo da cripta, neles se fundem e desaparecem.

De vez em quando se celebravam orgias como a descrita, que Oduarpa aproveitava para aumentar seu influxo no povo. Ele estabeleceu ritos semelhantes em diversos pontos e em todos se erigiu em ídolo principal, de modo que pouco a pouco foi objeto de adoração, até que conseguiu fazer que o povo unisse sua vontade à dele no seu reconhecimento como imperador. As relações de Oduarpa com os habitantes do mundo inferior[57] lhe acrescentaram o poderio, e teve lugar-tenentes de confiança sempre dispostos a lhe obedecer as ordens, ligados a ele por seu comum conhecimento e cumplicidade nas horríveis abominações daquele reino.

Por fim conseguiu Oduarpa reunir um exército muito numeroso e marchou contra o Imperador Branco, encaminhando-se diretamente para a cidade das Portas de Ouro, com a esperança de intimidar e vencer não só pela força das armas, como também pelo terror que infundiriam seus magos negros em figuras de animais. Tinha ele uma guarda especial formada desses brutos de feitiçaria que, materializados por potentes formas de desejo em corpos físicos, devoravam todos quantos traziam contra ele tentativas hostis. Quando era incerto o êxito de uma batalha, Oduarpa soltava logo sua horda de diabólicos aliados que, misturando-se na luta, semeavam a dentadas e rasgões o pânico nas fileiras do sobressaltado inimigo, em cuja fuga o perseguiam aqueles velozes demônios, com o acréscimo de que o tropel de feiticeiros tomava igualmente formas animais para se infundirem nos cadáveres.

Deste modo Oduarpa foi abrindo caminho sem desviar-se de sua direção para o norte, até chegar próximo da cidade das Portas de Ouro, onde o último exército do Imperador Branco o aguardava em ordem de batalha. Alcione ia meio enfeitiçado nas fileiras de Oduarpa, mas com suficiente conhecimento para sentir o coração magoado pelo ambiente que o rodeava, ainda que Cisne com outras mulheres seguissem o exército em sua marcha.

Amanheceu o dia da batalha decisiva. Corona, o Imperador Branco, comandava pessoalmente o exército imperial, e à frente da ala direita ia Marte, o general de sua maior confiança. Na noite da véspera apareceu a Alcione a visão de outrora, e ele voltou a escutar a amante voz que lhe dizia: "Alcione; estás pelejando contra teu verdadeiro Senhor, e amanhã te verás comigo cara a cara. Quebra tua rebelde espada e entrega-te a mim. Morrerás a meu lado, e contudo, bom te será".

Assim sucedeu de fato, porque no mais inflamado da luta, quando, já morto o Imperador, retrocediam as tropas, viu Alcione, em sua investida contra desproporcionado número de inimigos, o general Marte em cujo rosto reconheceu o da visão. Deu então um grito, e quebrando a espada, atira-se para Marte, empunha uma lança e atravessa com ela um soldado que ia ferir o general pelas costas. Naquele momento arremete Oduarpa furiosamente contra ambos, derruba Marte e com um grito que ressoa por todo o campo, chama Cisne, transforma-a após rápido feitiço em besta feroz que se atira com afiadas garras contra Alcione já desfalecido. Mas, no mesmo instante, o amor que havia sido a vida de Cisne lhe gritou na alma e a redimiu, e seu poderoso fluxo transfigurou a forma modelada pelo ódio devorador na da amante mulher, que exalou o último suspiro ao beijar a moribunda face de Alcione.

No assalto à cidade das Portas de Ouro, com que Oduarpa completou sua vitória, ficou prisioneira Héracles, esposa de Marte, a qual, repelindo indignada as solicitações do vencedor, lhe direcionou uma punhalada com toda a sua força; mas a arma resvalou contra a cota de malha, e então Oduarpa, com riso debochado, se atirou sobre ela, que meio desmaiada não pôde resistir à violação. Ao recobrar Héracles o sentido, lançou Oduarpa contra ela seus horríveis animais, que a despedaçaram e devoraram.

Entronizado Oduarpa sobre um monturo de cadáveres e rodeado de seus guardas, de animais e semianimais, cingiu a coroa imperial na cidade das Portas de Ouro e tomou o profanado título de "Rei Divino". Mas seu triunfo não foi de muita duração, porque o Manu Vaivasvata marchou contra ele com poderoso exército. Sua só presença pôs em fuga os súditos do reino de Pã e desvaneceu as enganosas formas mentais plasmadas pela magia negra. Uma esmagadora vitória desbaratou o exército de Oduarpa, que se encerrou numa torre para onde voou na derrota. O edifício foi incendiado, e ele pereceu miseravelmente, torrado dentro de sua couraça metálica materializada.

O Manu Vaivasvata purificou a cidade e restabeleceu nela o governo do Imperador Branco na pessoa de um fiel servidor da Hierarquia. Tudo marchou bem por algum tempo, até que pouco a pouco a malignidade foi readquirindo poderio e tomou novo incremento no centro meridional. Por último, o mesmo "Senhor da Face Tenebrosa" apareceu reencarnado, e outra vez se pôs em luta contra o Imperador Branco de então, erigindo trono contra trono. Então pronunciou o Hierarca a sentença de que nos fala o *Comentário Oculto*:

O grande Rei da deslumbrante Face (o Imperador Branco) disse aos seus principais irmãos: Preparai-vos. Alcem-se os homens da Boa Lei e atravessem a terra enquanto está seca. Os Quatro (os Kumaras) levantaram Sua vara. Soou a hora e a negra noite se aproxima. Os servos dos Quatro Grandes avisaram seu povo e alguns escaparam. Seus reis os colocaram em seus Vimanas[58] e os conduziram para as terras de fogo e metal (Oriente e Norte).[59]

Erupções de gases, dilúvios e terremotos destruíram as vastas ilhas atlantes de Ruta e Daitya, que o cataclismo do ano 200000 a.C. havia deixado, ficando apenas a ilha de Poseidonis, último resto do, há um tempo, extenso continente da Atlântida. Aquelas duas ilhas pereceram no ano 75025 a.C., e Poseidonis subsistiu até 9564 a.C., quando também caiu sepultada no Oceano.[60]

CAPÍTULO 10
A CIVILIZAÇÃO DOS ATLANTES

Os atlantes com as suas sub-raças correspondentes povoaram muitos países e fundaram esplêndidas civilizações. Estiveram no Egito, Mesopotâmia, Índia e Américas do Norte e Sul. Os impérios por eles erigidos subsistiram durante muito tempo e chegaram a um cume de glória que a raça ária não superou ainda. Embora nos capítulos XI e XIII da presente obra, que tratam do Peru e Caldeia, descrevêssemos os restos da grandeza atlante, podem servir de complemento a essa descrição alguns pormenores adicionais. Ouçamos como Scott-Elliot descreve a famosa cidade das Portas de Ouro:

> O terreno que circunda a cidade estava formosamente arborizado em estilo de parque, e dispersas em sua vasta área, erguiam-se as quintas dos ricos. Ao ocidente se via uma cadeia de montanhas, de onde se tirava a água para o abastecimento da povoação.
>
> Assentava-se a cidade nas encostas de uma colina, com uns 154 metros de altura sobre o nível do planalto. No cume dessa colina estava o palácio imperial, com seus jardins, em cujo centro brotava da terra um inesgotável manancial, que depois de abastecer o palácio e as fontes dos jardins, se desviava nas quatro direções cardinais, para cair, formando cascatas, no fosso que, cercando os terrenos do palácio, o isolava da cidade, estendida lá embaixo, a um e outro lado.
>
> Desse fosso ou canal saíam outros quatro para conduzir a água às cascatas, que em cada um dos quatro distritos da cidade alimentava outro fosso ou canal circundante, aberto em nível inferior.

Havia três desses canais, concentricamente dispostos, dos quais, o exterior, de nível mais baixo, estava a maior altura que o rés do solo. Um quarto canal, cujo leito se abria ao mesmo nível da planície, recebia o fluxo constante das águas e as derramava no mar. A cidade se estendia por parte da planície, até a margem deste grande fosso externo, que rodeava e defendia com suas águas em uma extensão de cerca de cento e vinte milhas quadradas (uns 311 quilômetros quadrados).

Disto se deduz que a cidade estava dividida em três grandes recintos, cada um deles cercado por seu respectivo canal ou fosso. A característica do recinto superior, que se estendia no nível imediatamente inferior aos terrenos do palácio, era um estádio circular para corridas esportivas e vastos jardins públicos. Nesse recinto também viviam os oficiais da corte, e existia, além disso, uma instituição sem igual em nossos tempos: era a "Casa dos Estrangeiros". Entre nós teria ela pobre aparência e miserável vizinhança, mas era um verdadeiro palácio, onde os estrangeiros chegados à cidade recebiam hospedagem, à custa do governo, durante todo o tempo que lhes conviesse permanecer ali.

As separadas casas dos vizinhos e os vários templos distribuídos pela cidade, ocupavam os outros dois recintos. Nos dias do poderio tolteca, parece que não se conhecia a pobreza, pois mesmo os escravos limitados ao serviço doméstico eram bem alimentados e vestidos. Contudo, havia umas tantas casas relativamente pobres na parte setentrional do recinto inferior, assim como fora, junto ao canal que desaguava no mar. Os vizinhos desse bairro se dedicavam em sua maior parte a funções marítimas, e suas casas, embora também separadas, estavam mais próximas umas de outras do que as dos demais distritos.

Na planície se erguiam grandes subúrbios protegidos por enormes muralhas de terra, alguns com terraço, em declive para a cidade por um lado, enquanto pelo oposto estavam encouraçados com pranchas metálicas, juntas em séries e sustentadas por grandes arcos de madeira, cujas pontas estavam profundamente fincadas no solo. Uma vez colocados os arcos, entrelaçados com fortes travessões, se lhes aplicavam as placas em disposição escalonada, e depois se tornava a encher de terra, compactamente comprimido o espaço compreendido entre o solo e a armação, formando em conjunto uma inexpugnável trincheira contra as lanças, espadas e flechas, que eram as armas usuais da época. Mas, apesar desta defesa, a cidade ficava exposta ao assalto pelo ar, pois os atlantes levaram a muito excelente ponto a construção de navios aéreos ou aves de guerra,[61] que voavam sobre a cidade em pequenas frotas de ataque, e descarregavam sobre ela uma chuva de densos e nocivos gases que semeavam a morte. Os Puranas e epopeias da Índia aludem a estas máquinas aéreas de guerra, dos conflitos ali relatados. Possuíam também armas que projetavam salvas de flechas acesas nas pontas, que, percorrendo o ar, espalhavam-se como foguetes, bem como muitas outras espécies de armas similares, construídas todas por homens muito versados nos ramos superiores do conhecimento científico. Muitas dessas armas vêm descritas nos antiquíssimos livros acima mencionados, que a elas se referem como tendo sido dados por algum Ser superior. Nunca se divulgavam os conhecimentos necessários à sua fabricação.

Nos capítulos referentes ao Peru descreveremos o sistema agrário dos toltecas, cujo bem-estar geral e ausência de mendigos eram em grande parte devidos à universalização da educação primária. Os Sábios traçaram o plano de governo político em benefício da coletividade, e não no exclusivo de determinada classe social. Daí que o bem-estar geral se avantajasse imensamente ao das civilizações modernas.

A ciência progredira muitíssimo, pois como a clarividência era habitual entre eles, podiam observar facilmente os processos da Natureza, hoje invisíveis para a maioria das pessoas. Também foram numerosas e úteis as aplicações científicas às artes e ofícios. Os raios solares, focalizados por meio de cristais coloridos, ativavam o crescimento de plantas e animais, cuja criação e cruzamento, condicionados a princípios científicos, eram fomentados para o melhoramento das espécies mais notáveis. Assim, por exemplo, o cruzamento do trigo com diversas ervas produziu várias categorias de grãos. Menos satisfatórias foram as experiências que das abelhas produziram as vespas, e formigas brancas das formigas propriamente ditas.[62]

A banana sem semente se derivou de uma espécie anterior semelhante ao melão, e que, como esse fruto, continha muitas sementes. A ciência daqueles tempos conheceu forças hoje ignoradas. Uma delas servia para a propulsão das naves aéreas e marinhas; outra, para alterar de tal modo o peso dos corpos, que a terra os repelia em vez de os atrair, tornando assim possível levantar facilmente pedras enormes a alturas muito elevadas. A mais sutil dessas forças não tinha aplicações mecânicas, mas era controlada pela vontade, mediante o emprego do inteiramente conhecido e desenvolvido mecanismo do corpo humano, "o viná[63] de mil cordas".

Os metais eram muito usados e admiravelmente trabalhados, sendo o ouro, a prata e o cobre os mais empregados na decoração e utensílios domésticos. Obtinham-nos com frequência mais por processos alquímicos do que procurando-os nas minas, e costumavam combiná-los muito artisticamente para enriquecer os planos decorativos, realçados de brilhantes cores. As armas eram soberbamente incrustadas desses metais preciosos; e as de gala, que só se ostentavam nas festas e cerimônias públicas, eram todas de ouro ou prata, sendo que em tais solenidades usavam elmos, peitorais e caneleiras de ouro sobre túnicas e calças de formosas cores: vermelha, laranja e uma púrpura muito esquisita.

A alimentação diferia segundo a classe social. A plebe comia carne, pescado e ainda répteis.[64] O animal morto, com o seu conteúdo, depois de abertos o peito e o ventre, era dependurado sobre um fogo intenso. Quando estava bem assado, era todo retirado do fogo; o conteúdo era extraído e, entre os mais educados, colocado em travessas. Ao passo que a gente mais rústica se reunia ao redor do animal morto, e enfiando-lhe as mãos no interior, escolhiam os bocados gostosos, pelo que às vezes havia disputas; os restos eram jogados fora ou dados aos animais domésticos, sendo que a carne propriamente dita era considerada refugo. As classes mais elevadas apreciavam os mesmos alimentos, mas a aristocracia palaciana saboreava-os em segredo. O Rei Divino e os intimamente ligados a ele comiam somente alimento composto de grãos cozidos de várias maneiras: verduras, frutas e leite, este último tomado como líquido ou preparado em quitutes. Também tomavam suco de frutas. Alguns cortesãos e dignatários observavam publicamente esse suave regime dietético; no entanto, foram notados escondendo-se em seus aposentos com manjares mais apetitosos, entre os quais, como hoje, a caça e o pescado gozavam de muito apreço.

O sistema de governo era autocrático, e nenhum outro poderia ter aproveitado melhor a felicidade do povo, nos florescentes dias da civilização tolteca, sob os Reis Divinos. Mas quando seu poder absoluto passou para mãos de almas mais jovens, começaram os abusos, que geraram distúrbios, pois ali, como em todas as partes, a decadência tem por ponto inicial a corrupção das classes superiores. Os governadores das províncias deviam velar pelo bem-estar e felicidade de seus governados, sendo que à sua inaptidão se atribuíam os crimes cometidos e as fomes sobrevindas no território de sua jurisdição. No geral, os governadores pertenciam às classes elevadas da sociedade; mas as crianças mais promissoras e inteligentes ingressavam nas escolas superiores, onde eram educadas para o serviço do Estado. O sexo não constituía impedimento, como o é agora, para o desempenho de cargos oficiais.[65]

O enorme acréscimo da riqueza e o luxo foram arruinando gradualmente a civilização mais esplêndida até agora vista no mundo. Desprezou-se o conhecimento subordinando-o ao proveito individual, e o domínio das forças da Natureza foi colocado a serviço da opressão. Daí a queda dos atlantes, a despeito da glória de suas conquistas e do poderio de seus impérios, e tendo a liderança do mundo passado para as mãos da Raça filha da atlante, a ariana, a qual, embora tenha a seu crédito magníficas conquistas no passado, não atingiu ainda o auge de sua glória e poderio, e dentro de alguns séculos superará a atlante de seus mais florescentes dias.

A fim de dar uma descrição mais vívida e detalhada do nível a que chegaram os atlantes, escolhemos duas civilizações, originadas da atlante, que se desenvolveram nos últimos tempos, longe do centro principal da quarta Raça Raiz. Uma delas descendia da terceira sub-raça, a tolteca, e a outra, da quarta sub-raça, a turânia.

As investigações a ela referentes não formaram parte das realizadas no verão de 1910, e contidas na presente obra, porém seus mesmos autores as concluíram durante a última década do século XIX, em colaboração com outros membros da Sociedade Teosófica, cujos nomes não devemos publicar. Um dos autores condensou essas investigações em *The Theosophical Review*, que agora aparecem como parte de um trabalho muito mais extenso.

CAPÍTULO 11
DUAS CIVILIZAÇÕES ATLANTES

(Os Toltecas do Antigo Peru, 12000 anos a.C.)

A civilização do Peru,[66] no décimo terceiro milênio antes de Cristo, assemelhou-se tão estreitamente à do império tolteca em seu auge, que, tendo-o estudado detidamente, o utilizamos aqui como um exemplo da civilização atlante. Em seus períodos atlanteanos, o Egito e a Índia ofereceram outros exemplos, mas, no conjunto, os traços principais do império tolteca se acham melhor reproduzidos no Peru aqui descrito. O governo era autocrático, e naqueles dias não seria possível nenhuma outra forma de governo.

Para mostrar a razão disso, temos que retroceder em pensamento a um período muito primitivo, à segregação surgida da grande quarta Raça Raiz. É evidente que, quando o Manu e Seus lugar-tenentes (grandes Adeptos provindos de uma evolução muito superior) se encarnavam entre a juvenil Raça que trabalhavam por desenvolver, Eles eram para esses povos como Deuses absolutos em poder e conhecimento, tão mais adiantados Se achavam em todos os aspectos concebíveis. Sob tais circunstâncias, não cabia outra forma governamental senão a autocracia, pois sendo o Monarca a única pessoa que realmente sabia tudo, a ele competia dirigir tudo. Esses grandes Seres foram, por isso, os naturais monarcas e diretores da infantil humanidade, e o povo os obedecia facilmente, porque todos consideravam que a sabedoria lhes dava autoridade, e que a coisa mais valiosa que podia receber deles o ignorante, era a de seu governo e guia. Assim é que a organização da sociedade proveio, como deve prover toda a boa organização, de cima e não de baixo, e conquanto fosse se expandindo a nova Raça, persistiu este princípio de governo, sobre o qual se fundaram as poderosas monarquias da remota antiguidade, na maioria dos casos começadas sob o mandato de grandes Reis-Iniciados, cujo poder e sabedoria guiavam Seus infantis Estados através das primeiras dificuldades.

Sucedeu com isso que, embora os verdadeiros Monarcas Divinos transmitissem Sua autoridade para as mãos de Seus discípulos, subsistiu o mesmo regime político, e, portanto, os fundadores de um novo reinado se esforçavam sempre por imitar, tão fielmente quanto lhes era possível, as esplêndidas instituições dadas já ao mundo pela Sabedoria Divina. Somente quando o egoísmo se interpôs entre o povo e o rei, sobrevieram alterações do regime estabelecido, com imprudentes ensaios de governos, cujo estímulo foram a ambição e a cobiça, em vez do cumprimento do dever.

No período que vamos descrever (12000 anos a.C.), fazia já muitos milhares de anos que as primitivas cidades das Portas de Ouro estavam sepultadas sob as ondas. E embora o mais poderoso rei da ilha de Poseidonis se atribuísse ainda o vistoso título que pertencera a elas, não seguia ele os métodos de governo que lhes haviam assegurado uma estabilidade muito superior à das comuns instituições humanas. Contudo, alguns séculos antes, os monarcas do país posteriormente chamado Peru, haviam iniciado uma muito bem começada empresa de restaurar (por certo num grau muito inferior) o antigo regime político, que por então estava em plena vigência (talvez no limite de sua glória), e por muitos anos manteve ainda a sua eficácia. É deste renascimento peruano que vamos tratar.

É um tanto difícil dar ideia do aspecto da Raça habitante no país, porque não há na Terra hoje em dia nenhuma que se lhe pareça suficientemente para estabelecer a comparação sem extraviar os leitores num ou noutro sentido, já que os restos ainda subsistentes da magnífica terceira sub-raça da Raça Atlante não são, por sua decadência e degeneração, comparáveis à Raça em seu maior esplendor.

Nossos peruanos tinham as amplas mandíbulas e feição geral do rosto que vemos nos tipos mais elevados dos índios peles-vermelhas, e contudo apresentavam contornos que os tornavam mais arianos que atlantes. Sua índole diferia fundamentalmente dos atuais peles-vermelhas, porque, no geral, eram francos, alegres e bondosos, com acréscimo de agudo intelecto e muita benevolência em suas classes superiores. A cor da pele era bronzeado-vermelha, de matiz clara na aristocracia e escura na plebe, se bem que a mistura de umas classes com outras dificultava a distinção.

O povo se mostrava em geral feliz, satisfeito e pacífico. Vigoravam poucas leis, justas e bem aplicadas, pelo que todos eram naturalmente disciplinados. O clima era agradável na maior parte do país, como que adequado ao contentamento do povo e seu maior proveito da vida, pois lhe permitia levar a cabo, sem excesso de fadiga, os trabalhos agrícolas, compensados, após moderado esforço, com abundantes colheitas. Evidentemente uma tal disposição de ânimo popular facilitava notavelmente a tarefa dos governantes.

Como já dissemos, a monarquia era absoluta, e no entanto se diferenciava tão completamente dos atuais regimes políticos, que o simples nome não pode dar ideia do fato. A tônica do regime era a responsabilidade. É certo que o monarca tinha poder absoluto; mas também lhe cabia absoluta responsabilidade de todas as coisas, pois desde seus primeiros anos se lhe havia ensinado que se em qualquer ponto de seu vasto império existisse um homem desejoso de trabalhar, e não encontrasse ocupação conveniente, ou se a uma criança doente lhe faltasse assistência, seria isso um descrédito para o seu governo, uma mancha para o seu reinado e um desdouro de sua honra pessoal.

Para ajudá-lo em seu trabalho, dispunha o monarca de uma ampla classe governante, para cujas atribuições subdividia a vasta nação de uma maneira precisa e sistemática. Primeiramente se dividia o império em províncias, governadas, cada qual, por uma espécie de vice-rei, sob cujas ordens estavam os que podemos chamar lugar-tenentes de províncias, e abaixo destes vinham os governadores de cidades ou distritos menores.

Cada funcionário era diretamente responsável ante seu superior imediato pelo bem-estar de todos os habitantes sob sua jurisdição. Essa subdivisão de responsabilidades ia se fracionando cada vez mais até chegar a uma espécie de centurião, ou um oficial que tinha sob seus cuidados cem famílias, pelas quais era ele absolutamente responsável. Este era o menor membro da classe governante; porém, usualmente ele nomeava, para ajudá-lo em seu trabalho, uma pessoa dentre dez famílias como uma espécie de assistente voluntário, para prestar-lhe as informações mais recentes sobre algo necessário ou errado.[67]

Se algum oficial desta bem elaborada rede administrativa negligenciava alguma parte de sua tarefa, bastava uma só palavra ao seu superior para provocar uma imediata investigação, pois que a honra desse superior estava implicada no perfeito contentamento e bem-estar de cada um de seus administrados. Essa zelosa vigilância no cumprimento dos deveres oficiais não era tanto imposta por lei (embora sem dúvida vigorasse a lei), como ao sentimento universal dominante entre as classes dirigentes. Era idêntico ao sentimento de honra do cavalheiro e mais poderoso que a sanção de qualquer lei escrita, porque em verdade refletia a atuação superior da lei interna, a regra do despertante Ego à sua personalidade sobre assuntos que ele conhece.

No exposto deparamos com um regime político que sob todos os aspectos era verdadeiramente a antítese de todas as ideias que se têm atribuído o título de progresso moderno. O fator que tornou tão possível, executável e radicado um tal governo, foi a existência entre todas as classes da comunidade, de uma opinião pública esclarecida, tão forte e definida, e tão profundamente compenetrada, que tornava praticamente impossível a qualquer um deixar de cumprir seu dever para com o Estado. Quem quer que houvesse se descuidado, teria sido encarado como um indivíduo incivil, indigno do alto privilégio da cidadania nesse grande império dos "Filhos do Sol", como se intitulavam os primitivos peruanos. Teria sido olhado com o mesmo horror e pesar com que se olhava uma pessoa excomungada na Europa medieval.

Dessas condições sociais, tão afastadas de tudo que atualmente concebemos, decorria outro fato igualmente difícil de se compreender. Praticamente, no antigo Peru não havia leis escritas, e, consequentemente, nenhuma prisão; com efeito, nosso sistema penal e penitenciário teria parecido totalmente insensato para aquela nação. No conceito daquele povo, a única coisa digna de viver era a vida de um cidadão do império; mas ali se compreendia muito bem que todo homem tem seu lugar na comunidade somente com a condição de que ele cumpra os seus deveres. Se alguém faltasse a eles (caso raríssimo ante o estado de opinião já exposto), o governador lhe exigia explicações, e se, então, sua conduta fosse censurável, seria repreendido por aquele oficial. No caso de reincidir na negligência de seus deveres, isso seria considerado um crime tão abominável como o roubo e o assassinato, e então havia uma única punição: o exílio.

Esse regime jurídico se fundava numa teoria extremamente simples. Para os peruanos o homem civilizado se diferenciava do selvagem principalmente pela racional compreensão e inteligente cumprimento de seus deveres para com o Estado, com o qual constituía uma unidade. Portanto, se não cumpria tais deveres, era um perigo para o Estado, demonstrava ser indigno de participar de seus benefícios, e era dali expulso para que fosse viver entre as bárbaras tribos nos limites do império. Traço característico dos peruanos neste particular é o designativo que davam a tais tribos, cuja tradução literal é: "os sem lei".

Mas raríssima vez era preciso recorrer-se à extrema providência do desterro, porque na maioria dos casos bastava uma insinuação dos funcionários governamentais, amados e reverenciados pelo povo, para que o desencaminhado voltasse à senda do dever. Também não era perpétua a pena de desterro, sendo que ao cabo de algum tempo, quando se mostrava digno disso, permitia-se ao desterrado regressar, a título de prova, ao convívio dos civilizados e desfrutar uma vez mais as vantagens da cidadania.

Entre suas múltiplas funções os oficiais (ou "pais", como o chamavam) incluíam as de juízes, embora, como não houvesse praticamente nenhuma lei, em nossa acepção do vocábulo, para aplicar, essas funções correspondiam, talvez, mais de perto, à nossa ideia de árbitros. Todas as disputas entre os homens eram submetidas aos citados oficiais, e em qualquer caso a parte descontente poderia recorrer ao oficial superior imediato, de modo que se o assunto era muito litigioso, tinha a possibilidade de chegar à consideração do próprio rei.

As autoridades superiores empenhavam esforços para se tornarem prontamente acessíveis a todos, e parte do plano organizado para atingir este fim consistia num cuidadoso sistema de visitações. Uma vez a cada sete anos o próprio rei percorria o império com esse propósito, e do mesmo modo o governador de uma província tinha de percorrê-la anualmente. Ao passo que os seus subordinados tinham de examinar pessoalmente se tudo andava bem com os que se achavam a seu cargo, e dar a qualquer um a oportunidade de consultá-los ou apelar para eles, se o desejasse. As excursões reais e oficiais se revestiam de pomposa cerimônia, e sempre davam ocasião a grande satisfação popular.

O regime administrativo tinha de comum com o de nossos tempos a estatística e registros demográficos de nascimentos, matrimônios e mortes, que se catalogavam com escrupulosa exatidão. Cada centurião conservava uma lista nominal de todos os indivíduos a seu cargo, com uma curiosa lousinha para cada um, na qual se anotavam os principais fatos relativos à sua vida particular. Nas informações ao seu superior imediato, o centurião não mencionava os nomes dos indivíduos, e sim, tantos doentes, tantos sãos, tantos nascimentos, tantas mortes, etc. Estes pequenos informes eram reunidos e somados à medida que subiam ao oficial hierarquicamente superior, até que se fazia um extrato periódico deles, que era re-

116

metido ao monarca, o qual desse modo obtinha uma espécie de censo contínuo de seu império, sempre à sua mão.

Outro ponto de semelhança entre aquele antiquíssimo regime e o de nossos dias, nos oferece o meticuloso cuidado com que se fazia o cadastro das terras, sua divisão em lotes, e, sobretudo, sua análise química, com o objetivo de se conhecer a exata constituição do solo em todas as partes do país e semear as plantas mais apropriadas para obter melhor aproveitamento possível da terra em geral. Verdadeiramente, pode-se afirmar, que davam mais importância ao estudo da agronomia do que ao de outra qualquer modalidade de trabalho.

Isto nos leva à consideração de, talvez, a mais notável de todas as instituições dessa antiga raça: o seu sistema agrário. Tão excelentemente adaptada ao país se achava essa organização única, que quando, milhares de anos mais tarde, uma raça muito inferior venceu e escravizou os degenerados peruanos, ela se esforçou por seguir o mesmo sistema agrário tanto quanto pôde, e quando os espanhóis invadiram o país, admiraram os vestígios que de tal sistema ainda se conservava em sua chegada. Pode-se duvidar que um tal sistema teria o mesmo êxito em países menos férteis e mais densamente populosos, mas de qualquer forma desempenhou papel capital na época e lugar onde o encontramos em execução. Procuraremos agora explicar esse sistema, primeiro em linhas gerais para maior clareza, deixando alguns pontos de vital importância para serem abordados noutros capítulos.

Cada cidade ou vila tinha assinalada, para seu cultivo, uma superfície de terreno arável estritamente proporcional ao número de seus habitantes. Dentre esses habitantes havia sempre um grande número de operários que eram destacados para o cultivo desse terreno. Poderíamos considerá-los como uma classe de trabalhadores especializados; não que os demais não trabalhassem também, e sim, que os primeiros eram reservados para essa espécie particular de trabalho. Posteriormente explicaremos como se recrutavam esses operários; basta dizer, por agora, que todos eles eram homens em plena virilidade, contando de vinte e cinco a quarenta anos de idade, pois nem velhos, nem menores, nem doentes, nem débeis podiam ser incluídos em suas fileiras.

O terreno assinalado a um povoado se dividia em duas partes iguais: uma privada e outra pública. Os lavradores deviam cultivar uma e outra; em seu proveito próprio e individual a primeira e em benefício da coletividade a segunda, isto é, o cultivo do terreno público pode considerar-se equivalente às contribuições e impostos dos Estados modernos. Ocorre naturalmente o reparo de que era enormemente dispendiosa e injusta uma contribuição cuja quantia alcançava a metade da renda individual, ou, em outros termos, que consumia a metade do tempo e trabalho empregados pelo produtor. Entretanto, antes de qualificá-lo como um imposto opressivo, espere o leitor para saber que destino se dava aos impostos e o objetivo que visavam na vida nacional. Saiba também que essa obrigação não era nada penosa, pois o cultivo das terras públicas e privadas significava, em conjunto, um trabalho muito menos duro do que a do aldeão europeu, já que os peruanos trabalhavam duramente durante algumas semanas, de sol a sol, pelo menos duas vezes por ano contavam com longos intervalos, em que todo o trabalho requerido poderia ser facilmente feito em duas horas por dia.

O terreno privado, de que trataremos em primeiro lugar, era repartido entre os vizinhos com a mais escrupulosa integridade. Todos os anos, depois de feita a colheita, concedia-se uma porção de terra a cada adulto, homem ou mulher, embora o cultivo ficasse a exclusivo encargo dos homens. Assim, a um casado sem filhos correspondia a dupla porção de um solteiro; um viúvo com duas filhas solteiras tinha a tripla porção de um solteiro, mas ao casar-se uma das filhas, levava ela consigo a sua porção, retirando-a do lote do pai para adicioná-la ao do marido. Para cada filho proveniente do matrimônio, acrescentava-se-lhe uma parcela adicional, cuja área aumentava na proporção do crescimento da prole, com o natural propósito de proporcionar a cada família o necessário para a sua manutenção.

Qualquer um podia fazer absolutamente o que quisesse de seu terreno, menos deixar de cultivá-lo. Uma ou outra colheita devia fazê-lo produzir, e contanto que houvesse provido dele sua própria subsistência, o resto era assunto seu. Por outro lado, os peritos agrônomos estavam sempre dispostos a dar a todo cultivador os seus melhores conselhos, para que ninguém alegasse ignorância do que mais convinha às suas terras. Os cidadãos que não pertenciam à classe lavradora, isto é, que ganhavam a vida de qualquer outro modo, podiam cultivar o lote em seus lazeres, ou então contratar um lavrador para que o cultivasse depois de cumprida a sua própria tarefa; mas neste último caso o produto da terra não correspondia ao proprietário, e sim ao colono. O que deste modo, todo voluntário podia fazer e com frequência fazia o lavrador, é outra prova de que as fainas agrícolas atribuídas a cada um eram em realidade muito leves.

É agradável poder registrar que se demonstravam muitos sentimentos bons e altruístas com relação ao trabalho agrícola. Quem tinha uma família grande, e, portanto, um vasto lote de terra podia sempre contar com o generoso auxílio de seus vizinhos, uma vez terminada a tarefa de cada qual, e quem por justo motivo necessitasse folgar em algum dia, teria sempre um amigo que o substituiria em sua ausência. Nada dizemos dos casos de enfermidade, por motivos que muito breve exporemos.

A respeito do destino da colheita, nunca surgia dificuldade alguma. A maioria dos cidadãos cultivava cereais, hortaliças ou frutas para o consumo doméstico, e vendia as sobras ou as trocava em roupas e outras mercadorias. Em último caso, o governo estava sempre disposto a comprar a quantidade de grãos que se lhe oferecessem, a um tipo fixo, muito pouco inferior ao preço corrente com o fim de armazená-los em vastíssimos celeiros, que invariavelmente estavam repletos para atender a casos de fome ou qualquer outra contingência.

Mas, vejamos agora que destino se dava ao produto da outra metade das terras cultivadas, ou seja, das que temos chamado terras públicas. Estas estavam divididas em duas partes iguais (cada uma delas equivalente à quarta parte do total de terras cultiváveis do país): uma chamada terra do rei, e a outra, terra do Sol. Era de lei que a terra do Sol devia ser cultivada antes que qualquer cidadão tocasse uma só nesga de seu lote individual. Uma vez cultivada a terra do Sol, procedia-se ao cultivo da terra privada, e terminada de todo esta tarefa, começava o cultivo da terra do rei. Assim é que se o mau tempo retardasse as colheitas, o primeiro que sofria a perda era o rei, e a menos que sobreviessem inclemências extraordinárias, não se diminuía em nada a parte correspondente ao povo, ao passo que o Sol ficava o mais possível a coberto das contingências adversas.

A respeito da questão da irrigação (importantíssima num país cujo solo é em grande parte estéril), observavam-se as mesmas regras. Enquanto as terras do Sol não estivessem perfeitamente regadas, não se conduzia nem uma só gota do precioso líquido para as demais, e enquanto todos os lotes privados não tivessem a água necessária, ficavam sem ela as terras do rei. A razão dessas determinações se tornará evidente quando, mais adiante, soubermos o destino dado ao produto de cada categoria de terras.

Assim veremos que uma quarta parte da riqueza total do país ia parar diretamente nas mãos do rei, porque a mesma distribuição se fazia do dinheiro procedente das indústrias fabris e mineiras, isto é, uma quarta parte era para o Sol, duas quartas partes para o produtor e a quarta parte restante para o rei. Mas em que empregava o rei tão vultosa renda?

Primeiramente, ele mantinha todo o maquinismo governamental a que já nos referimos. Os salários de toda a classe de oficiais, desde os faustosos vice-reis das grandes províncias até os relativamente humildes centuriões, além dos gastos das várias viagens e visitas estatais de todos eles.

Em segundo lugar, com essas rendas custeava as grandiosas obras públicas do império, cujas ruínas nos causam admiração ainda ao fim de catorze mil anos. O tesouro real construía e conservava as admiráveis redes rodoviárias que por todo o império ligavam umas cidades a outras através de graníticas montanhas, com estupendas pontes estendidas sobre intransponíveis correntes, assim como a esplêndida rede de aquedutos, não inferiores aos de nossa época como obras de engenharia, para a distribuição do referido líquido pelos mais longínquos rincões de um país frequentemente árido.

Em terceiro lugar, o rei mantinha, sempre bem provida, uma série de enormes silos situados a pequenos intervalos por todo o império, pois era possível que sobreviesse a seca, e a fome ameaçasse os infelizes lavradores. Em regra geral havia nos celeiros públicos reserva suficiente para manter toda a nação durante dois anos, o que representa um estoque de que talvez nenhuma outra raça do mundo jamais dispôs. Não obstante o colosso do empreendimento, cumpria-se fielmente, apesar de todas as dificuldades, embora para isso não bastasse o formidável poder do monarca peruano, não fora o método de concentração alimentícia, descoberto pelos químicos e do qual falaremos mais adiante.

Em quarto lugar, o tesouro real custeava o exército, cuja instrução era excelente, e dele se servia o monarca para diferentes fins da guerra, que não era muito frequente, porque as incultas tribos da fronteira conheciam e respeitavam o poderio imperial.

Não convém deter-nos agora para descrever os serviços especiais do exército, mas antes para completar nosso tosco rascunho político desse antigo império, indicando as funções da grande comunidade de sacerdotes do Sol, no referente à sua intervenção na vida cívica. Em que empregava essa comunidade as suas vultosas rendas, iguais às do rei, quando as deste não sofriam diminuição, e muito superiores por não serem afetadas em tempo de carestia ou penúria? Verdadeiramente o rei fazia prodígios com a sua parte da riqueza nacional, mas tudo quanto ele fazia empalidece em comparação ao que realizavam os sacerdotes.

Primeiramente cuidavam eles dos magníficos templos do Sol, distribuídos por todo o país, de modo que os santuários de muitas aldeias tinham ornamentos e decorações de ouro, que hoje valeriam muitas centenas de milhares, enquanto as catedrais das cidades populosas resplandeciam com magnificência nunca desde então igualada em nenhum ponto da Terra.

Em segundo lugar, educavam gratuitamente a infância e a juventude de todo o país, não só nas etapas da educação primária, como também na técnica e experimental até os vinte anos, e às vezes até mais. Desta educação daremos pormenores mais adiante.

Em terceiro lugar (e esta parecerá talvez, a nossos leitores, a mais curiosa função cívica do sacerdote peruano), tinham a seu cuidado os doentes de todo o país. Não quer isto dizer que fossem simplesmente os médicos da época (ainda que também o fossem), senão que desde o momento em que um homem, uma mulher ou uma criança adoecessem de qualquer moléstia, ficavam a cargo do sacerdote ou, como estes elegantemente diziam, eram "hóspedes do Sol". O doente ficava dispensado, desde aquele instante, de todas as suas dívidas para com o tesouro nacional e, durante a sua enfermidade, lhe proporcionavam alimentos e medicamentos fornecidos pelo próximo templo do Sol; mas, se a doença era grave, o transportavam para o mesmo templo, como para um hospital, a fim de receber ali assistência mais cuidadosa. Se o doente era chefe de família que ganhava o pão, sua mulher e filhos também se convertiam em "hóspedes do Sol", até a recuperação da saúde. Em nossos tempos tal sistema se prestaria, certamente, à fraude e ao dolo, porque às nações modernas falta a esclarecida e universalmente difundida opinião pública que tornou possíveis estas coisas no antigo Peru.

Em quarto lugar (e talvez pareça ainda mais surpreendente) *todos os cidadãos* de quarenta e cinco anos completos, exceto as classes oficiais, eram também "hóspedes do Sol", porque, segundo consideravam, um homem que desde os vinte anos (idade em que começou a participar dos encargos do Estado) havia estado trabalhando durante cinco quinquênios, havia ganho bem um cômodo descanso para o resto de sua vida, ainda que fosse muito longa. Assim é que todo cidadão, sem distinção de sexo, ao completar os quarenta e cinco anos, podia, segundo sua escolha, ligar-se a um dos templos e seguir ali uma espécie de vida monástica de estudo, ou se o preferisse, poderia ainda residir com seus parentes, como antes, e empregar como lhe aprouvesse os seus lazeres. Mas em qualquer dos casos estava ele isento de todo trabalho para o Estado, sendo sua manutenção garantida pelos sacerdotes do Sol. Contudo, não lhe era proibido continuar trabalhando em alguma ocupação a seu gosto, e assim a maioria dos varões preferia empregar-se, ainda que fosse só para quebrar o ócio, em coisas de sua inclinação particular. Desta maneira foi possível aos eméritos fazerem valiosas descobertas e invenções. Pois como se achavam totalmente desobrigados do trabalho, estavam em liberdade para realizar suas ideias e fazer suas experiências, o que não seria possível a uma pessoa intensamente ocupada.

Para os funcionários oficiais e os sacerdotes não havia aposentadoria aos quarenta e cinco anos, salvo por motivo de doença. Em ambas essas classes predominava o sentimento de que a experiência e sabedoria dos anos eram demasiado valiosas para não serem aplicadas, e assim na maioria dos casos os sacerdotes e oficiais morriam em serviço ativo.

Agora se compreenderá a importância do ministério sacerdotal e por que as rendas do tesouro do Sol tinham prioridade em todas as partes, pois delas dependia não só a religião do povo, como também a educação da juventude e a assistência de doentes e anciãos.

Em resumo, mediante esse curioso regime da antiguidade qualquer cidadão de um e de outro sexo tinha assegurada a sua educação, com todas as oportunidades que pudessem favorecer o desenvolvimento de suas aptidões peculiares. Depois, havia de trabalhar assiduamente durante vinte e cinco anos, mas nunca em funções inconvenientes nem tampouco excessivas, tendo a perspectiva de uma velhice cômoda e descansada, totalmente livre de cuidados e ansiedades. É certo que existiam entre eles famílias mais pobres que outras, mas não se conhecia o que nós chamamos pobreza; era impossível o desamparo e não havia a criminalidade. Assim não é de maravilhar que o desterro para fora do país fosse considerado como a mais horrenda penalidade deste mundo, e que as bárbaras tribos limítrofes se submetessem ao império tão logo se convencessem da excelência do seu regime.

Interessa-nos examinar agora as ideias religiosas daquela remota gente. Se tivéssemos de classificar suas crenças entre as que atualmente conhecemos, diríamos que eram uma espécie de adoração ao Sol, embora nem de leve pensassem jamais em adorar o Sol físico, senão que o consideravam como algo muito superior a mero símbolo. Mas, se expressássemos seus sentimentos em termos teosóficos, nos caberia dizer, com muita aproximação da verdade, que consideravam o Sol como o corpo físico do LOGOS. Mas a precisão desta ideia lhes teria parecido, talvez, irreverente, e mais bem diriam, a quem lhes perguntasse, que adoravam o Espírito do

Sol, de quem tudo procede e a quem tudo há de retornar, o que era pressentimento de uma poderosa verdade.

Não parece que tivessem qualquer concepção clara da doutrina da reencarnação. Estavam completamente convencidos de que o homem era imortal, e que seu destino era ir para o Espírito do Sol, talvez para identificar-se com Ele, embora esta ideia não estivesse claramente definida em seus ensinamentos. Sabiam que antes dessa meta final haviam de suceder-se longos períodos de existência, conquanto não tenhamos podido descobrir se tinham certeza de que parte da futura vida havia de ser passada de novo neste mundo.

A característica principal da religião era o gozo, e consideravam absolutamente pernicioso e ingrato todo pesar e aflição, pois lhes ensinavam que a Divindade queria ver felizes todos os Seus filhos e se entristeceria de vê-los tristes. A morte não era para eles motivo de aflição, senão, antes, de solene e reverente gozo, porque indicava que o Grande Espírito havia considerado outro de Seus filhos como merecedor de ir para mais perto d'Ele. Por outro lado, consequentes com esta ideia, tinham profundo horror ao suicídio, como um ato da mais grosseira presunção. Segundo eles, o suicida se introduzia, sem ser convidado, nos reinos superiores, pois ainda não o havia julgado apto para isso a única Autoridade que possuía o necessário conhecimento para decidir a questão. Contudo, na época a que nos referimos, o suicídio era praticamente desconhecido, porque a generalidade das pessoas estava muito satisfeita com a sua condição.

Suas cerimônias religiosas públicas eram de caráter simplíssimo. Louvavam diariamente o Espírito do Sol mas nunca lhe dirigiam preces, pois se lhes ensinava que a Divindade sabia muito melhor que eles tudo quanto necessitavam para seu bem-estar, doutrina essa que seria desejável ver mais plenamente compreendida em nossa época. Nos templos se ofereciam frutas e flores, mas não com a crença de que o Deus-Sol desejasse tais oferendas, mas simplesmente em reconhecimento de que tudo deviam a Ele, pois um dos principais artigos de sua fé era que toda luz, vida e poder procediam do Sol, ensinamento esse cabalmente comprovado pelas descobertas da ciência moderna. Nas festividades solenes se organizavam brilhantes procissões, e os sacerdotes dirigiam ao povo exortações e instruções adequadas; mas mesmo nesses sermões resplandecia a simplicidade como característica fundamental, pois tudo lhes era representado por meio de figuras e parábolas.

No decurso de nossas investigações sobre a vida de determinada pessoa, ocorreu certa vez que a seguimos a uma dessas assembleias e escutamos com ela o sermão pregado naquelas circunstâncias por um ancião sacerdote. As poucas e simples palavras que pronunciou darão talvez melhor ideia do espírito interno dessa antiga religião, do que tudo que pudéssemos descrever. O pregador, revestido de uma espécie de capa dourada, que era o símbolo de seu ofício, colocou-se no alto da escadaria do templo e deitou um olhar amplo por seu auditório. Depois começou a falar aos assistentes com voz suave mas potente, em estilo familiar, mais como um pai que relata um conto a seus filhos, do que como pregador encarregado de pronunciar um sermão.

Falou-lhes do Senhor do Sol, incitando-os a recordar que Ele lhes proporcionava tudo o necessário para o seu bem-estar material, que sem a Sua gloriosa luz e calor o mundo ficaria frio e morto, e toda a vida seria impossível; que à sua ação se devia a produção das frutas e cereais que lhes serviam de principal alimento, assim como a água fresca, que era o mais precioso e necessário dos elementos. Explicou-lhes, depois, como os sábios da antiguidade ensinaram, que após essa ação visível para todos, havia outra ação visível ainda maior, porém que, no entanto, poderiam sentir todos os que harmonizassem sua vida com a de seu Senhor. Acrescentou que do mesmo modo que o Sol cumpria num aspecto pela vida de seus corpos, realizava noutro aspecto ainda mais admirável pela vida de suas almas. Mostrou que ambas as ações eram absolutamente contínuas, pois ainda que às vezes o Sol ficasse oculto à vista de Seus filhos terrestres, a causa desse temporário obscurecimento está na Terra e não no Sol, já que bastaria subir-se a uma montanha muito alta para transpor as nuvens e descobrir que o Senhor continua brilhando perpetuamente em toda a Sua glória, apesar do véu que parece tão denso visto de baixo.

Ao pregador foi fácil aplicar a analogia ao abatimento espiritual e às dúvidas que às vezes parece fechar a alma às influências superiores. Disse a este propósito, com fervoroso convencimento, que não obstante as aparências contrárias, tinha a similaridade perfeita aplicação neste caso, pois as nuvens que empanavam o ânimo são sempre obra dos próprios homens, e se estes elevassem suficientemente seu espírito, viriam a imutabilidade do Senhor e a força espiritual de santidade fluindo d'Ele tão constantemente como sempre. Assim, pois, o abatimento e a dúvida brotam da ignorância e insensatez, e devem ser eliminados, por demonstrarem ingratidão para com o Doador de todo o bem.

A segunda parte da homilia foi igualmente prática. O sacerdote continuou dizendo que apenas aqueles que gozavam perfeita saúde podiam aproveitar plenamente os benefícios da ação solar, e que o sinal de saúde perfeita em todos os aspectos era a semelhança dos homens com o Senhor do Sol. Assim como o homem de corpo plenamente são pode ser comparado a um Sol menor que derrama força e vida ao seu redor, de modo que fortalece o débil, alivia o doente e consola o triste, assim também o homem de perfeita saúde de alma é um Sol espiritual que irradia amor, pureza e santidade em todos quantos têm a felicidade de se pôr em contato com ele. Acrescentou que o dever do homem é mostrar-se agradecido às dádivas do Senhor, dispondo-se primeiramente para recebê-las em toda a sua plenitude, para transmiti-las depois integralmente ao seu próximo. Ambos os fins só se podem alcançar pela constante imitação da benevolência do Espírito do Sol, que sempre atrai seus filhos para mais perto d'Ele.

Tal foi este sermão de há quatorze mil anos, e ainda que simples, não podemos deixar de reconhecer o caráter eminentemente teosófico de seus ensinos, que em conhecimento da vida se avantaja aos mais eloquentes sermões de hoje em dia. Notamos aqui e ali alguns pormenores de significação especial, como, por exemplo, o exato conhecimento de que a irradiação da vitalidade que resta num homem sadio, parece indicar a posse da faculdade clarividente entre os antepassados de quem se originou a tradição.

Se recordará que, além do ministério estritamente religioso, os sacerdotes tinham a seu cargo a educação nacional, absolutamente gratuita, e os seus cursos preliminares eram exatamente idênticos para todos e para ambos os sexos. Desde tenra idade as crianças assistiam às aulas preparatórias, reunidos ambos os sexos em classes mistas. As aulas correspondiam algo ao que hoje concebemos como educação primária, embora os assuntos ali abrangidos fossem consideravelmente diferentes dos atuais. Ensinava-se leitura, escrita e algo de aritmética; cada aluno tinha que dominar facilmente essas matérias, mas o plano docente incluía muitos outros pontos, um tanto difíceis de classificar. Assemelhavam-se a um conhecimento elementar e conciso de todas as regras gerais e interesses comuns da vida, a fim de que nenhum menino ou menina de dez ou onze anos completos pudesse ignorar o modo de atender às necessidades da vida ou de fazer os serviços comuns. Eram extremamente carinhosas e afetivas as relações dominantes entre professores e alunos, e não havia ali nada que correspondesse ao insensato sistema de imposições e castigos, que ocupa lugar tão superior e pernicioso na vida das escolas modernas.

Eram muitas as horas escolares, mas variavam tanto as ocupações e incluíam tantas coisas que não reputaríamos trabalho escolar, que as crianças nunca ficavam indevidamente fatigadas. Assim, por exemplo, ensinavam-lhes a preparar e cozinhar as refeições simples, a distinguir os frutos sãos dos venenosos, a sustentar-se e proteger-se em caso de se perderem na selva, a manejar as ferramentas mais simples de marcenaria, pedreiro e arquitetura, a caminhar sem outro guia que a posição do Sol e das estrelas, a pilotar uma canoa e a nadar, trepar e saltar com admirável destreza. Também as instruíam na assistência a feridos e acidentados, bem como no emprego de ervas medicinais. Todo esse variado e interessante programa não era pura matéria teórica para os alunos, mas eram constantemente impelidos a pô-lo em prática, de modo que, antes de saírem da escola preparatória, fossem os meninos já extremamente hábeis e capazes de agir por si mesmos, até certo ponto, em qualquer contingência que lhes pudesse sobrevir.

Igualmente os instruíam cuidadosamente na constituição política de seu país, e lhes explicavam a razão dos usos e costumes. Em troca, ignoravam muitas coisas que aprendem as crianças europeias, pois não sabiam mais idioma que o seu, que no entanto falavam com muita pureza e propriedade, mercê dos esforços dos professores, que para tanto se valiam mais de repetidos exercícios práticos do que do conhecimento de regras gramaticais. Não sabiam álgebra nem geometria, nem história nem geografia além da de seu país. Ao saírem da escola preparatória, os alunos seriam capazes de edificar uma cômoda casa, mas não de a desenhar; nem tampouco conheciam química, conquanto estivessem perfeitamente instruídos nos princípios gerais de higiene prática.

Antes de deixarem a escola primária, tinham os alunos que alcançar certo padrão definido em todas essas variadas qualificações para serem bons cidadãos. A maioria deles alcançava facilmente esse nível ao atingir doze anos de idade, mas uma minoria de menos inteligência precisava de alguns anos mais. Nos diretores dessas escolas preparatórias recaía a séria responsabilidade de determinar a futura carreira do aluno, ou antes, de aconselhá-lo nesse sentido, pois nenhum deles era jamais forçado a dedicar-se a uma atividade que não fosse de seu agrado. Mas de uma ou outra maneira ele a tinha de escolher, e uma vez escolhida, o encaminhavam para uma espécie de escola técnica, cujo objetivo especial era prepará-lo para o gênero de vida de sua vocação. Ali permanecia os nove ou dez anos restantes de seu período escolar, exercitando-se principalmente nos trabalhos práticos da espécie a que havia de dedicar suas energias.

Essa característica predominava em todo o plano da instrução. Relativamente havia pouco ensino teórico; depois de se lhes mostrar uma coisa por diversas vezes, os meninos e meninas estavam sempre dispostos a fazê-la por si mesmos, e faziam-na repetidamente até adquirir facilidade.

Havia muita elasticidade em todas essas normas. A um aluno, por exemplo, que depois da experiência devida se sentisse desajeitado para o trabalho especial que ele havia empreendido, se lhe permitia, com prévia consulta a seus professores, escolher outra vocação e transferir-se para a escola especializada para tal. No entanto, parece terem sido raras tais transferências, pois na maioria dos casos o aluno, antes de deixar a sua primeira escola, já havia demonstrado decidida aptidão para um ou outro dos gêneros de vida a ele concedidos.

Toda criança, qualquer que fosse o seu berço, tinha a oportunidade de se preparar para ingressar na classe governante de seu país, se o desejasse e seu professor o aprovasse. A preparação para esta função honrosa era entretanto tão severa, e tão elevadas as qualidades requeridas, que nunca era excessivamente grande o número de tais aspirantes. Com efeito, os instrutores estavam sempre vigilantes quanto às crianças de habilitação supranormal, a fim de fazerem o possível para adaptá-las para essa honrosa mas árdua posição, se quisessem adotá-la.

Além das profissões governamentais e sacerdotais, havia várias vocações entre as quais podia um menino fazer a sua escolha. Existia muita diversidade de manufaturas, algumas com amplas margens para o desenvolvimento da faculdade artística em suas diferentes modalidades; existiam várias linhas de trabalho em metais para fabricar e aperfeiçoar maquinários, bem como de arquitetura de todos os estilos. Mas a principal tendência de todo o país era para a agricultura científica.

Desta última dependia enormemente o bem-estar da nação, e por isso se lhe devotava sempre o máximo interesse. Dependente de uma longa série de experiências, realizadas em gerações sucessivas, haviam-se determinado com toda a certeza as possibilidades do variado solo do país, de maneira que na época a que nos referimos já existia um grande conjunto de tradições sobre esse particular. Os pormenorizados informes de tais experiências eram conservados no que agora chamaríamos arquivos do Ministério da Agricultura; mas os resultados práticos eram condensados, para instrução do povo, numa série de breves máximas, dispostas de modo que os estudantes as pudessem reter facilmente na memória.

Todavia, os que se dedicavam à profissão agrícola não eram obrigados a seguir as opiniões de seus antepassados, mas, pelo contrário, recebiam estímulo para realizar novas experiências, e quem quer que inventasse um novo e útil adubo, ou uma máquina aceleradora do trabalho, obtinha honrosa recompensa do governo imperial. Espalhadas por todo o país, havia grande número de fazendas-modelo do governo, onde os jovens eram cuidadosamente instruídos, mais prática do que teoricamente, tal qual na escola primária, e cada aluno aprendia a levar a cabo, por si mesmo, em todos os detalhes, as obras que futuramente teria que dirigir.

Nessas fazendas preparatórias se realizavam, à custa do Estado, as novas experiências. O inventor não tinha que passar pelo incômodo de se socorrer de um protetor com capital para lhe assegurar o custeio das experiências, o que atualmente constitui uma barreira ao seu sucesso. Simplesmente expunha a ideia ao chefe de seu distrito, que quando necessário, era assistido por um conselho de peritos, e se estes não opunham alguma objeção evidente ao raciocínio do inventor, lhe eram proporcionados os meios necessários para executar seu plano, ou construir sob sua própria direção a máquina projetada, sem lhe impor qualquer demora ou embaraço. Se as provas demonstravam a utilidade do invento, era logo adotado pelo governo e empregado onde fosse aplicável.

Os agrônomos haviam elaborado teorias quanto à adaptação de várias espécies de adubo aos diferentes tipos de solo. Não só empregavam o material que para idêntica finalidade importamos atualmente daquele mesmo país, como também recorriam a todos os meios de combinações químicas, algumas das quais eram visivelmente eficazes. Dispunham de um engenhoso, embora complicado, sistema de drenagem, que, no entanto, era muito mais eficiente do que tudo quanto no gênero possuímos atualmente.

Haviam conseguido considerável progresso também na fabricação e emprego de maquinários, embora muitos deles fossem mais simples e rústicos do que os nossos, e nada tinham da extrema exatidão no ajustamento das mínimas partes, que constitui a característica dominante de nossa indústria moderna. Por outro lado, não obstante suas máquinas fossem frequentemente enormes e embaraçosas, eram eficientes e não estavam sujeitas a desarranjos. Observamos o curioso exemplo de uma máquina semeadora cuja parte principal parecia ter sido modelada imitando o desovador de um inseto. Tinha a forma de um carro largo e baixo, o qual, ao rodar pelo campo, abria automaticamente dez linhas de buracos a intervalos regulares, depositava uma semente em cada buraco, regava-a e voltava a alisar a terra.

Sem dúvida tinham algum conhecimento de hidráulica, porque algumas de suas máquinas eram acionadas pela pressão d'água, sobretudo as extraordinariamente perfeitas e úteis que empregavam em seu bem acabado sistema de irrigação. O território era em grande parte montanhoso e não podia ser cultivado com proveito em seu estado natural; mas aqueles antigos habitantes o abriam em patamares, tal qual se faz presentemente no país montanhoso do Ceilão (atual Sri Lanka). Quem tenha viajado em estrada de ferro de Kambukkana a Peradeniya não deixará de ter visto muitos exemplos dessa classe de lavoura. No antigo Peru se cultivava com escrupuloso cuidado todo pedaço de terra próximo dos grandes centros populosos.

Possuíam muitos conhecimentos científicos, mas toda a sua ciência era de natureza rigorosamente prática. Não tinham nenhuma ideia de um estudo científico abstrato como o existente entre nós. Estudavam cuidadosamente a Botânica, por exemplo, porém sem a mínima aproximação com o nosso ponto de vista. Nada sabiam nem cogitavam da classificação das plantas em exógenas e endógenas, nem do número de estames de uma flor, nem da disposição das folhas no talo; em compensação, conheciam perfeitamente suas virtudes medicinais, nutritivas ou de tingimento.

O mesmo se dava em química: ignoravam o número e disposição dos átomos nas combinações carbônicas, nem tinham ideia dos átomos e moléculas, ao menos até onde alcançou nossa investigação. Mas interessavam-lhes as substâncias químicas de cuja combinação pudessem resultar valiosos adubos agrícolas e produtos aproveitáveis nas manufaturas, ou proporcionar-lhes uma bela tintura e útil ácido. Todo estudo científico tinha determinada finalidade prática; toda investigação se encaminhava para descobrir algo concretamente relacionado com a vida humana, e nunca com o propósito de adquirir conhecimentos abstratos.

Sua maior aproximação da ciência abstrata era talvez o seu estudo de astronomia, mas esse era encarado mais como um conhecimento religioso do que meramente secular. Se diferenciava dos demais conhecimentos em que era puramente tradicional e não se fazia nenhum esforço para aumentar seu nível de informações neste sentido, o qual não era grande, mas bastante exato para as suas finalidades. Compreendiam que os planetas eram diferentes das estrelas restantes, e referiam-se a eles como irmãos da Terra (pois reconheciam que a Terra era um deles) ou, às vezes, "os filhos do Sol". Também sabiam que a Terra era de forma globular, que o dia e a noite se originavam da rotação desse planeta em torno de seu eixo, e as estações, de sua volta anual em redor do Sol. Também não ignoravam que as estrelas fixas estavam fora do Sistema Solar, e encaravam os cometas como mensageiros que outros grandes Seres enviavam ao seu Senhor, o Sol. Mas é duvidoso que tivessem alguma concepção adequada do verdadeiro tamanho de qualquer dos corpos celestes.

Prediziam com perfeita exatidão os eclipses do Sol e da Lua, não por cálculo direto, mas pelo uso de uma fórmula tradicional, e como compreendiam sua causa, não lhes davam muita importância. Há provas abundantes a demonstrar que os sábios de quem herdaram as tradições astronômicas, foram capazes de fazer observações diretas, ou dotados de faculdades clarividentes que tornassem desnecessárias tais observações; mas de nenhuma dessas prerrogativas gozavam os peruanos da época a que nos referimos. A única observação diretamente pessoal que se viu fazerem, foi a determinação do momento exato da passagem do Sol pelo meridiano, medindo cuidadosamente, para isso, uma alta coluna do templo e dispondo um jogo de estaquinhas que se moviam ao longo de entalhes de pedra para indicá-la com toda a exatidão. O mesmo aparato primitivo foi empregado para determinar a data dos solstícios, relacionada com a celebração de serviços religiosos especiais.

CAPÍTULO 12
DUAS CIVILIZAÇÕES ATLANTES

Os Toltecas no Antigo Peru, 12000 a.C.
(Continuação)

A arquitetura desta antiga raça era diferente, em muitos aspectos, de todos os estilos com que estamos familiarizados, e seu estudo seria de extremo interesse para o clarividente que possuísse conhecimentos técnicos do assunto. Nossa carência de tal conhecimento nos dificulta a exata descrição de seus pormenores, embora esperemos poder sugerir algo da impressão geral que à primeira vista causa aos observadores do nosso século.

Essa arquitetura era de proporções colossais, mas sem afetação alguma; em muitos casos apresentava claros indícios de se lhe haverem empregado anos de paciente trabalho, mas demonstrava evidentemente seu destino mais utilitário do que ornamental. Muitos dos edifícios eram bastante vastos, porém à observação moderna pareceriam, em sua maioria, algo desproporcionados, estando os tetos quase sempre demasiado baixos em relação ao tamanho dos cômodos. Por exemplo, não era incomum encontrarem-se na casa de um governador diversos apartamentos com o tamanho aproximado do salão de Westminster, e contudo nenhum deles mediria mais do que três metros e meio de altura do piso ao teto. Ainda que conhecessem as colunas, raramente as empregavam, e o que em nossa arquitetura são graciosas colunatas, eram na peruana paredes com sucessivas aberturas. Suas colunas eram maciças e com frequência monolíticas.

Aparentemente não conheciam o verdadeiro arco de abóboda, embora não estivesse fora da moda o emprego de janelas ou portas com sobrearcos semicirculares. Nos edifícios maiores colocavam um pesado semicírculo de metal, fixo sobre os pilares laterais da abertura, porém geralmente confiavam inteiramente no poderoso adesivo que empregavam em lugar de argamassa. Não conhecemos a exata composição desse adesivo, mas era realmente eficaz. Cortavam e dispunham os enormes blocos de pedra com tanta exatidão, que dificilmente se lhes podiam ver as juntas, dissimuladas exteriormente com argila, e depois lhes davam um banho de argamassa quente para preencher os interstícios. Por menores que fossem os interstícios entre as pedras, a argamassa assim fluida lhes penetrava e os enchia, e depois de esfriada, assemelhava-se a sílex, com o qual, com efeito, muito se parecia. Depois se raspava a argila, e a parede estava concluída, com as juntas mais sólidas do que a própria pedra, a ponto de, com o passar de séculos, aparecerem fendas na alvenaria, porém jamais em suas juntas.

A maior parte das casas aldeãs era construída do que podemos chamar tijolos, por serem manufaturados da argila; mas os tais "tijolos" eram grandes cubos, medindo talvez uns noventa centímetros de lado. A argila não era cozida, senão que, depois de misturada com uma preparação química, a deixavam endurecer ao ar livre durante alguns meses, de modo que, por seu aspecto e consistência, pareciam mais blocos de cimento do que tijolos, e as edificações feitas com eles eram pouca coisa inferiores às de pedra.

As casas, desde as menores, eram todas construídas segundo o plano clássico oriental do pátio central, e suas paredes tinham uma espessura que hoje reputaríamos de enorme. As cabanas mais simples e pobres constavam de quatro cômodos, um de cada lado do patiozinho para o qual se abriam, e como esses cômodos careciam comumente de janelas, tornava-se sombrio e desnudo o aspecto exterior dessas casas. As ruas pobres das cidades ou aldeias não ostentavam ornamentações arquitetônicas; apenas um friso, do mesmo estilo em todas, quebrava a monotonia das fachadas.

A entrada se abria sempre num ângulo do edifício, e nos primitivos tempos a porta consistia simplesmente de uma enorme lousa de pedra, que, à maneira de rastrilho, se levantava e baixava corredicamente em entalhes laterais e por meio de contrapesos. Quando a porta estava fechada, podiam desmontar-se os contrapesos e colocá-los em prateleiras, ficando então a lousa como uma massa imóvel que, seguramente, teria desanimado os ladrões, se houvesse tal gente num país tão bem organizado. Nas casas de padrão melhor, a lousa da porta estava primorosamente esculpida, e em tempos posteriores, foi substituída por uma grossa prancha metálica. No entanto, pouco variou o método de fazê-la funcionar, embora tivéssemos observado uns poucos exemplares de pesadas portas metálicas que giravam em dobradiças.

As casas maiores foram a princípio edificadas com exata sujeição ao plano das demais, ainda que com maiores elementos ornamentais, não só quanto ao esculpido da pedra segundo modelos, mas também quanto à aplicação de amplas faixas de metal em sua superfície. Num clima como o do Peru, as casas tão maciçamente edificadas eram quase eternas, e a este tipo arquitetônico pertencia a maioria das existentes na época focalizada por nossas investigações. Algumas de época posterior (construídas, sem dúvida, quando o povo já estava convencido da consolidação do regime político e respeitava o poder dos legisladores), tinham uma dupla série de aposentos ao redor do pátio, como se vê em algumas casas modernas. Uma série dava para o pátio, convertido para tal em jardim, e a outra série se abria para a parte exterior da casa, estando providos seus aposentos de amplas janelas, ou melhor, de aberturas que se fechavam como as portas, pois ainda que aqueles peruanos fabricassem diversidade de vidros, não os aplicavam às janelas.

Vemos, portanto, que o estilo geral da arquitetura doméstica, tanto nas grandes como nas pequenas casas, era algo severo e monótono, embora admiravelmente adaptado ao clima do país. As coberturas eram na maioria pesadas, um tanto chatas e quase que invariavelmente feitas de pedra ou pranchas metálicas. Uma das mais notáveis características das edificações consistia em não lhes empregarem nada de madeira, por ser inflamável, e por essa razão nunca havia incêndios no antigo Peru.

O processo construtivo era muito peculiar. Não se valiam de andaimes, mas à proporção que se ia erguendo o edifício, os iam enchendo de terra, e ao atingirem as paredes a sua altura, a terra estava no mesmo nível delas. Sobre essa terra se colocavam as pedras da cobertura, e entre elas se derramava em seguida o cimento quente, como de costume. Uma vez feita essa operação, retirava-se a terra, e à cobertura se confiava o suporte de seu próprio peso, e graças ao poder daquele maravilhoso cimento, sempre se mantinha com perfeita segurança. De fato, todo o edifício, paredes e cobertura, uma vez terminados, qualquer que fosse o seu destino, formavam um compacto bloco, como se houvesse sido escavado da rocha viva. Tal processo, diga-se de passagem, tem sido adotado atualmente nas construções erigidas nas encostas das montanhas, em alguns lugares.

A algumas das casas da capital foi superposto um primeiro andar, mas tal inovação não logrou o favor popular, e foi muito rara ideia tão ousada. Contudo, em alguns edifícios em que residiam os sacerdotes ou monges do Sol, havia-se obtido, por processo curioso, o mesmo efeito de uma série de andares superpostos, embora tal disposição nunca tivesse podido ser adotada extensamente numa cidade populosa. Para isso, construía-se uma vasta plataforma de terra de mil pés quadrados de superfície e cerca de quinze ou dezoito pés de altura, junto à qual, mas a cinquenta pés para dentro de cada lado, se levantava outra plataforma de novecentos pés; sobre esta uma terceira de oitocentos pés de lado e a seguir outra de setecentos pés de lado, e assim uma sobre outra, de dimensões progressivamente decrescentes, até a décima plataforma de só cem pés de lado. No centro desta plataforma final se levantava um santuário dedicado ao Sol.

O efeito do conjunto parecia-se um tanto com uma grande pirâmide achatada, que se erguia em degraus largos e lisos, como uma espécie de colina quebrada em terraços. Na frente perpendicular de cada uma destas enormes plataformas se abriam os aposentos, ou melhor, as celas em que se alojavam os monges e seus hóspedes. Cada cela tinha um aposento exterior e outro interior, que recebia a luz do primeiro, aberto ao ar na fachada pelo que somente tinha três paredes e teto. Ambos os aposentos estavam revestidos e pavimentados com lousas de pedra, solidamente unidas, como de costume, por meio de cimento. Os terraços dianteiros estavam dispostos em forma de jardins e passeios, de maneira que a residência nas celas se tornava extremamente agradável. Em alguns casos se aproveitava uma elevação natural para cortá-la em terraços semelhantes a esses, mas era artificialmente erguida a maioria de tais pirâmides. Frequentemente abriam túneis no interior do terraço inferior, e ali construíam câmaras subterrâneas para servirem de silos destinados a cereais e outras necessidades.

Além dessas notáveis pirâmides achatadas, havia os templos comuns do Sol, alguns de grandes dimensões, abrangendo vasta superfície de terreno, embora, segundo o conceito de um europeu, apresentassem o defeito de ser demasiado baixos em proporção à sua extensão. Estavam sempre rodeados de amenos jardins, sob cujas árvores se ministrava a maior parte dos ensinamentos que tão merecidamente tornaram famosos esses templos.

Se o exterior dos templos era por vezes menos imponente do que o desejável, de qualquer modo o seu interior compensava de muito todos os possíveis defeitos. A abundância de metais preciosos empregados na ornamentação constituía uma característica da vida peruana quando, mais tarde, um punhado de espanhóis subjugou a relativamente degenerada raça que sucedera aos costumes, objeto de nossa descrição. Na época a que se refere nossa observação, os habitantes do Peru não conheciam nossa arte de douração, porém eram extremamente hábeis em forjar amplas e delgadas pranchas de metal, pelo que não era raro estarem as paredes dos templos completamente revestidas de placas de ouro e prata. A espessura dessas chapas costumava ser de seis milímetros, e eram amoldadas aos delicados relevos da pedra, como se fossem de papel, de modo que, para nosso atual ponto de vista, um templo era frequentemente depósito de indizíveis riquezas.

Mas a raça que construiu aqueles templos de maneira nenhuma encarava as suas riquezas segundo o nosso conceito atual, senão, simplesmente, como adequados elementos de ornamentação. Convém recordar que não só ornavam dessa maneira os templos, mas toda casa de alguma importância tinha as paredes revestidas de um ou outro metal, tal qual o fazemos nós com papel pintado. E a casa que tinha nuas as paredes era, entre eles, o mesmo que entre nós uma casa simplesmente caiada, isto é, a falta de ornamentação se relegava às casas rústicas e rurais. No entanto, unicamente os palácios do rei e governadores estavam ornamentados de ouro puro como os templos, pois as demais classes sociais recorriam a toda espécie de formosas e úteis combinações metálicas, com as quais, de custo relativamente menor, obtinham efeitos riquíssimos.

Ao abordarmos a arquitetura dos antigos peruanos, não devemos esquecer a cadeia de fortalezas, levantadas por ordem do rei nas fronteiras de seu império, a fim de impor respeito às tribos bárbaras que habitavam além. Também seria aqui necessária a intervenção de um perito para descrever exatamente e julgar com acerto essas fortalezas; mas logo se vê que, na maioria dos casos, estava admiravelmente escolhida a sua posição estratégica, e que, na falta de artilharia, devem ter sido inexpugnáveis. A altura e espessura de seus muros eram enormes em alguns casos, com a peculiaridade (própria de todas as paredes de edificações rústicas) de que tinham forma cônica, pois desde a base, de alguns pés de espessura, se iam estreitando até diminuir-se perceptivelmente à altura de uns dezoito ou vinte e sete metros. Na massa desses maravilhosos muros se abriam guaritas de sentinelas e passadiços secretos, estando o interior do forte tão bem distribuído e copiosamente abastecido que a guarnição teria podido resistir sem privações durante longo cerco. Chamou-nos particularmente a atenção o engenhoso artifício de uma série de portas, uma dentro da outra, enlaçadas por estreitos e tortuosos corredores, que teriam posto os assaltantes nas mãos dos defensores.

Mas, as admiráveis obras daquele povo singular foram, sem dúvida, as rodovias, pontes e aquedutos. Estendiam-se as primeiras por centenas e mesmo milhares de quilômetros por todo o território, vencendo qualquer obstáculo natural com tão elegante atrevimento que admiraria os mais audazes engenheiros de nosso tempo. Neste particular tudo se fazia magnificamente, e ainda que em alguns casos tivessem de empregar incalculável soma de trabalho, os resultados obtidos foram grandiosos e permanentes. As rodovias eram pavimentadas de lajes em toda extensão, como o estão hoje os passeios das ruas de Londres, e com árvores em ambas as margens a projetar suas sombras, enquanto perfumados arbustos impregnavam o ar com sua fragrância. Desta forma atravessava todo o território uma rede de esplêndidas avenidas pavimentadas, pelas quais iam e vinham diariamente os mensageiros do rei, que atuavam ao mesmo tempo como mensageiros comuns, pois era um de seus deveres distribuir e coletar gratuitamente a correspondência dos cidadãos.

Quando os construtores de rodovias deparavam com um rio ou torrente, era então de ver em grau máximo a indomável perseverança e paciente engenho daquela raça. Segundo dissemos, desconheciam o princípio construtivo do arco; mas aproximavam-se dele na construção de pontes, dando a cada fileira de colunas uma projeção mais saliente que a imediata inferior, até encontrar o apoio de duas colunas. O maravilhoso cimento endurecia depois, como compacta rocha, o conjunto da obra. Não conheciam os diques nem secadouros, de forma que geralmente empregavam incrível soma de trabalho para desviar o curso de um rio e estender pontes. Às vezes levantavam uma barragem à corrente, até alcançar o ponto onde haviam de assentar a coluna, e uma vez feita esta operação, arrasavam a barragem levantada. Por causa dessas dificuldades, preferiam, sempre que possível, as obras de aterramento às de pontes, e assim faziam uma estrada ou aqueduto atravessar córregos ou rios de muita profundidade por meio de um aterro com muitos canais, em vez de uma ponte comum.

Seu sistema de irrigação era de admirável perfeição, e persistiu em grande parte nos tempos da última raça, de modo que muitas zonas do país, hoje áridas, foram verdejantes e férteis, até que o abastecimento de águas caiu nas mãos ainda mais incompetentes dos conquistadores espanhóis. Provavelmente nenhuma obra de engenharia do mundo superou em magnitude as estradas e aquedutos do antigo Peru. E tudo isto não levavam a cabo por trabalhos forçados de escravos ou cativos, mas por trabalho assalariado de camponeses nacionais, com ajuda do exército.

O rei mantinha grande número de soldados, para estar sempre em condições de enfrentar as tribos fronteiriças; mas como seu armamento era simples, e, por outro lado, necessitavam de muito pouca instrução militar, lhes sobrava muito tempo para a execução de serviços públicos e de outra natureza. Tinham a seu cargo a reparação das obras públicas em geral e o serviço de correios, informes oficiais, mensagens públicas e correspondência privada, assim como a conservação das propriedades do Estado; mas quando se precisava construir uma nova estrada ou levantar outra fortaleza, tomavam-se operários assalariados, os necessários ao caso.

Por certo irrompia-se às vezes a guerra com as tribos vizinhas, embora na época a que nos referimos, elas não suscitassem graves perturbações. Suas incursões eram facilmente repelidas e se lhes impunham tributos, e caso as considerassem em condições de receber maior cultura, era o seu território anexado ao império, sob o regime das mesmas leis das demais províncias. Naturalmente que no princípio aqueles novos cidadãos promoviam algumas dificuldades, pois eram estranhos aos costumes e não atinavam por que deviam adaptar-se a eles. Contudo, dentro de pouco, a maioria se aclimatava ao novo ambiente social, e os incorrigíveis, que não o quisessem, eram desterrados para outros países ainda não submetidos ao império.

Aqueles peruanos eram bem humanitários nas guerras, e isso lhes era relativamente fácil, porque saíam quase sempre vitoriosos em suas lutas com as tribos. Tinham um adágio: "Nunca seja cruel com o teu inimigo, porque amanhã será teu amigo". Ao conquistarem o território de alguma tribo vizinha, evitavam quanto lhes era possível a efusão de sangue, a fim de que o povo ingressasse de boa vontade no império e fossem bons cidadãos, com sentimentos fraternais para com seus conquistadores.

Suas armas principais eram a lança, a espada e o arco, assim como o laço de bolas, ainda hoje usado pelos índios sul-americanos. Consiste em duas bolas de pedra ou metal unidas por uma corda, que se lança contra as pernas de um homem ou as patas de um cavalo para derrubá-lo ao solo. Na defesa das fortalezas, faziam rolar enormes rochas sobre os assaltantes, pois a disposição do recinto permitia tal meio defensivo. As espadas eram curtas, mais parecendo facas compridas, e delas só se valiam no caso de se quebrar a lança e ficar o combatente desarmado. Geralmente contavam desmoralizar os inimigos acertando-lhes uma certeira saraivada de flechas, e depois caíam sobre eles de lanças em riste, antes que recuperassem o ânimo.

As armas eram habilmente fabricadas por excelentes metalúrgicos. Empregavam o ferro, se bem que não o soubessem converter em aço e lhes fosse menos útil que o cobre, latão e bronze, que eles podiam endurecer extraordinariamente com uma variedade de seu notável cimento, ao passo que o ferro não admitia tão perfeitamente a mistura. O resultado desse método de endurecimento era muito valioso, pois mesmo no cobre duro, ligado com o cimento, se podia dar um corte tão fino como em nosso melhor aço, e não resta dúvida de que algumas misturas da metalurgia peruana eram mais duras que qualquer metal que possamos obter em nossa época.

Talvez a mais notável característica daquela metalurgia fosse a sua excessiva finura e delicadeza. Algumas gravações em metal eram verdadeiramente maravilhosas, e demasiado finas para serem vistas à primeira vista, pelo menos tratando-se de nossa atual organização visual. Melhor que tudo era, talvez, o seu maravilhoso trabalho manual de filigrana, semelhante a pelugem, em que eram exímios, sendo-nos impossível compreender como o podiam executar sem lentes de aumento. Alguns desses trabalhos manuais eram tão indescritivelmente delicados que não podiam limpar os objetos pelos meios comuns, pois se teriam quebrado em raspá-los ou escová-los, e por isso os limpavam, quando necessário, por meio de uma espécie de maçarico.

A cerâmica era outra manufatura de sua especialidade. Por meio de um ingrediente químico, davam à argila uma cor vermelha agradável e bela, embutindo-a depois de ouro e prata, e assim produziam efeitos que jamais vimos em nenhuma outra parte. Também aqui nos maravilhou a extrema delicadeza do seu trabalho manual. Obtinham igualmente outras delicadas cores; e uma outra modificação daquele sempre útil cimento vítreo, dava à preparada argila uma transparência quase igual ao nosso mais limpo cristal. Tinha também a vantagem de ser muito menos frágil e muito aproximado ao cristal flexível, de que ouvimos falar como uma lenda medieval. Indubitavelmente conheciam a arte de fabricar certa espécie de porcelana fina, que podia dobrar-se sem se quebrar, como veremos ao tratar de suas obras literárias.

138

Como não tinham o costume de empregar a madeira entre os materiais fabris, abundavam os objetos de metal e louça, fabricados muito mais habilmente do que se poderia esperar naquela época. Não há dúvida de que os antigos peruanos descobriram, em suas constantes investigações químicas, alguns processos que são ainda um segredo para nossos industriais. Mas com o tempo serão redescobertos pelos químicos da quinta Raça, e então as urgentes necessidades e a diligente rivalidade de nossa época exigirão a adaptação de tais processos a toda classe de objetos, jamais sonhados no antigo Peru.

A arte pictórica estava consideravelmente difundida, e a criança que demonstrava aptidões especiais para o manejo do pincel via-se estimulada e favorecida ao extremo. Contudo, os métodos correntes eram completamente diferentes dos nossos, e por sua índole peculiar, agravaram enormemente a dificuldade da obra, pois não pintavam em pano, papel nem tábua, mas em finas lâminas de uma espécie de metal sílico, cuja composição nos é difícil traçar, e cuja superfície se assemelhava a um delicado creme, estreitamente parecido com a de uma delicada porcelana fosca. Não eram quebradiças, e podiam dobrar-se como as de estanho; sua espessura proporcionada ao seu tamanho, variando entre a de nossas folhas de recado e a de uma folha de papelão.

Sobre essa superfície se aplicavam cores de brilho e pureza requintados, com um pincel que a própria natureza oferecia, pois consistia simplesmente de uma comprida lasca, recortada da haste triangular de uma planta fibrosa comum. Moldava-se uma polegada mais ou menos da ponta dessa lasca, até deixar exposta a fibra que, embora fina como um fio de cabelo, era firme como um arame. A parte destecida servia de pincel, e a outra de cabo, podendo renovar-se a brocha repetidas vezes até consumir-se toda a lasca, por um processo semelhante ao que hoje empregamos para renovar a ponta dos lápis, pois bastava ao artista cortar a brocha gasta e destecer outra polegada de cabo. A forma rigidamente triangular desse instrumento capacitava para traçar uma linha fina ou uma larga camada de cor, empregando no primeiro caso o vértice e no segundo a base do seu triângulo.

No geral usavam as cores em pó, que misturavam como o desejavam, não pela diluição com água ou óleo, mas com um ingrediente que secava instantaneamente, de modo que uma vez dado o toque, era impossível alterá-lo. Não faziam esboços antes de pintar; o artista tinha de dar no mesmo instante a forma precisa e a cor exata, em toques rápidos e seguros, ao estilo dos afrescos ou de algumas obras japonesas. As cores eram fixas e de tonalidade extremamente luminosa, avantajando-se algumas delas em pureza e finura às empregadas em nossos dias. Tinham um maravilhoso azul mais límpido que o mais esquisito ultramar, e um violeta e um rosa como ainda hoje não conhecemos. Delas se valiam para representar, muito mais fielmente que os pintores atuais, as indescritíveis belezas de um pôr do sol. Os adornos de ouro, prata, bronze e outro metal de intensa cor vermelha, desconhecida da ciência atual, eram representados na pintura por meio de pozinho do respectivo metal, ao estilo das iluminuras medievais. Ainda que esse processo nos pareça estranho, não se pode negar que produzia surpreendentes efeitos de exótica riqueza.

Os pintores peruanos tinham boa perspectiva e desenho preciso, completamente livre da rústica crueza que caracterizou um período posterior da arte das Américas Central e do Sul. Ainda que a pintura de paisagens fosse aceitável na época que estamos considerando, não formava especialidade distinta, mas a empregavam no fundo dos quadros de figura, cujos motivos costumavam ser as procissões religiosas ou as cenas em que o rei ou algum governador tomava parte principal.

Uma vez terminado o quadro (que os artistas práticos pintavam muito rapidamente), se lhe dava com o pincel uma camada de verniz, que também tinha a propriedade de secar rapidamente. A pintura ficava assim indelével, e podiam-na expor ao sol e à chuva por longo tempo, sem prejuízo algum.

Intimamente relacionada com a arte do país estava a literatura, porque escreviam, ou melhor, iluminavam os livros com o mesmo material e com a mesma espécie de cores empregadas nos quadros. Compunha-se o livro de certo número de folhas finas de metal, medindo habitualmente 18 x 6 polegadas, e estavam às vezes costuradas com arame, porém muito mais frequentemente eram conservadas numa caixa de três a cinco polegadas de profundidade. Essas caixas eram de vários materiais, e mais ou menos ricamente ornamentadas, porém as mais comuns eram feitas de um material semelhante à platina, e adornadas de haste esculpida algo fixa na superfície metálica por algum processo de amolecimento, que a fazia aderir firmemente, sem o uso de arrebites ou cimento.

Pelo que nos foi possível observar, não conheciam nada relativo à imprensa, e o que mais se parecia com isso era o emprego de uma espécie de folha de estêncil para produzir grande número de cópias dos comunicados oficiais, que eram assim enviados rapidamente aos governadores de província. Contudo, não observamos intenção alguma de reprodução de livros por esse meio, e compreende-se que o considerariam profanação, pois o país inteiro respeitava profundamente seus livros e os tratava com tanto carinho como faria um monge medieval. A cópia de um livro era para eles obra muito meritória, sendo que muitos exemplares estavam belíssima e artisticamente escritos.

O campo de sua literatura era um tanto limitado. Havia uns poucos tratados que poderiam ser classificados definitivamente como religiosos, ou pelo menos como de ética, e seu texto não se diferenciava grande coisa do sermão a que nos referimos no capítulo anterior. Dois ou três demonstravam tendências místicas, mas esses eram menos lidos e não circulavam tanto como os que pareciam ser de caráter mais diferentemente prático. O mais interessante desses livros místicos era um muito parecido com o livro chinês *Clássico da Pureza*, até o ponto de que, sem dúvida, este último tenha sido uma versão daquele, com ligeiras variantes.

O conjunto da literatura podia ser inicialmente dividido em duas partes: informação científica e narrações exemplificativas. Todas as artes, ofícios e indústrias cultivadas no país tinham seu respectivo manual, não escritos por um só autor, mas compilados oficialmente pelo governo, com todos os dados, informes e regras conhecidas sobre a matéria na época de sua publicação. Continuamente se completavam esses manuais com apêndices contendo todas as descobertas que iam se fazendo, ou ideias que iam se retificando, e todo aquele que possuísse um exemplar o emendava e ampliava para atualizá-lo. Como os governadores se encarregavam de divulgar essas informações, eles podiam praticamente torná-las acessíveis aos seus interessados. De modo que uma monografia peruana sobre determinada matéria era um verdadeiro compêndio de conhecimentos úteis a seu respeito, e proporcionava ao estudante, em forma condensada, o resultado das experiências de seus predecessores naquela especialidade.

Os contos eram quase todos de um mesmo tipo geral, com distinta finalidade. Em todos figurava, invariavelmente, como protagonista, um rei, um governador ou um oficial subalterno, e se narrava a sua acertada ou desacertada atuação nas diversas contingências ocorridas em suas atividades. Muitas dessas narrações eram clássicas, e tão populares entre eles, como entre nós o são as bíblicas, pois serviam para ilustrar as pessoas e ensinar-lhes o que deviam ou não fazer na vida diária. Assim é que, qualquer que fosse a sua categoria social, o homem achava nessas narrações um modelo antecedente a que ajustar suas ações. Não sabemos com segurança se todos aqueles relatos eram históricos de acontecimentos reais, ou se alguns eram puras ficções, embora o certo seja que o povo os tinha por verdadeiros.

Quando a ação de uma dessas narrações se desenvolvia numa província fronteiriça, costumava estar salpicada de turbulentas aventuras; mas (felizmente para nossos amigos peruanos), não havia ainda aparecido entre eles o argumento amoroso, que é o tedioso espantalho do atual leitor de romances. Às muitíssimas situações de tais relatos não faltava humorismo, pois o povo era de índole alegre e amigo do riso, se bem que em sua literatura não entrasse a novela declaradamente cômica. Outra lacuna, ainda mais lamentável, era a completa carência de poesia propriamente dita. Certas máximas e sentenças, expressas em vibrante e sonora frase, corriam de boca em boca e eram frequentemente citadas, como nós fazemos com determinados versos, ainda que, por muito poético que fosse o conceito, não o expressavam em forma rítmica. Para que as crianças retivessem facilmente na memória as máximas que se lhes ensinavam, recorriam ao artifício mnemotécnico da alteração ou mudança das letras de uma palavra, e nas cerimônias religiosas se cantavam certas frases com acompanhamento de música, tal como hoje o é o canto gregoriano a cujo tom adaptamos a letra dos salmos, sem compor, como nos hinos, a música adequada.

Isto nos leva a considerar a música daqueles antigos peruanos. Tinham diversidade de instrumentos, entre os quais se via uma antiga clarineta e uma espécie de harpa, de cujas cordas arrancavam doces, selváticas e indefinidas melodias de vibração semelhante à eólica. Mas seu instrumento principal e mais popular era um parecido com o harmônio, que soava pela vibração de uma língua metálica, ferida pelo ar introduzido no instrumento mediante um engenhoso dispositivo mecânico, em vez de pedais. Não tinham claves ao estilo de nossos harmônios, mas um agrupamento em série de pinos metálicos, cujas elevações sobressaíam à maneira de teclas, que o músico dedilhava como os digitadores atualmente.

Com esse instrumento se obtinham sons de considerável intensidade e muito bela expressão; mas como a escala musical dos antigos peruanos era a mesma que a dos atlantes e radicalmente diferente da nossa, torna-se quase impossível formarmos uma ideia dos efeitos obtidos por aquele instrumento musical. Do observado se conclui que os antigos peruanos não conheciam as que hoje chamamos peças de música, que se pudesse copiar e reproduzir à vontade, de quem quer que fossem, mas cada executante improvisava a sua composição, e a habilidade musical não consistia em interpretar devidamente obras de mestres, mas na fecundidade e recursos das improvisações.

A arquitetura foi uma arte muito bem florescente entre eles, embora talvez se deva classificar seu estilo como mais audacioso, repentista e utilitário do que eminentemente gracioso. Parece que quase todas as estátuas eram de tamanho colossal, e algumas delas de estupendo lavor, ainda que, aos olhos acostumados à arte grega, apresente certos traços de aspereza a sólida consistência da antiga escultura peruana. Contudo, esculpiam baixo-relevos de muito formosa lavra, quase sempre revestidos de metal, porque o caráter daquele povo se inclinava especialmente para as produções metálicas, em que se destacavam as mais esquisitas ornamentações.

A respeito dos usos e costumes da vida social, há alguns pontos dignos de atenção para os curiosos e interessados. Assim vemos que os costumes matrimoniais tinham um caráter muito peculiar, pois só se celebravam as bodas uma vez por ano. A opinião pública esperava que todo cidadão se casasse, a menos que se tivessem poderosas razões em contrário, mas nada havia que pudesse parecer coação neste particular. Era proibido o matrimônio entre menores; mas ao chegarem os jovens à idade casadoura, eram livres para escolher seu par, como o são entre nós. O enlace, no entanto, só podia ser celebrado em dia assinalado para tal, quando o governador do distrito ou cidade fazia uma visita formal. Então todos os jovens que haviam atingido a idade de noivado, durante o ano anterior, eram reunidos diante dele, e oficialmente notificados de que se achavam agora livres para viver em estado matrimonial. Alguns pares haviam já resolvido aproveitar-se da oportunidade; por isso se apresentavam diante do governador e lhe expunham a sua vontade, e este após formular-lhes algumas perguntas, por uma fórmula simples, os considerava marido e mulher. Também decretava o governador a redistribuição da terra cabível nas novas circunstâncias, pois os recém-casados deixavam de pertencer desde aquele momento às suas respectivas famílias paternas e tinham que constituir lar próprio. Portanto, o casado recebia duplo lote de terreno do de solteiro, e ainda assim, rara vez achava excessivo o trabalho consequentemente duplicado.

Observou-se uma particularidade em relação ao principal alimento do país. Os alimentos eram diversos, como sucede hoje, e embora não saibamos se estava proibido o pescado, era seguro que ninguém o comia na época de nossa consideração. Cultivavam a batata e o inhame, e em seus pratos entravam numerosas e diversas combinações de milho, arroz e leite. Contudo, tinham um alimento curioso e altamente artificial, que bem poderíamos chamar de alimento fundamental de sua vida, pois, como o pão entre nós, esse acompanhava principalmente todo outro alimento. A base desse alimento era a farinha de milho que, amassada com vários ingredientes, era submetida a uma pressão enorme, até deixá-la tão dura e compacta como uma torta. Os ingredientes químicos eram dosados de maneira que a massa contivesse todos os princípios necessários à nutrição do corpo no menor volume possível, e tão eficaz resultado lhes dava, que uma delgada fatia continha o suficiente para todo o dia, podendo um homem levar consigo, sem o menor inconveniente, a provisão necessária a uma longa viagem.

A maneira mais simples de ingerir esse alimento, era a de chupá-lo como a um caramelo; mas se o tempo o permitia, era cozido ou assado de diversas maneiras, o que lhe aumentava o volume. Quase não tinha sabor, mas era costume condimentá-lo com vários cheiros durante o seu preparo, e a variedade de cheiros era indicada por diferentes cores. Assim, por exemplo, uma torta vermelha era aromatizada com romã, uma azul com baunilha, uma amarela com laranja, as listadas de vermelho e branco com goiaba, de modo a satisfazer a todos os paladares.

Essa pasta curiosamente comprimida era o alimento primordial do país, e grande número de pessoas não tomava praticamente mais nenhum outro alimento, ainda que houvesse muitos outros pratos a escolher. Manufaturavam-no em quantidade tão grande, que era excessivamente barato e estava ao alcance de qualquer bolsa, sendo notórias as suas vantagens para a alimentação das classes operárias. Cultivavam muitos frutos que, acompanhados da torta, comiam aqueles que os apreciavam, mas tais suplementos alimentícios eram questão de paladar e não de necessidade.

Toda a população era amante de animais domésticos de várias espécies, e no decurso do tempo lhes adiantaram até alto grau a evolução específica. Os mais favoritos eram monos pequenos e cães, dos quais haviam muitas e bem fantásticas variedades, de casta quase tão distinta do tipo originário como o são hoje as deformidades chamadas "dachshunds".[68] Gatos, os tinham de estranhas cores, havendo conseguido criar alguns de bela e brilhante pelagem azul, como não se encontra entre os quadrúpedes.

Também havia muita gente apegada aos pássaros, como era de se esperar num continente onde havia aves de plumagem tão magnificamente matizada; e não é de modo algum impossível que ao seu cuidado na seleção devemos algumas das esplêndidas variedades ornitológicas que hoje habitam os bosques do Amazonas. Algumas damas das mais ricas tinham grandes aviários no pátio de sua casa, e dedicavam o tempo vago ao cultivo da inteligência e afeto de seus alados favoritos.

O traje nacional, simples e modesto, consistia numa espécie de vestimenta solta, não muito diferente da que hoje se usa no Oriente, embora os antigos peruanos preferissem os tecidos coloridos aos brancos, contra o gosto generalizado dos atuais hindus que preferem a cor branca. Valia a pena ver um peruano em traje de festa, pelo brilhante de seu aspecto, e acaso só encontra hoje termo de comparação entre os birmaneses. Regra geral, as senhoras gostavam de vestidos azuis, e na época que descrevemos era muito comum um azul muito parecido com o que os pintores medievais costumavam representar a Virgem Maria. O tecido era no geral de algodão, se bem que usavam algumas vezes a lã de lhama e vicunha. Fabricavam, igualmente, um tecido muito forte com fibras de "maguey", para esse fim manipuladas quimicamente.

Tinha a nação toda a facilidade no emprego de métodos mecânicos de cálculo rápido, que é tão característico da Raça Atlante. Empregavam um ábaco, ou tabuleiro calculador, bastante semelhante ao utilizado hoje com destreza pelos japoneses, e também se valiam, em lugar do tabuleiro, de um aparato mais barato, formado de uma espécie de feixe de cordas nodosas, que talvez seja o original do quipo, encontrado milhares de anos mais tarde naquele país pelos espanhóis.

Ao estudar-se uma civilização antiga como essa, veem-se tantos pontos interessantes por sua analogia com a vida de nossa época, que se torna muito difícil acertar com o que se deve relatar ou o que se deve omitir. É-nos impossível comunicar aos nossos leitores o sentimento da intensa realidade que tudo isso infundiu em nós que o vimos; mas confiamos em que, para alguns ao menos, não teremos fracassado de todo ao ressuscitar momentaneamente aquele passado, morto há muitíssimo tempo. E nos recordemos de que nós mesmos, muitos dos quais agora vivendo e atuando na Sociedade Teosófica, nascemos naquela época entre os habitantes do Peru antigo. Muitos amigos a quem agora conhecemos e amamos foram também amigos e parentes naquele remotíssimo tempo, de sorte que a recordação de tudo quanto temos tratado de descrever deve estar adormecida no mais profundo corpo causal de alguns de nossos leitores, e não será totalmente impossível que se lhes reavive a memória, se sossegadamente meditarem na descrição. Se alguém o conseguir, verá o quanto curiosa e interessante é a retrospecção àquelas há tanto tempo esquecidas vidas, para nos apercebermos do que desde então temos ganhado e deixado de ganhar.[69]

À primeira vista parece como se em muitos aspectos de importância tivesse havido mais retrocesso do que progresso. A vida física, com todas as suas circunstâncias estava sem dúvida muito melhor governada então, tanto quanto sabemos, do que jamais o esteve daí em diante. As oportunidades ao trabalho altruísta e a devoção ao dever, que eram então oferecidas à classe governante, talvez jamais tenham sido superadas, devendo-se ainda admitir que não era preciso as classes menos dotadas de inteligência atirar-se a qualquer luta ou esforço mental, mas se o fizessem, seriam fartamente compensadas.

Sem dúvida que atualmente o estado da opinião pública não é tão elevado, nem o senso do dever tão forte, como o eram então. Mas a comparação é em verdade pouco razoável. Somos uma Raça relativamente ainda jovem, enquanto a do antigo Peru era um dos mais antigos rebentos de uma Raça que há muitos séculos havia já transposto a sua juventude. Por causa de nossa ignorância, estamos agora atravessando um período de provas, tormentas e violências; mas com o tempo, quando tivermos um pouco mais de bom-senso, entraremos numa era de êxito e sossego, e então, pela lei da evolução, alcançaremos um nível mais elevado do que o deles.

Devemos nos lembrar que, apesar de sua bela religião, nada sabiam do verdadeiro Ocultismo, nem tinham do grandioso Plano do universo o vislumbre que têm todos os que se aproveitam privilegiadamente do estudo da Teosofia. Quando a nossa quinta Raça Raiz chegar à mesma etapa da vida dos antigos peruanos, poderemos ter a segura esperança de igualar as condições físicas, tão excelentes como as suas, com o verdadeiro ensinamento filosófico e com um desenvolvimento intelectual e espiritual muito superior ao que nos teria sido possível quando, faz quatorze mil anos, formávamos parte daquela esplêndida relíquia da civilização atlante.

CAPÍTULO 13
DUAS CIVILIZAÇÕES ATLANTES

A Turânia na Caldeia, 19000 anos a.C.

Outra civilização que nos interessou por seu aspecto, quase tanto quanto a do Peru, foi a que floresceu na região da Ásia posteriormente chamada Babilônia ou Caldeia. Esses dois grandes antigos impérios apresentam um curioso ponto em comum: cada um deles, no período de sua decadência, muitos séculos depois do seu auge, em que é mais proveitoso estudá-los, foi conquistado por um povo muito inferior em escala de civilização, o qual, apesar disso, procurou adotar tanto quanto possível os costumes civis e religiosos da raça subjugada. Da mesma sorte que o Peru descoberto por Pizarro era em quase todos os aspectos um pálido reflexo do Peru antigo que procuramos descobrir, assim também a Babilônia conhecida pelo estudante de arqueologia é, em vários aspectos, uma espécie de degenerada imitação do império anterior e maior.

Dizemos em vários aspectos, e não todos. É possível que no auge de sua glória o segundo império sobrepujasse ao primeiro em poderio militar, em extensão territorial e em atividade comercial, mas, em troca, a primeira raça levou sem dúvida vantagem sobre a segunda na simplicidade de costumes, ardorosa devoção aos dogmas da notável religião que professavam, e no verdadeiro conhecimento dos fenômenos da natureza.

Dificilmente se poderia encontrar, entre dois países, contraste mais significativo que o que se nota entre o Peru e a Babilônia. O primeiro tinha por característica capital o seu notável sistema de governo, e sua religião formava uma parte comparativamente menor da vida do povo, isto é, as funções dos sacerdotes como professores, médicos e agentes do vasto plano de previsão para a velhice eram, a seus olhos, muito mais importantes do que o ministério eventual de pregação e oração relacionado com o serviço dos templos. Pelo contrário, na Caldeia, o sistema de governo nada tinha de excepcional, e o principal fator da vida era a religião, pois não se empreendia empresa alguma sem sua referência especial. Assim é que a religião do povo predominava e enchia a sua vida até um ponto talvez igualado somente entre os brâmanes da Índia.

Se terá em vista que o culto religioso dos peruanos era uma simples, se bem que extremamente linda, forma de culto ao Sol, ou melhor, de adoração ao Espírito do Sol. Tinham poucos e claros dogmas, cuja principal característica era o júbilo que em tudo reinava. Na Caldeia a fé apresentava aspecto mais severo e místico, com maior complexidade de ritual. Não só adoravam o Sol, mas também as hostes dos céus, e a religião consistia num muito bem ordenado culto aos Anjos das Estrelas, além de um completo e perfeito sistema de astrologia para a regulamentação prática da vida cotidiana.

Dispensemos, no momento, a descrição de seus magníficos templos e seu pomposo ritual, para considerar primeiramente a influência dessa estranha religião na vida do povo. Para compreender seu efeito, temos de abranger antes de tudo o seu conceito da astrologia, que em conjunto revelava, no nosso entender, muitíssimo senso comum, e poderia ser vantajosamente aceito pelos atuais professos dessa ciência.

No período que estamos considerando, nem os sacerdotes, nem os professores, nem mesmo a plebe, criam que os planetas físicos influíssem por si nos negócios humanos. Aos sacerdotes se ensinava uma teoria muito completa da matemática, transmitida, provavelmente, por continuada tradição hereditária, desde os primeiros instrutores que obtiveram conhecimentos diretos e pessoais dos grandes fenômenos da natureza. Não é difícil de aceitar a ideia de seu plano em conjunto, mas é impossível construir, apenas com nossas três dimensões, uma figura matemática que satisfaça em todos os seus pormenores os requisitos de sua hipótese, ao menos no estado atual de nosso conhecimento.

Consideravam todo o Sistema Solar, em toda a sua complexidade, como um grande Ser, do qual cada um de seus componentes era uma expressão parcial. Os elementos constitutivos de nossa natureza física, tais como o Sol com sua maravilhosa coroa, e os planetas com seus satélites, seus oceanos, suas atmosferas e a variedade de éteres circundante, eram coletivamente o corpo físico do Ser, a manifestação desse Ser no plano físico.

Da mesma maneira, os coletivos mundos astrais (não somente as esferas astrais dos planetas físicos, mas também os planetas puramente astrais de todas as cadeias do Sistema, como, por exemplo, os globos B e F de nossa Cadeia Terrestre) constituíam o Seu corpo astral, e os coletivos mundos do plano mental formavam o Seu corpo mental, ou o veículo através do qual Ele se manifestava nesse plano particular.

A ideia é clara e corresponde intimamente com a que se nos ensinou a respeito do grande LOGOS de nosso Sistema.[70] Suponhamos agora que nesses "corpos" do LOGOS, em seus diversos níveis, haja certas classes ou tipos de matéria igualmente distribuída por todo o Sistema. Esses tipos de matéria não correspondem de maneira alguma às nossas usuais subdivisões da matéria segundo seus graus de densidade, como, por exemplo, os sólidos, líquidos, gases e éteres do mundo físico. Ao contrário, constituem séries totalmente distantes de correspondentes divisões, cada uma das quais contém matéria de todos aqueles diferentes graus, de maneira que se assinalamos os vários tipos com números, teremos matéria sólida, líquida, gasosa e etérica do primeiro tipo; matéria sólida, líquida, gasosa e etérica do segundo tipo, e assim sucessivamente.

Isto ocorre em todos os níveis, mas, a bem da clareza, concentraremos por ora nossa atenção a um só nível, por exemplo, ao astral, que talvez nos permita compreender mais facilmente a ideia. Com frequência se tem dito que o corpo astral de um homem contém matéria de cada um dos subplanos astrais e que a proporção entre a mais densa e a mais sutil denota a capacidade daquele corpo para responder aos desejos mais grosseiros ou mais delicados, o que indica, até certo ponto, o seu grau de evolução. Igualmente, em todo o corpo astral há matéria de cada um daqueles tipos ou divisões equivalentes, cuja proporção demonstra o temperamento psíquico do homem, isto é, se é pacífico ou excitável, sanguíneo ou impassível, paciente ou irritável, etc.

Segundo a teoria caldaica, cada um desses tipos de matéria no corpo astral do LOGOS, e em particular a massa de essência elemental atuante através de cada tipo, constitui, de certo modo, um veículo separado (quase uma entidade separada), com suas afinidades peculiares e capaz de vibrar sob a influência que, provavelmente, não provocaria resposta nos demais tipos. Diferem entre si esses tipos, porque sua matéria componente provém de diferentes centros do LOGOS e se mantém em estreita simpatia com o centro de origem, de forma que a mais leve alteração, de qualquer classe, nas condições desse centro, se reflete instantaneamente, de um ou outro modo, em toda a matéria do respectivo tipo.

Já que todo homem tem matéria de todos esses tipos, é evidente que toda modificação ou atuação em qualquer desses grandes centros deve afetar, mais ou menos, todos os seres do Sistema, e o grau em que cada indivíduo é afetado dependerá da proporção que haja em seu corpo astral do animado tipo de matéria. Isto significa que encontramos tantos tipos distintos de homens como de matéria, e por causa da composição constitutiva de seus corpos astrais, uns homens são mais receptivos a determinadas influências, e outros homens o são a outras.

Quando, de um plano suficientemente elevado, observamos o Sistema Solar, notamos estar ele constituído por esses grandes centros, rodeados, cada um, por uma enorme esfera de influência, que assinala os limites dentro dos quais está especialmente ativa a força difundida através dessa esfera. Cada um desses centros tem uma espécie de mudança ou movimento próprio, ordenado e periódico, correspondente talvez, num nível infinitamente superior, à palpitação regular do coração físico humano. Mas sendo muito mais rápidas que outras algumas dessas mudanças periódicas, produz-se uma série curiosa e complicada de efeitos, e tem se observado que o movimento dos planetas físicos em sua relação com outro, fornece uma chave quanto à disposição dessas grandes esferas em qualquer dado momento. Sustentavam os caldeus que ao condensar-se pouco a pouco a inflamada nebulosa de que se originou o Sistema Planetário, ficou determinada a posição dos planetas físicos pela formação de vórtices em certos pontos de interseção dessas esferas entre si e com um plano dado.

Diferenciam-se amplamente em qualidade as influências inerentes a essas esferas, e uma modalidade dessa diferença está em sua ação sobre a essência elemental do homem e em volta dele. Tenha-se sempre em mente que se supõe essa influência se exercendo em todos os planos, e não somente no astral, embora neste momento, por simples facilidade, estejamos concentrando nossa atenção ao plano astral. Com efeito, as influências podem e certamente devem ter outras e mais importantes modalidades de ação, hoje ainda desconhecidas; contudo, pelo menos é do conhecimento do observador que cada uma dessas esferas produz seu peculiar efeito especial sobre as múltiplas variedades da essência elemental.

Assim, por exemplo, uma dessas influências estimula poderosamente a atividade e vitalidade daquelas classes de essência elemental peculiares do centro de que se originam, enquanto refreiam e regulam as demais. A influência de outra esfera se mostra poderosa sobre uma classe completamente diferente de essências, pertencentes ao seu centro, sem no entanto afetar no mínimo a classe anterior. A presença de outra provoca todas as espécies de modificações e substituições dessas influências, sendo em alguns casos enormemente intensificada a ação de uma delas, e em outros, quase neutralizada.

Inevitavelmente nos perguntarão neste ponto se os sacerdotes caldeus eram fatalistas, isto é, se por haverem descoberto e calculado os exatos efeitos destas influências nos diversos tipos de seres humanos, criam que tais efeitos eram inevitáveis e que a vontade humana não podia lhes resistir. A isto respondiam resolutamente os caldeus que as influências não tinham poder algum para dominar a vontade humana; o que todas elas podiam fazer, em alguns casos, era facilitar ou dificultar a ação dessa vontade em certas direções. Estando os corpos astral e mental do homem compostos praticamente de matéria viva e vivificada, que atualmente chamamos de essência elemental, uma excitação extraordinária de qualquer classe dessa essência, ou um súbito incremento de sua atividade, deve sem dúvida afetar em alguma extensão tanto as suas emoções como a sua mente, ou a ambas. É também intuitivo que essas influências devem atuar diferentemente em homens diferentes, por causa das variedades de essência que lhes integram a composição.

Mas os caldeus afirmavam explicitamente que em nenhum caso podia o homem ser arrastado por essas influências a qualquer linha de conduta, a não ser com o consentimento de sua própria vontade, embora pudessem, de fato, ajudá-lo ou impedi-lo em qualquer de seus esforços. Ensinavam que o homem realmente forte não havia de aborrecer-se pelas influências planetárias que pudessem atingi-lo, mas que, no geral, para as pessoas comuns não valia a pena saber em que momento se pode aplicar mais vantajosamente uma ou outra força.

Explicavam meticulosamente que as influências não são por si nem melhores nem piores que quaisquer outras forças da natureza, pois bem sabemos que a eletricidade e demais energias primárias naturais podem favorecer ou prejudicar segundo sua aplicação. E assim como nós dizemos que certas experiências têm maiores probabilidades de êxito quando a atmosfera está muito carregada de eletricidade, ao passo que outras fracassarão em condições semelhantes, assim também diziam os sacerdotes caldeus que todo esforço para utilizar as forças de nossa natureza mental ou emocional atingirá mais ou menos facilmente o seu objetivo, conforme as influências predominantes ao realizá-lo.

Portanto, deixaram bem entendido que esses fatores podiam ser prescindidos como *une quantité négligeable* (uma quantidade indiferente) pelo homem de férrea determinação ou o estudante de genuíno Ocultismo; porém, como os seres humanos, em sua maioria, ainda se permitiam ser joguetes das forças do desejo, e não havia ainda desenvolvido algo digno de se chamar sua vontade própria, sua fraqueza permitia a essas influências assumirem uma importância que intimamente não tinham.

O fato da atuação de uma influência particular jamais torna necessária a ocorrência de determinado acontecimento, mas pode torná-lo mais provável. Por exemplo, por meio do que na Astrologia moderna se chama uma influência marciana, ativam-se na essência astral certas influências tendentes à paixão. Podia-se, assim, predizer com segurança que um homem, cuja natureza tivesse tendências passionais e sensuais, poderia provavelmente cometer algum crime relacionado com a paixão ou a sensualidade, quando essa influência estivesse predominantemente em atividade. Não que ele fosse forçado a cometer o crime, mas apenas que ao se manifestar essa condição, lhe seria mais difícil manter o equilíbrio. Pois a atuação sobre ele é de duplo caráter; não só é a essência em seu interior estimulada a uma maior atividade, como também a matéria correspondente do plano exterior é igualmente excitada e reage sobre ele.

Costumavam apresentar o exemplo de que certa variedade de influências determina eventualmente um estado de coisas que intensifica em considerável grau toda espécie de excitação nervosa, resultando no ambiente externo uma intensificação do sentimento de irritabilidade. Em tais circunstâncias, surgem as disputas mais facilmente do que o comum, mesmo sob os pretextos mais frívolos, e o grande número de pessoas que está sempre a ponto de se alterar, descontrola-se por completo mesmo à menor provocação.

Diziam, também, que algumas vezes as mencionadas influências, atuando sobre o descontentamento dissimulado dos ignorantes invejosos, determinavam uma erupção do frenesi popular, de que podiam seguir-se tremendos desastres. Evidentemente que esta advertência, dada há milhares de anos, não é menos necessária em nossa época, porque precisamente deste modo se levantaram os ânimos dos parisienses quando, em 1870, percorriam as ruas gritando: "A Berlim!" E assim também se têm levantado mais de uma vez os furiosos uivos de "Din! din!", em que tão facilmente manifesta o insensato fanatismo de uma inculta multidão de muçulmanos.

A Astrologia dos sacerdotes caldeus teve por principal objetivo o cálculo da posição e atuação dessas esferas de influência, de modo que mais trataram de estabelecer regras de vida do que de profetizar o futuro. Pelo menos, suas predições se referiam à inclinação dos indivíduos e não a determinados acontecimentos, como é, precisamente, o caráter da Astrologia moderna.

Contudo, não há dúvida de que os caldeus estavam certos ao afirmarem o poder da vontade humana para modificar o destino cármico do indivíduo. O carma pode colocar um homem em determinado ambiente, ou sob certas influências, mas não pode impeli-lo a cometer um crime, ainda que nas circunstâncias em que se veja necessitado de extrema resolução, de sua parte, para não praticá-lo. Assim nos parece que, então, como agora, a Astrologia não vai mais além de prevenir o homem das circunstâncias em que terá de se encontrar em tal ou qual época. Mas a definida previsão de sua conduta em tais circunstâncias só pode basear-se teoricamente em probabilidades, ainda quando saibamos que essas probabilidades estão muito próximas da certeza no caso do homem apático da rua.

Os cálculos dos antigos sacerdotes os capacitavam para publicar anualmente uma espécie de almanaque oficial, que regulava com muita amplitude a vida social. Assinalavam eles as épocas mais propícias ao bom êxito dos trabalhos do campo e o momento melhor adequado à procriação dos animais e plantas. Eram, paralelamente, médicos e professores do povo, e sabiam perfeitamente sob que influências teriam que ministrar medicamentos com maior eficácia.

Dividiam seus partidários em diversas classes, assinalando a cada uma delas o que agora chamaríamos o seu planeta influente; e o calendário continha multidão de advertências dirigidas às várias classes, por exemplo: "No sétimo dia, os adoradores de Marte devem prevenir-se especialmente contra a irritabilidade sem motivo"; ou "Do duodécimo ao décimo quinto dia há incomum risco de rixas por questões afetivas, especialmente para os adoradores de Vênus". Não resta dúvida de que estas advertências eram muito úteis para a massa popular, por muito estranho que hoje nos pareça um tão acabado sistema de prevenção contra contingências de menor valia.

Dessa peculiar divisão do povo em classes, correspondentes aos planetas que indicavam o centro de influência a que estava sujeita cada uma delas, resultou uma muito curiosa organização do serviço público dos templos, ao mesmo tempo que das devoções privadas dos fiéis. Todos empregavam igualmente na oração certas horas do dia, reguladas segundo o movimento aparente do Sol. À hora da aurora, ao meio-dia e no ocaso, os sacerdotes cantavam nos templos uma espécie de antífonas ou versículos, com assistência dos fiéis mais religiosos, que tomavam este ato por normal obrigação; e aqueles que não podiam assistir convenientemente, recitavam às mesmas horas algumas piedosas frases de louvor e oração.

Mas, completamente independente dessas práticas, que parece haverem sido comuns a todos, cada pessoa tinha suas orações especiais para oferecer à Divindade particular com a qual se achava ligada por nascimento, e sua hora propícia variava constantemente com o movimento de seu planeta. O momento em que este cruzava o meridiano parece ter sido considerado como sendo o mais favorável para todos, e a seguir, poucos minutos após seu despontar e imediatamente antes de seu ocaso. Contudo, podia ser invocado a qualquer hora enquanto estivesse sobre o horizonte; e mesmo enquanto estivesse oculto o planeta, sua Divindade não seria inacessível, embora neste último caso só se dirigiam a ela em contingências extremas. Todas as cerimônias empregadas eram inteiramente diferentes.

Os calendários especiais, que os sacerdotes compunham para os devotos de cada Divindade planetária, continham todos os pormenores relativos às horas de oração, com os versículos apropriados à reza. Para cada planeta se editava o que se poderia descrever como sendo uma espécie de livro de orações periódicas, e todos os que estavam vinculados a esse planeta cuidavam de prover-se de exemplares desse livro. Esses calendários eram, com efeito, mais do que meros memoriais das horas de oração; eram preparados sob condições estelares especiais (cada um sob a influência de sua Divindade peculiar), e se lhes atribuíam várias propriedades talismânicas, de modo que o devoto levava consigo o último calendário do seu planeta particular.

Segue-se, então, que os homens religiosos da antiga Caldeia não tinham um horário regular e invariável para suas orações ou culto, dia após dia, como se faz agora; em vez disso, havia mobilidade em sua hora de meditação e exercícios religiosos, ocorrendo umas vezes de manhã, outras à tarde, ou mesmo à meia-noite. Jamais, porém, o deixavam de observar; por incompatível que fosse a hora com o seu trabalho, seus prazeres ou seu repouso, considerariam grave negligência deixar de observá-la. Tanto quanto alcançam nossas investigações, parece que os caldeus não criam que o Espírito do planeta pudesse se ressentir ou encolerizar pelo fato de algum devoto omitir sua oração na hora devida. Ao contrário, acreditavam que naquele momento a Divindade derramava sua bênção, e que seria loucura ou ingratidão desperdiçar a oportunidade tão amorosamente oferecida.

Além destas devoções estritamente privativas do povo, celebravam-se magníficas e faustosas cerimônias públicas. Para cada planeta eram assinaladas, durante o ano, pelo menos dois dias de grandes festividades, e ao Sol e à Lua, muito mais de dois. Cada Espírito planetário tinha seu respectivo templo em todas as povoações do país; comumente os devotos se contentavam em visitar com assiduidade o mais próximo, mas nas festas solenes se congregava enorme multidão numa vasta planície das imediações de sua capital, onde havia um grupo de templos, absolutamente únicos em seu esplendor.

Eram esses templos dignos de atenção como belos exemplares de um estilo arquitetônico; porém, o fato mais interessante é estarem eles dispostos com o evidente intento de reproduzir a ordenação do Sistema Solar, com tal acerto compreendido, que demonstra, sem dúvida alguma, o profundo conhecimento de seus autores sobre a matéria. O maior e mais esplêndido era o Templo do Sol, que logo será necessário descrever com mais pormenores. Os demais, erguidos a distâncias sucessivamente maiores daquele, pareciam, à primeira vista, ter sido construídos segundo simplesmente o ditou a conveniência e não obedecendo a um plano estudado. Contudo, um exame mais atento mostrava que havia um plano, e notável, pois não só as progressivas distâncias, que os separavam do principal, tinham sua definida razão e significação, como, também, as respectivas dimensões de algumas de suas partes importantes não eram arbitrárias, porque representavam respectivamente as magnitudes dos planetas e suas distâncias do orbe solar.

Ora, a quem conheça algo de Astronomia é evidente que estaria fadada ao fracasso qualquer tentativa para construir em escala um modelo do Sistema Solar em templos; quero dizer, se os templos se destinassem ao culto no sentido ordinário. É tão imensa a diferença de magnitude entre o Sol e os pequenos membros de sua família, e tão enormes as distâncias entre eles, que, a menos que os edifícios fossem meras casas de bonecas, não haveria país suficientemente vasto para conter todo o Sistema. Como, então, venceram essas dificuldades os sábios caldeus que projetaram aquele maravilhoso grupo de templos? Precisamente como o fazem os ilustradores de nossos modernos livros de Astronomia, isto é, empregando duas escalas distintas, mas conservando as relativas proporções no traçado de cada uma. Naquele admirável monumento do antigo saber, não há prova alguma de que seu projetista conhecesse as grandezas e distâncias absolutas dos planetas, embora, por certo, lhe tivesse sido isso possível; o que é positivo é que ele estava a par de suas magnitudes e distâncias relativas. Havia aprendido, ou talvez descoberto por si, a Lei dos Augúrios; suas construções nos permitem supor que eram bem adiantados os seus conhecimentos, e que seu arquiteto devia, com toda a certeza, possuir alguma informação quanto às grandezas planetárias, embora seus cálculos das mesmas se diferenciassem em alguns pontos dos aceitos atualmente.

Os santuários dedicados aos planetas internos formavam uma espécie de festão irregular, que parecia incrustado na barra das paredes do grande Templo Solar, enquanto os correspondentes aos gigantescos membros da família solar estavam espalhados sobre a nave, a intervalos sempre crescentes, até quase desaparecer à distância o representante do longínquo Netuno. Os edifícios divergiam no desenho, mas é pouco duvidoso que cada variação correspondesse a um significado especial, mesmo porque em muitos casos não podemos percebê-lo. Havia, entretanto, um traço comum a todos: cada um deles possuía uma cúpula hemisférica central, que evidentemente se relacionava de maneira especial com o globo que ela representava.

Todos esses hemisférios estavam brilhantemente coloridos, e seus matizes se ajustavam à tradição caldaica associada com o seu planeta particular. O princípio em que se baseava a escolha dessas cores está muito longe de ser claro; mas teremos de tratar novamente delas quando examinarmos as cerimônias das grandes festividades. Tais cúpulas nem sempre guardavam a devida proporção com as dimensões de seus respectivos templos, ainda que comparadas umas com as outras notemos que correspondiam intimamente à magnitude dos planetas que simbolizavam. A respeito de Mercúrio, Vênus, Lua e Marte, as medições caldaicas do respectivo tamanho correspondiam precisamente às nossas; mas as de Júpiter, Saturno, Urano e Netuno, embora muitíssimo maiores do que o grupo interno, eram contudo delicadamente menores do que se houvessem sido construídas na mesma escala de nossos atuais cálculos.

Essa diferença pode provir do emprego de outro padrão para aqueles enormes globos; mas parece-nos muito mais provável que as medições caldaicas fossem exatas e que na Astronomia moderna se haja computado exageradamente a magnitude dos planetas externos. Até agora não se observou que a superfície visível em Júpiter e Saturno seja uma densa e profunda atmosfera, e de maneira alguma o núcleo do planeta; e se isto é assim, a representação caldeia é tão exata como o restante de seu plano. Outro ponto favorável às nossas suposições é que, admitindo-as, se tornará mais adequada à dos outros mundos, dentro de nosso alcance visual, a extraordinariamente baixa densidade assinalada pelos modernos astrônomos aos planetas externos.

Bom número de curiosos pormenores concorreu para demonstrarnos que o projetista desses deslumbrantes santuários tinha plena compreensão do Sistema. Vulcano, o planeta de permeio entre o Sol e Mercúrio, estava devidamente representado, e no lugar correspondente à nossa Terra se levantava o templo da Lua, de grandes dimensões, ainda que o hemisfério que o coroava parecesse relativamente pequeno, construído exatamente na mesma escala dos restantes. Próximo ao templo da Lua, erguia-se uma isolada cúpula de mármore negro, sustentada por colunas, cujo tamanho evidenciava o intento de representar a Terra, mas sem nenhum santuário unido a ela.

No espaço (muito corretamente calculado) entre Marte e Júpiter, não havia templo algum, e sim, certo número de colunas rematadas por uma pequeníssima cúpula da usual configuração hemisférica, que, segundo deduzimos, representavam os asteroides. Os planetas que possuem satélites, tinham-nos cuidadosamente indicados por cúpulas subsidiárias adequadamente proporcionadas, dispostas ao redor da principal, e os anéis de Saturno eram claramente demonstrados.

Nas festas magnas de qualquer dos planetas, todos os devotos das Divindades correspondentes (ou como diríamos hoje, as pessoas nascidas sob a influência de tais planetas) levavam sobre si, ou em lugar do traje comum, um manto ou capa de chuva da cor consagrada ao planeta. Essas cores eram de brilhantíssimo tom e o tecido usado tinha um brilho semelhante ao do cetim, de modo que produzia um efeito surpreendente, sobretudo pela variedade de matizes, como sucede com a que hoje chamamos seda furta-cor. Não será demais enumerar essas cores, embora, como já dissemos, não apareça sempre claro o motivo de sua escolha.

Os devotos do Sol usavam um formoso manto de fina seda entretecida de fios de ouro, de modo que parecia toda ela feita deste metal, mas flexível e dobrável como a musselina, em vez da rigidez e espessura de nossos atuais tecidos de ouro.

A cor de Vulcano era vermelha ígnea, e muito intensa e brilhante, talvez como símbolo de estar Vulcano extremamente próximo do Sol, e das inflamadas condições físicas que daí lhe devem resultar.

Mercúrio estava simbolizado por um brilhante matiz alaranjado, salpicado de cor de limão, nuances que habitualmente se veem nas auras de seus devotos, como também em suas vestimentas. Mas ainda que em alguns casos a cor predominante na aura parecesse determinar sua aplicação aos trajes, noutros casos é difícil explicar a razão de sua escolha.

Os devotos de Vênus vestiam um tecido de formoso azul-celeste, ligeiramente matizado de verde que, ao menor movimento da roupagem, produzia um cintilante e reflexivo efeito.

A vestimenta da Lua era, por certo, branca, mas tão entretecida de fios de prata, que parecia feita toda desse metal, como de ouro a do Sol. Contudo, segundo a luz que nela incidia, mostrava essa tela formosas gradações de violeta pálido, que lhe realçava o efeito.

Os fiéis de Marte vestiam-se adequadamente de brilhante e esplêndido escarlate, matizado de outros tons de vermelho, que, sob certos pontos de vista, dava seu tom à tela. Essa cor era inteiramente inconfundível e totalmente distinta das de Vulcano e Mercúrio, podendo haver determinado a sua adoção, já por predominar na aura, já pela luz vermelha do planeta físico.

Júpiter vestia seus fiéis de fulgurante cor azul-violeta, salpicada de prata. Não é fácil explicar-se a escolha desta cor, a não ser atribuindo-a a combinações áureas.

Os partidários de Saturno usavam vestimentas verde-claras, com reflexos de cinzento-pérola, enquanto os nascidos sob a influência de Urano levavam um magnífico e rico azul-intenso, a inimaginável cor do Atlântico meridional, só conhecida daqueles que a têm visto. A vestimenta adequada a Netuno, a menos notável de todas, era de cor índigo-escuro e lisa, ainda que diante de muita luz revelasse inesperada riqueza.

Nas festas magnas de qualquer desses planetas, seus fiéis se apresentavam com traje completo e marchavam em procissão para o seu templo, ornados de grinaldas de flores, hasteando estandartes e douradas báculas e entoando harmoniosos hinos, cujo som enchia a atmosfera. Mas a ostentação máxima tinha lugar numa das festividades promovidas ao Deus-Sol, quando todo o povo se congregava, cada qual vestido com a magnífica roupagem de sua Divindade tutelar, e toda a multidão executava a circunvolução do Templo do Sol. Nesta festividade, os devotos do Sol superlotavam o vasto edifício, enquanto rente às paredes marchavam os fiéis de Vulcano, os de Mercúrio um pouco mais afastados, mais ainda os de Vênus, e assim sucessivamente os dos demais planetas, segundo sua posição em relação ao Sol. Disposta deste modo em anéis concêntricos, a massa popular, trajada de brilhantes cores, contornava lentamente, mas com passo firme, como uma enorme roda vivente, e iluminada pelas torrentes de luz que fluíam do Sol tropical, constituía um espetáculo de esplendor tão magnífico que o mundo talvez nunca mais tenha visto igual.

É necessário tentarmos descrever o traçado e a aparência do grandioso Templo do Sol, a fim de poder relatar as ainda mais interessantes cerimônias que ali se celebravam. Sua planta era cruciforme, com um vasto espaço circular (coberto pela cúpula hemisférica), onde se interceptavam os braços da cruz. O imaginaremos mais acertadamente se, em vez de comparar a planta com a de nossas igrejas cruciformes comuns, com nave, presbitério e cruzeiro, imaginarmos uma grande construção circular cupulada, como o Salão de leitura do Museu Britânico, da qual saem quatro enormes naves para os quatro pontos cardeais, pois os braços da cruz eram todos de igual longitude. Fixada firmemente essa parte do quadro imaginado, acrescentemos a seguir quatro outras grandes aberturas entre os braços da cruz, que conduziam para dentro de espaçosos pátios, cujos muros se encurvavam e se uniam em seus extremos, de forma a darem aos seus respectivos pavimentos a configuração de uma imensa folha ou pétala de uma flor. De fato, podemos descrever a planta do templo como sendo uma cruz de braços iguais, estendida sobre uma flor quadripétala e com seus braços estirados entre as pétalas.

Assim é que se um homem se postasse no centro sob a cúpula, poderia estender a vista em todas as direções. Toda a estrutura estava cuidadosamente orientada, de modo que os braços da cruz apontavam exatamente para os pontos cardeais. A extremidade do sul permanecia aberta e constituía a entrada principal, de frente para o altar-mor, que ocupava a extremidade do braço do norte. Os braços oriental e ocidental continham também altares, de enormes proporções para nosso ponto de vista, porém muito menores que as do erigido na extremidade norte.

Os citados altares oriental e ocidental preenchiam algo da mesma finalidade dos atualmente dedicados à Virgem Maria e a São José numa catedral católica, pois um deles estava consagrado ao Sol e o outro à Lua, e em ambos se celebravam alguns dos serviços religiosos diários relacionados com esses dois luminares. No entanto, a multidão se congregava ao redor do altar-mor do braço setentrional, onde se efetuavam as principais cerimônias, e cuja disposição e ornamentos eram muito curiosos e interessantes.

Da parede traseira e no lugar correspondente ao vitral oriental de uma igreja comum (ainda que o do nosso caso era no lado norte) pendia um enorme espelho côncavo, muito maior que todos os que vimos antes. Era de metal, provavelmente todo de prata, e polido ao máximo grau. E observamos que se considerava como um dos mais escrupulosos deveres religiosos cuidar desse espelho, de modo a conservá-lo sempre brilhante e sem nenhum pó. O perfeito recorte desse espelho e a sua invariável configuração, apesar do seu enorme peso, são problemas que impacientariam nossos modernos artífices, e que no entanto resolveram satisfatoriamente aqueles homens da remota antiguidade.

Ao longo do telhado desse enorme braço setentrional, corria a céu aberto uma estreita fenda, calculadamente disposta para que por ela entrasse a luz de qualquer estrela, e se refletisse no espelho ao passar pelo meridiano. Sabido é que os espelhos côncavos têm a propriedade de formar no ar, em sua frente, à maneira de foco, a imagem refletida em sua superfície; deste princípio se aproveitaram engenhosamente os sacerdotes para, como provavelmente teriam em vista, captar e aplicar a influência de cada planeta no momento de sua máxima intensidade.

No ponto do solo situado sob o foco do espelho, havia um pedestal com um braseiro em cima; e ao passar o planeta pelo meridiano e penetrar sua luz pela fenda do telhado, se queimava um punhado de aromático incenso entre as ardentes brasas de carvão. Imediatamente subia uma coluna de luminosa fumaça cinzenta, em cujo centro aparecia a brilhante imagem do astro. Então os fiéis inclinavam a cabeça e ressoava o alegre cântico dos sacerdotes. Esta cerimônia tinha certa semelhança com a elevação da hóstia numa igreja católica.

Em caso de necessidade, punha-se em ação outro mecanismo, consistente de um espelho plano de forma circular, que do teto podia baixar-se por meio de cordéis, até ocupar exatamente o foco do grande espelho côncavo. Este reproduzia a imagem do planeta refletida, e pela difusão da luz concentrada, o espelho côncavo podia projetar a imagem sobre certos pontos do pavimento. Nestes pontos se colocavam de antemão os doentes, para cuja cura se considerava necessária a particular influência do planeta, enquanto os sacerdotes impetravam do Espírito Planetário que derramasse saúde e vigor sobre os doentes. Sem dúvida a cura compensava frequentemente seus esforços, embora se pudesse atribuir à fé grande parte do resultado.

Quando o Sol passava pelo meridiano, acendiam-se os fogos sagrados por meio do mesmo mecanismo, embora uma das mais interessantes cerimônias dessa espécie fosse realizada sempre no altar do braço ocidental. Nesse altar ardia perpetuamente o então chamado "fogo sagrado da Lua", que se deixava extinguir só uma vez por ano, na noite anterior ao equinócio da primavera. Na manhã seguinte os raios solares, penetrando por um orifício aberto em cima do altar oriental, incorriam diretamente sobre o situado no extremo ocidental, e por meio de um globo de vidro cheio de água, que permanecia suspenso em sua trajetória e servia de lente, o próprio Sol acendia o sagrado fogo da Lua, que era então cuidadosamente velado e mantido aceso durante todo o ano seguinte.

A superfície interna da grande cúpula representava em sua pintura a noite estrelada, e graças a um complicado mecanismo, moviam-se as principais constelações exatamente como as celestes, de sorte que a qualquer hora do dia ou em noites nubladas, os fiéis podiam saber a posição precisa de qualquer signo zodiacal e dos planetas relacionados com ele. Os planetas eram representados por meio de corpos luminosos, e nos primórdios dessa religião, assim como nos primitivos dias dos mistérios, esses corpos foram verdadeiras materializações que, atualizadas pelos instrutores Adeptos, se moviam livremente no espaço. Mas, posteriormente, nos últimos tempos da religião e dos mistérios, quando homens menos evoluídos ocuparam o lugar daqueles sublimes Seres, foi muito difícil ou impossível conseguir que as materializações atuassem devidamente e, em consequência, foram substituídas por engenhosos artifícios mecânicos, entre os quais se achava uma espécie de planetário gigantesco. A superfície externa da cúpula estava revestida de uma placa sutil de ouro, sendo de notar os indecisos efeitos nela produzidos, com o evidente intento de representar o que se chama "folhas de salgueiro" ou "grãos de arroz" do Sol.

Outra característica interessante desse templo era uma cela subterrânea ou cripta, reservada para o uso exclusivo dos sacerdotes, sem dúvida com o propósito de se entregarem à meditação e ao aperfeiçoamento de si mesmos. Esta cripta não recebia outra luz senão a que penetrava através de grossas lâminas de uma substância de várias cores e semelhante a cristal, embutidas no pavimento do Templo, mas com disposições tomadas para refletir os raios solares só quando necessário. O sacerdote que praticava sua meditação fazia essa luz incidir nos vários centros de seu corpo, às vezes no localizado entre as sobrancelhas, outras sobre a base da espinha, e assim por diante. Essa prática ajudava, evidentemente, o desenvolvimento do poder da adivinhação, da clarividência e da intuição; e por certo a cor particular da luz empregada dependia não somente do objetivo visado, mas também do planeta ou tipo a que pertencia o sacerdote. Igualmente notamos que o tirso, ou a varinha oca carregada de fogo elétrico ou vital, era ali utilizado, exatamente como o foi nos Mistérios Gregos.

Uma parte interessante do estudo dessa religião do mundo antigo é uma tentativa para compreender-se exatamente o que queriam significar os seus instrutores ao falarem do Anjo Estelar, do Espírito de uma estrela. Uma pequena investigação cuidadosa mostra que os termos, embora às vezes sinônimos, não o são sempre, pois parecem haver incluído, pelo menos, três concepções muito diferentes sob o mesmo título de "O Espírito de um planeta".

Em primeiro lugar, com cada planeta relacionavam a existência de uma entidade semi-inteligente, e no entanto extremamente poderosa, que em nossa terminologia teosófica poderemos chamar, quem sabe com maior propriedade, a essência elemental coletiva do planeta, considerada como uma enorme criatura. Sabemos que no homem a essência elemental de seu corpo astral constitui, sob todos os pontos de vista, uma entidade à parte, chamada, às vezes, desejo elemental. Sabemos também que as diversas classes e tipos desta essência se combinam numa unidade temporária, capaz de atuar definidamente em sua própria defesa, por exemplo, contra a sua desintegração após a morte física. Se equivalentemente concebermos que a totalidade dos reinos elementais de determinado planeta atuam energicamente, como um todo, compreenderemos com plena exatidão a teoria sustentada pelos antigos caldeus a respeito dessa primeira variedade do Espírito planetário, à qual se enquadraria muito melhor o nome de "elemental planetário". Os sacerdotes caldeus focalizavam sobre os doentes, ou sobre um talismã destinado a usos posteriores, a influência, ou antes, o magnetismo desse elemental planetário.

Segundo os sacerdotes, os planetas físicos, que nos são visíveis, nos servem de ponteiros para indicar a posição ou condições dos centros do corpo do LOGOS, e através de cada um desses grandes centros fluía um dos dez tipos de essência que diziam constituir todas as coisas. Cada um desses tipos de essência, por si mesmo estava identificado com um planeta e era também frequentemente chamado o Espírito do planeta, dando assim ao termo uma acepção completamente diferente. Nesta acepção falavam do Espírito do planeta como onipresente em todo o Sistema Solar, atuando no interior de todo ser humano, revelando-se em suas ações e manifestando-se por meio de certas plantas e minerais, aos quais comunicava as suas propriedades específicas. Naturalmente era este "Espírito do planeta" no interior do ser humano que podia ser influenciado por meio do grande centro a que pertencia, e era referindo-se a esta particularidade que os sacerdotes faziam as suas previsões astrológicas.

Todavia, quando os caldeus invocavam a bênção do Espírito de um planeta, ou se esforçavam por elevar-se até Ele por fervorosa e ardente meditação, aplicavam então a expressão ainda noutro sentido. Concebiam cada um dos grandes centros como engendrando toda uma hierarquia de grandes Espíritos, através da qual atuava, e que à testa de cada uma dessas hierarquias se achava um excelso Ser, a que denominavam por excelência "O Espírito do planeta", ou mais frequentemente, o "Anjo Estelar". Era Sua bênção a requerida pelos que haviam nascido mais especialmente sob Sua influência e que O tinham na mesma conta em que os devotos cristãos têm atualmente os excelsos Arcanjos, os "sete Espíritos diante do trono de Deus", isto é, como um poderoso Ministro do divino poder do LOGOS, um canal por cujo intermédio se manifesta aquele indizível esplendor.

Era crença popular que quando no templo principal se celebrava a festa solene de um planeta, e no momento crítico a imagem da Estrela resplandecia entre a nuvem de incenso, aqueles cujos olhos tinham sido abertos por seu fervor devocional, viram às vezes a potente forma do Anjo Estelar pairando debaixo do flamejante globo, de modo que este resplandecia sobre sua fronte ao deitar ele suas bondosas vistas sobre os fiéis a cuja evolução estava tão intimamente vinculado.

Um dos postulados dessa antiga fé dizia que, em casos raros, os homens superiormente evoluídos, cheios de compenetrada devoção por seu Anjo, podiam alçar-se até Ele por meio de uma prolongada e contínua meditação, e mudar com isso seu curso evolutivo até o ponto de não mais renascer na Terra, e sim, no planeta do Anjo de sua devoção. Os arquivos do templo continham relatos de sacerdotes que o haviam conseguido e assim ultrapassaram a visão humana. Assegurava-se que por uma ou duas vezes na história, sucedera o mesmo com respeito à categoria ainda mais elevada de Divindades estelares, correspondentes às longínquas estrelas fixas, situadas fora de nosso Sistema Solar. Mas estes últimos casos eram considerados audaciosos voos no desconhecido, e sobre a sua conveniência mesmo os sacerdotes mais graduados se mantinham silenciosos.

Por estranhos que nos pareçam agora esses métodos, e por mais que se diferenciem de tudo que temos aprendido nos estudos teosóficos, seria insensatez de nossa parte se os criticássemos, ou duvidássemos que não tivessem tido para os que os adotaram a mesma eficácia que os nossos. Sabemos que na grande Fraternidade Branca existem muitos Mestres, e que se bem que para todos são as mesmas as qualidades requeridas pela sua respectiva etapa da Senda, cada grande Instrutor adota, na instrução de Seus discípulos, o método de preparação que julga mais conveniente para eles. E como todos estes caminhos conduzem igualmente para o cume da montanha, não é de nossa incumbência dizer qual é o mais curto ou melhor para nosso próximo. Cada homem tem seu caminho mais curto, cuja natureza depende, porém, de seu ponto de partida. Pretender que toda gente se acomode ao nosso ponto de partida e siga por nosso próprio caminho nos levaria à ilusão, nascida do preconceito e da ignorância, que obceca o religioso fanático. É certo que não nos ensinaram a adorar os sublimes Anjos Estelares, nem a representar-nos como meta a possibilidade de nos incorporarmos à evolução dévica numa etapa relativamente prematura; mas sempre teremos em conta que existem outras modalidades de Ocultismo, além daquela em que a Teosofia nos introduziu e da qual ainda conhecemos bem pouca coisa.

Talvez fosse preferível não empregarmos a palavra "adoração" para definir os sentimentos dos caldeus a respeito dos Anjos Estelares, porque no Ocidente essa palavra induz a erro, e o que eles sentiam era mais um profundo afeto, veneração e lealdade para com os Mestres da Sabedoria.

A religião caldaica estava arraigada no coração do povo, em cuja maioria inspirava realmente uma conduta bondosa e reta. Seus sacerdotes revelavam notável erudição em determinadas matérias, a par de profundos conhecimentos de história e astronomia; e reuniam consequentemente estas duas ciências, classificando sempre os acontecimentos históricos segundo sua suposta relação com vários ciclos astronômicos. Eram também muito versados em química, alguns de cujos efeitos utilizavam em suas cerimônias. Notamos o caso de um sacerdote[71] que, de pé sobre o telhado plano de um templo, invocava, em privado ato de devoção, um dos Espíritos planetários. Tinha na mão um bastão embutido com uma substância de aparência betuminosa, e começou sua invocação marcando com o bastão o signo astrológico no pavimento em sua frente cujo traçado deixou na superfície da pedra ou gesso uma fosforescência brilhante.

Em regra geral, cada sacerdote se dedicava com especialidade ao estudo de determinada matéria. Uns chegavam a se sobressair em medicina pela constante investigação das propriedades de várias ervas e drogas confeccionadas sob tal ou qual combinação de influências planetárias; outros se dedicavam exclusivamente à agricultura para determinar qual a classe de terrenos mais apropriados a determinada espécie de colheita, e como era possível melhorá-la, ao passo que cultivavam toda classe de plantas úteis e obtinham novas variedades, experimentando a rapidez e vigor de seu crescimento pela ação de vidros coloridos. O emprego de luz matizada para favorecer o desenvolvimento vegetal foi comum a vários povos atlantes e formou parte dos primitivos ensinamentos da raça. Outro grupo de sacerdotes constituiu uma espécie de oficina meteorológica que predizia com grande precisão as mudanças do tempo e suas alterações extraordinárias, como tempestades, ciclones e tormentas. Posteriormente isto se tornou uma espécie de Departamento do Estado, e os sacerdotes cujas predições falhassem eram destituídos como incapazes.

Atribuía-se enorme importância às influências pré-natais, e as mães eram levadas a retrair-se e a viver meio monasticamente alguns meses antes e depois do parto. A educação pública não estava, como no Peru, diretamente em mãos dos sacerdotes, ainda que estes determinassem, segundo seus cálculos (auxiliados, sem dúvida, em alguns casos, pela intuição clarividente), o planeta a que a criança pertencia. Os alunos assistiam à escola de seu respectivo planeta e eram instruídos por professores de seu mesmo tipo planetário, de sorte que os filhos de Saturno não podiam assistir de modo algum a uma escola de Júpiter, nem os filhos de Vênus ter como professor um adorador de Mercúrio. A educação ministrada a cada tipo divergia consideravelmente, pois o propósito dos professores era em todo o caso desenvolver as boas qualidades e contrariar os vícios que a longa experiência dos professores os fazia esperar nos alunos de cada tipo.

Para os caldeus, a finalidade quase exclusiva da educação era formar o caráter, e a simples ministração de conhecimentos ocupava lugar completamente secundário. A todos os meninos se ensinava a curiosa escrita hieroglífica do país e os rudimentos do cálculo vulgar, sem nada daquilo que agora temos como matéria de instrução. Os alunos aprendiam de memória grande número de preceitos religiosos, ou melhor, morais, que traçavam a norma de conduta exigível de um filho de Marte, Vênus ou o planeta que fosse, em qualquer eventualidade ou contingência em que se visse futuramente. A única literatura estudada era um volumoso comentário destes preceitos, repleto de intermináveis relatos de aventuras e contingências, cujos protagonistas se conduziam umas vezes sábia e outras insensatamente. Ensinavam os alunos a expor seu critério sobre tais relatos, e fundamentá-lo razoavelmente, declarando, além disso, como se teriam portado eles em semelhantes circunstâncias.

Ainda que os meninos passassem muitos anos na escola, todo o seu tempo era consumido em familiarizarem-se (não só teoricamente, mas também praticamente) com os ensinamentos daquele volumoso Livro do Dever, como se intitulava. A fim de fixar as lições na mente das crianças, obrigavam-nas a representar, como num teatro, as diversas personagens dos relatos. Todo jovem com manifesta inclinação para a história, matemática, agricultura, química ou medicina, podia, ao sair da escola, ligar-se como uma espécie de aprendiz a algum sacerdote que houvesse se especializado em alguma dessas matérias. Mas os programas da escola primária não continham nenhuma dessas matérias científicas nem preparavam alunos para seu estudo, pois não iam além da educação geral que se julgava conveniente a todos os alunos, fosse qual fosse a sua profissão futura.

A literatura do país não era muito extensa. Conservavam-se cuidadosamente as crônicas oficiais, registrava-se a transmissão de bens de raiz, e os decretos e proclamações eram colecionados para referência; mas embora esses documentos oferecessem excelentes, embora algo áridos, subsídios informativos para um historiador, não há indícios de que se tivesse escrito uma história devidamente relacionada, pois se ensinava por tradição oral e certos sucessos eram coordenados em relação com os ciclos astronômicos. No entanto, esses registros eram meras tábuas cronológicas, e não histórias no sentido que damos a esta palavra.

A poesia estava representada por uma série de livros sagrados que continham relatos eminentemente simbólicos e figurativos da origem do universo e do homem, além de uma porção de baladas ou sagas que celebravam as façanhas dos heróis lendários, se bem que não se transcreviam estas baladas, mas eram simplesmente transmitidas de um cantor para outro. Como muitas raças orientais, o povo era muito amante de ouvir e improvisar lendas, das quais a tradição secular tem conservado grande número, correspondente a um remoto período de muito tosca civilização.

Essas antiquíssimas lendas permitem a reconstituição de um vasto esboço da primitiva história da raça. A massa geral da população era evidentemente do tronco turânio, pertencente à quarta sub-raça da Raça Raiz Atlante. Constituíram, não resta dúvida, em sua origem, um grupo de pequenas tribos em incessantes disputas, que se mantiveram do rudimentar cultivo da terra, sem conhecer nada de arquitetura nem linhagem alguma de civilização.[72]

Naquela época, 30000 anos a.C., quando ainda eram semisselvagens, chegou até eles, do Oriente, um grande chefe, chamado Teodoro, pertencente a outra raça, que depois da conquista da Pérsia e Mesopotâmia pelos ários e do estabelecimento do governo do Manu naquelas regiões, foi nomeado governador pelo Manu, sob o império de Seu neto Corona, que O havia sucedido como rei da Pérsia.[73]

De Teodoro descendeu a dinastia da antiga Caldeia, cujos monarcas se diferenciavam notavelmente de seus subordinados em aspecto físico, pois eram de feições vigorosas, compleição bronzeada e olhos profundos e brilhantes. As muito posteriores esculturas babilônicas, que hoje conhecemos, dão uma débil ideia daquele tipo real, ainda que na época correspondente a tais estátuas já se havia transmitido o sangue ário em quase toda a raça, enquanto nos tempos a que nos referimos, havia apenas começado a mistura.

Após um longo período de esplendor e prosperidade, o poderoso império caldeu foi decaindo e se desmoronando lentamente, até que o invadiu e desmembrou as hordas de bárbaros cujo fanatismo religioso, aferrado com puritano fervor a uma fé rudimentar, e hostil a um sentimento religioso mais nobre e belo que o seu, destruiu sem deixar vestígio os gloriosos templos antes descritos, tão solicitamente erguidos pelos adoradores dos Anjos Estelares que procuramos descrever. Aqueles espoliadores foram por sua vez expulsos do país pelos acadianos procedentes das montanhas setentrionais, e também atlantes, embora da sexta sub-raça. Estes se misturaram gradualmente com os sobreviventes da antiga raça e com outras tribos de tipo turânio, até constituir a nação sumero-acadiana, de que posteriormente se originou o império babilônico. Todavia, à medida que este cresceu, aumentou cada vez mais a mistura do sangue ário, primeiramente da sub-raça árabe ou semítica, e depois da sub-raça irânia, até que ao chegar aos tempos chamados comumente históricos, pouco restava da antiga sub-raça turânia, segundo o demonstram as esculturas e mosaicos da Assíria.

Esse último povo conservou, pelo menos em seus primórdios, uma forte tradição de seu predecessor maior, e seus esforços sempre convergiram para fazer reviver as condições e o culto do passado. Suas tentativas obtiveram apenas êxitos parciais, pois tingido por uma fé estrangeira e emaranhado em reminiscências de outra tradição mais recente que a predominante na combinação, produziu apenas um apagado e adulterado exemplar do magnífico culto dos Anjos Estelares, que floresceu na Idade Áurea que tentamos descrever.

Por inacreditáveis e pálidas que sejam estas representações do passado, exceto para os que as podem ver por observação direta, seu estudo é não só de profundo interesse, senão também de extrema utilidade para o estudante de ocultismo. Ajuda-o a ampliar seus conceitos, e de quando em quando lhe permite vislumbrar passageiramente a atuação do vasto conjunto em que tudo quanto nos cabe imaginar de evolução e progresso é qual diminuta rodinha de enorme máquina, ou qual um soldado do poderoso exército real. Igualmente servirá este estudo para estimulá-lo a conhecer algo da glória e beleza que há um tempo existiram nesta nossa Terra, e convencer-se de que é apenas tênue antecipação da glória e beleza do porvir.

Mas não devemos deixar este ligeiro esboço de duas vinhetas históricas da passada Idade Áurea (intercaladas como um suplemento na vasta descrição da história mundial), sem aludir a um pensamento que inevitavelmente há de ocorrer a quem as estude. Aqueles de nós que amam a humanidade e que, embora debilmente, se esforçam por ajudá-la em sua penosa caminhada, podem ler sem dúvidas pessimistas as condições em que os antigos caldeus e, talvez mais ainda, os antigos peruanos, viveram felizes ao amparo da religião, livres do açoite da intemperança e dos horrores da miséria? Ao vermos condições tais de existência social, não poderemos ser assaltados pela dúvida e perguntar a nós mesmos: "Será que em realidade o gênero humano está evoluindo? Será benéfico para a humanidade que, depois das civilizações chegarem ao auge de seu esplendor, tenham de desmoronar-se e desaparecer sem deixar vestígio? E não sucederá o mesmo a nós?"

Sim; porque sabemos que a lei do progresso é uma lei de mudanças cíclicas, sob cuja ação desaparecem personagens, raças, impérios e mundos para não renascer jamais na mesma forma que tiveram, pois todas as formas, por belas que sejam, hão de perecer a fim de que cresçam e se propague a vida que nelas palpita. Sabemos que esta lei é a expressão de uma Vontade, a Divina Vontade do LOGOS, e que, portanto, sua atuação tem que ser em último grau benéfica para a nossa amada humanidade.

Ninguém amou tanto os homens como Ele os ama, pois Ele próprio se sacrificou para que o homem pudesse existir. Ele tem presente, do princípio ao fim, a evolução inteira, e nela se satisfaz. Em Sua mão, a mão que bendiz, estão os destinos do homem. Há entre nós algum coração descontente de deixar seu destino entregue na divina mão, não satisfeito em seu mais íntimo de ouvir o LOGOS dizer, como certa vez disse um grande Mestre a Seu discípulo: "Agora não sabes o que faço; mas o saberás mais tarde?"

CAPÍTULO 14
PRIMÓRDIOS DA QUINTA RAÇA RAIZ

A afirmação feita em *A Doutrina Secreta* de que o início da quinta Raça Raiz remonta a um milhão de anos, parece referir-se, como já dissemos, ao começo da seleção de materiais pelo Senhor Vaivasvata, o Manu da Raça. Era Ele um Senhor da Lua, que recebera o primeiro grau de Iniciação no globo G da sétima Ronda, onde também obteve o Arhatado. Assim, há cerca de um milhão de anos escolheu Vaivasvata, dentre o carregamento que incluía o nosso grupo dos 1.200 anos, algumas pessoas que Ele esperava modelar para a Sua Raça, e com as quais se manteve ligado. Quatrocentos mil anos mais tarde Ele escolheu mais alguns outros indivíduos. Esta seleção assemelhava-se à que os boiadeiros efetuam nos rebanhos para escolher as reses mais convenientes, das quais muitas se excluem depois, para ir depurando cada vez mais.

O isolamento de uma tribo da quinta sub-raça branca (a raça de cor de lua, como poeticamente a denominam as Estâncias de Dziân), que habitava nas montanhas setentrionais de Ruta, foi o primeiro passo decisivo dado no estabelecimento da Raça, há cerca de 100000 anos a.C. Diremos de passagem que a quinta sub-raça era geralmente montanhesa, e seus mais genuínos representantes são atualmente as tribos nômades das Montanhas de Atlas. Sua religião se diferenciava da dos toltecas da planície, e o Manu se aproveitou dessa circunstância para isolar a sub-raça. Então o Bodhisattva, Seu Irmão, que mais tarde foi o Senhor Gautama Buda, fundou uma nova religião, e as pessoas que a aceitavam ficavam segregadas e proibidas de se separarem para casar-se com as demais tribos. Os discípulos do Bodhisattva partiram para outras terras e trouxeram uns tantos adeptos, que mais tarde se incorporaram à massa principal. Foi-lhes dito que mais tarde teriam de emigrar para uma terra muito longínqua, que seria para eles "a terra prometida", e que estariam sob o governo de um Senhor e Rei que não conheceriam fisicamente. Deste modo seriam mantidos em estado de preparação para o advento do excelso Ser que haveria de guiá-los para uma paragem segura, onde se livrariam do futuro cataclismo, o de 75025 a.C.[74] Parte da história de Israel se origina, provavelmente, desses fatos, ainda que a seleção do povo hebreu haja ocorrido em época posterior, enquanto aqueles seus antecessores, de quem falamos, foram realmente um "povo escolhido" e posto à parte com um elevado objetivo.

A causa imediata da emigração foi estar a sub-raça branca prestes a cair sob o domínio do Governante Tenebroso, de cuja influência queria o Manu subtrair o Seu povo. Consequentemente, no ano 79797 a.C. reuniu todos no litoral, de onde, navegando, atravessaram o Mar de Sahara e prosseguiram depois a pé, pelo sul do Egito, até a Arábia. Formou-se, para esse fim, uma frota de trinta barcas, das quais a de maior lotação seria de umas 500 toneladas e três serviam tão somente para o transporte de provisões. Eram barcas toscamente construídas, que obedeciam bem ao impulso do vento, porém que manobravam muito mal. Estavam munidas de alguns remos, além de velas, e nenhuma delas se achava em condições de suportar uma longa viagem; mas só tinham que navegar nos baixios da boca do Sahara, que era uma espécie de golfo corcovado em comunicação com o Atlântico. Em cada viagem a frota conduziu umas duas mil e novecentas pessoas, para desembarcá-las na costa oriental do Sahara e voltar ao ponto de partida, a fim de embarcar outro contingente. Três viagens efetuou a frota até transportar os nove mil homens, mulheres e crianças, a que, com os seguidores de outras partes, ascendia a pequena nação, que dali empreendeu a pé a marcha para o Oriente.[75] Levaram consigo rebanhos de um animal que parecia um cruzamento de búfalo e elefante com algo de porco, e lhes servia de alimento quando escasseavam outras provisões, embora comumente fosse considerado demasiado valioso para tal emprego. As operações de embarque, desembarque, acampamento à espera dos contingentes e preparativos da caminhada duraram alguns anos, findos os quais o Chefe da Hierarquia enviou o Manu com outros oficiais superiores para que os conduzissem ao planalto da Arábia, onde teriam que permanecer durante algum tempo.

Por aquela época os atlantes dominavam o Egito, como seus conquistadores, e haviam erigido as pirâmides a que Quéops deu seu nome muitos milhares de anos depois. Quando, há uns 77.000 anos, o Egito ficou inundado pelas águas diluviais, o povo tentou trepar nas pirâmides para salvar-se das águas que subiam continuamente de nível, mas não conseguiu devido à lisura da superfície de suas faces. Pereceu essa grande civilização atlante, a que se seguiram o dilúvio, uma dominação de raça negra, outro império atlante e um ário (13500 anos a.C.), todos eles precursores do que a história conhece com o nome de povo egípcio. Mas não devemos entrar por este fascinante desvio.

Basta dizer que florescia uma esplêndida civilização tolteca no Egito quando nossos emigrantes passaram margeando suas fronteiras, e o monarca egípcio, seguindo as tradições toltecas de que existiam outras raças para ser exploradas por eles, procurou seduzi-los a permanecer em seu país. Alguns sucumbiram à tentação; ficaram no baixo Egito, a despeito da ordem em contrário do Manu, e se tornaram, um pouco mais tarde, escravos dos toltecas dominantes.

Os restantes chegaram na Arábia pelo caminho que hoje é o Canal de Suez, e ali os estabeleceu o Manu por grupos, nos diversos vales dos grandes planaltos árabes. O país estava escassamente povoado por uma raça negra, e seus vales eram férteis quando irrigados. Mas os imigrantes não gostaram muito da nova terra, e enquanto a maioria, preparada por Vaivasvata em Ruta, Lhe permanecia incondicionalmente dependente, os mais jovens murmuravam, porque aquilo era um trabalho de castradores e não uma viagem de recreio.

Nos vales encontramos grande número dos grupos dos 1.200 e 700 anos, inclusive muitos membros "da família", cuja devoção resvalava para o violento fanatismo. Propuseram eles o extermínio de todos os que não fossem integralmente dedicados ao Manu e prepararam-se para atacar os desertores que haviam se estabelecido comodamente no Egito. Isto atraiu sobre eles a cólera dos egípcios, resultando daí uma grande matança, em que nossos fanáticos foram completamente exterminados.

Marte e Corona resistiram intrepidamente ao ataque dos egípcios, ao passo que outro contingente, no qual figurava um jovem solteiro chamado Héracles, ficou aniquilado por não haver percebido bem a direção do inimigo. Chegou então o Manu Vaivasvata com reforços e mudou a sorte daquele dia, repelindo os egípcios. Outra coluna desses foi atacada por sua vez por forças superiores, em cujas fileiras sobressaía Sírio, pai de Héracles, que se enfureceu ao encontrar seu filho entre os mortos. Como os de Sírio conheciam o país, encurralaram os egípcios numa depressão parecida com uma cratera, em cujas dispostas bordas estavam espalhados muitos penhascos soltos, que lançaram contra os cercados inimigos. Nessa ocasião vimos pela última vez a Sírio, que rolava pelas encostas, entre uma grande massa de pedras, brandindo a lança e entoando um cântido bélico de teor não muito lisonjeiro, até confundir-se na ensanguentada massa de pedras e cadáveres que enchiam o fundo da cratera.

Os poucos soldados egípcios que escaparam à matança foram condenados sem demora à morte, ao chegarem à sua terra, por haverem desonrado o exército com a sua derrota.

Depois disto os colonos desfrutaram algum tempo de paz, ocupados no cultivo de seus vales, que eram muito frios no inverno e ardentes no verão. Haviam trazido da Atlântida diversidade de sementes, que se aclimataram à nova terra. Produziram alguns frutos insípidos semelhantes a maçãs, e nos declives das partes mais quentes dos vales, colhiam uma fruta tão grande como a cabeça de um homem, viscosa e pegajosa semelhante à tâmara. Uma espécie de cratera, em cujo fundo as rochas refletiam os raios solares, servia de estufa onde cultivavam outra fruta do tamanho do coco, da qual pareciam estar extremamente orgulhosos, pois era nutritiva e ao ser fervida deixava açúcar por evaporação d'água, ao passo que o resíduo dava uma farinha com que faziam uma espécie de torta doce. Sírio levava duas destas tortas, ao rodar pela encosta da morte.

Em encarnação posterior apareceu Héracles como uma alta, esbelta e atraente jovem, que numa árvore semelhante ao tamarindo dependurava um berço de cortiça em que estava seu irmãozinho Safo.

Os selecionados da quinta sub-raça atlante cresceram e se multiplicaram extraordinariamente, tornando-se uma nação de vários milhões de habitantes ao fim de cerca de dois mil anos. Em geral, estiveram inteiramente isolados do resto do mundo por um cinturão de areia, que podia ser atravessada somente pelas caravanas com abundante provisão d'água e por um só caminho de oásis, perto do lugar onde se encontra Meca. De vez em quando se desligavam do tronco principal grupos de emigrantes que iam se estabelecer no sul da Palestina uns, e no sul do Egito outros, sendo esses movimentos estimulados pelos representantes do Manu, porque o tamanho da meseta não comportava tanta multidão. Eram expedidos como imigrantes os tipos menos desejáveis, ao passo que os mais promissores eram conservados dentro do cinturão do deserto. De quando em quando, por sugestão do Manu, se formava uma caravana de emigrantes que iam constituir uma colônia ou fundar uma cidade, e foi numa destas que se desenvolveu o cavalo. Eventualmente se encarnava o próprio Manu, e Seus descendentes formavam uma estirpe à parte, de tipo um tanto melhorado; mas, no geral, Ele não se achava presente em corpo físico, senão que governava o povo por meio de Seus lugar-tenentes, entre os quais se destacavam Júpiter e Marte.

O povo se dedicava à agricultura e ao pastoreio, sem aglomerar-se em grandes cidades; mas ao cabo de uns três mil anos estava a meseta tão densamente povoada, que parecia uma só e enorme cidade. A fim de aliviar a densidade de população no núcleo central, o Manu enviou grande número de gente à África, para ali fundar uma populosa colônia que, posteriormente, foi exterminada completamente.

Poucos anos antes da catástrofe do ano 75025 a.C., em obediência a uma mensagem recebida do Chefe da Hierarquia, o Manu escolheu uns setecentos de Seus próprios descendentes e os conduziu para o norte. Ele os havia constituído numa seita heterodoxa, de maior austeridade de conduta do que seus vizinhos e por isso não eram apreciados pelos ortodoxos entre os quais viviam. Em consequência, o Manu lhes preveniu que O seguissem para uma terra distante alguns anos de viagem, onde, no entanto, poderiam viver em paz e sem temor às perseguições dos ortodoxos. Nem sequer os lugar-tenentes do Manu obtiveram Sua plena confiança, sendo meros executores das ordens recebidas. Entre eles estavam vários que agora são Mestres, e outros que já transcenderam a evolução terrestre.

Como não era muito grande o número de escolhidos, formaram uma só caravana, e o Manu enviou uma mensagem ao monarca do império sumero-acadiano pedindo-lhe permissão para atravessar o seu território, que na ocasião compreendia a atual Turquia asiática, Pérsia e países seguintes. Sem dificuldade chegou a caravana à fronteira do império, e mercê do passaporte do imperador, que se portou amistosamente, alcançou em linha reta o Turquestão, onde o Manu teve de tratar com uma confederação de Estados turânios, súditos do império, em cujo território estava compreendido o atual Tibete.

Ele passou entre cordilheiras de montanhas, inclusive a atual cordilheira de Tianshan, que limitavam o mar de Gobi e se estendiam para o Oceano Ártico. Em direção oblíqua para o norte, atravessou a Mesopotâmia e a Babilônia, por não serem muito altas as montanhas que tinha de transpor. A Confederação Turânia permitiu a Sua passagem, uma porque Seu povo não era bastante numeroso para causar apreensões, e outra porque Ele declarava que estava cumprindo uma missão de que O havia incumbido o Altíssimo. Após alguns anos de peregrinação, chegou a caravana à costa do mar de Gobi; mas em obediência às ordens recebidas não quis o Manu permanecer na planície, senão que se internou pelas colinas para o norte, de onde um vasto mar raso se dilatava até o Oceano Ártico e, portanto, até o Polo.

A Estrela Lemuriana estava muito desmembrada por essa ocasião e sua ponta mais próxima estava no norte, a cerca de mil milhas. Ele instalou alguns de Seus seguidores num promontório de frente para o nordeste, mas a maioria se estabeleceu numa fértil baixada semelhante a uma cratera, algo parecida com a *Taça do Diabo* de Surrey, ainda que muito maior. Esta baixada se achava mais para o interior, porém de um pico adjacente se poderia divisar o mar.

Do promontório, que era muito elevado, se distinguiam o mar de Gobi e a terra que teriam de habitar depois de passado o cataclismo iminente. A Ilha Branca estava no sudeste; não era visível do promontório, mas tornou-se visível quando, posteriormente, ficou semeada de elevados templos. Tanto o promontório como a terra contígua estavam formados de camadas rochosas, que muito pouco sofreriam com os terremotos, a não ser que se fendesse toda a terra. Ali haviam de permanecer o Manu e os Seus até que passasse todo o perigo, e empregaram vários anos para se estabelecerem. Alguns indivíduos morreram no caminho; outros, pouco depois da chegada, e o próprio Manu se reencarnou para melhorar mais rapidamente o tipo racial.

Como já dissemos, esse povo era da própria estirpe do Manu por serem seus descendentes físicos, e segundo iam se extinguindo os corpos, Ele infundia os Egos em outros novos e melhores.

Na Atlântida governava outra vez o Homem de Metal, sem que, pelo visto, lhe houvessem aproveitado as anteriores experiências. Estava de posse da Cidade das Portas de Ouro, e os atlantes de tipos mais nobres eram muito oprimidos.

A Cidade foi subitamente destruída pela invasão das águas do mar, através das enormes fendas abertas pela explosão de gases subterrâneos; mas, ao contrário do ocorrido no cataclismo que submergiu, mais tarde, a ilha de Poseidonis em vinte e quatro horas, aquelas convulsões se prolongaram por dois anos. A cada explosão ocorrida, novas fendas se abriam e terremotos sacudiam a terra, pois às explosões se seguiam efeitos perturbadores. Os Himalaias subiram um pouco de altura e a Índia meridional ficou submersa com todos os seus habitantes. O Egito ficou inundado permanecendo apenas as pirâmides de pé, e desapareceu o istmo que se estendia daquele país até os que hoje são Marrocos e Argélia, que ficaram reduzidos a uma ilha, banhada pelo Mediterrâneo e Mar de Sahara. O Mar de Gobi se tornou circular, e a terra hoje chamada Sibéria ficou separada do Oceano Ártico; levantou-se a Ásia Central, e muitas torrentes de água diluviais abriram profundas valas no fofo solo.

Enquanto prosseguiam essas perturbações sísmicas, a comunidade do Manu não foi atingida pelas fendiduras ou alterações da superfície terrestre; mas o povo se sentia constantemente aterrorizado com os repetidos terremotos, e paralisado pelo temor de que o Sol, oculto durante um ano atrás de massas de nuvens, formadas em sua maior parte por finíssimo pó, houvesse desaparecido para sempre. As circunstâncias climatéricas excediam a toda descrição. Caíam incessantemente terríveis aguaceiros, e massas de vapor e nuvens de pó rodeavam a terra e obscureciam a atmosfera. Nenhuma planta crescia convenientemente e o povo sofria rigorosas privações; a comunidade, originariamente composta de setecentas pessoas, que havia ascendido a um milhar, com essas atribulações ficou reduzida a cerca de trezentas. Apenas sobreviveram os mais robustos; os débeis sucumbiram.

Ao cabo de cinco anos já haviam se estabelecido novamente; a depressão crateriana tornara-se um lago. Aos anos de perturbação atmosférica se seguiram alguns de temperatura quente; muita terra virgem havia surgido à superfície, e puderam cultivar o solo. O Manu estava já envelhecido, quando recebeu uma ordem para conduzir Seu povo à Ilha Branca. E ouvir era obedecer.

Ali, o próprio Chefe da Hierarquia Lhe mostrou o grande plano do futuro, que se estendia por milhares de dezenas de milhares de anos. O povo do Manu havia de habitar no continente, na costa do mar de Gobi, para multiplicar-se e robustecer-se. A nova raça havia de nascer na Ilha Branca e, depois de crescida, fundaria na costa oposta, para servir-lhe de habitação, uma poderosa cidade cujo plano foi sugerido. Ao longo das praias do mar de Gobi, à distância de vinte milhas, corria uma cordilheira de montanhas, e dessa cordilheira se estendia uma série de colinas até a praia. Havia ali quatro grandes vales, estendidos desde o interior da cordilheira até a praia, inteiramente separados um do outro pelas interpostas colinas.

O Manu deveria instalar nesses vales algumas famílias escolhidas, para desenvolver ali quatro distintas sub-raças e enviá-las oportunamente a diferentes partes do mundo. Também enviaria alguns dos Seus a nascer noutros países, e os restituiria depois à Ilha Branca, com o objetivo de formar Novas misturas, pois teriam que se casar com membros de Sua família, e quando o tipo estivesse pronto, Ele se encarnaria outra vez para fixá-lo. A Raça Raiz necessitaria também de alguma mistura, porque o tipo não era de todo satisfatório.

Deste modo se tinha de formar um tipo primordial e vários subtipos, cujas diferenças se definissem nos primeiros dias, para obter cinco grupos que se propagassem em distintos aspectos. Convém advertir que, depois de refinar seu povo durante gerações e de proibir matrimônios com pessoas estranhas, acreditou o Manu necessário, por último, misturar algo de sangue estrangeiro e separar a sua descendência misturada.

Pelo ano 70000 a.C. passou a estabelecer o seu povo no continente, ordenando-lhe que construísse suas vilas, onde cresceriam e se multiplicariam durante milhares de anos. Não tiveram de iniciar a vida como selvagens, pois já eram gente civilizada, e empregaram bom número de máquinas poupadoras de trabalho. Numa das cidades crescidas mais rapidamente ao longo da linha costeira, encontramos algumas caras conhecidas. Marte, neto do Manu, era o chefe da comunidade, e com sua esposa Mercúrio e seus filhos (entre os quais estavam Sírio e Alcione), vivia numa alegre casa, rodeada de um vasto jardim com formosas árvores[76]. Também vimos na cidade Corona, bem como Orfeu, um ancião e majestoso cavalheiro, muito digno e respeitado. Júpiter era o governador da província,[77] com autoridade delegada pelo Manu, o reconhecido Rei da comunidade, residente em Shamballa.

Enquanto estávamos observando essa cidade, chegaram em tumultuoso galope homens que, sem dúvida, regressavam de uma excursão. Montavam animais de áspera aparência, semelhante a cavalos, e eram capitaneados por Vajra, irmão de Marte, ante cuja casa se detiveram, para logo após galoparem de novo, tão tumultuosamente como haviam chegado. Os seguimos até outra cidade, também situada na praia de Gobi, onde encontramos Viraj como Chefe. Seu filho, Héracles, integrava o grupo de cavaleiros, entre os quais distinguimos também Ulisses.

Aqui deparamos com outras caras conhecidas. Ceteu e Ulisses estavam brigados, porque primeiramente haviam discutido por causa de um animal que ambos alegavam haver morto; depois por conta de um pedaço de terra que um e outro necessitavam, e finalmente porque os dois disputavam uma mesma mulher. Pólux e Héracles eram muito amigos, porque numa excursão o primeiro havia salvo a vida do segundo com risco da sua própria. Osíris, uma das filhas de Héracles, robusta e bela moça, nos chamou a atenção, porque com a idade de quatorze anos levava nos braços seu irmãozinho Fides, quando foi atacada por um enorme bode de grandes chifres, granulados na base e pontiagudos nas extremidades. Mas ela não se acovardou; segurou valorosamente o animal pelos cornos e o pôs de pé sobre suas patas; depois, erguendo-o pelas patas traseiras, o atirou com toda força no chão. O pequeno Fides parecia ser a criança mimada da família, porque observamos que Héracles o carregava com frequência nos ombros.

Muita emoção foi mais tarde causada pelo Manu, que era então muito idoso, ao chamar por Júpiter, Corona, Marte e Vajra. Obedecendo suas ordens, na volta escolheram algumas crianças da colônia e as enviaram para Shamballa. Estas crianças eram as melhores da comunidade, e desde então se alçaram até a posição de Mestres. Eram filhos de Alcione, Urano e Netuno, e suas filhas Súrya e Brhaspati. Saturno e Vulcano, meninos, e Vênus, menina, foram igualmente escolhidos. Algumas mulheres os acompanharam para cuidar das crianças, que foram educadas em Shamballa. A seu devido tempo Saturno se casou com Súrya, e o primogênito desse matrimônio foi o próprio Manu, que veio elevar mais o nível da Raça.

Durante esse intervalo haviam ocorrido muitas transformações no continente. Pouco depois da saída dos citados meninos, os turânios caíram sobre a comunidade como uma devastadora inundação, pois esse era o perigo de que o Manu havia advertido seus lugar-tenentes, e do qual se salvaram os meninos. Os invasores foram valentemente repelidos várias vezes; mas como após uma horda chegava outra, venceram enfim toda resistência, e nenhum homem, mulher ou criança restou com vida na matança geral. Nosso antigo conhecido Escorpião era o chefe de uma das tribos, que outra vez renovou seu perpétuo conflito com Héracles. Morreram muitas crianças que prometiam bastante; mas não teve grande importância a sua morte, porque avós, pais e filhos deixaram no mesmo tempo a vida terrestre e estiveram em condições de regressar quando o Manu instituiu sua família. Marte foi o primeiro a retornar, tendo nascido em Shamballa, como um irmão mais jovem do Manu, enquanto Viraj foi sua irmã.

Repetiu-se então o ciclo em nível superior. Inventaram, ou melhor, reinventaram muitas coisas úteis, e ao fim de alguns anos floresceu uma populosa civilização, em cuja vanguarda figuravam nossos antigos amigos, entre os quais Héracles era filho de Marte. Os do grupo de Servidores então renascidos trabalhavam arduamente sob a direção de seus líderes, cuja vontade eram solícitos em cumprir. Muitas vezes foram teimosos e tolos, pelo que cometeram não poucos erros, mas sempre leais e sinceros, e essa qualidade os unia estreitamente a quem eles serviam.

Construíram-se casas bem fortificadas bastante grandes para acomodar, por diversas gerações, de fato, todos os membros de uma família, com uma única entrada e com janelas que davam para um vasto pátio central, onde as mulheres e crianças podiam estar seguras. Mais tarde circundaram as vilas e cidades de poderosos muros, para reforçar a defesa, porque os selvagens turânios rondavam continuamente os contornos da comunidade, aterrorizando os habitantes com suas brutais depredações e repentinos assaltos. As vilas fronteiriças andavam sob contínuo alarme, enquanto os habitantes do litoral desfrutavam de maior tranquilidade.

Quando a Raça tomou novamente as proporções de uma pequena nação, sobreveio outro ataque dos turânios com a consequente matança, da qual apenas se salvaram umas tantas crianças, enviadas com suas aias a Shamballa, onde foram criadas. Convém ressaltar que, apesar de sua sede de sangue, os turânios não atacaram a Ilha Branca, pela qual nutriam profunda veneração. Assim ficou sempre resguardada a Raça-tipo, apesar de haver sido aniquilada por duas vezes a massa geral, que depois se reencarnavam, o mais rápido possível, o Manu e Seus lugar-tenentes, e a purificavam ainda mais, aproximando-a sempre do tipo que Ele tinha em mira.

CAPÍTULO 15
A EDIFICAÇÃO DA GRANDE CIDADE

Depois do segundo extermínio, o Manu considerou necessário infundir mais um pouco de sangue tolteca em Sua Raça, que, como devemos lembrar-nos, tinha somente um duodécimo de sua hereditariedade. Para isso, mandou Marte (morto no começo da última guerra) reencarnar-se na mais pura família tolteca de Poseidonis, e chamou-o de volta à Sua nascente comunidade ao completar vinte e cinco anos de idade. A Marte deu Manu como esposa a melhor e mais bela de Suas filhas, Júpiter, que escapara do segundo massacre em sua infância e desde longa data tinha sido amigo e instrutor de seu agora esposo. Deste matrimônio nasceu Viraj, que reunia em soberbo exemplar humano as mais relevantes qualidades das duas Raças progenitoras. Viraj casou-se com Saturno, e o próprio Manu se reencarnou de novo como filho do jovem casal. Nesse ponto (uns 60000 anos a.C.) começou verdadeiramente a quinta Raça Raiz, ou Raça Ária, pois desde então ela não sofreu novo extermínio. Da tênue semente brotou uma bela e pura civilização e, segregada que foi do resto do mundo, floresceu exuberantemente.

Os descendentes do Manu permaneceram na Ilha Branca até chegarem a uma centena, pois o Manu lhes havia ordenado que quando atingissem este número se encaminhassem para o continente, a fim de edificar a cidade que Ele havia planejado para ser a futura capital de Sua Raça. O plano fora elaborado de maneira completa, tal qual Ele a desejava quando terminada, com todas as ruas marcadas, inclusive suas larguras, o tamanho dos principais edifícios, e outros pormenores. A Ilha Branca era o centro para o qual convergiam as grandes ruas principais, de modo que se atravessassem o mar interposto, terminariam na Ilha. Do mar se erguiam baixos rochedos, dos quais a terra subia gradualmente até as colinas alegremente purpúreas a vinte milhas de distância. Era um esplêndido local para uma cidade, embora exposta aos ventos frios do Norte. A cidade se espalhava em forma de leque em volta da praia, estendendo-se pela rampa suave, e suas ruas principais eram tão largas que de suas extremidades nas colinas se podia avistar a Ilha Branca. Era esse o ponto culminante, que parecia dominar toda a vida da cidade, depois de terminado todo o esplêndido plano.

A cidade foi construída mil anos antes de ser povoada, não tendo, por isso, se desenvolvido desmembradamente, como Londres, e o pequeno grupo de uma centena, constituído pelos filhos e netos do Manu, pareciam absurdamente insuficientes para a imensa obra que tinham de iniciar e seus descendentes de concluir. Construíram para sua residência bairros provisórios, que não interferissem no plano geral, e tiveram, sem dúvida, que cultivar a terra necessária para o seu sustento. Todo o tempo que tinham disponível, além do aplicado em sua manutenção, o dedicavam à preparação da obra. Mediam o terreno e traçavam as largas ruas segundo o plano, derrubando muitas árvores, cuja madeira aproveitavam nos seus bairros. Alguns foram depois enviados às colinas, à procura de metais e pedras úteis à edificação, escavando minas e abrindo pedreiras, das quais extraíram pedras brancas, cinzentas, vermelhas e verdes, parecidas com mármore, mas ainda mais duras, se bem que talvez possuíssem, para endurecê-las, algum segredo aprendido dos atlantes, onde a arquitetura havia alcançado notável perfeição. Mais tarde penetraram mais no campo, e encontraram mármore de magnífica cor purpurina, que utilizavam com relevante efeito.

Era um curioso espetáculo contemplar-se a obra desses construtores de uma futura cidade. Descendentes do Manu, semelhantes em educação e hábitos, sentiam e agiam como uma família, mesmo depois de aumentado seu número a milhares. Sem dúvida a presença do Manu e de Seus lugar-tenentes mantinha vivo esse sentimento, e fez da comunidade uma fraternidade real onde os membros se conheciam mutuamente. Trabalhavam contentes porque cumpriam os desejos do Manu ao mesmo tempo seu Pai e seu Rei. Nos campos cultivavam cereais (pois parece que tinham trigo, centeio e aveia) e, além disso, cortavam e lavravam as enormes pedras extraídas das colinas. Faziam tudo alegremente, como um dever religioso e meritório, e assumindo voluntariamente qualquer tarefa.

O estilo arquitetônico era colossal, com enormes pedras, muito maiores ainda que as de Karnak. Serviam-se de máquinas e deslizavam volumosas pedras sobre rolos; às vezes, nas dificuldades o Manu dava instruções que tornavam o trabalho mais fácil, talvez por meio de processos de magnetização. Era-lhes permitido empregar suas forças e engenho máximos para lidar com essas imensas pedras, de uns cinquenta metros de comprimento, que conseguiam arrastar pelas estradas. Mas para erguê-las até os seus lugares destinados, o Manu e Seus lugar-tenentes lhes ensinavam processos ocultos. Alguns desses lugar-tenentes, acima do grau de Mestre, eram os Senhores Lunares, que se tornaram Cohans de Raios. Andavam entre o povo inspecionando-lhe o trabalho. e eram geralmente denominados Maharishis. Alguns de seus nomes próprios pareciam muito guturais, como Rhudhra, e outro nome ouvido foi Vasukhya.[78]

Os edifícios eram de proporções semelhantes às que depois tiveram os do Egito, mas de aspecto muito mais elegante e leve, como sucedia nos edifícios da Ilha Branca, cujas cúpulas não eram de forma esférica, mas bulbosa, isto é, grossas na base para irem se afinando suavemente até terminar em ponta, tal qual um botão de lótus, cujas folhas fechadas houvessem se retorcido. Pareciam duas hélices superpostas, uma à direita e outra à esquerda, cujos filetes se cruzassem sobre o arredondado bulbo. Os alicerces dos grandes edifícios eram tremendamente sólidos, e sustentavam um conjunto de minaretes e arcos de curvas peculiares e graciosas, concluído pela cúpula em forma de botão de lótus.

Toda a edificação levou muitos séculos, mas a Ilha Branca, depois de concluída, foi uma verdadeira maravilha. A Ilha em si tinha uma forma algo cônica, de que os construtores souberam se aproveitar. Edificaram ali esplêndidos templos, todos de mármore branco com incrustações de ouro, que cobriam a Ilha inteira, convertendo-a numa singular Cidade Sagrada. Alteavam-se voltados para o vasto Templo central, coroado pelos minaretes e arcos antes referidos, com a cúpula em forma de botão de lótus no meio. A cúpula cobria o grande Salão, onde os Quatro Kumaras apareciam em ocasiões especiais, como as solenes festas religiosas, e as cerimônias de importância nacional.[79]

Vista do extremo de uma das ruas, a umas dez milhas de distância, causava muito belo e emocionante efeito a vista da branca e dourada Ilha, com uma branquíssima cúpula caída em meio do mar azul de Gobi,[80] pois todos os edifícios pareciam saltar na serena atmosfera em direção ao centro, como ansiando ser coroados pela linda cúpula. Levantando-nos sobre ela no ar, como um balão, e contemplando-a de lá, veríamos a Ilha Branca semelhante a um círculo dividido por uma cruz, pois as ruas estavam dispostas como quatro raios coincidentes no Templo central. Contemplada do noroeste, do promontório da primitiva colônia, produzia-se um efeito extraordinário, que dificilmente podia ser casual. O conjunto figurava o Olho simbólico do rito maçônico, numa perspectiva em que as curvas se tornavam cilíndricas e as linhas mais escuras da cidade formavam o arco-íris sobre o continente.

Tanto o interior como o exterior dos templos da Ilha Branca estavam adornados de esculturas. Grande número deles continha símbolos maçônicos, pois a Maçonaria herdou seus símbolos dos Mistérios, e todos os Mistérios arianos se originaram desse antigo centro de Iniciação. Numa sala próxima ao Templo central aparentemente destinada à instrução, havia uma série de esculturas começando com o átomo físico e prosseguindo até os átomos químicos, dispostos em ordem, e com linhas explicativas marcando as várias combinações. Verdadeiramente, não há nada de novo sob o Sol.[81]

Numa outra sala havia muitos modelos, num dos quais estão reciprocamente atravessadas as lemniscatas de Crookes, de forma a constituir um átomo com uma rosa quádrupla. Muitas coisas se achavam modeladas em alto-relevo, como o átomo prânico, a cobra de oxigênio, o globo de nitrogênio.

É lamentável que o cataclismo final houvesse destruído esses monumentais edifícios! Não fora isso e poderiam ter durado muitos milhares de anos.

A Cidade do continente foi edificada com pedras de diversas cores extraídas das pedreiras de cantaria da montanha, e alguns dos edifícios muito se realçavam pela combinação do cinzento com o vermelho. O vermelho e verde era outra combinação predileta, com surpreendentes efeitos produzidos por toques de mármore violeta.

Prolongando nossa observação por vários séculos, vimos que a edificação ainda prosseguia, embora com muito mais operários, até que ao fim de mil anos atingiu sua plena magnificência, como capital do futuro império. À proporção que crescia o número de operários, iam se expandindo cada vez mais e cultivando mais terras muito férteis, para a sua manutenção, trabalhando ora nos campos ora em seus grandiosos templos. De século em século continuou essa expansão ao longo das praias do Mar de Gobi e pelo grande aclive em direção das colinas, mas obedecendo sempre ao plano original do Manu.

Havia nas colinas minas de ouro e pedras preciosas de todas as espécies. O ouro era muito aplicado nas edificações, especialmente nas construídas de mármore branco, e seu efeito era de extraordinária e nítida riqueza. As pedras preciosas também entravam abundantemente nas decorações, incrustadas como pontos brilhantes em quadros de cor. Os desenhos decorativos tinham por elemento a sílica microcristalina polida, e os modelos eram de uma pedra preciosa parecida com o ônix mexicano. Um dos mais prediletos e formosos motivos ornamentais dos edifícios públicos, consistia na combinação de jade verde-escuro e mármore violeta.

As esculturas eram profusamente empregadas, tanto fora como dentro dos edifícios, mas não se viam pinturas murais nem desenhos com perspectivas. Grandes frisos representavam procissões em altos-relevos, com todas as figuras do mesmo tamanho, sem dar ideia alguma da distância ou do espaço, pois não se viam árvores nem nuvens no fundo. Esses frisos recordavam os mármores de Elgin e pareciam excelentemente esculpidos com certa imitação do natural. Nos mesmos frisos se viam algumas figuras pintadas, assim como estátuas soltas nas vias públicas e casas particulares.

Ficou a Cidade ligada à Ilha Branca por meio de uma ponte maciça e magnífica, uma estrutura tão notável que deu seu nome à Cidade, chamada, por isso, a Cidade da Ponte.[82] Era uma ponte em formato de S invertido, de forma muito graciosa, lavrada de espirais maciças e decorada com grandes grupos de estatuária, e com suas extremidades apoiadas no rochedo do continente e na própria Ilha. As pedras da calçada mediam 49 metros de comprimento e com largura proporcionada. Era uma estrutura imponente, em verdade digna da Ilha da qual era a única ligação com a terra.

A Cidade atingiu seu auge no ano 45000 a.C., quando foi a capital de um imenso império, que incluiu toda a Ásia Oriental e Central, desde o Tibete até o litoral e desde a Mandchúria até o Sião, além de defender sua soberania sobre todas as ilhas compreendidas entre o Japão e a Austrália. Em alguns destes países ainda se notam traços da dominação daquele império, pois o indelével toque do sangue ariano se encontra em povos tão primitivos como os cabeludos Ainos do Japão e os aborígines da Austrália.

No apogeu de sua glória ostentava a Cidade a magnífica arquitetura que acabamos de descrever, de estilo gigantesco quanto às suas proporções, mas de fino acabamento e lavra de notável gosto. Vimos que os construtores da Cidade edificaram os maravilhosos templos cujas colossais ruínas despertam a admiração de todos quantos as contemplam hoje em

Shamballa,[83] e dotaram o mundo da incomparável ponte que em tempos enlaçou a Ilha Sagrada com a margem continental.[84] Sua escultura era majestosa, seu colorido brilhante e muito notável o seu engenho mecânico. Na época de seu culminante esplendor, não desmereceram em comparação com os atlantes, e ainda que nunca os avantajassem em luxo, seus costumes foram notoriamente mais puros.

Esta foi a poderosa Cidade planejada por Manu Vaivasvata e construída por Seus filhos. Muitas e grandiosas foram as cidades da Ásia, mas a Cidade da Ponte superou a todas. E sobre ela pairaram sempre as poderosas Presenças, que tinham, como ainda têm, Sua residência terrestre na sagrada Ilha Branca, para dar-lhe, entre todas as cidades da Terra, a perene bênção de Sua imediata proximidade.

CAPÍTULO 16
PRIMÓRDIOS DA CIVILIZAÇÃO E IMPÉRIO ÁRIOS

Os filhos de Manu não foram, de maneira alguma, um povo primitivo, pois já haviam passado por muitas centenas de milhares de anos de civilização atlante, bem como estado milhares de anos sob o governo do Manu na Arábia e no norte da Ásia. Toda a população, mesmo o proletariado inferior, sabia ler e escrever, e para ela nenhuma espécie de trabalho era desprezível, desde que trabalhassem na obra do Manu, qualquer que fosse. Observamos um homem que varria as ruas, e por ele passou um sacerdote cujo porte digníssimo e ricas vestimentas denotavam ser de muito elevada categoria, e que o saudou cortesmente como a um irmão, um igual, um membro da fraterna família dos filhos de Manu. Estimulavam o sentimento da fraternidade da Raça, sobre o fundamento de uma maravilhosa igualdade (como a que às vezes se costuma ver entre os maçons) e mútua cortesia, sem que para isso deixasse de se reconhecer o mérito pessoal, nem de ter em consideração os homens de valor, agradecendo-lhes o auxílio que prestavam. Ninguém tratava de sobrepor-se aos demais, e cada qual fazia tudo quanto dependia de si pelo bem-estar alheio, com o que se evitavam contendas. Nisto a civilização ária foi muito diferente da mais complicada e opulenta dos atlantes, onde cada qual buscava sua própria comodidade e exaltação de si mesmo entre mútuos receios e desconfianças. Em troca, os ários confiavam completamente uns nos outros, e para tanto bastava a própria palavra, que seria preciso não ser ário para quebrá-la.

Outra característica curiosa desse povo era o grande número de amigos e conhecidos que cada qual tinha, pois como agora sucede nas aldeias, conheciam-se uns aos outros os vizinhos das cidades, com maior ou menor frequência de trato. Quando por causa do aumento da população, se tornou impossível o conhecimento mútuo de todos os vizinhos, os administradores eram obrigados a conhecer os de seus distritos; e o conhecimento de maior número era vantajosa circunstância para o bom desempenho de seu cargo.

Apesar disso, o sentimento de fraternidade se limitava à Raça, sem estender-se a povos de outra Raça, como, por exemplo, os turânios, aos quais consideravam de tronco diferente, cultura diversa e natureza artificiosa e astuta, e sem necessidade de dependência alheia. Tanto com eles como com os demais estrangeiros, os ários se mantinham em enobrecida reserva, sem jamais dar-lhes trato especial nem admiti-los no interior de suas casas, mas recebendo-os no pátio. No entanto, não lhes eram hostis nem os desprezavam. Tinham casas e pátios separados para hospedagem dos estrangeiros, que eram muito poucos, pois só eventualmente chegavam caravanas de mercadores e, de quando em quando, embaixadores de outras nações, que eram recebidos com muita hospitalidade e cortesia, mas mantidos sempre naquela inalterável reserva que assinalava uma barreira intransponível.

Quando, mais tarde, governaram nações estrangeiras, os ários as trataram às vezes com dureza. Isto observamos na conduta de um governador enviado a um país turânio, e que, sem ser cruel nem opressivo, se portava com severidade e alguma dureza. Parece que este rigor foi a característica da política dos ários nos países por eles submetidos, sem menosprezo de seu ardente sentimento de fraternidade para com os de sua própria Raça.

Como em toda parte, a fraternidade no mundo físico requeria ali certa base comum de educação, cultura, moralidade e honradez. O ário considerava o nome de sua Raça como sinônimo de "nobre", e isto implicava um código de honra e costumes impossível de se menosprezar. Havia de ser, como agora dizemos, um "cavalheiro", e ajustar-se a determinado padrão de obrigações sociais. Podia empregar-se em qualquer espécie de trabalho e adquirir qualquer grau de instrução, mas havia um nível mínimo de bom comportamento e boas maneiras, do qual não era possível descer. Daqui se originou o sentimento de reserva para com todos os "de fora da grei", cujos usos e costumes, moral e qualidades não conheciam. Os filhos do Manu foram uma nação aristocrática no verdadeiro sentido da palavra, e, orgulhosos de sua alta descendência, compreendiam plenamente os deveres que disso lhes decorriam. *Noblesse oblige* não era para eles uma frase oca.

A civilização era excessivamente brilhante e feliz, com muitas músicas, danças e regozijos, a que sua religião também conduzia, porque estava constituída principalmente de louvores e ações de graça. Continuamente o povo cantava hinos de louvor, bem como reconhecia a atuação oculta dos devas atrás das forças naturais. Todas as manhãs louvavam as ninfas da Aurora, e o Espírito do Sol era o objeto principal de adoração. Honravam como a deuses os quatro Kumaras, cuja presença era sem dúvida sentida por um povo tão em contato com a Natureza e de tão rara sensibilidade psíquica. Detrás do trono do Chefe dos Kumaras situado na enorme nave do templo central, se via um enorme Sol de ouro, de forma semiesférica, que do muro projetava nos dias de cerimônia a resplandecente luz com que o iluminavam. Também o planeta Vênus era objeto de culto, talvez porque, segundo a tradição, daquele astro haviam descido os Senhores da Chama. Igualmente adoravam o Firmamento como origem de todas as coisas, e o átomo, como minúscula manifestação da Divindade.

Uma cerimônia anual pode servir de exemplo de uma de suas maiores festividades religiosas.

Desde muito cedo o povo – homens, mulheres e crianças – percorria em procissão as ruas que convergiam para a ampla meia-lua em que desembocava a suntuosa ponte. As ruas estavam cobertas de flores e as janelas adornadas com estofos pendurados e flâmulas. Grandes braseiros expeliam nuvens de incenso; o povo ia vestido de trajes de seda de muitas cores, frequentemente com pesadas joias; usava esplêndidos adornos de coral e coroas e grinaldas de flores de encantadores matizes; e marchava tocando discos de metal e buzinas de chifre.

Ao atravessar a ponte em ordenada sucessão, cessava com as músicas e passava silencioso entre os salientes templos, até chegar ao Templo principal, em cuja nave maior se reunia. O grande trono, talhado da rocha viva, incrustado de ouro e ricas joias, se erguia em sua plataforma rochosa, sobre a qual estavam espalhados grandes símbolos trabalhados em ouro. Diante dele se erguia um altar com uma pira de madeiras perfumosas. E, em cima, o enorme Sol de ouro cintilava debilmente, enquanto que o planeta Vênus pendia da abóbada superior.

Depois de totalmente cheia a nave, com exceção dos espaços fronteiro e laterais do trono, entrou um grupo de augustos personagens na nave pelo fundo do Templo, e todos se inclinaram em homenagem. Eram os três Manus revestidos de Suas roupas oficiais, e o Mahaguru, o Bodhisattva da época, conhecido como Vyasa, junto a Vaivasvata; Súrya, logo atrás de Seu poderoso Irmão e Predecessor, e muito próximo do trono, os três Kumaras. Invisíveis aos olhos da multidão, que sem dúvida os pressentia, pairavam os devas no ar, de magnífico aspecto de púrpura fina, também assistindo.

Depois toda a multidão caiu em tão profundo silêncio, que não se ouvia nem a respiração, e suave e docemente, sem sequer interromper o silêncio, ressoaram as esquisitas harmonias de um canto entoado pelos Potentíssimos e Santíssimos Seres que circundavam o trono. Era uma invocação ao Senhor, ao Governador, para que descesse entre os Seus. Apagados os suaves e solenes acentos, ouviu-se, como em resposta, uma só nota aguda e cristalina; o áureo globo do Sol refulgiu ofuscante, e abaixo dele, por cima do trono, cintilou uma brilhante Estrela, cujos raios pareciam estar soltos sobre as cabeças da expectante multidão. Ali, sentado no trono, estava o supremo Senhor da Hierarquia, mais resplandecente que o Sol e a Estrela, que d'Ele pareciam tomar emprestado o seu brilho. Todos inclinaram a fronte até o solo e esconderam sua vista da brilhante glória de Sua Presença. Mas o Senhor da Hierarquia atenuou bondosamente o brilho daquela glória, para que os fiéis pudessem levantar os olhos, e vê-Lo, o Kumara Sanat, o "Eterno Virgem", em todo o esplendor de Sua inalterável juventude, não obstante ser o Ancião dos Dias. A multidão exalou então um profundo suspiro de espantosa admiração, que expressava seu reverente e devoto amor, e Ele lhe respondeu com um luminoso sorriso, que aumentou ainda mais a beleza de Seu rosto.

Depois, o Chefe da Hierarquia estendeu as mãos para o altar fronteiro, e sobre este se acendeu o fogo, cujas chamas se levantaram para o ar. Logo após Ele desapareceu; o trono estava vazio, a Estrela se desvanecera, o áureo globo solar reluzia debilmente, e tão só permanecia inalterável o fogo que Suas mãos haviam acendido sobre o Altar. Os sacerdotes e os chefes de família[85] receberam para os altares dos diversos templos e dos lares da cidade, uma brasa do fogo sagrado, contida num vaso com tampa, onde se conservava inextinguível.

Organizou-se novamente a procissão, que a passo lento saía da nave para atravessar de novo a Ponte e voltar à Cidade, onde o povo entoava alegres cantos, e entrelaçadas as mãos, percorria as ruas com veementes mostras de alegria e mútuas congratulações, acompanhadas da bênção dos velhos aos jovens. Colocavam a brasa do fogo sagrado no altar da família, para acender a chama que haviam de conservar viva durante o ano, e aos chefes de família não presentes à cerimônia, permitiam acender uma tocha, pois até a cerimônia do ano seguinte não era possível adquirir fogo sagrado para os altares domésticos. O resto do dia se passava entre músicas, convites e bailes, até que a feliz Cidade caía vencida pelo sono.

Tal era a festa do Fogo Sagrado, celebrada todos os anos no dia do solstício de verão na Cidade da Ponte.

Algumas pessoas se dedicavam quase totalmente ao estudo e eram muito versadas em ciências ocultas, cujo conhecimento empregavam em proveito de certos ramos da administração pública. Conseguiam adquirir clarividência e domínio sobre várias forças naturais, de modo que sabiam plasmar formas de pensamento e prescindir à vontade de seus corpos físicos. Mas recordando os deploráveis resultados que entre os atlantes dera o poder oculto, divorciado da moralidade e do desinteresse, os instrutores desses ensinos punham muito cuidado na seleção de discípulos, e um lugar-tenente do Manu exercia a superintendência das classes.

Os estudantes mais adiantados tinham para com o Estado o dever de manter as províncias do império em mútuo contato. Conquanto não houvesse jornais, tinham um escritório de informação geral, onde todo cidadão podia adquirir as notícias que lhe interessassem, pois não era costume dá-las à publicidade. Para tal fim, havia comissários para várias províncias, dando cada qual informação relativa ao país a seu cargo, obtida por meios ocultos. Desta maneira se davam notícias das embaixadas que vinham com mensagens de paz ou guerra, como se faz em nossos dias por meio do telégrafo com ou sem fio.

Certa ocasião Corona governava uma afastada província e o Manu não podia sugerir-lhe Suas instruções. Ordenou, por isso, a um desses estudantes adiantados que, deixando seu corpo físico, se encaminhasse astralmente para onde se achava Corona, e se materializasse ao chegar junto dele, para comunicar-lhe oralmente as instruções que mentalmente não tinha sido possível incutir-lhe. Desta sorte, o Manu governava pessoalmente o Seu império, por dilatado que fosse.

Eram diversos os materiais empregados na escritura. Observamos um homem que com um instrumento aguçado escrevia sobre a superfície aparentemente encerada de uma caixa oblonga, como se gravasse à água-forte. Depois repassou o escrito com uma pena oca, da qual fluía um líquido colorido que endurecia ao secar-se, deixando os caracteres embebidos na cera. Alguns escreviam por processos de sua própria invenção.

A mecânica não havia chegado ao ponto que alcançara entre os atlantes, pois as máquinas eram muito simples e manual a maior parte do trabalho. Indubitavelmente o Manu não quis que se reproduzisse entre o Seu povo o luxo dos atlantes.

Desde a sua origem primitiva, pelo ano 60000 a.C., os ários foram crescendo até constituir um reino populoso, que circundava o mar de Gobi. Chegou a senhorear-se gradualmente de muitas nações vizinhas, inclusive os turânios, que tão desapiedadamente haviam exterminado os seus antecessores. Esse povo foi a raiz troncal[86] de todas as nações árias, e dele saíram desde o ano 40000 a.C. as grandes emigrações que constituíram as sub-raças árias. Esse povo-raiz permaneceu em sua terra nativa até haver saído de seu seio, em direção ao Oriente, quatro dessas grandes emigrações e numerosas hostes de conquistadores que se apoderaram da Índia. Os últimos ários deixaram sua pátria para unir-se na Índia aos seus predecessores, pouco antes da submersão de Poseidonis, 9564 anos a.C., e seu êxodo teve de fato por motivo fazê-los escapar desse espantoso cataclismo.

Desde o ano 60000 até o ano 40000 a.C., a raiz troncal cresceu e floresceu notavelmente para culminar no ápice de sua glória pelos anos 45000 a.C. Conquistaram a China e o Japão, povoados principalmente por mongóis,[87] e se esparramaram pelo Norte e Oriente, até serem detidos pelo frio. Também anexaram ao seu império a ilha Formosa e o reino de Sião, habitados pelos turânios[88] e tlavatlis,[89] e colonizaram as ilhas de Sumatra, Java e outras adjacentes, não tão minguadas como agora. Geralmente eram os ários bem acolhidos pelos habitantes dos países onde chegavam, que os encaravam como deuses, mais se inclinando a render-lhes adoração do que travar luta contra eles. Ainda subsiste na ilha Cebeles um curioso resto dos invasores ários na tribo montanhesa dos toais. Esta ilha, situada a leste de Bornéu, caiu sob dominação ária, que dali foi se estendendo pela atual península malaia, ilhas Filipinas e de Liu-Kiu, arquipélago oriental, Papua e as ilhas sitas na via para a Austrália e a Austrália, que também invadiram e na ocasião estava densamente povoada pelos lemurianos.[90]

Pelo ano 50000 a.C., Corona governava um vasto reino nesses mares salpicados de ilhas. Havia nascido naquela região, erigindo um reino feudatário do Manu, cujas instruções obedecia, porque o Manu era o soberano dos diversos reinos de seu dilatadíssimo império. Estivesse ou não encarnado, os reis governavam em Seu nome e Ele lhes enviava de vez em quando as instruções convenientes ao melhor desempenho de suas funções reais.

Pelo ano 40000 a.C., começou a decadência do império, e as ilhas e províncias mais afastadas se declararam em bárbara independência. O Manu se encarnava ainda eventualmente, mas no geral dirigia os assuntos desde os planos superiores. Contudo, o reino central manteve sua esplendorosa civilização, satisfeito e tranquilo durante mais de 25.000 anos, empregando todas as suas atividades em derramar sua influência por toda parte, para o estabelecimento e expansão das sub-raças.

CAPÍTULO 17
SEGUNDA SUB-RAÇA – A ÁRABE

Recorde-se o leitor que quando o Manu foi para Shamballa (depois de conduzir Seu pequeno rebanho da Arábia para a Sua morada provisória ao norte, e de a trazer para a Ilha Branca, após a grande catástrofe do ano 75025 a.C.), o Chefe da Hierarquia Lhe mostrou o plano a obedecer na modelação de Sua Raça.[91] Para a segregação e desenvolvimento de quatro sub-raças, Ele tinha de se utilizar de quatro longos vales que, separados uns dos outros por colinas, se estendiam atrás da cordilheira, distante vinte milhas da costa do mar de Gobi. Essa obra tinha de ser iniciada naquela data.

Da numerosa coluna de servidores, que se havia formado na nobre civilização ária, o Manu escolheu umas tantas famílias que, ansiosas por ser pioneiras, deixaram a Cidade da Ponte e foram fundar em terras virgens uma nova colônia do Manu. Entre os eleitos se contavam muitos que, em nossos tempos, pertencem ou têm pertencido à Sociedade Teosófica,[92] e deles enviou o Manu algumas famílias como pioneiros. Na terceira geração, Marte e Mercúrio reencarnaram entre os descendentes dessas famílias, e depois reencarnaram o Manu e outros egos superiores, com o propósito de especializar o projetado tipo da sub-raça, formando um corpo no qual se encarnou de novo o Manu ao chegar o conveniente grau de especialização.

Esse grupo de egos superiores são os encarregados de estabelecer o tipo de toda nova sub-raça, até dar-lhe sua maior perfeição. Tal é a Idade de Ouro a que todas as nações voltam os olhos em dias posteriores. Depois vêm os egos mais jovens para se encarnarem no tipo e prosseguir adiante, mas são por si só incapazes de mantê-lo no nível estabelecido. Sempre que isto ocorre, um grupo destes egos jovens prepara o caminho, e depois recebe a ajuda de egos superiores da categoria de Mestres, que proporcionam corpos para a maioria do povo, que os toma e estabelece o novo tipo. Os egos jovens se agrupam então e fazem quanto lhes compete, guiados no princípio por alguns dos mais velhos, até que se deixa que eles por si mesmos aprendam as lições por experiências.

Entre os egos jovens escolhidos para formar as primeiras famílias de pioneiros, vemos Héracles, filho de Corona com Teodoro, tendo Sírio por esposa, uma mulher alta, musculosa, muito ciosa de sua casa e em extremo amante de sua numerosa prole, na qual descobrimos Alcione, Mizar, Urano, Selene e Netuno.[93] De uma invasão Héracles trouxe como cativos alguns nobres tlavatlis, e ao filho de um deles, Ápis, deu em matrimônio sua sobrinha Gêmini com muito desgosto da altiva família ária, que considerou desigual aquela união, porque adulterava a pureza do seu sangue; mas sem dúvida o dispôs assim Manu, a fim de misturá-lo um tanto com o sangue tlavatli. Desse matrimônio nasceram dois lindíssimos gêmeos: Espiga e Fides. Entre as famílias emigrantes Heitor e Aurora constituíram outro matrimônio, e sua filha Albireu casou-se com Selene, tendo Mercúrio por filho. Urano se uniu com Andrômeda, gerando Marte e Vênus, e Vulcano apareceu como filho de Alcione.

Notará o leitor que Urano e Netuno, hoje Mestres, nasceram na segunda geração; que Marte e Vênus, também hoje Mestres, se encarnaram na família daqueles na terceira geração; que Mercúrio, também atualmente Mestre, nasceu na terceira geração como filho de Selene, e o de igual categoria, Vulcano, na mesma geração como filho de Alcione. O Manu se encarna na quarta geração, como filho de Marte e Mercúrio.

Alguns de nossos amigos, entre eles Castor e sua mulher Rhea, viviam na Cidade da Ponte. Consideravam eles uma insensatez emigrar aos vales para fundar uma nova civilização, quando era tão excelente a do país, pois não valia a pena ir plantar nabos num vale agreste em vez de viver culta e refinadamente na cidade. Além do mais, a nova religião seguida pelos moradores do vale parecia aos habitantes da cidade totalmente desnecessária, pois a antiga era muito melhor.

Lachesis, outro dos amigos que acompanham Castor no decorrer do tempo, era um rico mercador, cujo filho Velleda, de caráter intratável, desgostava os paroquianos com os seus excessos, o que aborrecia bastante o seu cortês pai. Estava Lachesis casado com Amalthea, que fugiu em companhia de seu amante Calypso; mas os da cidade julgaram desfavoravelmente tal conduta, não os quiseram receber nela, e os dois amantes se viram obrigados a refugiar-se no vale, onde não encontraram melhor acolhida.

Cruz foi o príncipe tolteca que de Poseidonis veio visitar a Cidade da Ponte, e em seu séquito observamos a presença de Foceia.

Durante alguns séculos cresceu e se multiplicou o povo estabelecido no vale, progredindo na especialização do tipo, até que no ano 40000 a.C. julgou o Manu que já era bastante numeroso e estava suficientemente preparado para esparramar-se pelo mundo. Assim o enviou sob a direção de Marte, auxiliado por Corona e Teodoro, para tornar a percorrer o caminho pelo qual mil anos antes haviam vindo com o intento de arianizar os descendentes dos árabes que deixaram atrás deles. Porque, de todos os atlantes, eram esses árabes os que estavam mais próximos de possuir as novas características.

Estavam os árabes ainda no lugar onde os havia estabelecido o Manu, e constituíam certo número de tribos, semicivilizadas, que ocupavam toda a península arábica, com umas tantas colônias na costa somali. Por essa época reinava na região agora chamada Pérsia e Mesopotâmia um poderoso monarca de sentimentos amistosos, pelo que o Manu, colocando-se mais tarde à testa dos emigrantes, conseguiu facilmente permissão para atravessar com seus seguidores o país ao longo de uma via cuidadosamente indicada e guardada. Convém assinalar que o caráter desta emigração diferiu das dos anos posteriores, pois quando se encaminharam para a Índia, se pôs em marcha toda a tribo, inclusive velhos, mulheres e crianças; mas no caso presente os velhos e os pais de família com muita prole ficaram atrás e se confiou o êxodo aos homens úteis para a guerra, com suas esposas e um número relativamente exíguo de crianças. Muitos eram jovens solteiros. Ascendiam os combatentes a 150.000, e as mulheres e crianças a 100.000.

Dois anos antes o Manu havia enviado mensageiros para advertir os árabes de Sua chegada; mas esta notícia não foi recebida de todo favoravelmente, e por isso o Manu não estava muito seguro de ser acolhido com agrado. Depois de atravessar a faixa de deserto que então, como agora, separava a Arábia do resto do mundo, e quando esteve à vista dos acampamentos árabes, deparou o Manu com uma tropa de cavalaria que imediatamente atacou a vanguarda de Seu exército. Facilmente repeliu o Manu o ataque e fez alguns prisioneiros, aos quais tratou de convencer de seus propósitos pacíficos. Havia se alterado de tal modo o idioma, que lhes foi muito difícil se entenderem; mas por fim logrou o Manu tranquilizar os prisioneiros, e despachou-os para lhes preparar uma entrevista com seu chefe. Depois de algumas dificuldades e de trocar umas tantas mensagens, chegou o chefe árabe com ânimo suspeito e rebelde a uma conciliação, até que de sua longa conferência com o Manu saiu com atitude diferente e pôde servir-se daquela estranha invasão em seu proveito próprio. Ele andava mortalmente inimizado com uma tribo vizinha e como não tinha forças suficientes para resistir ao notoriamente poderoso exército do Manu, pensava que ao aliar-se com aqueles estrangeiros poderia dar boa e rápida conta de seus inveterados inimigos. Por este motivo, tomou uma atitude contemporizadora e permitiu que os invasores se estabelecessem num vasto e despovoado vale nos confins de seu território.

Agradecidos, aceitaram os ários o oferecimento, e muito logo mudou de aspecto aquele vale. Como procediam de uma nação eminentemente civilizada, eram entendidos nas artes do cultivo e não tardaram em ter o vale bem regado por uma caudalosa corrente que o atravessava de um lado a outro. Ao cabo de um ano não lhes restava nem um recanto de terra inculta e haviam obtido já algumas colheitas excelentes. Aos três anos estavam definitivamente estabelecidos, na próspera comunidade, com recursos próprios.

Contudo, o chefe árabe que os havia acolhido não estava de modo algum satisfeito, mas via com ciúmes seus progressos, dizendo que como o vale formava parte de seus domínios, a seu povo e não a estrangeiros correspondia aproveitar-se daquelas melhorias. Além disso, quando aquele chefe solicitou o auxílio do Manu em suas excursões depredatórias, respondeu-lhe Este que, embora estivesse sempre disposto a defendê-lo de toda agressão, não queria participar de um injustificado ataque a um povo pacífico. A resposta encolerizou o árabe, a ponto de, para fortalecer seu poder, concluir um tratado de paz com seu hereditário inimigo, ao qual induziu a coligar-se com ele contra os invasores.

Todavia, fracassou este plano, porque o Manu desbaratou as tropas coligadas, e como os chefes militares morressem na batalha, Ele erigiu-se em soberano de ambos os países, cujos súditos O reconheceram resignadamente e muito logo passaram a ver que o regime lhes dava maior prosperidade e alegria com menos guerras e mais trabalho. Deste modo assegurou o Manu Seu domínio sobre a Arábia, procedendo à arianização de seus novos subordinados tão logo lhe foi possível. De vez em quando tiveram de rechaçar ataques de outras tribos que, invariavelmente derrotadas com graves perdas, compreenderam depressa a conveniência de não incomodar seus vizinhos.

Com o passar dos anos, foi prosperando poderosamente e tornando-se cada vez mais forte o reino do Manu, enquanto que as lutas internas debilitavam as tribos fronteiriças. Em consequência, pouco a pouco e segundo iam se oferecendo as ocasiões, o Manu as anexou uma após outra, geralmente sem derramamento de sangue e com prévio e pleno consentimento da maioria. Antes de Sua morte, ocorrida quarenta anos mais tarde, a metade setentrional da Arábia estava sujeita à Sua obediência e podia considerar-se definitivamente ária.

Também poderia ter estendido Sua soberania para o Sul; mas surgiu ali um apóstolo fanático,[94] que em suas pregações recordava ao povo que todos pertenciam a uma raça escolhida e lhes era necessário observar o mandamento que em passados tempos lhes dera seu Manu, ao proibir-lhes se casar com estrangeiros; e, portanto, não deviam misturar seu sangue com o daqueles pagãos de ignorada origem, cuja suspeita civilização e odiosa tirania negavam ao homem o inalienável direito de matar livremente outro quando bem lhe parecesse. Estas pregações avivaram a intensa repugnância a todo controle que é o rasgo principal do caráter árabe, e abandonando as discórdias que durante séculos as haviam perigosamente inimizados, uniram-se as tribos do Sul contra o seu reencarnado Chefe, e se Lhe opuseram em Seu próprio nome, pois o grito de coalizão contra Ele foi o Seu primitivo mandamento de se conservar a pureza da Raça.

Estranho parecia que o Manu pudesse estar deste modo lutando contra Si mesmo; mas Alastor era tão só um anacronismo contra o qual não cabia ação possível. Quando o Manu teve necessidade de selecionar um povo, proibiu o matrimônio com pessoas estranhas; mas quando quis arianizar os descendentes de Seus primitivos eleitos, foi essencial a mistura de sangue. Não obstante, Alastor, como muitos de sua laia, reputava herético tudo quanto significasse progresso e adaptação, e prevaleceu-se do fanatismo de seus sequazes.

No decurso dessa longa luta, durante um intervalo de relativa paz, teve o Manu a satisfação de receber a visita de Seu poderoso irmão, o Mahaguru (o futuro Buda), reencarnado na segunda sub-raça antes de começar esta o seu dilatado período de conquistas, a fim de doutriná-la na nova religião que havia já pregado no Egito, como reforma da antiga ali dominante.

O grande império atlante do Egito (em luta com o Manu Vaivasvata, quando Este livrou Seu povo do cataclismo de 75025 a.C. e o conduziu para estabelecer-se na Arábia) pereceu com a submersão do país no fundo das águas. Posteriormente se estabeleceu nas pantanosas terras, já habitáveis, um povo de raça negra que permaneceu ali por algum tempo, deixando bárbaros vestígios de sua ocupação. Sucedeu-o o segundo império atlante, com uma poderosa dinastia de reis divinos e muitos dos heróis aos quais mais tarde a Grécia honrou como semideuses, entre eles Hércules ou Héracles, o das doze façanhas, cuja tradição passou para a Grécia. Esse império atlante subsistiu até além do ano 13500 a.C., quando os ários procedentes do sul da Índia fundaram ali um império de sua própria raça. Portanto, ainda subsistia no ano 40000 a.C. (ou seja, na época em que o Manu esteve pela segunda vez na Arábia), e havia chegado a muito alto ponto de majestosa e esplêndida civilização. Tinha templos tão magníficos como o de Karnak, com longas e escuras galerias e um pomposo ritual correspondente a ensinamentos religiosos completos.

Os egípcios eram uma raça de arraigados sentimentos religiosos e acomodavam sua vida aos fundamentos da fé com tal intensidade, que dela seria pálido reflexo a devoção dos católicos romanos e anglicanos no dia da Sexta-feira Santa. Tinham muita receptividade psíquica e notavam a ação das influências suprafísicas, pelo que criam sem traços de ceticismo na existência de Seres e mundos superiores. Edificaram magníficos templos para despertar ideias de grandiosidade e reverência na mente do povo, de modo que a sua religião lhe enaltecia todo o esplendor e colorido da vida. O povo se vestia comumente de branco; mas as procissões religiosas se assemelhavam a soberbos rios de vivas cores, que resplandeciam entre o ouro e as pedras preciosas. As cerimônias com que se comemorava a morte de Osíris eram de palpitante realidade, e o povo sentia verdadeira dor ao recordar o assassinato de Deus, pois chorava e gemia ruidosamente, possuída de apaixonada emoção ao clamar pela volta de Osíris.

Entre esse povo se reencarnou o Mahaguru, na personalidade de Tehuti ou Toth, chamado depois Hermes pelos gregos. Veio ensinar a sábia doutrina da "Luz Interna" aos sacerdotes dos templos que formavam a poderosa hierarquia sacerdotal do Egito, presidida pelo Faraó. No recinto interno do templo principal lhes foi ensinada a doutrina da "Luz que ilumina todo homem que vem ao mundo". Esta frase de Hermes foi se transmitindo de lábio em lábio através dos séculos, até ficar com as mesmas palavras egípcias no quarto Evangelho. O Mahaguru ensinou aos sacerdotes a universalidade da Luz, símbolo de Deus, que mora no coração de todo homem, e assim diz:

> Sou aquela Luz. Aquela Luz sou eu. Aquela Luz é o verdadeiro homem, ainda que os homens não a reconheçam e a menosprezem. Osíris é a Luz. Procede da Luz. Mora na Luz. É a Luz. A Luz está oculta em toda parte, nas rochas e nas pedras. Quando um homem se identifica com Osíris, que é a Luz, identifica-se também com tudo de que era parte, e então vê a Luz em todos os seres, por densamente velada, oprimida e oculta que esteja. A Luz é e o demais não é. A Luz é a vida dos homens. Ainda que os sacerdotes celebrem gloriosas cerimônias e tenham muitos deveres para cumprir, e possam auxiliar por muitos meios aos homens, aquela Luz está mais próxima do coração de todo homem do que qualquer outra coisa. Porque a Realidade está mais próxima de todo homem do que qualquer cerimônia, pois basta ele olhar o seu interior para ver a Luz. Tal é o objetivo de toda cerimônia, e as cerimônias não têm de ser suprimidas, porque não vim destruir e sim completar. O sábio transcende a cerimônia e vai a Osíris, vai à Luz, Amon Rá, de quem tudo procede e a quem tudo há de voltar.
>
> Osíris está em todos os céus; mas também está no coração do homem. Quando o Osíris do coração conhece o Osíris dos céus, o homem se converte em Deus, e Osíris, num tempo mutilado em fragmentos, recobra sua integridade. Mas eis que Osíris, o divino Espírito e Ísis, a Mãe eterna, dão vida a Hórus, o homem nascido de ambos e, contudo, uno com Osíris. Em Osíris se submerge Hórus, e Ísis, que fora a Matéria, se torna por meio dele a rainha da Vida e a Sabedoria. E Osíris, Ísis e Hórus nascem todos da Luz.
>
> Dois são os nascimentos de Hórus. Ele nasce de Ísis, como o Deus nascido na humanidade, tornando carne da Mãe Terna, a Matéria, a Perpétua Virgem. Nasce de novo em Osíris, redimindo sua Mãe de sua longa busca dos membros de seu esposo, espalhados pela terra. Nasce em Osíris quando Osíris do coração vê Osíris dos céus, e sabe que ambos são um.

Isso o ensinou o Mahaguru, e se regozijaram os sábios sacerdotes. Ao rei Faraó deu este lema: "Busca a Luz". Porque dizia que unicamente pode governar bem o monarca que vê a Luz no coração de todos os seres. Ao povo deu este outro lema: "Tu és a Luz; deixa que a Luz brilhe". Hermes inscreveu este lema ao redor do pórtico de um grandioso templo, de modo que o letreiro subia por uma coluna, seguia pelo travessão e baixava pela outra coluna. O mesmo lema foi inscrito detrás das portas das casas; da entrada em que estava inscrito se extraíram pequenas reproduções de metais preciosos, e também de barro cozido envernizado de azul com betas escuras, para que mesmo as pessoas mais míseras pudessem adquiri-las.

Outro lema favorito foi: "Segui a Luz", que mais tarde passou para o Ocidente transformado no de: "Segui o Rei", adotado pelos cavalheiros da Távola Redonda. O povo costumava dizer a seus mortos: "Foi-se para a Luz".

A alegre civilização egípcia aumentou ainda mais seu júbilo porque Hermes, a encarnação da Luz, havia morado em seu meio. Os sacerdotes a quem ensinara, transmitiram Seus ensinamentos e instruções secretas, envoltas em seus Mistérios, e de todos os países vieram estudantes aprender a "sabedoria dos egípcios", cujas escolas adquiriram fama pelo mundo inteiro.

Por essa época Hermes foi à Arábia, com o propósito de ensinar os chefes da sub-raça ali estabelecida. Muito se alegraram o Mahaguru e o Manu em se apertarem as mãos e ver seu sorriso refletido nos olhos um de outro. Naquele Seu desterro se recordaram de Sua longínqua mansão solitária, da Cidade da Ponte e da Ilha Branca; pois até os Seres superiores se sentem às vezes pesarosos, enquanto convivem entre as mesquinharias dos ignorantes homens.

Deste modo adveio o supremo Instrutor à segunda sub-raça e lhe deu o ensino da "Luz Interna".

Mas voltemos à história do desenvolvimento desse povo na Arábia. Em consequência da oposição suscitada no Sul por Alastor contra o Manu, ficou dividida a península em duas partes, e durante muitas gerações se contentaram os sucessores do Manu com o seu próprio reino, sem ideia de ampliar o território. Passados alguns séculos, subiu ao trono um monarca mais ambicioso, que, aproveitando-se das discórdias internas do sul, lançou seus exércitos em direção ao mar e se proclamou imperador da Arábia. Ele permitiu aos seus novos subordinados o exercício de seu próprio culto, e estes não exageraram sua resistência ao vencedor, ao se convencerem das vantagens do seu regime sobre o anterior.

Contudo, um grupo de fanáticos meridionais creram seu dever protestar contra o que consideravam o triunfo do mal. Liderados por um profeta de rude e fogosa eloquência, abandonaram sua conquistada pátria e se estabeleceram na fronteiriça costa somali, onde se multiplicaram e subsistiram durante alguns séculos sob o governo do profeta e seus sucessores, até sobrevir um acontecimento que determinou uma cisão entre eles. Soube-se que o profeta reinante na ocasião, enquanto por um lado proclamava fanaticamente a pureza da raça, havia se amigado com uma jovem negra do interior do país. Quando isto veio a tona, houve sério alvoroço; mas o profeta se revelou à altura da situação, e promulgou como nova revelação a ideia de que a severa proibição de se casar com estrangeiros tinha por único objetivo impedir que se misturassem com os invasores do norte e não podia aplicar-se às mulheres negras, que tinham que ser consideradas como escravas, mercadorias ou gado, e não como esposas. Este audacioso pronunciamento dividiu a comunidade em dois grupos. A maioria o aceitou com vacilação no princípio e com tanto entusiasmo depois, que houve copiosa procura de escravas negras; mas uma não escassa minoria se rebelou contra a inovação, qualificando-a de astuto artifício para encobrir libidinosos apetites, como de fato o era.

Ao se verem desatendidos, estes últimos se separaram horrorizados da maioria, dizendo que não queriam viver por mais tempo com hereges que haviam abandonado todos os seus princípios. Um ambicioso pregador, perpétuo aspirante à chefatura, se pôs à testa dos descontentes, que em numerosa caravana partiram cheios de santa indignação. Rodearam a costa do golfo de Aden até chegar à do Mar Vermelho, de onde eventualmente se encaminharam para o Egito. Sua singular aventura impressionou o faraó que lhes ofereceu um distrito fronteiriço de seu reino caso decidissem estabelecer-se ali. Os imigrantes aceitaram o oferecimento, e ali viveram e prosperaram pacificamente durante séculos, ao benevolente amparo do governo egípcio, ainda que sem se misturar de modo algum com o seu povo.

Mas veio um tempo em que um faraó quis gravar-lhes os tributos e forçá-los ao trabalho em obras públicas, o que consideraram lesivo aos seus privilégios, e em consequência, emigraram em massa rumo à Palestina, onde se estabeleceram. Este é o povo, chamado na história, hebreu ou judeu, que ainda mantém tão firmemente, como sempre, a sua crença de ser o povo escolhido.

Os que em maioria ficaram em Somali tiveram também suas aventuras. Por causa do tráfico de escravas, iniciaram maiores relações com as tribos do interior, às quais até então haviam mantido rigidamente refreadas fora dos limites do território nacional. Mas percebendo os selvagens a riqueza que poderiam conseguir de roubos feitos aos semicivilizados, fizeram frequentes incursões na colônia e acossaram tanto os seus membros que, depois de obrigá-los a lutar durante muitos anos e a perdas de milhares de vidas, com diminuição de seu território, levaram-nos a abandonar suas casas e a emigrar uma vez mais através do golfo de Aden para a terra de seus antepassados. Foram ali recebidos amistosamente, e desde logo absorvidos na massa geral da população. Eles se chamaram "os verdadeiros árabes", embora merecessem tal título menos que qualquer outro; e ainda hoje é tradição de que os verdadeiros árabes desembarcaram em Aden e pouco a pouco se foram estendendo para o norte. De outro lado, os atuais árabes hamyaríticos do sul do país mostram indissipáveis sinais de sua mistura com a raça negra de há milhares de anos. Segundo a lenda, os moçárabes ou árabes adicionais do hemisfério norte se internaram de algum modo, durante longo tempo, na Ásia, muito além da Pérsia, e depois retornaram, trazendo consigo muitos traços de sua permanência em países estranhos.

A segunda sub-raça progrediu e aumentou, florescendo esplendidamente durante muitos milhares de anos, e estendendo seu domínio sobre quase toda a África, exceto na parte que se achava em mãos do Egito. Certa vez, muito mais tarde, invadiram o Egito e por breve tempo ali governaram como os reis hicsos. Todavia, o apogeu de sua grandeza foi na época em que governaram a grande ilha de Argélia, e ao longo da costa oriental chegaram até o cabo da Boa Esperança, onde fundaram um reino que abrangia as atuais regiões de Matabelelândia, Transvaal e Lourenço Marques.

Depois de vários renascimentos na Arábia, nossa multidão de pioneiros interveio na fundação do império sul-africano, em cujo trono vemos Marte, com seu fiel Héracles como governador de uma província. Sírio também nasceu em Mashonalândia e foi marido de Alcione, entre cujas escravas negras encontramos Bóreas, que em muitas existências teria que ser seu fiel servidor.

A Matabelelândia era formosa, com seus vales povoados de graciosas árvores e repletos de manadas de antílopes. Edificaram grandes cidades de tipo maciço, predileto da raça, com magníficos templos, e a civilização ali desenvolvida não deixou de ter seu valor. Mas entre o atraso dos indígenas africanos e a cultura dos árabes conquistadores, se abria um abismo impossível de transpor, e por isso os africanos ficaram em completa sujeição, desempenhando as funções de lavradores e criados.

Os árabes fundaram também colônias na costa ocidental da África, onde se chocaram com os guerreiros de Poseidonis e tiveram de se retirar.

O império meridional invadiu a ilha de Madagáscar com o propósito de ocupá-la, mas tão só conseguiram manter umas tantas colônias em diversos pontos da costa.

Ao desmembrar-se turbulentamente o grande império sumero-acadiano da Pérsia, Mesopotâmia e Turquestão, um monarca árabe concebeu a ideia de reunir sob seu cetro os pequenos Estados resultantes do desmembramento. Posto à frente de seu exército, empreendeu contra eles uma obstinada guerra, que durou vinte anos e o tornou dono das planícies da Mesopotâmia e de quase toda a Pérsia, até o vasto lago salgado de Khorasan, que hoje é deserto. Contudo, não pôde conquistar o Curdistão nem submeter as tribos montanhesas que acossavam as tropas em sua marcha. Morto o monarca, seu filho resolveu prudentemente mais consolidar do que estender o seu império, cuja unidade se manteve por alguns séculos e teria podido durar muito mais, se não sobreviessem na mesma Arábia discórdias dinásticas de que o governador da Pérsia, primo do soberano árabe, se aproveitou para proclamar-se independente. A dinastia árabe, assim fundada, durou dois séculos, ainda que sacudida por incessantes guerras, até se desagregar o reino em pequenas tribos que teriam de sofrer frequentes correrias dos nômades selvagens da Ásia central, que desempenharam papel tão proeminente na história daquela região. Outro monarca árabe estimulado pelos relatos das fabulosas riquezas da Índia, expediu uma frota para atacá-la, mas a expedição redundou num completo fracasso; sua frota foi prontamente destruída e seus homens mortos ou feitos prisioneiros.

Após o colapso final do império árabe da Pérsia e Caldeia, sucederam-se séculos de sangrenta anarquia, que deixou quase despovoados esses países; até que, por último, resolveu o Manu vir-lhes em auxílio, enviando-lhes Sua terceira sub-raça, que fundou o grande império persa dos iranianos.

CAPÍTULO 18
TERCEIRA SUB-RAÇA – A IRÂNIA

Temos de voltar novamente à Cidade da Ponte, ainda esplendorosa, embora já em decadência, porque chegamos ao ano 30000 a.C. Decorreu um espaço de dez mil anos depois da expedição da segunda sub-raça, antes que o Manu iniciasse a da terceira. Os homens destinados a esse trabalho haviam sido cuidadosamente preparados durante muitos séculos, como os outros. O Manu os havia conservado apartados em Seus vales montanhosos, e os desenvolveu até que adquiriram um tipo bastante peculiar. Na primitiva seleção dentre os atlantes, o Manu incluiu uma curta proporção do melhor da sexta sub-raça atlante, utilizando nesta ocasião as famílias que haviam conservado com maior pureza o sangue acadiano. Dispôs também que se encarnasse nela nosso grupo de pioneiros, dos quais foram destacados um ou dois para trazer infiltrações de sangue acadiano de países ocidentais. Assim vemos que o garboso e robusto jovem Héracles, dolicocéfalo e acadiano de sangue limpo, chega à Cidade da Ponte numa caravana vinda de seu país nativo, a Mesopotâmia. Havia se unido à caravana por espírito de aventura, pelo juvenil desejo de ver o mundo, e seguramente sem a menor ideia de que o Manu o havia enviado a renascer na Mesopotâmia para logo restituí-lo à Ásia Central, onde se reuniria aos seus antigos amigos na acostumada obra de exploração. Héracles ficou intensamente atraído pelo esplendor e beleza da antiga e ordenada civilização que deparou, e muito logo o ligou a ela definitivamente o amor sentido por Orim, filha de Sírio.

Esses amores desagradaram Sírio e sua esposa Mizar, porque Sírio, filho menor do Manu Vaivasvata e Mercúrio, desaprovava a entrada de um jovem acadiano no seio de sua família. Contudo, uma insinuação do Manu, seu pai, bastou para movê-lo à condescendência, porque, como sempre, Sírio era solícito para obedecer à autoridade, e o Manu era ao mesmo tempo seu pai e seu rei. A fim de cumprir a lei estabelecida pelo próprio Manu, era necessário que uma família ária adotasse Héracles, e disso se encarregou a de Osíris, irmão mais velho de Sírio.

O Manu era já muito velho, e como não necessitava de Sírio para Seu sucessor, enviou-o com sua família (inclusive seu genro Héracles e filhos)[95] ao vale escolhido para a formação da terceira sub-raça, onde o digno e respeitável Palas (posteriormente Platão) exercia a função de sacerdote, e Hélios, a de sacerdotisa.

O povo daquele vale, à proporção que se multiplicava, tornava-se mais pastoril do que agricultor, e mantinha numerosos rebanhos de carneiros e gado, além de muitos cavalos.

O Manu, que nessa ocasião havia alterado notavelmente o Seu aspecto físico, adveio à terceira sub-raça, na quinta geração, e deixou que o povo fosse se multiplicando durante uns dois mil anos, até que pôde pôr em pé de guerra 300.000 combatentes, capazes de suportar marchas fatigantes e forçadas. Então dispôs que se reencarnassem Marte, Corona, Teodoro, Vulcano e Vajra para serem capitães de Sua hoste, por Ele próprio comandada. A emigração não teve desta vez o caráter comum de êxodo, senão que simplesmente consistiu na mobilização do exército, pois as mulheres e as crianças ficaram no vale sob o acertado governo das vigorosas e nobres matronas Netuno e Osíris, respectivas esposas de Marte e Corona.[96]

Formavam o Estado Maior dos líderes uma vistosa guarda de jovens solteiros, orgulhosos e satisfeitos de si mesmos e sempre dispostos a transmitir as ordens por toda a parte, com o entusiasmo a que os movia a ideia de prestar um bom serviço ao combaterem às ordens do próprio Manu.

Mas a marcha não era muito divertida, porque atravessavam um país de difícil passagem e foi-lhes preciso transpor a cordilheira de Tian-Shan que dava acesso para a região de Kashgar, cuja maior altura é de 2.770 metros, se bem que em muitos trechos do caminho seguiram o curso de um rio que percorria fossos de valas rasas. O Manu conseguiu vencer facilmente, com Seu altivo exército de 300.000 homens, as nômades hordas que se aventuraram a conter-lhe o passo pelos desertos da região de Kashgar. Aquelas tribos faziam grande ruído pelos flancos do exército e sustentavam um ou outro combate menos importante, sem se empenharem em batalha formal. Brandiam lanças, curtas umas e compridas outras, assim como, também, espadas curtas e fortes, arcos e fundas. A cavalaria ia armada de lanças e espadas com escudos envolvendo as costas; os infantes usavam lanças; e marchavam um corpo de arqueiros, no centro do exército, e outro de combatentes com funda, em seus flancos.

Algumas vezes, ao se aproximarem de um povoado, os habitantes saíam a recebê-los alegremente e lhes proporcionavam gado e abastecimentos de toda espécie. Como temiam e odiavam as guerreiras tribos montanhesas, cujas correrias e depredações os assolavam, inclinavam-se por um poder que ali restaurasse e mantivesse a ordem.

A Pérsia foi submetida sem muita dificuldade no curso de dois anos e depois a Mesopotâmia foi subjugada. O Manu estabeleceu destacamentos militares a intervalos frequentes, e distribuiu o país entre os Seus generais. Construíram-se fortes, primeiro de terra e depois de pedra, até formar uma rede sobre todo o território, para impedir o ataque dos montanheses. Não se tomou nenhuma iniciativa para conquistar as agressivas tribos, porém estas ficaram praticamente confinadas aos seus redutos e completamente impedidas de saquear os pacíficos habitantes da planície.

Os componentes da guarda, já barbudos e veteranos guerreiros, acompanharam seus chefes por toda a parte, e o país foi conquistado numa arrancada, descendo até o deserto ao Sul e subindo até as montanhas curdas ao Norte. Durante alguns anos travaram-se combates eventuais, e só quando o país ficou completamente pacificado e organizado, é que o Manu mandou vir para ali a vasta caravana de mulheres e filhos dos soldados, que haviam ficado no vale da terceira sub-raça.

A chegada da caravana foi motivo de intensa satisfação, e os casamentos absorveram as ocupações do dia. Héracles e Alcione se enamoraram de uma mesma jovem, Fides, formosa e decidida. Ela preferiu Alcione, e o desconsolado Héracles resolveu suicidar-se, já que a vida não lhe tinha mais nenhum valor. Mas seu pai, Marte, interveio na questão, impedindo-o de cometer uma loucura, e o mandou à frente de uma expedição contra o insurgido chefe militar Trapezium. Nestas condições serenou-se o ânimo de Héracles, que derrotou o seu adversário e retornou completamente satisfeito, casando-se depois com Psiquis, sobrinha de Marte, que a adotou ao morrer-lhe o pai no campo de batalha.

Durante cinquenta anos o Manu governou pessoalmente o novo império, cujas províncias visitou diversas vezes e confiou seu governo a pessoas de Sua família. Mas, pouco antes de morrer, Ele abdicou a coroa da Ásia Central em Seu neto Marte e deu em soberania independente o reino da Pérsia a Seu outro neto Corona, com Teodoro por governador da Mesopotâmia. Desde então foi aumentando o poderio da terceira sub-raça, que em poucos séculos dominou toda a Ásia Ocidental, do Mediterrâneo aos Pamires e do Golfo Pérsico ao Mar de Aral. Com algumas variações, esse império subsistiu até cerca do ano 2200 a.C.

Neste longo período de 28.000 anos ocorreu um sucesso de suprema importância: o advento do Mahaguru na figura do primeiro Zarathustra, para fundar a religião mazdeísta, ou a do fogo, no ano 29700 a.C.

O país havia atingido uma notável organização sob o cetro dos reis sucessores de Corona, de cuja dinastia era Marte (reencarnado, por certo) o décimo. O regime militar já havia passado, embora eventuais correrias recordavam aos habitantes a vizinhança das turbulentas tribos do outro lado do cinturão de fortes, então bem construídos e poderosos. Era um povo principalmente agrícola, ainda que tivesse numerosos gados e rebanhos, que aguçavam as incursões dos montanheses.

O segundo filho de Marte era Mercúrio, cujo corpo foi escolhido para ser o veículo do Supremo Instrutor. Súrya foi o Sumo Sacerdote, o hierofante da época, que chefiava a religião do Estado, uma mistura de culto dos astros e da natureza. A autoridade do Sumo Sacerdote era imensa, principalmente em razão de seu cargo, mas também porque era de sangue real. Tanto o pai de Mercúrio como o Sumo Sacerdote receberam prévio aviso de que o menino estava destinado a entregar seu corpo para uso do Mahaguru, e, em consequência, Súrya o havia educado solicitamente desde a infância, com a ajuda do pai, tendo em vista o seu glorioso destino.

Chegou o dia de aparecer pela primeira vez em público o Mahaguru, que veio de Shamballa em Seu corpo sutil e tomou posse do corpo de Mercúrio. Do palácio real saiu uma grande procissão, que se dirigiu para o Templo metropolitano da cidade. Nela ia, à direita, sob um dossel de ouro, o rei em porte majestoso, e à esquerda, sob o seu dossel coalhado de pedraria, marchava o Sumo Sacerdote. Entre ambos, numa cadeira de ouro, carregada ao ombro para que todos o pudessem ver bem, conduzia-se o segundo filho do rei, conhecido de todo o povo. Mas o que havia que estava provocando murmúrio de surpresa, de maravilha, à medida que ele passava? Era aquele realmente o príncipe que haviam conhecido desde a infância? Por que era ele conduzido erguido, como a figura central da procissão, ao passo que o rei e o hierofante marchavam humildemente a seu lado? Que era aquela nova majestade, aquela dignidade desconhecida, aquela vista tão terna e ao mesmo tempo tão penetrante que atravessava toda a multidão? O príncipe que viram crescer não tinha tal porte nem os olhara daquela maneira...

O desfile da procissão prosseguiu até penetrar no vasto pátio do Templo, já tomado pela multidão, que vestia os vistosos trajes de festa com mantos da cor de seu respectivo planeta. De ambos os lados da escadaria que ascendia até a plataforma fronteira ao portal do Templo, alinhavam-se os sacerdotes revestidos de brancos hábitos até os calcanhares com matizadas sobrevestes de seda. No centro da plataforma havia se levantado um altar, e sobre este, um feixe de lenha, e recendia uma fragrância de goma e incenso, mas sem fumaça, pois a lenha, com surpresa do povo, não tinha fogo aceso.

A procissão chegou até o degrau inferior da escadaria, onde se detiveram todos, menos os três personagens principais, que subiram por ela, colocando-se o rei e o hierofante à direita e à esquerda, respectivamente, do altar, e no centro, atrás de ambos, o príncipe, em cujo corpo se havia infundido o Mahaguru.

Em seguida Súrya, o hierofante, falou aos sacerdotes e ao povo, dizendo-lhes que já não era o príncipe, a quem haviam conhecido, Aquele que estava no altar, mas o Mensageiro do Altíssimo e dos Filhos do Fogo que moravam no longínquo Oriente, de onde haviam saído os seus antepassados. Acrescentou que o Mensageiro trazia a palavra dos Filhos do Fogo a Seus filhos, e que todos O tinham de obedecer, reverenciar e escutar quando falasse em nome d'Eles. Disse também Súrya que, como Chefe da igreja, recebia humildemente o Mensageiro.

Daí, no silêncio da atenta multidão, ressoou a cristalina voz do Mahaguru, e não houve ninguém que não a ouvisse, como se a ele somente lhe falasse. Disse-lhes que O haviam enviado os Filhos do Fogo, os Senhores da Chama, residentes na sagrada cidade da Ilha Branca, a longínqua Shamballa, e que lhes trazia uma revelação d'Eles, um símbolo que sempre Os recordaria em suas mentes. Ensinou-lhes que o fogo, o mais puro dos elementos e o purificador de todas as coisas, seria para eles, dali em diante, o símbolo do mais sagrado. Prosseguiu dizendo que o fogo estava plasmado no Sol dos céus e, embora oculto, ardia também no coração do homem. Que era calor, luz, saúde e força, e que nele e por ele tudo tinha movimento e vida. Muito lhes ensinou, também, do profundo significado do fogo e como deviam ver em todas as coisas a presença oculta desse elemento.

Dito isto, levantou o Mahaguru a mão direita e, oh maravilha!, brandia nela um resplandecente cetro como se fosse um feixe de luz que de todos os lados emitisse chispas de fogo. Ele apontou o cetro para o Oriente celeste e pronunciou em alta voz algumas palavras de idioma desconhecido; o céu se tornou um manto ardente, e o Fogo desceu até o altar, enquanto sobre Sua cabeça brilhou uma Estrela, que parecia banhá-Lo com seu fulgor. E todos os sacerdotes e o povo prostraram-se de face ao chão; Súrya e o rei se curvaram a Seus pés em sinal de homenagem, e as nuvens de fragrante fumaça vindas do altar envolveram por momentos os três, escondendo-os da vista.

Depois, com a mão levantada em atitude de abençoar, desceu o Mahaguru pela escadaria, e acompanhado do rei e do hierofante, voltaram os três com a procissão para o palácio de onde haviam saído. E o povo se maravilhou com vivo contentamento de que o Deus de seus pais se houvesse lembrado dele ao lhe enviar a Palavra de Paz. E levaram para suas casas as flores que sobre eles haviam chovido do céu ao descer o fogo, guardando-as em seus relicários, para vinculada herança das gerações futuras.

O Mahaguru permaneceu na cidade durante considerável tempo, e diariamente ia ao Templo para instruir os sacerdotes. Ensinou-lhes que o fogo e a água purificam todas as coisas, e que a própria água ficava purificada pelo fogo, pelo que jamais se deveriam profanar esses elementos. Disse-lhes que todo fogo era o fogo do Sol e estava em todas as coisas, das quais se podia extrair, pois do fogo e da água procediam todas as coisas. O Fogo e a água eram os dois Espíritos; o Fogo era vida e a água, a forma.[97]

O Mahaguru reuniu ao Seu redor uma magnífica assembleia de Mestres e discípulos, e ao partir, deixou-os encarregados da difusão de Seus ensinamentos. A partida do Mahaguru foi tão dramática quanto a Sua primeira pregação. O povo havia se reunido, como de costume, para escutar a Sua palavra, e ninguém suspeitava que o houvesse de ser pela última vez. Estava o Mahaguru na plataforma, mas sem altar, e lhes frisava o dever de adquirir conhecimentos e praticar o amor, persuadindo-os também a seguir e obedecer Súrya, que O substituiria na dignidade de Instrutor. Disse-lhes depois que se ia e os abençoava, e levantando os braços para o Oriente do firmamento, pronunciou em alta voz algumas palavras; e do céu desceu um torvelinho de fogo que, arrebatando-o da vista do povo, O transportou para o Oriente. O Mahaguru havia partido.

O povo deitou então seu rosto em terra, exclamando que Ele era um Deus, e todos se alegravam muito de que houvesse vivido entre eles. Contudo, o rei estava muito triste e durante muitos dias lamentou Sua partida. E Mercúrio, que em seu corpo sutil havia permanecido sempre junto d'Ele para servi-Lo, retornou em Sua companhia à morada dos Santos Seres, e por algum tempo descansou em paz.

Depois de Sua partida, não desapareceu o culto dos astros, já que o povo considerou os ensinamentos do Mahaguru como reforma e não como substituição de sua antiga fé. Continuou adorando a Lua, Vênus, as constelações e os planetas, mas o Fogo foi conservado como sendo a imagem, o emblema e a substância do Sol, e a nova religião foi mais uma ampliação do que substituição da antiga. Gradualmente se tornou cada vez mais forte a crença no Fogo. O Culto Estelar, ou a Astrolatria, emigrou da Pérsia para a Mesopotâmia, onde permaneceu como fé dominante e tomou uma forma muito científica. A Astrologia atingiu ali o seu apogeu, guiando cientificamente os assuntos humanos, tanto públicos como privados. Seus sacerdotes possuíram vastos conhecimentos ocultos, e a sabedoria dos magos se tornou famosa em todo o Oriente. Na Pérsia prevaleceu a religião do Fogo; os profetas posteriores continuaram a obra do grande Zarathustra, e estabeleceram a Fé zoroastriana e sua literatura sagrada, que ainda hoje subsiste.

A terceira sub-raça contava cerca de um milhão de almas ao estabelecer-se na Pérsia e Mesopotâmia, cujas condições de solo e clima favoreceram a sua rápida multiplicação, ao passo que se assimilaram os indígenas, esparsos pelo país por ocasião de sua invasão.

Durante os 28.000 anos do império persa houve, como é natural, muitas alterações. A maior parte do tempo a Pérsia e a Mesopotâmia estiveram separadas, com governos independentes, sob a soberania nominal, ora de um Estado ora de outro. Algumas vezes ambos os países ficaram divididos em pequenos Estados feudatários de um soberano central. Em todo o transcurso de sua história, tiveram de lutar com as dificuldades que lhes opunham os mongóis, de uma parte, ou os montanheses do Curdistão e os hindus do Kush, da outra. Por vezes se viram os irânios obrigados a retroceder diante dessas tribos, e noutras as repeliram ao alargarem as fronteiras da civilização. Houve época em que dominaram a maior parte da Ásia Menor e fundaram colônias temporárias na costa do Mediterrâneo; em outro período de sua história, foram donos das ilhas de Chipre, Rodes e Creta; mas o poderio atlante era demasiado forte naquela parte do mundo, e no geral, evitava todo conflito com aquela raça. Nos limites ocidentais de seu império, as poderosas confederações de Scythia e Hitita lhes disputaram o domínio em diversas fases de sua história; uma vez, pelo menos, conquistaram a Síria, que muito logo abandonaram, por ter sido considerada de escassa utilidade.

Por duas vezes se indispuseram com o Egito, contra o qual pouco puderam fazer. Durante a maior parte do longo período de sua história, mantiveram a civilização em nível muito alto, e numerosos restos de sua pujante arquitetura jazem sepultados sob as areias do deserto. No trono sucederam várias dinastias, e no curso de sua acidentada história prevaleceram diversos idiomas. Evitaram hostilidades com a Índia, da qual os separava uma zona selvática e inóspita. O mesmo se passava nos confins da Arábia, com a qual, por esta razão, não tiveram muitas queixas.

Os irânios eram industriosos, hábeis mercadores e comerciantes; muito mais sedentários que a segunda sub-raça, e com ideias religiosas mais bem definidas. Os parsis superiores de hoje dão uma ligeira ideia do aspecto geral da raça. Os atuais habitantes da Pérsia têm ainda muito sangue iraniano, ainda que bastante misturado com o dos conquistadores árabes. Os curdos, afegãos e baluchis descendem também dos ários, mas com repetidas adulterações.

CAPÍTULO 19

QUARTA SUB-RAÇA – A CÉLTICA[98]

Por essa época a grande Raça Asiática Central se achava em franco declínio, mas o Manu tivera o cuidado de preservar a dignidade, a força e o antigo vigor nas duas ramificações que ele preparara com o maior esmero, para servirem de semente das quarta e quinta sub-raças. Seu processo de preparação diferiu um tanto das primitivas seleções. O tipo da Raça Raiz e os pontos em que se destacava dos atlantes, estavam agora perfeitamente estabelecidos, e assim Lhe foi possível concentrar sua atenção numa outra espécie de especialização.

Os destinados a constituir a quarta sub-raça foram separados, como de costume, num amplo vale montanhoso, não muito longe da capital. O Manu escolheu certo número de pessoas do tipo mais refinado que pôde encontrar na cidade, para com elas formar o núcleo da nova sub-raça, e dividiu em classes a colônia. Como se esforçava por desenvolver certas características, por despertar a imaginação e a sensibilidade artística e estimular a poesia, oratória, música e pintura, não era possível que os indivíduos suscetíveis destas modalidades se dedicassem à agricultura e a outros trabalhos pesados. Todo aquele que denotava talento artístico na escola, recebia educação especial; e assim, por exemplo, Netuno, que revelava aptidão para o recitado foi educado de maneira que pudesse desenvolver esta faculdade artística. Era Netuno muito formoso, pois os artistas dessa sub-raça se caracterizavam por sua beleza física. A massa geral do povo foi também educada de modo que sentisse entusiasmo e devoção por seus líderes. Século de penoso trabalho custou extrair estas qualidades, e tão eficaz foi a obra, que permaneceu como característica especial dos celtas.

O vale era praticamente administrado como um Estado independente, dando-se grande predominância às artes antes citadas e cultivando-se de várias maneiras todas as espécies de arte. Nessas condições, e com o decorrer do tempo, crescia a sub-raça algum tanto presunçosa, porque encarava depreciativamente os demais habitantes do reino, considerando-os como os que nós chamaríamos de "filisteus".[99] Realmente se justificava a sua vaidade, porque eram pessoas de extrema beleza, de gostos refinados, muito cultas e com muito talento artístico.

A época escolhida para enviá-los foi pelo ano 20000 a.C. com ordem de que margeassem a fronteira setentrional do reino persa, para se instalarem entre as montanhas chamadas agora do Cáucaso, então ocupadas por umas tribos selvagens, cujos instintos depreciatórios constituíam uma contínua importunação para a Pérsia. Aproveitando-se desta circunstância, o Manu estabeleceu negociações com o rei da Pérsia, não só para que lhe permitisse a livre passagem e a manutenção de sua numerosa tropa, mas também para que o auxiliasse com um poderoso exército na empresa de submeter os montanheses, e mesmo com esse reforço não foi fácil a tarefa. Os recém-chegados conquistaram logo para si um lugar onde residir, e facilmente derrotaram as tribos quando estas se arriscaram a uma batalha campal; mas nas guerrilhas seu êxito não era completo, e passaram-se muitos anos antes que se pudessem considerar razoavelmente seguros dos ataques. Primeiro se estabeleceram no distrito de Erivan; mas como no decorrer dos séculos fossem crescendo em número, exterminaram ou reduziram as tribos que confinaram, até que por fim se apoderaram de toda a Geórgia e Mingrélia. Ao cabo de dois mil anos haviam ocupado a Armênia e o Curdistão, e posteriormente a Frígia lhes caiu nas mãos, de sorte que eram donos de toda a Ásia Menor e do Cáucaso. Floresceram sobremaneira em seu montanhoso país, até que chegaram a ser uma nação muito poderosa.

Formaram mais uma federação de tribos do que um império, porque o seu território era muito acidentado, com numerosos vales de difícil comunicação. Ainda depois de colonizar a costa do Mediterrâneo, consideravam o Cáucaso como a sua verdadeira pátria, e foi em verdade um segundo centro, do qual a sub-raça saiu para cumprir o seu glorioso destino. Pelo ano 10000 a.C. começaram a retomar sua marcha para o Ocidente, não mais como nação, mas como tribos, pelo que só em número relativamente curto chegaram por fim à Europa, que estavam destinados a ocupar.

Nem mesmo uma tribo marchava como um bloco, mas deixava atrás, em seu vale, grande número de indivíduos para continuar cultivando a terra. Esses se misturaram com outras raças, e os seus descendentes, os atuais georgianos, levam sangue semita nas veias. Somente marchava a tribo em bloco quando queria se estabelecer num país já em poder de sua mesma sub-raça.

O primeiro grupo que da Ásia Menor veio para a Europa foram os antigos gregos, não os gregos históricos. Convém recordar que Platão diz em suas obras *Timeo* e *Crítias* que os sacerdotes egípcios falaram a um grego helênico da esplêndida raça que havia precedido à dele em seu país e repelido a invasão de um poderoso povo do Ocidente, cujo ímpeto conquistador se esfacelou contra o heroico valor daqueles gregos, ante os quais não passaram de pigmeus os que com tanta grandeza nos descreve a história. Destes se originaram os troianos, que lutaram contra os gregos modernos, e cujos descendentes povoaram a cidade de Agade, na Ásia Menor.

Eles mantiveram durante muito tempo seu domínio sobre o litoral da Ásia Menor e das ilhas de Chipre e Creta, cujo comércio foi feito em seus navios. Em Creta se desenvolveu gradualmente uma civilização, que durou milhares de anos, e ainda florescia no ano 2800 a.C. O nome de Minos será sempre lembrado como seu fundador ou principal arquiteto, e pertenceu aos gregos primitivos, anteriores mesmo ao ano 10000 a.C. A última determinante de sua entrada na Europa, como potência, foi um movimento agressivo da parte do imperador de Poseidonis.

A costa e ilhas do Mediterrâneo haviam estado durante muitos séculos em mãos de nações menores, em sua maioria etruscas ou acadianas e algumas semitas, que, afora contendas acidentais, se dedicavam comumente ao comércio pacífico. Mas ocorreu um dia ao imperador de Poseidonis anexar todos aqueles Estados ao seu reinado, para dilatá-lo e emular as tradições de seus antepassados. Para tanto, com um poderoso exército e uma numerosa armada, empreendeu a conquista, apoderando-se sem dificuldade da vasta ilha de Argélia e devastando a costa da Espanha, Portugal e Itália, cujas populações não tiveram outro remédio senão se submeterem. Marchou depois contra o Egito, que não era potência naval muito temível, e já andavam os egípcios discutindo como entrar em negociações com o inimigo (pois nada favorável esperavam de uma resistência que poderia irritá-lo), quando uma imprevista dificuldade veio frustrar os planos do imperador, que já tinha por segura a conquista. Os marinheiros gregos do Levante, sem se amedrontarem com as forças navais do imperador, o intimaram a proibi-las de molestá-los em seu comércio; mas tão confiado estava ele na vitória, que para atacar os gregos destinou apenas metade de sua frota. Travado o combate, a esquadra grega, cujos navios, embora de menor porte e não tão bem armados, eram muito mais velozes e de mais fácil manobra do que os da frota atlante, derrotou-os completamente, com perda de milhares de homens e sem deixar uma só nave flutuando, das muitas que os atacaram. A batalha não diferiu da destruição infligida pelos ingleses à grande armada espanhola; os navios gregos eram menores do que os atlanteanos. Os marinheiros conheciam muito bem seus mares, e em diversas ocasiões atraíram seus inimigos para posições em que era segura a perda dos navios maiores. O tempo também os auxiliou, como no caso da armada espanhola. Os navios atlanteanos tinham enormes bancos de remadores, e eram toscos, velhos, completamente impróprios para temporais e fazendo água facilmente. Também podiam navegar somente em mar profundo, ao passo que os ágeis navios gregos se insinuavam pelos canais, navegáveis para eles e fatais para os seus pesados antagonistas, que logo encalhavam.

Sem perder tempo, os atlantes concentraram a segunda divisão de sua frota e repetiram o ataque com ela, mas tão desastrosamente como com a primeira, embora com pesadas perdas para os gregos. O imperador atlante teve de fugir e conseguiu desembarcar na Sicília, onde dispunha de algumas tropas; mas tão logo se soube ali da derrota da esquadra, os oprimidos povos se levantaram contra ele, que teve de fazer sua retirada ao longo da Itália, e manter-se na defensiva. Em sua passagem, levou consigo as várias guarnições que havia estabelecido no país; todavia, ao chegar em Rivera, apenas o acompanhavam alguns homens extremamente extenuados. Teve de seguir disfarçado pelo sul da França, e por último atingiu seu reino num navio mercante. Como é natural, jurou vingar-se dos gregos; para isso quis arranjar outra expedição, que não pôde, no entanto, levar a cabo, porque, ao se inteirarem do desastre, sublevaram-se outras tribos, descontentes em sua própria ilha, e durante todo o resto de seu reinado não esteve de novo em condições de guerrear no estrangeiro.

O triunfo dos gregos fortaleceu imensamente sua posição no Mediterrâneo, e dentro de um século tinham já colônias estabelecidas em muitos pontos da costa. Mas depois lhes acometeu outro inimigo, muito pior que o imperador de Poseidonis e que no momento os dominou, embora por fim se lhes tornasse benéfico. Foi a terrível vaga levantada pela submersão da ilha de Poseidonis em 9564 a.C., que destruiu a maior parte de suas colônias e acarretou graves danos nas demais. Tanto o Mar de Gobi como o Mar de Sahara se tornaram terra seca, e sobrevieram tremendas convulsões sísmicas.

Contudo, esses acidentes desfavoráveis afetaram muito pouco o tronco principal da sub-raça, que residia nas montanhas. Dos quase destruídos emigrantes chegaram ao Cáucaso mensageiros que, em demanda de urgente auxílio, foram de tribo em tribo, falando ao povo e insistindo-lhe que acudisse e socorresse seus aflitos irmãos. Tanto pelos sentimentos de companheirismo como pelo desejo de melhorar de condições e aumentar sua fortuna no comércio, as tribos se combinaram, quando lhes pareceu já passada a catástrofe, para enviar soldados de trincheira que se certificassem do destino de seus irmãos de ultramar; e ao regressarem os mensageiros, organizou-se em grande escala a expedição de auxílio.

As primeiras colônias gregas se haviam estabelecido na costa, e os colonos eram intrépidos marinheiros, os quais nem sempre achavam amistoso trato entre as pessoas do interior, embora respeitassem a audácia e o valor dos gregos. Mas, destruídas quase todas as colônias pelo cataclismo, os poucos sobreviventes se viram perseguidos pelos indígenas e ainda às vezes sujeitos à escravidão. Ao levantar-se o fundo do Mar de Sahara, as águas se derramaram na vasta concha situada entre o Egito e Tunez, onde agora se assenta Trípoli, e a enorme onda devastou a costa, sem causar grave dano no interior. Precisamente naquela costa se haviam estabelecido os colonos gregos, pelo que foram os mais prejudicados. O Sahara se fundiu de novo, pouco a pouco, e se levantou outra costa cujos contornos são os da África atual, ficando a vasta ilha argelina unida ao continente para formar com a nova terra a costa setentrional da África.

Como todas as naves haviam desaparecido na catástrofe, foi preciso construir outras novas. E tanta era a energia dos gregos, que ao fim de poucos anos voltavam a estar habitados quase todos os portos da Ásia Menor; e deles saíam a cruzar os mares inúmeros navios, com o propósito de restabelecer as colônias e salvar a honra do nome grego, libertando os compatriotas que gemiam, escravos dos estrangeiros. Tudo isto levaram a cabo em brevíssimo tempo; aqueles gregos foram os primeiros a se refazerem dos estragos do cataclismo, que lhes deu oportunidade de anexar os melhores ancoradouros da nova costa, e como a maior parte do comércio com o Egito estava em suas mãos, o Mediterrâneo foi durante muitos séculos um mar grego. Tempo chegou, ainda que muito mais tarde, em que os fenícios e os cartagineses participaram com os gregos do comércio marítimo, cuja ação dilataram para o Oriente, com uma expedição à ilha de Java, onde fundaram uma colônia, relacionada longo tempo com o Ocidente.

Os fenícios eram um povo da quarta Raça, derivado dos semitas e acadianos (quinta e sexta sub-raças atlantes), com predomínio de sangue acadiano. Os cartagineses eram também acadianos misturados de árabes com algo de sangue negro. Uns e outros foram povos comerciantes; e na época muito posterior, quando Cartago florescia com toda a sua pujança, o exército estava composto quase inteiramente de mercenários recrutados entre as tribos africanas da Líbia e Numídia.

A emigração da Ásia Menor para a Europa foi quase contínua, e por isso não é fácil dividi-la em grupos distintos. Se considerarmos os antigos gregos como primeiros emigrantes, poderemos classificar os albaneses no segundo grupo e os italianos no terceiro, havendo estes dois últimos ocupado os mesmos países, pouco mais ou menos, onde se acham hoje estabelecidos. Após um intervalo, veio o quarto grupo emigratório, de assombrosa vitalidade, ao qual os modernos etnólogos restringem a denominação de "Celtas". Pouco a pouco chegou este a ser a raça predominante no norte da Itália, em toda a França, Bélgica e Ilhas Britânicas, na parte ocidental da Suíça e Alemanha Ocidental do Reno. Os gregos históricos foram uma mistura derivada do quinto grupo emigratório, amalgamado com os colonos do segundo, terceiro e quarto, além de uma infusão da quinta sub-raça, procedente do Norte e estabelecida na Grécia, cujos indivíduos produziram o tipo de olhos azuis e cabeleira loira, que rara vez se acha entre os gregos.

O quinto grupo emigratório se perdeu no norte da África, e atualmente só restam vestígios de seu sangue, muito misturado com o semita,[100] entre os berberes, mouros, cabilas e ainda entre os guanchos das ilhas Canárias, que se misturaram com os tlavatlis. Este grupo se misturou com o quarto na península ibérica, e na última época de sua existência (há apenas dois mil anos) contribuíram com os últimos dos elementos heterogêneos que formaram a população da Irlanda, já que a esse mesmo grupo pertenciam os invasores milesianos que, procedentes da Espanha, penetraram na Irlanda (alguns deles fundando a dinastia milesiana da França) e a submeteram por meio de curiosas formas mágicas.

Mas havia chegado já, anteriormente, outro elemento muito mais valioso do povo irlandês: o sexto grupo emigratório, que saiu da Ásia Menor em direção totalmente diferente e se encaminhou para o noroeste, até chegar à Escandinávia, onde se misturaram algum tanto com a quinta sub-raça (teutônica), da qual falaremos no próximo capítulo. Do Norte desceram para a Irlanda, e a história os chama: Tuatha-de-Danaan, considerando-os mais como deuses do que como homens. A ligeira mistura com a sub-raça teutônica deu a este último grupo emigratório algumas características, tanto em seu aspecto externo como em sua disposição psíquica, que os diferenciavam dos demais grupos da sub-raça. Mas, em conjunto, cabe descrever o tipo celta, como tendo olhos e cabelos castanhos ou negros, e o crânio redondo.

No geral, não eram eles de estatura elevada, e seu caráter denotava claramente o resultado dos esforços realizados pelo Manu milhares de anos antes. Tinham viva imaginação e notáveis aptidões para a eloquência, a poesia e a música, e ainda que fáceis ao abatimento no fracasso, seguiam seus líderes com entusiasmo e ardor. Faltavam-lhes condições para o que hoje chamamos negócios, e não tinham em muita conta a verdade.

A Atenas pré-histórica[101] foi fundada oito mil anos antes da era cristã. Depois da catástrofe do ano 9564 a.C., alguns gregos emigraram para Hellas e se estabeleceram no país onde o Mahaguru, o Supremo Instrutor, se encarnou na personalidade de Orfeu, fundador dos antiquíssimos mistérios órficos de que derivaram os de toda a Grécia.

O advento de Orfeu foi pelo ano 7000 a.C., e residiu habitualmente nos bosques, onde reunia Seus discípulos. Os reis não Lhe deram as boas-vindas nem O aclamaram as cortes, porque tomou a figura de Bardo, amante da natureza e satisfeito de viver nos ensolarados campos e nas sombrias selvas, avesso às cidades e às aglomerações humanas. Ao Seu redor pululavam os discípulos, aos quais instruía ao clarão dos bosques silenciosos, onde só se ouviam o canto das aves e os sons melodiosos da selva, não suficientes para quebrar a quietude da paragem.

Ensinou-lhes a música vocal e instrumental com a lira de cinco cordas de que, sem dúvida, se derivou a de Apolo, empregando para isso a escala de sete tons. Os devas se agrupavam para executar os delicados sons que Orfeu arrancava ao pulsar a lira, com cuja surpreendente música purificou e expandiu os corpos astral e mental de Seus discípulos, retirando-os do mundo físico para atuar livremente nos mundos superiores. A música de Orfeu era completamente distinta das seriadas repetições com que obtiveram os mesmos resultados os músicos da Raça troncal, cujo estilo introduziram na Índia. Orfeu se valeu da melodia e não da repetição de sons semelhantes; cada centro etérico necessitava de sua própria melodia para o animar e pôr em atividade. A Seus discípulos mostrou vívidas cenas musicais, e pelo mesmo processo se continuou esse ensino nos Mistérios que d'Ele se originaram por tradição. Ensinou que o som estava em todas as coisas e que se o homem se harmonizasse consigo mesmo, a Divina Harmonia se manifestaria nele e por ele, e alegraria toda a natureza. Orfeu percorreu o país de Hellas entoando cantos e escolhendo por toda parte aqueles que desejassem segui-Lo. Teve também cantos apropriados para o povo, e por toda a Grécia teceu uma rede musical que haveria de influir na beleza física e no gênio artístico dos helenos. Discípulo de Orfeu foi Netuno, jovem formosíssimo que seguiu seu Mestre por toda parte e costumava conduzir-lhe a lira.

As tradições órficas chegaram aos ouvidos do povo e se propagaram por todo o país. Posteriormente O simbolizaram na figura do deus do Sol, Febo-Apolo, e nos países do Norte O chamaram Balder, o Formoso.[102]

Ao refletir sobre o simbolismo empregado por este Supremo Instrutor, vindo sucessivamente como Vyasa, Hermes, Zarathustra e Orfeu, reconhecemos a unidade doutrinal sob a diversidade de símbolos. Invariavelmente ensinou a unidade da Vida e a identidade de Deus com o Seu universo. Para Vyasa, Deus era o Sol que dava calor e vida; para Hermes, a Luz, que igualmente brilhava nos céus e na terra; para Zarathustra, o Fogo, oculto em todas as coisas; para Orfeu, a Harmonia em que todas as coisas vibravam unissonamente. Mas Sol, Luz, Fogo e Som não davam mais que uma só e simples mensagem: a Vida una, o Amor uno, que está em tudo, sobre tudo e por tudo.

Alguns discípulos de Orfeu passaram de Hellas para o Egito, onde se confraternizaram com os doutores da Luz Interna, chegando depois, em seu apostolado, até Java, e assim se propagou o Som pelos âmbitos do mundo. Mas já não havia de retornar o Supremo Instrutor para ensinar uma sub-raça. Cerca de sete mil anos mais tarde, desceu pela última vez entre Seu povo, e num corpo escolhido, na Índia, alcançou a iluminação final e terminou Suas vidas na Terra. Tornara-se um Buda.

CAPÍTULO 20
QUINTA SUB-RAÇA – A TEUTÔNICA

Temos de retroceder agora ao ano 20000 a.C., com o objetivo de assinalar a origem da quinta sub-raça, preparada simultaneamente com a quarta, embora por processo diferente. O Manu dispôs para ela um vale muito apartado da capital, na costa norte do Mar de Gobi, e lhe introduziu fatores que não haviam aparecido na quarta sub-raça. Ele trouxe da Pérsia uns tantos dos melhores exemplares da terceira sub-raça, já inteiramente especializada naquela época, e também chamou certo número de semitas da Arábia. Escolheu para isso homens altos e formosos, e quando se encarnava entre eles utilizava-se sempre de um corpo dotado daquelas características. Convém recordar que o Manu estabelece cada sub-raça encarnando-se nela, como o fez para estabelecer a Raça Raiz, e a forma que escolhe para Sua morada determina o futuro aspecto da sub-raça. A quinta era de tipo robusto e vigoroso, muito maior que o da sub-raça precedente; de elevada estatura, rosto formoso, cabeça alargada, cabelos finos e olhos azuis. O caráter era também diferente da sub-raça céltica, já que predominavam a aspereza e a persistência, com menos audácia que na quarta sub-raça. Suas qualidades não foram de natureza artística, senão que mais adequadas aos negócios e ao senso prático, com tonalidades de brusca sinceridade e retidão e visando mais o concreto do que o poético.

Enquanto a quarta sub-raça desenvolvia no vale o seu formoso e artístico tipo, a mais áspera quinta sub-raça formava também o seu tipo na morada que lhe havia sido reservada e, assim, as duas evoluções diferentes prosseguiam simultaneamente. Na época em que as duas sub-raças estavam dispostas para a emigração, já era notória a diferença entre ambas;

e ainda que juntas saíssem da Ásia Central pelo ano 20000 a.C., e juntas passassem pela Pérsia, foram muito diversos os seus destinos ulteriores.

A quinta sub-raça, pouco numerosa, foi impelida a costear o Mar Cáspio e a estabelecer-se no território de Daghestão. Ali cresceu lentamente durante milhares de anos, e estendeu-se pouco a pouco pelas encostas setentrionais da Cordilheira do Cáucaso ocupando os distritos de Terek e Kuban, onde permaneceram até que, mil anos depois da catástrofe de 9564 a.C., empreenderam a marcha para o domínio do mundo. Em todo aquele longo período de espera não haviam estado ociosos, pois se diferenciaram em tipos distintos.

Por aquela época estavam prestes a tornar-se habitáveis as terras pantanosas da planície central da Europa, e como que obediente a um unânime acordo, a sub-raça se encaminhou, formada em poderoso exército, para o noroeste, até chegar onde agora se assenta Cracóvia, na Polônia. Ali permaneceram alguns séculos, porque os pântanos não haviam secado ainda o suficiente para proporcionar terra habitável, e a malária dizimava suas fileiras.

Desse centro secundário derivaram os grupos emigratórios. O primeiro foi o eslavo, ramificado em dois: um se encaminhou para o nordeste e dele descende a maioria dos russos modernos; o outro se dirigiu para o sul e está atualmente representado pelos croatas, sérvios e bósnios. O segundo grupo emigratório foi o lético, que não marchou muito longe e do qual procederam os letões, lituanos e prussianos. O terceiro grupo foi o germânico, parte do qual avançou muito mais, pois se os chamados especialmente teutões se esparramaram pela Alemanha meridional, os outros dois ramos, ou seja, os godos e escandinavos, se estenderam até a ponta setentrional da Europa.

Correspondem à época histórica a posterior invasão da Normandia pelos escandinavos, a da Europa meridional pelos godos, e a propagação desta quinta sub-raça pela Austrália, América do Norte e África do Sul, e seu domínio na Índia, onde se radica o tronco da Raça.

Como suas predecessoras, a sub-raça teutônica tem ainda que estabelecer seu império mundial, cujo começo já presenciamos. O tremendo desatino do século XVIII, que separou da Grã-Bretanha as suas colônias da América do Norte, poderia reparar-se por meio de uma aliança ofensiva e defensiva entre ambas as metades, e outra aliança da mesma índole com a Alemanha, terceiro fragmento da sub-raça teutônica, a fim de constituir um império confederado. Os últimos acontecimentos demonstraram a elevação da Índia ao seu justo lugar nesse dilatado império, destinado a ser tão poderoso no Oriente como no Ocidente.

À medida que esse império mundial vai ascendendo ao seu auge durante os futuros séculos, o grupo dos mais potentes gênios a que nos referimos no capítulo 5, se encarnará com o fim de elevá-lo ao pináculo da glória literária e científica, de modo que sobrepuje a passada culminância dos extintos impérios árabe, persa e romano, correspondentes à segunda, terceira e quarta sub-raças da Raça Ária. O irresistível rodar dos séculos vai desenvolvendo o Plano Divino, no qual a quinta Raça Raiz há de cumprir a sua atuação para que a sucedam a sexta e sétima Raças, na modelação da perfeição humana correspondente à história de nossa Terra nesta quarta Ronda de nossa Cadeia. A língua do homem semievolucionado é incapaz de exprimir as alturas de inimaginável esplendor ainda oculto no longínquo porvir.

CAPÍTULO 21
A INVASÃO DA ÍNDIA PELA RAIZ TRONCAL ARIANA

Delineamos, toscamente e em linhas gerais, a emigração que da Ásia Central procederam as segunda, terceira e quarta sub-raças da Raça Ariana. Contemplamos sua magnífica civilização e a vastidão de seu império, e o seu lento declínio desde 40000 anos a.C. Desde 40000 até 20000 da era pré-cristã, o Manu Vaivasvata se ocupou principalmente da formação das sub-raças, e tanto Ele como Seu grupo imediato se encarnaram durante esses vinte mil anos, nos distritos destinados à propagação daquelas. Como sucede a toda instituição humana, o primitivo império já estava muito decaído quando as sub-raças saíram para cumprir seu destino. Os mongóis e turânios, por tanto tempo submetidos aos ários, recobraram sua independência, e o reino cuja capital era a Cidade da Ponte, ficou sumamente reduzido. Os egos que, em virtude da educação recebida, demonstravam talento e disposição, se encarnavam nas civilizações irmãs, com o que ia descendo o nível intelectual do Estado Matriz. Também era nulo o comércio, e os indivíduos se dedicavam ao cultivo da agricultura e pastoreio. O núcleo central do reino se mantinha ainda unido, mas os distritos periféricos se haviam proclamado independentes.

Pelo ano 18800 a.C. havia já terminado a tarefa de formar e estabelecer as sub-raças. O Manu, concluídas as emigrações e estabelecidas as sub-raças, voltou de novo Sua atenção para o núcleo raiz, porque desejava tirá-lo pouco a pouco de seu território ancestral e transplantá-lo para a Índia, país escolhido para a sua evolução posterior. Desde que as numerosas fileiras atlantes penetraram pelos desfiladeiros himalaianos e ocuparam a Índia, cujo solo estava já suficientemente seco para nele se estabelecerem, havia se desenvolvido ali a esplêndida civilização atlante; mas anteriormente a essa época existira muito para o sul um reino atlante, estendido até o mar que, antes da catástrofe do ano 75025 a.C., o limitava pelo norte. Essa superexuberante civilização havia já chegado ao último extremo de decadência, e as classes aristocráticas de sub-raça tolteca eram preguiçosas e egoístas, conquanto ainda subsistissem restos de belas letras e copiosa tradição de conhecimentos ocultos, que haviam de se conservar por serem necessários à obra do futuro. Estava muito debilitado o espírito guerreiro, e a riqueza do país, deploravelmente perdida, despertava a cobiça de outros povos mais viris, capazes de as conquistar e de prosseguir a obra.

Foi necessária a remoção total da Raça de seu solar asiático central pelas razões seguintes:

1ª) Porque Shamballa tinha que ficar na solidão, e por então havia terminado a obra levada a cabo em contato com o mundo, e a Raça tinha que continuar crescendo sem vigilância externa.

2ª) Porque era preciso arianizar a Índia.

3ª) Porque a Raça tinha que empreender a marcha antes de sobrevir o futuro cataclismo que havia de alterar muitíssimo a região da Ásia Central.

O Manu não havia se encarnado no seio da Raça Raiz desde que guiara a emigração das quarta e quinta sub-raças, isto é, desde o ano 20000 a.C.; por isso Sua recordação era pouco menos que mítica na Ásia Central. Poucos séculos antes da época que estamos considerando, haviam-se suscitado discussões acerca de se deviam ou não ser observadas as leis do Manu que proibiam o matrimônio com estrangeiros. Alguns opinavam que o preceito estava já anulado por ter-se obtido o fim visado, e apoiadas nesta opinião houve famílias que contraíram matrimônio com as dos governantes tártaros. Daí proveio uma inquietação, e os partidários do livre matrimônio saíram do reino para se estabelecerem em comunidade independente. Contudo, não foram muito além do ponto da liberdade de matrimônio, e cabe presumir que os poucos que se consorciaram com estrangeiros tiveram por finalidade introduzir-lhes uma ligeira mas necessária infusão de sangue estranho, e talvez determinar também a desejada separação. Ao desaparecer a causa originária da desunião, nem por isso se aproximaram mais de perto as comunidades, senão que, conforme passavam os séculos, se acentuava a sua hostilidade, e as que, em crescente número provinham do Reino Central, empurraram para além dos vales montanhosos do norte as comunidades da periferia.

Na mencionada época (18800 anos a.C.), Marte era rei de uma tribo limítrofe, que muito sofria com as incursões das do reino central, contra as quais estava continuamente lutando para poder manter a sua, ameaçada de aniquilação. Seu Mestre Júpiter o aconselhou a não combater; mas isto não lhe serviu de auxílio, e desesperadamente orava e pensava num meio de salvação para seu povo tão valentemente leal, e, contudo, inevitavelmente perdido.

No momento mais crítico de sua perplexidade lhe apareceu o Manu em sonho; ordenou-lhe que guiasse sua tribo para o sudoeste,[103] e entraram com ela na bendita terra da Índia, destinada a ser residência da Raça. Recomendou-lhe que lutasse o menos possível durante sua marcha para a sua futura pátria, nem atacasse os que o deixassem passar tranquilamente até a extremidade meridional da Índia. Disse-lhe, além disso, que em tempos vindouros toda a Raça seguiria o mesmo caminho, e ele tomaria frequentemente parte nas futuras emigrações para, em época ainda mais remota, realizar com sua esposa Mercúrio a mesma obra que então o Manu levava a cabo.

Alegremente alentado com isto, começou Marte a preparar-se, e após haver referido ao povo o sonho que tivera, ordenou-lhe que se dispusesse para a marcha. Quase todos o obedeceram; mas nosso antigo conhecido, o no outro tempo árabe Alastor, de novo rebelde, capitaneava os poucos que se negaram a seguir a Marte, dizendo que não iriam deixar sua velha pátria e seus ensinamentos históricos por causa do sonho histérico de um homem exausto e desesperado. Assim é que, secretamente, Alastor revelou ao inimigo o caminho que o povo iria seguir; como castigo, foi condenado à morte após o fracasso daquela expedição.

Marte empreendeu a marcha no ano 18875 a.C.,[104] pelo caminho assinalado, e depois de muitas penas e não poucos conflitos (pois, sem atacar, se via atacado), chegou às amplas planícies da Índia. Durante algum tempo desfrutou da hospitalidade de Viraj, seu companheiro de muitas vidas, que naquela ocasião era o rei Podishpar, cujos domínios se estendiam pela maior parte da Índia setentrional. Consolidou-se a aliança pelo matrimônio de Corona, filho de Podishpar, com Brhaspati, filha de Marte e viúva de Vulcano, morto num dos enfrentamentos ocorridos durante a marcha.

Havia então na Índia meridional um vasto reino governado pelo rei Huyaranda, ou Dahira (nosso Saturno), e do qual nosso Súrya era o Sumo Sacerdote, e Osíris o Vice-Sumo Sacerdote.

Muitos anos antes do sucedido, advertira Súrya a Saturno que por mandado dos deuses iam chegar pessoas estrangeiras, pelo que o rei despachou a Cruz, príncipe herdeiro, para que fosse ao seu encontro, lhes desse as boas-vindas e os instalasse no país. Mais adiante, declarou Súrya que os "narigudos estrangeiros do Norte" eram muito aptos para o sacerdócio e poderiam manter hereditariamente o ofício sacerdotal. Os que aceitaram a proposta e abraçaram o estado sacerdotal foram os antecessores dos brâmanes do sul da Índia, que se abstiveram de contrair matrimônio com os indígenas e formaram separada classe social. Outros se ligaram matrimonialmente com a aristocracia tolteca, e deste modo foram arianizando pouco a pouco as classes superiores do país, até que, pacificamente, passou o sul da Índia para o domínio dos ários; porque Cruz, que sucedera a Saturno, morreu sem sucessão, e o povo colocou no trono a Héracles, segundo filho de Marte e primeiro monarca da dinastia ária. Desta emigração em diante, todos os que imigraram na Índia foram compreendidos na "primeira sub-raça", porque o núcleo central do tronco da Raça emigrou para a Índia. Os nascimentos neste núcleo são limitados à primeira sub-raça, quer ocorram na própria Índia, quer nos países colonizados e arianizados por ele.

Além dos mencionados, encontramos nessa emigração Urano, primogênito de Marte, que viveu como ermitão no Nilghiris, e o seu terceiro filho, Alcione, foi Vice-Sumo Sacerdote, pela renúncia, devido à idade, de Osíris. Sua segunda filha foi Demétrio.[105] Curioso exemplo da trazida de amigos do estrangeiro nos oferece a chegada do jovem chefe mongólico Tauro, que, escapado da cólera de seu irmão mais velho, se refugiou junto a Marte no reino da Ásia Central. Veio com sua esposa Procyon, e uma de suas filhas era Cisne, casada com Áries.

Pelo ano 13500 a.C. o reino ário da Índia meridional enviou uma importante expedição ao Egito, por mandado do Chefe da Hierarquia, vindo por intermédio do Manu. A expedição tomou a via marítima de Ceilão até o Mar Vermelho, que então pouco mais era que uma enseada. Não era objetivo da expedição colonizar o Egito, porque este país era já um poderoso império, mas, antes, assentar ali, sob o domínio do governo egípcio, uma benéfica, potente e civilizadora influência.

Marte ia à frente da expedição, e Súrya era o Sumo Sacerdote egípcio, como o havia sido cerca de três mil anos antes, na Índia meridional. Do mesmo modo que então, preparou o caminho para os ários, informando o faraó da sua próxima chegada e aconselhando-o a acolhê-los favoravelmente. Ouviu o rei o conselho, e pouco depois, por insinuação do mesmo Súrya, deu sua filha em matrimônio a Marte e o nomeou herdeiro da coroa. Deste modo ficou pacificamente estabelecida no Egito uma dinastia ária, com a morte do faraó então reinante. Esta dinastia governou gloriosamente por alguns milênios, até que o afundamento de Poseidonis provocou a inundação do país e todos os seus habitantes tiveram de se refugiar nas montanhas. Todavia, as águas logo se retiraram e o país recuperou o seu antigo esplendor. O historiador Maneto se refere evidentemente à dinastia ária quando diz que Unas[106] foi o último rei da quinta dinastia. Sob o reinado dos Faraós ários, as escolas do Egito granjearam sua maior fama, e durante muito tempo lideraram o saber do mundo ocidental.

O Egito foi o segundo grande império da primeira sub-raça, se começamos a contar desde o império da Raça Raiz. Do Egito se infundiu o sangue ário em várias tribos da África oriental, e parece que algumas vezes requereram corpos de tipo inferior, egos pouco adiantados, que haviam passado por sub-raças anteriores sem progredir grande coisa e eram postos em contato com uma Raça superior a fim de progredirem. Alguns dos tipos inferiores de aldeões das civilizadas quarta e quinta sub-raças árias estavam nitidamente mais adiantados que os zulos. Por outro lado, uma tintura de sangue ário numa tribo inculta lhe deu certas características necessárias ao seu melhoramento.

O Manu se valeu do reino da Índia meridional como de um subsidiário centro de irradiação em conjunturas similares à da arianização do Egito. Enviou colonos a Java, Austrália e Ilhas de Polinésia, segundo o comprovam os traços ários que ainda hoje se podem observar nos chamados polinésios de pele morena, que os distinguem dos melanésios.

Enquanto se levava a cabo esta obra no sul da Índia, continuava o Manu trabalhando no transporte gradual de Sua Raça, do centro da Ásia para o norte da Índia. Uma das primitivas emigrações se estabeleceu no Panjab, e após obstinada luta, ajustou a paz com os habitantes que sobreviveram à contenda. Outra massa emigratória se dirigiu ao Oriente, para instalar-se em Assam e no norte de Bengala. A expedição imediatamente anterior àquela em que devemos deter-nos por uns minutos, se efetuou pelo ano 17520 a.C. Parte dela chegou sem novidade ao seu destino, pelo mesmo caminho que Marte havia seguido fazia mais de mil anos, ao passo que uma curta divisão ficou aniquilada ao penetrar na atualmente chamada Passagem de Khyber. No ano 17455 a.C.[107] saiu uma terceira expedição capitaneada por Marte, filho primogênito de Júpiter, soberano do reino central. A esposa de Júpiter era Saturno, e Mercúrio, sua irmã. Com muito escrúpulo, escolheu Marte os indivíduos da expedição, dentre os homens e mulheres mais vigorosos que pôde encontrar. No meio deles se contavam Psiquis e sua esposa Arturus com três filhos: Alcione, Albireu e Leto; assim como também foram escolhidos Capela e sua mulher Judex.

O valoroso capitão Vulcano era o guerreiro em que mais confiava Marte. Com Vajra por subalterno, ele conduziu uma coluna da expedição, enquanto Marte guiava a outra.

Ao fim da jornada se encontraram ambas as colunas, segundo estava combinado, e instalando as mulheres e crianças num acampamento fortemente entrincheirado, entre as atuais Jammu e Gujranwala, prosseguiram até onde se acha Délhi, onde edificaram a primeira cidade, a que deram o nome de Ravipur ou Cidade do Sol. No caminho haviam travado uma contenda com as forças de Castor, poderoso líder militar, mas conseguiram vencê-lo e prosseguiram adiante. Já edificada a nova cidade, trasladaram para ela as mulheres, crianças e a guarnição do acampamento, iniciando-se com isso a primitiva época de Délhi como capital. Marte deixou o reino a seu primogênito Héracles, que recebeu muita ajuda de Alcione, nove anos mais idoso que ele e queridíssimo amigo seu.

Uma das mais numerosas emigrações do reino central ocorreu no ano 15950 a.C., e se constituiu de três poderosos exércitos sob o comando do generalíssimo Marte. À frente da ala direita ia Corona, com ordem de atingir Bengala passando por Caxemira, Panjab e as atualmente denominadas Províncias Unidas. A ala esquerda havia de atravessar o Tibete para chegar ao Butão e dali a Bengala. O centro, comandado pessoalmente por Marte, com Mercúrio como lugar-tenente, havia de atravessar o Tibete em demanda do Nepal e prosseguir até se encontrar com outros dois corpos de exército em Bengala, destinada a servir-lhes de residência. Todavia, Corona empregou os quarenta anos de marcha na formação de um reino próprio, chegando a Bengala quando Marte já era muito velho e fazia longo tempo que ali reinava. Vulcano se reuniu com Marte para estabelecer-se finalmente em Assam. Marte, auxiliado por Vulcano, submeteu primeiro Bengala, e depois, após desesperada luta, Orissa, fixando definitivamente sua capital no centro de Bengala. Ao chegar à velhice, abdicou a coroa a seu primogênito Júpiter e retirou-se do mundo.

Para assinalar a importância dessa emigração de tão longínquo alcance, basta dizer que tomaram parte nela dez personagens que na atualidade são Mestres: Marte, Mercúrio, Vulcano, Júpiter, Brhaspati, Osíris, Urano, Saturno, Netuno e Viraj. Também houve muitos dos que usavam nomes familiares.[108]

Daquela época em diante houve contínuas imigrações na Índia, procedentes da Ásia Central, umas vezes em pequenos corpos, outras em consideráveis exércitos, de sorte que os antigos emigrados resistiam à invasão dos novos, e estes saqueavam os distritos onde aqueles haviam se estabelecido. Durante milhares de anos se sucederam as ondas emigratórias, e alguns ários de talento estudaram a filosofia dos toltecas, aos quais deram às vezes o nome de nâgas. Às classes inferiores da povoação atlante, compostas em sua maioria dos morenos tlavatlis, as chamaram dâsyas, enquanto aos negros, descendentes dos lemurianos, os apelidavam de daityas e takshakas.

Houve alguns enlaces matrimoniais entre os ários mais despreocupados e os toltecas. Assim vemos, pelo ano 12850 a.C., Alcione muito ligado a Psiquis, filho de Orfeu, um dignatário atlante, e casando-se com Mizar, filha deste último, embora seu pai, Algol, fosse um ário fanático, que detestava os atlantes e sua civilização. Em consequência disto, Alcione e sua jovem esposa tiveram de fugir em busca de refúgio, que lhes deu Vesta, chefe de um bando de ários invasores. Um parente seu, chamado Draco, que com sua esposa Cassiopeia pertenciam a um grupo que de há muito estava estabelecido na Índia, ajudaram os refugiados na aquisição de uma propriedade rural, onde se mantiveram em amistosas relações com o rico atlante Aleteia. Portanto, parece evidente que, pelo menos em alguns casos, existiram cordiais relações entre ambas as Raças, sem que as quebrasse a irrupção de outra numerosa tropa de ários, novamente capitaneada por Marte, que por aquelas imediações passou em direção à Índia central, onde havia de fundar um império.[109]

Essas contínuas emigrações despovoaram o reino da Ásia Central ali pelo ano 9700 a.C. As convulsões provocadas pelo cataclismo de 9564 a.C. arruinaram a Cidade da Ponte e fizeram ruir os magníficos templos da Ilha Branca. Os últimos bandos emigratórios não atingiram a Índia sem dificuldades, porque ficaram retidos no Afeganistão e Baluchistão durante uns dois mil anos. Muitos morreram em mãos dos mongóis, que depredavam seu território, e os restantes puderam por fim abrir caminho pelas planícies já densamente povoadas.

Quando o Manu teve todo o seu povo estabelecido na Índia, surgiu o risco de que o sangue ário se atenuasse até se reduzir a um mero vestígio entre a enorme maioria de atlantes e atlanto-lemurianos, pelo que proibiu novamente o matrimônio com estrangeiros, e pelo ano 8000 a.C. estabeleceu o regime de castas, com o propósito de evitar posteriores adulterações e a perpetuação das até então efetuadas. No princípio, estabeleceu o Manu três castas: brahmana, râjana e visha. A primeira era constituída de ários puros; a segunda, de ários e toltecas; a terceira, de ários e mongólicos.

Daí serem as castas chamadas de Varnas, ou cores, porque os ários puros eram brancos, os ário-toltecas avermelhados e os ário-mongólicos, amarelos. Era permitido o casamento entre as castas, porém logo se desenvolveu o sentimento de que os matrimônios deviam unir-se unicamente entre indivíduos de uma mesma casta. Posteriormente, os que nem sequer eram ários mestiços ficaram compreendidos na genérica denominação de shudras, ainda que em muitos destes indivíduos se pudesse descobrir uma ligeira tintura de sangue ário. Muitas tribos de montanheses têm algo de ário, e há as que o são de todo, como as tribos gípsias e siapas.

Durante as emigrações para a Índia, uma tribo tomou rumo diferente das outras, conseguindo estabelecer-se num vale do distrito de Susamir. Esquecidos ali do resto do mundo, desfrutaram durante muitos séculos sua primitiva vida pastoril. Mas, no ano 2200 a.C. surgiu entre os mongóis um impetuoso guerreiro, que devastou tudo quanto pôde alcançar da Ásia e, além de outros distritos, aniquilou por completo os restos do Império Persa. Finalmente foi vencido o chefe tártaro e desbaratadas as suas tropas, que atrás de si haviam deixado a desolação e a morte.

Ao fim de um século, os ários do vale de Susamir souberam que existia por habitar um país muito fértil, e em consequência, enviaram investigadores, cujas informações favoráveis os fizeram emigrar em massa para a Pérsia. Este povo falava o idioma zendar, e vem a propósito aludir à sua emigração final, porque nos mostra o despovoamento a que havia chegado a Pérsia, mesmo na época do último Zoroastro. Os restos da terceira sub-raça, que tinham sido os únicos a abandonar seus lares, para escapar do massacre geral, regressaram e fizeram causa comum com a nossa tribo. Foi destes primórdios que se desenvolveu o último Império Persa.

O HOMEM –
PARA ONDE VAI?

PREFÁCIO

As páginas seguintes representam uma tentativa para esboçar os primórdios da sexta Raça Raiz, semelhantes aos do estágio primitivo da quinta Raça Raiz na Arábia. Hão de passar muitíssimos milhares de anos antes que a sexta Raça tenha existência própria e tome posse do seu continente, que, pouco a pouco, de fragmento em fragmento, se está erguendo no Pacífico. Então a América do Norte terá se desfeito em pedaços e a sua faixa ocidental, onde se estabelecerá a primeira Colônia, será uma das faixas extremo-orientais do novo continente.

Enquanto essa pequena Colônia se achar em sua atividade embrionária, a quinta Raça estará no seu apogeu, concentrando em si a pompa e a glória da Terra. Aos olhos do mundo ela parecerá uma coisa muito desdenhável, um conglomerado de pessoas excêntricas, escravamente dedicadas ao seu Líder.

Este esboço, que é uma transcrição da revista *The Theosophist*, é todo obra de meu colega.

A. B.

CAPÍTULO 22
PRIMÓRDIOS DA SEXTA RAÇA RAIZ

A visão do Rei Ashoka

Preliminar

Há uns doze anos os autores desta obra se dedicaram ao exame de algumas vidas passadas do Coronel H. S. Olcott. A maioria dos membros da Sociedade Teosófica está a par de que em sua penúltima encarnação ele foi o grande rei budista Ashoka. Os que leram um pequeno relato biográfico de sua última existência (escrito para uma Convenção Americana), se recordarão de que no fim de sua vida ele teve uma época de grande depressão e dúvida, para cuja dissipação o seu Mestre lhe mostrou dois notáveis quadros: um do passado e outro do futuro. Ele havia se lamentado muito do fracasso de seus planos, e sua principal dúvida foi sobre se poderia perseverar até o fim, conservando o laço de união com o seu Mestre até alcançar a meta. Para desvanecer-lhe essa dúvida, o Mestre lhe explicou primeiro, por uma visão do passado, como é que havia sido estabelecida originariamente, há muitíssimo tempo, na Atlântida, a relação entre ambos, e como lhe havia prometido Ele, então, que esse laço jamais seria interrompido. Depois, pela visão do futuro, se lhe apresentou o Mestre como sendo o Manu da sexta Raça Raiz, e o rei Ashoka como o Seu lugar-tenente, servindo-O nesse elevado cargo.

A cena se desdobrara numa formosíssima paisagem, semelhante a um parque, cujas floridas colinas baixavam em suaves declives até um mar de safira. O Mestre M. se achava de pé, rodeado de um pequeno exército de discípulos e ajudantes, e no momento em que o fascinado rei contemplava a encantadora cena, o Mestre K. H. apareceu nela, seguido de Sua corte de discípulos. Os dois Mestres se abraçaram e os grupos de discípulos se misturaram, trocando alegres cumprimentos, e aquele quadro maravilhoso se esvaiu então de nossa abstraída visão. Mas permaneceu indelével a impressão que nos deixou, trazendo-nos certo conhecimento, que excede de tudo quanto se possa dizer e infunde reverente temor. A visão que então usamos foi a do corpo causal e por isso distinguimos claramente os egos que integravam aquela multidão. Muitos deles reconhecemos prontamente; outros, que então não conhecíamos, encontramos depois no plano físico. É verdadeiramente inexplicável encontrarmos (talvez no outro lado do mundo) algum membro que fisicamente nunca vimos, e sem que ele o perceba, reconhecemos num relâmpago esta comunicação: "Eis aqui outro que estará conosco até o fim".

Também conhecemos os que *não* estarão ali; mas disto, mercê de Deus, não temos de fazer deduções, porque grande número dos que não se acharem no princípio da Raça, se unirão a ela mais tarde, além de que existem também outros centros de atividade relacionados com a obra do Mestre. Este particular centro que estamos examinando, existirá com o objetivo especial da fundação da nova Raça Raiz, e, portanto, será único; pois só poderão pertencer a ela aqueles que, por meio de cuidadosa preparação própria, se tornem aptos para tomar parte nessa obra peculiar. Precisamente, a fim de que se conheça com toda clareza a espécie dessa obra e a categoria de educação que para ela se requer, nos foi permitido expor a nossos membros este esboço daquela vida futura. Essa preparação envolve o autossacrifício em grau supremo, e a completa anulação de nossa personalidade, como se verá muito claramente à medida que avançarmos em nosso relato, assim como também implica absoluta confiança na sabedoria dos Mestres. Muitos e bons membros de nossa sociedade[110] não possuem ainda estas qualidades; e por muito evoluídos que estejam noutro sentido, não poderiam participar desse grupo especial de trabalhadores, porque a obra do Manu é muito grande e Ele não pode desperdiçar Suas forças nem tempo para repreender os teimosos que creem saber mais. Contudo, a obra externa da Sociedade continuará em séculos futuros, e em suas ramificações enormemente estendidas haverá lugar suficiente para todos os que quiserem ajudar, embora não sejam ainda capazes da total renúncia de si mesmos, requerida daqueles que ajudam o Manu.

A visão mostrada ao rei não nos deu chave alguma nem da data do acontecimento previsto nem do lugar onde tal ocorrerá, ainda que atualmente possuamos todos os informes relativos a esse ponto. Então só sabíamos que a ocasião era importante e estava relacionada com a fundação da nova Raça. Verdadeiramente, isto mesmo fora comunicado ao rei Ashoka, e sabendo, como sabíamos, os cargos que nossos dois reverenciados Mestres desempenharão na sexta Raça Raiz, associamos facilmente as ideias.

As coisas ficaram nesse pé até muito mais tarde, e não tínhamos em expectativa nenhuma ideia de que nos seria outorgada uma posterior elucidação desse assunto. De súbito, e aparentemente pelo mais simples acaso, reabriu-se a questão, e uma pesquisa num departamento de instrução totalmente diverso do da fundação da sexta Raça Raiz, calhou levar-nos diretamente ao âmago de seu histórico, projetando um fluxo de luz em seus métodos.

O relato que se segue é feito por alguém que foi escolhido para transmiti-lo.

O Deva Auxiliar

Estava eu falando a um grupo de amigos acerca da passagem do Fnãneshvari que descreve como o iogue "ouve e compreende a linguagem dos Devas", e procurando explicar em que maravilhosos êxtases de cores e sons se expressam certas ordens superiores de Anjos, quando percebi a presença de um deles, que em várias ocasiões anteriores se dignara ajudar-me em meus esforços por compreender os mistérios de tão gloriosas existências. Vendo, ao que suponho, o inadequado de meus esforços para descrevê-las, ele pôs diante de mim dois quadrinhos singularmente vívidos e me disse: "Eis, descreve-lhes isto".

Cada quadrinho mostrava o interior de um grande templo, cuja arquitetura não se parecia com nenhuma das que conheço, e em cada um dos quadros oficiava um Deva como sacerdote, dirigindo as devoções de uma numerosa congregação. Num dos templos, o oficiante atuava inteiramente por meio da manipulação de um esplêndido e indescritível desdobramento de cores, enquanto no outro caso se valia da música para despertar por um lado as emoções da congregação, e, por outro, manifestar seus anseios pela Divindade. Mais adiante descreverei esses templos e os métodos neles adotados; por agora me ocuparei das investigações posteriores de que esta foi o ponto de partida. O Deva que mostrava as visões explicou que elas representavam cenas de um porvir em que os Devas atuariam entre os homens, muito mais livremente do que o fazem agora, ajudando-os não só em suas devoções, como também de muitas outras maneiras. Agradecendo-lhe tão bondosa ajuda, descrevi os lindos quadros ao meu grupo, o melhor que pude, fazendo o próprio Deva sugestões ocasionais.

Visão do Futuro

Terminada a reunião do grupo, e encontrando-me a sós em meu apartamento, recordei aqueles quadros com o maior prazer; fixei-os em minha mente em seus mínimos detalhes e tratei de descobrir até que ponto seria possível relacioná-los com outras circunstâncias correlatas. Com enorme satisfação vi que era isto possível; que, esforçando-me, podia estender minha vista dos templos para a cidade e campinas circundantes, e desta maneira ver e descrever pormenorizadamente essa vida do futuro. Isto, naturalmente, sugere multidão de perguntas referentes à espécie de clarividência pela qual se pode prever o futuro, a extensão que se supõe alcançar esse futuro e até que ponto, no caso de possibilidade, o visto pode ser modificado pela vontade dos atores do drama; porque, se tudo está já determinado e não pode ser alterado, não nos acharemos frente a frente da cansativa teoria da predestinação? Pessoalmente não sou mais competente para resolver esta questão do livre-arbítrio e da predestinação, do que qualquer dos milhares que têm escrito sobre esse particular; mas ao menos posso testemunhar indubitavelmente que existe um plano em que o passado, o presente e o futuro perderam suas características relativas, e os três estão real e absolutamente presentes na consciência.

Examinei em muitos casos os anais do passado, e mais uma vez descrevi quão absolutamente reais e palpitantes são para o investigador que viva na cena e possa olhá-la de fora como um simples espectador, ou identificar sua consciência durante certo tempo com a de alguma personagem que tome parte nela, tendo assim a grandíssima vantagem de uma opinião contemporânea sobre o assunto que investiga. Só posso dizer que nessa visão, a primeira assim extensamente relacionada com o futuro por mim realizada, a experiência é exatamente semelhante. Esse futuro era um todo tão real e vividamente presente, como qualquer cena do passado ou como a habitação em que estou agora sentado a escrever, porque também neste caso há a possibilidade de contemplar o todo como um espectador, de se identificar com a consciência de alguém que esteja atuando em tal cena, e por este meio conhecer precisamente seus móveis e conceito da vida.

Como durante parte da investigação estava presente, comigo, em corpo físico, um dos que claramente eu via atuando naquela comunidade do porvir, fiz um esforço especial para indagar até que ponto seria possível a esse ego, por sua ação nos séculos intermediários, subtrair-se àquele movimento ou modificar sua atitude a respeito dele. Pareceu-me claro, depois de cuidadosa análise e repetidos exames, que ele não podia evitar nem modificar de modo apreciável o destino que se lhe deparava, porque a Mônada sobre ele pairante, o seu próprio Espírito interno, atuando por meio da porção de si mesma ainda não desenvolvida em Ego, havia já determinado a respeito deste ponto e posto em ação as causas que deveriam produzi-la inevitavelmente. O Ego tinha inquestionavelmente grande liberdade nesses séculos intermediários e podia mover-se para um ou outro lado fora do caminho que lhe havia sido determinado, e apressar ou retardar o seu progresso; mas, não obstante o inexorável poder propulsor, seu mesmíssimo Eu, não permitiria tão absoluto e final desvio do caminho, que lhe fizesse perder a oportunidade a ele oferecida. A vontade do verdadeiro homem está já determinada, e prevalecerá seguramente.

Sei muito bem a extrema dificuldade em ponderar sobre este assunto, e de maneira alguma pretendo propor-lhe nova solução, senão contribuir para o seu estudo na forma de documento testemunhável. Basta declarar por agora que isto é uma exata descrição do que inevitavelmente há de suceder; e sabendo-o assim, exponho-o aos leitores como um assunto de profundo interesse, e ao mesmo tempo de poderoso estímulo para aqueles que se sintam capazes de o aceitar. Também, não sinto o menor desejo de o dar a conhecer aos que ainda não tenham a certeza da possibilidade de se prever o remoto porvir até em seus mínimos pormenores.

C. W. L.

CAPÍTULO 23
OS COMEÇOS DA SEXTA RAÇA RAIZ

Tornou-se manifesto que esses magníficos ofícios do templo não representam o culto ordinário que naquela época vigorará no mundo, senão que serão peculiares a uma certa comunidade de pessoas que viverão apartadas do resto do mundo. Pouca investigação mais nos foi necessária para constatarmos que se tratava da mesma comunidade, cujo estabelecimento havia constituído a base da visão mostrada havia tanto tempo ao rei Ashoka. Essa comunidade é, de fato, a segregação feita pelo Manu da sexta Raça Raiz; mas em lugar de a conduzir a lugares remotos e desertos, inacessíveis ao resto do mundo, tal qual o fez o Manu da quinta Raça Raiz, nosso Manu a instala no meio de um país populoso, e preservando-a de misturar-se com as demais raças apenas por uma fronteira moral.

Assim como o material para a quinta Raça Raiz teve que ser selecionado da quinta sub-raça do tronco atlante, assim também os corpos materiais dos quais há de surgir a sexta Raça Raiz têm que ser escolhidos da sexta sub-raça do atual tronco ariano. É, portanto, muito natural que essa comunidade fosse estabelecida, como se viu que o estava, no grande continente da América do Norte, onde já estão se tomando providências para o desenvolvimento da sexta sub-raça. É igualmente natural que a parte do continente escolhido seja a que, tanto em paisagem como em clima, se aproxime mais de nossa ideia do Paraíso, ou seja, a Baixa Califórnia.

Observou-se também que a data dos acontecimentos fotografados na visão do rei Ashoka, isto é, a fundação da comunidade, corresponde quase exatamente a setecentos anos desde a época presente. Mas os quadros mostrados pelo Deva (e os revelados pelas investigações que daqueles se originaram) pertencem a um período ulterior de cerca de cento e cinquenta anos, quando a comunidade estará completamente estabelecida e com meios próprios de subsistência.

Fundação da Comunidade

Eis o plano: Da Sociedade Teosófica, tal qual é hoje e o será nos séculos vindouros, o Manu e o Santo Sacerdote da Raça futura escolhem pessoas integralmente sinceras, que se tenham entregue inteiramente ao Seu serviço, e lhes oferecem oportunidade de serem seus cooperadores nesta obra grandiosa. Não há que negar que tal obra será árdua e requererá o maior sacrifício da parte daqueles que tenham o privilégio de tomar parte nela.

O LOGOS, antes de chamar à existência essa parte do seu sistema, tinha em Sua mente um plano detalhado do que pensava fazer com ela; que nível deverão alcançar cada Raça e cada Ronda e em que pontos deverão diferenciar-se de suas predecessoras. O conjunto de Sua poderosa forma de pensamento existe ainda agora no plano da Mente Divina; e quando é designado um Manu para encarregar-se duma Raça Raiz, o primeiro ato deste é materializar essa forma de pensamento num plano inferior, onde possa ter à mão para qualquer referência. Sua tarefa consiste, logo, em tomar do mundo existente os homens que mais se assemelhem a esse tipo, apartá-los do resto e desenvolver gradualmente neles, tanto quanto possível, as qualidades que têm de constituir as características especiais da nova Raça.

Quando tiver levado esse processo à maior perfeição possível, o próprio Manu se encarnará no grupo segregado. Como há muito tempo esgotou todo o carma adverso, Ele é perfeitamente livre para modelar Seus veículos causal, mental e astral, exatamente segundo o modelo que o LOGOS Lhe põe na frente. Sem dúvida alguma que pode exercer grande influência em Seu veículo mesmo quando o tenha de obter de pais que, afinal, pertencem ainda à quinta Raça Raiz, embora já especializados em grande parte.

Somente os corpos que fisicamente descendem d'Ele em linha reta constituirão a nova Raça; e posto que Ele, por Sua vez, tem de contrair matrimônio na antiga Raça Raiz, o tipo daí resultante não será absolutamente puro. Na primeira geração Seus filhos têm de se casar com indivíduos da Raça anterior, se bem que dentro dos limites do grupo segregado; mas depois da primeira geração, já não haverá mais misturas de sangue antigo, desde o momento em que estará absolutamente proibido todo casamento fora da família novamente constituída. Mais adiante o próprio Manu voltará a encarnar-se, provavelmente como seu próprio bisneto e assim purificará ainda mais a Raça, enquanto, por outra parte, nunca cessará em Seus esforços de dar a todos os seus veículos, incluindo então até o físico, mais e mais aproximada semelhança ao modelo proporcionado pelo LOGOS.

Reunião dos Membros

A fim de que se leve a cabo esse modelamento especial, tão rápida e completamente quanto possível, é sobremodo necessário que todos os Egos que se encarnarem nesses novos veículos entendam perfeitamente o que se faz e dediquem-se totalmente à obra. Com tal objetivo, o Manu reúne ao Seu redor grande número desses discípulos e cooperadores e os infunde nos corpos que Ele mesmo fornece, de modo que se devotem integralmente a essa tarefa, tomando um novo corpo, tão pronto considerem necessário abandonar o velho. Portanto, como dissemos, o trabalho de Seus cooperadores será sumamente árduo, pois terão de nascer uma e outra vez sem o intervalo usual noutros planos. Além disto, cada uma dessa ininterrupta sucessão de vidas físicas há de ser absolutamente desinteressada e consagrada aos interesses da nova Raça, sem o menor pensamento de si mesmo ou de aspiração pessoal. Em resumo: o homem que participe desta obra não deverá viver para si, mas para a Raça; isto, século após século.

Não é carga muito leve para levar às costas; mas, por outro lado, os que dela participarem farão inevitavelmente progressos anormalmente rápidos. Não só terão a glória de tomar parte principal na evolução da humanidade, mas também o inestimável privilégio de trabalhar durante muitíssimas vidas sob a direção física imediata dos Mestres que tanto amam. E aqueles que têm gozado a doce bênção de Sua presença bem sabem que diante dela não há trabalho árduo nem obstáculos insuperáveis; antes, todas as dificuldades se desvanecem e olhamos com surpresa os tropeços passados, achando impossível compreender como é que poderíamos sentir-nos desesperados ou desanimados. O sentimento é exatamente o do apóstolo quando diz: "Eu posso fazer todas as coisas por meio de Cristo, que me fortalece".

Início do Estado

Quando se aproximar o tempo que a Seu juízo é o mais adequado para a fundação da Raça, cuidará de que os discípulos escolhidos nasçam na sexta sub-raça. Quando todos houverem alcançado a maturidade, Ele (ou todos juntos) comprarão uma vasta propriedade em local conveniente, e todos irão ali iniciar sua nova vida em comunidade. A cena da tomada de posse da propriedade foi a mostrada ao rei Ashoka, e a paragem em que os dois Mestres se encontrarão está próxima dos limites da propriedade. Depois conduzirão Seus adeptos ao ponto central, já escolhido para ser a capital da comunidade, e tomarão posse das moradas previamente preparadas para Eles. Pois, muito tempo antes, o Manu e Seus lugar-tenentes imediatos dirigiram a construção de um magnífico grupo de edificações apropriadas para o caso: um grande templo ou catedral, vastos edifícios destinados a bibliotecas, museus e salas de Conselho, e ao redor umas quatrocentas moradas, cada uma situada em seu próprio terreno. Embora muito diferentes em estilo e detalhes, essas casas estarão construídas de acordo com um certo plano geral, que mais adiante descreveremos.

Toda essa obra terá que ser feita por operários comuns, sob a administração de um empreiteiro. Será uma enorme turma de homens, muitos dos quais trazidos de lugares distantes; e receberão salários elevados, sob a garantia de que seu trabalho saia bem feito. Será necessário um maquinário numeroso e complicado para a atividade da colônia, e nos primeiros tempos se empregarão forasteiros para manejá-lo e instruir os colonos no seu uso; mas ao fim de poucos anos, quando os colonos tiverem aprendido a fazer e compor o necessário ao bem-estar, não precisarão de mais ajuda exterior. Mesmo na primeira geração, a colônia chegará a manter-se por si só, e depois já não se importará obra alguma do estrangeiro. Parece que se terá de gastar muito dinheiro no estabelecimento da colônia e em colocá-la no regime; mas, uma vez firmemente estabelecida, se sustentará por si mesma, em completa independência do mundo externo. Contudo, a comunidade não perderá contato com o resto do mundo, pois sempre cuidará de estar a par dos novos descobrimentos e dos aperfeiçoamentos nas máquinas.

Descendência do Manu

Todavia, as principais investigações que empreendemos se referem a um posterior período de cento e cinquenta anos, quando a comunidade terá crescido enormemente. Contará então com cerca de cem mil indivíduos, todos eles descendentes físicos diretos do Manu, com exceção de uns poucos que terão sido admitidos do mundo exterior em condições que logo descreveremos. No princípio nos pareceu improvável que os descendentes de um só homem pudessem chegar nesse tempo a um número tão elevado; mas o exame que fizemos nos demonstrou que tudo isso sucederá com muita naturalidade. Quando o Manu considerar conveniente casar-se, alguns discípulos escolhidos estarão dispostos a abandonar seus corpos velhos, tão logo Ele lhes possa proporcionar outros novos. Ele terá doze filhos, e é digno de notar-se que se disporá de maneira que cada um nasça sob uma influência especial, ou como diriam os astrólogos, sob um signo do Zodíaco. Todos esses filhos crescerão devidamente e se casarão com filhos escolhidos de outros membros da comunidade.

Todas as precauções estarão tomadas para prover elementos perfeitamente sãos e apropriados, de maneira a não haver mortalidade infantil, e o que agora chamaríamos famílias numerosas parece que será ali uma regra geral. Uns cinquenta anos depois de fundada a Colônia, viverão já cento e cinquenta netos do Manu. Aos oitenta anos, o número dos descendentes se tornou incomputável do ponto de vista do clarividente; mas tomando ao acaso dez dentre os cento e quatro netos, encontramos que nesse tempo terão entre eles noventa e cinco filhos, o que nos dá em algarismos redondos mil descendentes nessa geração, não contando os primeiros doze filhos nem os cento e quatro netos. Avançando um outro quarto de século mais, isto é, aos cento e cinquenta anos da fundação da Colônia, encontramos bem contados dez mil descendentes diretos; e com isto se vê claro que no transcurso de quarenta e cinco anos mais, não haverá dificuldade alguma em que cheguem plenamente a cem mil.

Governo

Agora será necessário descrever o governo e as condições gerais de nossa comunidade, para ver seus métodos de educação e culto, e suas relações com o mundo exterior. Estas últimas parecem ser completamente amistosas. A comunidade pagará contribuição territorial ao governo do país, e em compensação ficará por completo autônoma, pois construirá suas vias de comunicação sem requerer serviços de nenhuma espécie do governo público.

Será geralmente muito respeitada, e seus indivíduos considerados muito bons e diligentes, ainda que não precisamente ascetas em algumas coisas. Em certas ocasiões serão visitados por viajantes de outros países, como sucede com os turistas neste século, para admirar seus templos e demais edifícios, e conquanto não se lhes anteponha obstáculo algum, tampouco serão de modo algum estimulados. Os comentários dos visitantes parecem, em regra geral, expressar a seguinte opinião: "Tudo é muito formoso e interessante; mas não me agradaria viver entre eles".

Como os membros estavam separados do mundo exterior já fazia século e meio, as antigas relações de família se haviam debilitado muito. Em uns tantos casos essas relações eram ainda recordadas e trocavam-se visitas eventualmente. A respeito deste ponto não haverá restrição alguma; um indivíduo da Colônia poderá visitar um amigo de fora dela, ou convidá-lo livremente a visitá-lo e viver com ele. A única regra a esse respeito será a estrita proibição de todo matrimônio com indivíduos estranhos à comunidade. Contudo, as visitas de que temos falado não serão muito frequentes, porque todo o pensamento da comunidade estará tão concentrado em seu objetivo, que às pessoas do mundo exterior não interessará aquela vida.

O Espírito da Nova Raça

O fato único e dominante nessa comunidade é o espírito que a anima. Cada membro seu sabe que está ali para certo objetivo definido, que nem por um momento perde de vista. Todos terão feito voto de se dedicarem ao serviço do Manu para maior progresso da nova Raça. Todos estarão resolvidos a trabalhar e terão a maior confiança possível na sabedoria do Manu, sem discutir nem de leve as regras que Ele promulgar. Devemos recordar que essas pessoas serão, por assim dizer, seleção de seleção. Durante os séculos intermediários, muitos milhares terão sido atraídos à Teosofia, e destes serão escolhidos os mais ardentes e os mais compenetrados dessas ideias. A maioria terá se reencarnado recentemente, repetidas vezes, conservando em grande parte a sua memória, e em todas essas encarnações terão aprendido que suas vidas na nova Raça terão que ser totalmente de sacrifício em proveito dela. Para este fim se terão exercitado na renúncia dos desejos pessoais; por conseguinte, existirá neles uma forte opinião pública em favor do desinteresse, de tal sorte que tudo quanto implicar a menor manifestação de personalidade, será considerado vergonhoso e degradante.

Terão fortemente arraigada a ideia de que nessa seleção lhes foi oferecida uma gloriosa oportunidade, e que fazerem-se indignos dela, e por conseguinte, terem que trocar a comunidade pelo mundo exterior, seria uma mancha permanente em sua honra. Por outro lado, o Manu elogiará os que progredirem e sugerirem algo novo e útil que ajude o desenvolvimento da comunidade, e não aos que atuem por mínimo que seja no sentido pessoal. Esta grande força de opinião pública tornará praticamente inútil a necessidade de leis, na acepção ordinária da palavra. Toda a comunidade poderá ser comparada com certa propriedade a um exército que entra em batalha, cujos soldados apagam por momento toda diferença particular que os separe, com a única ideia de vencer o inimigo. Se entre os indivíduos da comunidade surgir alguma espécie de diferença de opinião, será imediatamente submetida ao Manu ou aos membros mais próximos do Seu Conselho, e ninguém pensará em discutir a decisão tomada.

O Manu e o Seu Conselho

Ver-se-á, portanto, que na comunidade não haverá governo no sentido próprio desse termo. O governo do Manu será absoluto e reunirá ao redor de Si um Conselho de uns doze discípulos dos mais superiormente desenvolvidos, alguns deles já Adeptos de nível Asekha, que serão também Chefes dos diferentes departamentos na administração dos assuntos e farão constantemente novas experiências, com o fim de aumentar o bem-estar e a eficácia da Raça. Os membros do Conselho estarão suficientemente desenvolvidos para agir em completa liberdade nos planos inferiores, pelo menos até o Plano Causal; e, por conseguinte, podemos imaginá-los como em sessão permanente, consultando-se constantemente, mesmo no próprio ato de administrar.

Não há tribunais nem forças policiais, que por outro lado não parecem necessários, porque, naturalmente, não haverá crimes nem violências numa comunidade tão por completo dedicada a um só fim. Vê-se claramente que se qualquer membro ofendesse o espírito da corporação, o único castigo que se lhe poderia impor seria a expulsão; mas como isto seria para ele o fim de suas esperanças e o fracasso completo de aspirações acariciadas durante muitas vidas, não é de supor que alguém se exponha por mínimo que seja a semelhante risco.

Em relação ao temperamento geral dos indivíduos, será comum a todos certo grau de percepção psíquica que, em muitos casos, estará já sumamente desenvolvida, de maneira que todos poderão ver algo do funcionamento das forças com as quais têm de tratar. E o progresso enormemente maior do Manu, do Sumo Sacerdote e de Seu Conselho, será para eles um fato claramente definido e indubitável, de maneira que todos terão diante de seus olhos as maiores razões possíveis para aceitar suas decisões. Na vida física ordinária, mesmo nos casos em que os homens têm perfeita confiança na sabedoria e boa vontade de um governante, resta a dúvida de que este possa estar mal informado em certos pontos, e que por esta razão suas decisões não concordem sempre com a abstrata justiça. Contudo, ali não será possível nem sombra de tal dúvida, porque todos, por suas experiências diárias, reconhecerão a Sua onisciência no que concerne à comunidade, e que, portanto, é impossível que alguma circunstância possa escapar de Sua observação. Ainda quando em algum assunto Seu parecer divirja do que se esperava, compreenderão que não é por ignorar qualquer circunstância relativa ao mesmo, senão, antes, por tomar em conta circunstâncias desconhecidas das pessoas comuns.

Vemos, então, que não existirão na comunidade os dois tipos sociais que perpetuamente transtornam a vida comum, isto é, os que intencionalmente violam as leis com fins lucrativos, e os que perturbam porque se imaginam prejudicados ou mal compreendidos. A primeira classe não existirá ali, porque só se admitirão na comunidade aqueles que deixem para trás a personalidade e se dediquem inteiramente ao bem coletivo. A segunda classe tampouco poderá existir, porque para todos será evidente a impossibilidade da má compreensão ou a injustiça. Em condições tais, torna-se fácil o problema do governo.

CAPÍTULO 24
RELIGIÃO E TEMPLOS

A prática ausência de toda regulamentação dá a todo o lugar um notável ar de liberdade, embora ao mesmo tempo a atmosfera do pensamento único nos impressione poderosamente. Os homens são de tipos muito diferentes, fazendo seu desenvolvimento pelas linhas da inteligência, devoção ou ação, porém são unânimes em reconhecer que o Manu sabe absolutamente bem o que faz; que essas diferentes linhas são outras tantas maneiras de O servir, e que qualquer progresso que alguém consiga, não o obtém para si mesmo, mas para a Raça, a fim de ser transferido para a sua descendência. Já não existem diferentes religiões no sentido que damos à palavra, se bem que o ensinamento único seja dado em forma tipicamente diferente. Contudo, a questão do culto religioso é de tal importância que o consideraremos especialmente, relacionando-o com os novos métodos de educação, e as particularidades da vida individual, social e coletiva da comunidade.

A Teosofia na Comunidade

Desde que os dois Mestres que fundaram a Sociedade Teosófica são também os líderes dessa comunidade, é muito natural que a crença religiosa corrente nela seja o que agora chamamos Teosofia. Tudo o que agora propagamos – tudo quanto se sabe nos círculos mais íntimos de nossa Seção Esotérica, será crença geral da comunidade, e muitos pontos a respeito dos quais nosso conhecimento é ainda rudimentar, parece que serão ali completamente assimilados e compreendidos em seus menores detalhes.

O esboço formulado por nossa Teosofia não será já matéria de discussão, senão de certeza. Tampouco deve esquecer que os fatos da vida depois da morte, como da existência e natureza dos Planos Superiores, serão objeto de conhecimento experimental para quase todos os membros da Colônia. Ali, tal qual se passa em nossos tempos, o povo se dedicará a diversos estudos. Uns se inclinarão principalmente pela filosofia e metafísica elevadas, ao passo que a maioria preferirá expressar seus sentimentos religiosos sob os aspectos que lhe forem proporcionados nos diversos templos. Seu pensamento geral estará saturado de uma alta dose de senso prático, e não nos equivocaríamos muito dizendo que a religião dessa comunidade será fazer o que se ensine. Não haverá divórcio entre a ciência e a religião, porque ambas estarão igualmente dedicadas a um mesmo objetivo e concorrerão para o bem do Estado. Os homens já não renderão cultos a diversas manifestações, porque todos terão conhecimento exato da existência da Divindade Solar. Muitos terão ainda o costume de saudar o Sol no seu nascimento; mas todos saberão perfeitamente que ele deve ser considerado como um centro do corpo da Divindade.

Os Devas

Um traço muito saliente na vida religiosa será a extensão em que os Devas tomarão parte nela. Muitas religiões do século vinte têm falado de uma passada Idade de Ouro, em que os Anjos ou Divindades conviviam livremente entre os homens; mas esse feliz estado de coisas cessou com o embrutecimento das etapas evolutivas seguintes. Segundo parece, tal estado de coisas voltará a tornar-se corrente em nossa comunidade, porque habitualmente virão Devas superiores até o povo, trazendo-lhe muitas e novas possibilidades de desenvolvimento e atraindo cada um deles as afinidades com sua própria natureza. Isto não nos deve surpreender, pois mesmo neste século os Devas concederão muita ajuda aos capazes de a receber. Tais oportunidades de aprender e tais caminhos de progresso mais rápido, não estavam então abertas à maioria, não por falta de vontade dos Devas, mas por causa do pouco adiantamento da evolução humana. Hoje em dia não passamos ainda de crianças nas classes primárias do escolado do mundo. Professores célebres vêm às vezes das universidades à nossa escola para instruir os discípulos mais adiantados, e às vezes os víamos passar a distância; mas seu ministério não nos aproveita diretamente, porque não estamos ainda em idade ou estado de desenvolvimento em que nos

248

encontramos para ser útil. As classes existem, e os professores estão ali à nossa disposição, tão logo tenhamos alcançado a idade requerida. Nossa comunidade estará já suficientemente adiantada, e, portanto, recolherá os benefícios de seu trato constante com esses seres superiores, assim como de seus frequentes ensinamentos.

O Culto nos Templos

Os Devas não fazem meras aparições esporádicas, mas atuam definidamente, como parte de uma organização regular, sob a direção do Principal Sacerdote, que preside o desenvolvimento religioso da comunidade e o departamento educativo. Para a expressão externa dessa religião, há várias espécies de culto, cujo ministério é função especial dos Devas. Observamos quatro tipos desses templos, e conquanto o esquema e objetivo de tais cultos sejam os mesmos em todos, há na forma e no método notáveis diferenças que trataremos de descrever.

A base primordial do culto religioso é que cada indivíduo, segundo o tipo a que pertença, tem seu caminho por meio do qual pode chegar mais facilmente ao Divino. Para uns será o do afeto, para outros o da devoção, ou simpatia ou intelecto. Por isso existem quatro espécies de templos, cujo objetivo respectivo é pôr a qualidade dominante no indivíduo em relação com a correspondente qualidade do LOGOS, de que é manifestação, porque dessa maneira pode o indivíduo ser mais facilmente estimulado e auxiliado. Por este processo pode ele alçar-se, por certo tempo, a um nível de espiritualidade e poder muito mais elevado que quanto lhe é possível alcançar normalmente. Cada um desses esforços de elevação lhe torna mais fácil o esforço similar seguinte e eleva também um pouco o seu nível normal.

Todo serviço religioso a que o homem assiste objetiva exercer-lhe um efeito definido e calculado, e os serviços solenes de um ano ou série de anos, estão cuidadosamente ordenados com a ideia de favorecer o desenvolvimento médio da congregação e elevar seus membros até certo ponto. Nesta obra é especialmente valiosa a cooperação do Deva, porque atua como verdadeiro sacerdote entre o povo e o LOGOS, recebendo, reunindo e impelindo as correntes de aspiração dos fiéis, e distribuindo, aplicando e rebaixando até o seu nível as correntes de influência divina que lhes vêm do alto em resposta.

O Templo Carmesim

O primeiro templo examinado foi um dos que o Deva mostrou originariamente em seus quadros. Um daqueles em que o progresso individual se efetuará principalmente por meio do afeto, e cujos ofícios terão como capital característica a esplêndida inundação de cor que os acompanha e é realmente sua principal expressão. Imagine-se um magnífico edifício circular um tanto parecido com uma catedral, mas de uma ordem de arquitetura desconhecida no presente, e muito mais aberta ao ar livre que qualquer catedral nos climas europeus comuns. Imagine-se cheio de uma congregação reverente, e o Deva-Sacerdote de pé, no centro diante deles, no topo de uma espécie de eminência piramidal ou cônica de trabalho filigranado, igualmente visível de todas as partes do grande edifício.

Convém notar que, ao entrar, cada devoto se senta tranquila e reverentemente no solo, depois fecha os olhos e ante sua visão mental passa uma sucessão de vegetações ou nuvens de cor, muito semelhantes às que algumas vezes passam ante nossos olhos na escuridão, momentos antes de dormirmos. Cada qual tem uma ordem particular destas cores, que, evidentemente, são até certo ponto sua expressão pessoal. Isto parece, por assim dizer, equivaler à oração preliminar ao entrar-se numa igreja neste século, e tem por objetivo acalmar a pessoa, concentrar seus pensamentos, se vagam, e sintonizá-la com a atmosfera circundante e o objetivo a que esta serve. Ao principiar os ofícios, o Deva se materializa no topo da pirâmide, assumindo para isso uma magnífica e gloriosa forma humana, e usando nessa classe de templo flutuantes vestimentas de belo vermelho vivo.[111]

Sua primeira ação é emanar da cabeça uma labareda de brilhantes cores, um tanto parecidas com as do espectro solar, com a diferença de que em diversas ocasiões estão em ordem e proporção diferentes. É materialmente impossível descrever com exatidão esta faixa de cores, porque mais que espectro, é e não é pintura, e ainda que encerre formas geométricas, não conheço meio algum de a desenhar ou representar, por se achar em mais dimensões do que as percebidas por nossos atuais sentidos. Esta faixa parece ser a nota fundamental ou texto daquele ofício religioso, indicando aos que o compreendem o objetivo exato que se propõe alcançar, e a direção em que seu afeto e aspiração devem ser canalizados. É, em suma, um pensamento expresso na linguagem de variadas cores dos Devas, inteligível para toda a congregação. É completamente visível nos Planos Fí-

250

sico, Astral e Mental, porque mesmo quando a maioria da congregação possua muito possivelmente, pelo menos, a vista astral, pode haver, contudo, alguém em que esta vista seja eventual.

Cada circunstante trata então de imitar esse texto ou nota fundamental, formando no espaço em sua frente, com o poder de sua vontade, uma faixa de cores as mais semelhantes quanto possíveis. Uns o conseguem muito melhor que outros; de sorte que cada uma destas imitações expressará, não só o assunto indicado pelo Deva, mas também o caráter do devoto. Alguns poderão imitá-la de um modo tão definido que seja visível no Plano Físico, ao passo que outros só poderão reproduzi-la nos Planos Astral e Mental. Observa-se que alguns dos que mais fiel e brilhantemente imitam a forma traçada pelo Deva, não a transportam para o Plano Físico.

O Deva, estendendo seus braços sobre os assistentes, derrama sobre eles, por meio dessa forma de cores, uma maravilhosa corrente de influência, que chega a cada um por meio de sua correspondente forma de cor, e o realça precisamente na proporção em que sua forma-cor se assemelha à do Deva. A influência não provém somente do Deva-Sacerdote, já que em cima e por completo fora dele, além do templo ou do mundo material, há um círculo de Devas superiores a cujas forças serve aquele canal. Um oceano de luz carmesim-pálido se difunde na vasta aura do Deva e se derrama em grandes ondas sobre a congregação, atuando sobre ela e pondo as suas emoções em maior atividade. Cada circunstante lança sua peculiar forma-cor no mar rosado; mas por formosa que seja, é inferior à do Deva, isto é, individualmente é mais grosseira e menos brilhante que o conjunto dos brilhos em que resplandece. Deste modo temos um muito curioso e formosíssimo efeito de chamas de vermelho intenso que atravessam um mar róseo, como chamas vulcânicas que se elevassem aos ares frente a um soberbo pôr do sol.

Para compreender até certo ponto como se produz essa atividade de vibração simpática, devemos ter em conta que a aura do Deva é muitíssimo mais extensa e flexível que a do ser humano. O sentimento que num homem comum se expressaria com um sorriso de saudação, causaria num Deva uma repentina expansão e brilho em sua aura, e se manifestaria não só em cor, mas também em som musical. Uma saudação de um Deva a outro seria um esplêndido acorde sonoro, ou melhor, um arpejo; uma conversação entre dois Devas seria como uma fuga; uma oração pronunciada por um deles se assemelharia a um esplêndido oratório. Um Rupadeva de desenvolvimento comum tem com frequência uma aura de centenas de metros de diâmetro, que aumenta no ato enormemente, quando algo o interessa ou lhe incita o entusiasmo. Portanto, um Sacerdote-Deva abrange toda a sua congregação dentro de sua aura e pode agir sobre ela de um modo muito íntimo, tanto interna como externamente. Nossos leitores poderão talvez formar uma ideia desta aura, se se recordarem da do Arshat no nosso livro *Homem Visível e Invisível*: mas imaginando-a menos fixa e mais fluídica, mais acesa e faiscante, consistente quase por completo nos palpitantes raios flamejantes, que produzem o mesmo efeito geral de ordenação de cores. É como se as esferas de cor permanecessem formadas de raios ardentes, sempre fluindo para fora, e que ao atravessar cada seção do raio assumissem sua cor.

Os Laços com o LOGOS

A primeira onda de influência sobre o povo eleva cada indivíduo ao seu mais alto nível, despertando-lhe os afetos mais nobres de que seja capaz. Quando o Deva vê que todos estão sintonizados com a nota devida, inverte a corrente de sua força concentrada e define sua aura numa forma esférica mais reduzida, em cuja parte superior se eleva uma enorme coluna. Em lugar de estender os braços sobre a congregação, levanta-os sobre sua cabeça, e a este sinal cada pessoa daquela vasta congregação envia para o Sacerdote-Deva a sua mais elevada expressão de afeto e anseio, e se difunde toda inteira adoração e amor aos pés da Deidade. O Deva recolhe em si aquelas ardorosas correntes e as lança para o alto, como uma grande fonte de chama multicolorida, que se estende à medida que se elevam e são recolhidas pelo círculo de Devas em expectativa, que passam através deles, e transmutando-as, as fazem convergir, como raios refratados por uma lente, até atingir o Deva Chefe do Raio, a poderosa divindade que, face a face com o próprio LOGOS, representa aquele Raio em relação a Ele.

Esse grande Chefe recolhe as correntes similares de todas as partes de Seu mundo, e as trança numa grande corda que ata a Terra aos pés de seu Deus. Combina essas correntes, convertendo-as num grande rio que transcorre em torno dos divinos Pés, e leva nossa pétala de lótus muito perto do coração da flor. E Ele responde. Na luz do próprio LOGOS brilha um momentâneo esplendor ainda maior; um relâmpago de reconhecimento flui em resposta ao Chefe dos Devas, por cujo meio passa aquele rio de poder ao círculo expectante embaixo. E ao passar deste para o Sacerdote-Deva, que espera em seu topo, Ele volta a abaixar os braços e a estendê-los em atitude de bênção sobre o seu povo. Um dilúvio de cores brilhantes acima de toda consideração enche o vasto recinto; torrentes de líquido fogo, mas delicadas como os matizes de um pôr do sol egípcio, banham todos em suas cintilações; e de toda aquela glória cada um toma para si tudo quanto lhe é possível, o que seu estado evolutivo lhe permite assimilar.

Os veículos de cada circunstante ficam vivificados e intensificados por esse ímpeto descendente do Poder Divino; durante um momento cada um percebe, no que é capaz, o que realmente significa a vida de Deus e como cada um deve expressar o amor a seus semelhantes. Esta bênção é muito mais completa e pessoal que a dada no começo dos ofícios religiosos, porque agora se adapta exatamente a cada indivíduo, fortalecendo-o em suas debilidades e desenvolvendo ao mesmo tempo, na maior possibilidade, o melhor que existe nele; proporcionando-lhe, não só uma formidável e transcendental experiência, senão também uma recordação que lhe será como radiante e ardente luz durante muito tempo. Isto parece que há de ser o culto diário, a prática religiosa cotidiana dos que pertencem ao Raio do afeto.

Tampouco se limita aos presentes a influência desse culto, já que suas radiações se estendem a um vasto distrito e, por assim dizer, purificam as atmosferas astral e mental. O efeito é claramente perceptível para qualquer pessoa de mediana sensibilidade, mesmo que esteja a uma distância de duas ou três milhas do templo. Cada ofício envia também uma enorme erupção de rosadas formas de pensamento, que inundam a região circundante com pensamentos de amor, ficando toda a atmosfera saturada deles. No mesmo templo se forma um vasto e duradouro redemoinho carmesim, cuja influência a sente qualquer um que entre no templo, e se irradia constantemente sobre todo o distrito. Além disso, cada indivíduo, ao regressar para sua casa, depois dos ofícios, é um centro de força de ordem não insignificante, e as irradiações que emana são vivamente perceptíveis por qualquer vizinho que não tenha podido assistir aos ofícios.

O Sermão

Às vezes, adicionalmente, ou talvez como um ofício à parte, o Deva pronuncia uma espécie de sermão cromático, tomando a forma-cor que descrevemos como a nota tônica ou texto do dia, explicando-a à congregação por um processo de desenvolvimento, a maior parte sem palavras, e talvez fazendo-a passar por uma série de mutações, com o fim de transmitir-lhe instruções variadas. Um sermão de cores desta natureza, intensamente vívido e surpreendente, tem por objetivo mostrar o efeito do amor sobre as diversas qualidades daqueles que o recebem. As nuvens escuras da malícia, o vermelho da cólera, o verde sujo do engano, o duro cinzento-castanho do egoísmo, o verde-castanho dos ciúmes e o pesado cinzento-escuro do abatimento, foram submetidos sucessivamente à ação do ardente fogo vermelho do amor. Mostraram-se as etapas por que passavam, evidenciando que por fim nenhum deles resistiria à sua força, e que, por último, todos se fundiam nele e eram consumidos.

O Incenso

Embora, sob todos os pontos de vista, seja a cor o traço principal do culto que descrevemos, o Deva não desdenha aproveitar-se dos outros sentidos além da vista. Durante os ofícios, e ainda antes de os começar, se havia queimado incenso sob sua elevada pirâmide, em incensários oscilantes, de que cuidavam os moços. A espécie de incenso varia segundo as diferentes partes dos ofícios. O povo será muito mais sensível aos perfumes do que nós, e distinguirão com exatidão as diferentes espécies de incenso, o significado de cada espécie e qual o seu objetivo. O número de odores agradáveis empregados deste modo será muito maior do que agora, e, ademais, se haverá descoberto algum método de torná-los mais voláteis, de maneira que instantaneamente se difundam pelo ambiente. O perfume influi no corpo etérico pouco mais ou menos como as cores no astral, e contribui para harmonizar rapidamente os veículos do homem. Aquele povo possuirá muitos novos dados referentes ao efeito dos Devas sobre certas partes do cérebro, como veremos mais adiante ao tratar dos processos educativos.

O Som

Cada mudança de cor irá acompanhada de um som apropriado, e mesmo quando isto seja uma característica de segunda ordem no templo da cor descrito, não deixará de ter seus efeitos marcantes. Contudo, agora trataremos de descrever uns ofícios um tanto semelhantes num templo onde a música é o traço dominante e se emprega a cor só para ajudar os seus efeitos, precisamente como o som ajuda a cor no templo do afeto. Vulgarmente, os templos em que se efetua o progresso individual pelo desenvolvimento do afeto, se chamarão "Templos Carmesim"; primeiro, porque todos sabem que o vermelho é a cor da aura que indica o afeto, e, portanto, é a que prevalece em suas esplêndidas expansões, e, segundo, porque, em reconhecimento desse mesmo fato, as primorosas linhas da arquitetura estarão assinaladas por linhas de vermelho e ainda haverá templos completamente desta cor. A maior parte dos templos estará construída com pedras de formoso cinzento-pálido, de superfície polida e parecida com mármore, e a cor do decorado externo indicará a natureza dos ofícios religiosos celebrados no interior. Todavia, algumas vezes os templos do afeto estarão construídos com pedras polidas, de formosa cor-de-rosa pálido, cuja maravilhosa beleza se realçará diante do vívido verde das árvores que sempre os circundarão. Os templos em que predominar a música se chamarão também "Templos Azuis", porque sendo seu principal objetivo despertar a devoção mais elevada possível, corresponde-lhes o azul como cor mais adequada aos seus ofícios, e, por conseguinte, será a adotada em sua decoração exterior e interior.

O Templo Azul

O esboço geral dos ofícios num Templo Azul se parece muito com o que já descrevemos, com a diferença de ser o som o principal agente em vez da cor. Do mesmo modo que no Templo Carmesim se visa, pela cor, estimular o amor no homem, pondo-o em relação consciente com o amor divino, assim este templo trata de promover a evolução do homem pela devoção, que a música realça e intensifica enormemente, e põe em relação direta com o LOGOS. E, assim como no Templo Carmesim há o que poderíamos chamar um vórtice permanente de supremo e nobilíssimo afeto, também neste templo da música haverá parecida atmosfera de devoção desinteressada, que instantaneamente afetará quem nele entrar.

Os membros da congregação se porão em contato com a atmosfera do templo, trazendo consigo um curioso instrumento musical sem semelhança com nenhum dos conhecidos antes na Terra. Não é violino, mas antes uma pequena harpa circular com resplandecentes cordas de metal. Mas este curioso instrumento tem notáveis propriedades, e é algo mais que um mero instrumento, porque estará especialmente magnetizado por seu proprietário, e só ele deverá usá-lo. Estará em tom com o seu dono; será uma expressão sua, um conduto por cujo meio se pode chegar a ele, do alto, no

Plano Físico. Ao tocar o instrumento, tocará a si mesmo. Transmite e recebe vibrações por meio dele.

Os Ofícios Devocionais

Quando o devoto entra no templo, vibra em sua mente uma sucessão de harmoniosos sons, como uma peça musical que desempenha para ele o mesmo papel que a série de cores que passa diante do homem do templo da cor, na mesma etapa do desenvolvimento. O Deva, ao materializar-se, toma um instrumento da mesma natureza, e principia os ofícios tocando um acorde, ou antes um arpejo, equivalente à nota tônica de cor empregada no outro templo. O efeito deste acorde será surpreendente. O instrumento do Deva é pequeno e, aparentemente, de pouca potência, ainda que de tons maravilhosamente suaves; mas quando o toca, parece como se, condensado o acorde no ambiente, o repetissem os músicos invisíveis, e ao ressoar na grande cúpula do templo, derramará na congregação um dilúvio de harmonia, um mar de sons. Cada circunstante tocará então seu instrumento, muito suavemente a princípio, e aumentando gradualmente o som, até que todos se concertem nessa maravilhosa sinfonia. Tal qual sucede no templo da cor, cada indivíduo se põe em harmonia com a ideia principal que o Deva deseja representar nos ofícios; e tanto como no outro templo, o povo receberá a bênção que eleva cada qual ao maior nível possível, fazendo brotar dele uma ansiosa resposta, expressa ao mesmo tempo em som e em cor.

Aqui se usa igualmente o incenso, que varia também segundo a parte dos ofícios. Quando a congregação está bem no tom, cada indivíduo começa a tocar definitivamente. Vê-se claramente que todos desempenham uma parte determinada, ainda que não parece tenha havido prévio ensaio. Uma vez esteja o ofício no auge, o Sacerdote-Deva recolherá sua aura e principiará a derramar o som internamente, em vez de sobre a congregação. Cada qual põe toda a sua vida no que toca, dirigindo-se diretamente ao Deva de maneira que possa elevar-se por seu intermédio. É notabilíssimo o efeito nas emoções superiores do povo, cuja vívida devoção e anseio se elevam, por meio do Deva oficiante, em poderosa corrente dirigida a um grande círculo superior de Devas, que, como antes, a atrairão para si, transmutando-a num diapasão muito mais elevado, e a encaminharão para uma corrente ainda mais potente para o grande Deva Chefe de seu Raio. Sobre ele convergem milhares de correntes devocionais de toda a Terra, as quais, por sua vez, reúne e tece numa só, que, ao enviar ao alto o enlaça com o próprio LOGOS solar.

Nessa corrente mais potente ele toma parte no concerto dos mundos dos Sistemas, e estas correntes procedentes de todos os mundos formam algo como a potente lira de doze cordas que o LOGOS toca sentado no Lótus do Seu Sistema. É impossível expressar isto em palavras, mas o autor o viu e sabe que é verdade. O LOGOS escuta, responde e toca o Seu Sistema. Assim, pela primeira vez, temos um breve vislumbre da estupenda vida do LOGOS, entre outros LOGOI,[112] Seus iguais; mas o pensamento desfalece ante essa glória e nossas mentes são incapazes de compreendê-la. Pelo menos é evidente que o conjunto dos grandes Devas músicos representam a música para o LOGOS; e Ele se comunica por seu intermédio musicalmente com os Seus mundos.

A Bênção

Chega logo a resposta num dilúvio de harmoniosos sons demasiado formidável para ser descrito. Flui através do Chefe do Raio e desce até o círculo dos Devas, e destes ao Sacerdote-Deva do templo, mas modificado em cada etapa para adaptá-lo a níveis inferiores, até que por fim o derrama o oficiante em forma assimilável pela congregação. É um grande oceano de suaves e doces sons em crescendo, uma explosão de música celeste que os rodeia, envolve e arrebata, e, contudo, derrama neles, por meio de seus próprios instrumentos, vibrações tão vívidas e elevadoras, que seus corpos superiores entram em ação e suas consciências se alçam a níveis a que jamais podem aproximar-se em sua vida externa. Cada circunstante sustenta seu instrumento em frente de si, e é por seu meio que se produz nele tão maravilhoso efeito. Parece como se cada instrumento arrancasse daquela grande sinfonia as vibrações próprias do dono cuja expressão é. Cada harpa não só seleciona e responde, mas também provoca sons muito mais intensos que os seus. O ambiente está saturado pelos Gandharvas ou Devas músicos, de sorte que todo som se multiplica e cada simples tom produz um grande acorde de tons e semitons de ultraterrestre beleza e doçura. Esta abençoadora resposta do alto é uma sensação tão assombrosa, que não há palavras para expressá-la. Tem que se vê-la, ouvi-la e senti-la para de algum modo compreendê-la.

Esse magnífico crescendo final acompanhará, por assim dizer, os congregantes até a sua casa; persistirá neles ainda depois de concluídos os ofícios, e frequentemente o indivíduo tratará de reproduzi-lo em menor grau numa espécie de doméstico ofício privado. Também nesse templo há o que se poderia considerar como sermão que o Deva pronuncia por meio de seu instrumento e os assistentes recebem por meio do seu. Claro está que não é o mesmo para todos, pois uns compreendem mais e outros menos o significado e propósito do Deva.

O Intelecto

Todos os efeitos obtidos no Templo Carmesim pelo amor, mediante os formosos mares de cor, se obterão aqui por meio da devoção com o maravilhoso emprego da música. É evidente que em ambos os casos a ação preliminar recai nos corpos intuicional e emocional. Recai diretamente no corpo intuicional daqueles que o desenvolveram até o ponto de resposta, e indiretamente, por meio do astral, naqueles algo menos desenvolvidos. O entendimento é influído somente pelo reflexo destes Planos, ao passo que na seguinte variedade de templo que vamos descrever, esta ação fica invertida, porque o estímulo age diretamente sobre o entendimento, por cujo meio e conduto tem que se despertar logo o princípio intuicional. Os resultados finais são indubitavelmente os mesmos, mas difere a ordem do processo.

O Templo Amarelo

Se os indivíduos do Templo Carmesim evoluem por meio da cor e os do Azul por meio do som, poderemos considerar a forma como o veículo principalmente empregado no Templo Amarelo, pois é desta cor o templo especialmente dedicado ao desenvolvimento intelectual, já que o simboliza nos diversos veículos do homem.

Também são iguais a arquitetura e a disposição interna do templo, exceto que a decoração e os relevos são amarelos em vez de carmesins e azuis. O esquema geral dos ofícios religiosos é do mesmo modo idêntico. Primeiro, o texto ou nota tônica que os põe no tom; depois, o anseio, oração ou esforço da congregação que atrai a resposta do LOGOS. A forma de ensino que, na falta de outra mais própria, chamei de sermão, parece também ter sua parte nestes ofícios, assim como todos usam incenso, embora seja notável a diferença entre o usado no Templo Amarelo e o empregado nos Templos Azul e Carmesim. No caso presente, o vórtice estimula a atividade intelectual, de modo que basta penetrar no templo para o homem sentir sua mentalidade mais penetrante e vívida, podendo julgar e compreender melhor.

Os devotos deste templo não trarão consigo instrumentos musicais, e em lugar de passar diante de suas vistas uma sucessão de nuvens de cor, começarão a vislumbrar, assim que se sentam, certas formas mentais. Cada indivíduo terá sua forma peculiar como expressão própria, semelhante ao instrumento no templo da devoção e à faixa policrômica no do amor. Estas formas serão todas diferentes, e muitas delas denotarão, pelo que se vê, o poder de divisar na mente algumas figuras simplíssimas de quatro dimensões. Por certo a potência visual não será a mesma em todos, pois uns poderão imaginar as figuras muito mais completas e definidas que outros; mas torna-se curioso que o indefinido parece mostrar-se nos dois extremos da escala. Os pensadores menos educados, que ainda estão aprendendo a pensar, traçarão formas mal assinaladas, ou, se no princípio podem traçá-las claras, não poderão sustentá-las e continuamente cairão no indefinido. Não chegarão a materializá-las, porém as plasmarão vigorosamente na matéria mental, o que, segundo parece, poderão fazer quase todos, até os menos adiantados. É evidente que no princípio se lhes sugerem as formas e se lhes diz que as sustenham mais como meio que como objeto de contemplação. Pelo que se pode ver, cada forma tem de ser a expressão de seu criador, cujo maior progresso a modifica sem a mudar essencialmente. O indivíduo deve pensar e receber impressões por meio da forma, do mesmo modo que os outros as recebem pelos instrumentos e cores. Nas pessoas mais inteligentes, a forma se tornará mais definida e complicada; mas algumas das melhores definidas tomarão outra vez uma aparência algo indefinida, por causa de sua aproximação de um plano superior, onde adquiram mais dimensões, e por serem muito vívidas, não se possa fixá-las.

O Estímulo Intelectual

Quando o Deva aparece, ele também modela uma forma, não que seja uma expressão de si mesmo, e sim, como nos demais templos, seja a nota tônica dos ofícios, que defina o objetivo especial que se tem em vista naquela ocasião. Então sua congregação se projetará em suas formas, e tratará de responder por meio delas à forma do Deva e de compreendê-la. Algumas vezes esta forma será indistinta, isto é, se desenvolverá ou manifestará em determinado número de movimentos sucessivos. Ao plasmá-la, o

Sacerdote-Deva derramará por seu intermédio, sobre os assistentes, um grande fluxo de luz amarela, com o fim de estimular intensamente as suas faculdades intelectuais na senda especial que está indicando. Atuará com muita força sobre seus corpos causais e mentais, e relativamente muito pouco nos emocional e intuicional. Os que normalmente não tiverem consciência do corpo mental, serão despertados por este processo, de modo que pela primeira vez poderão usá-lo com toda a liberdade e ver claramente por ele. Os que não tiverem normalmente a vista de quatro dimensões, a terão desperta naqueles momentos, a outros menos adiantados se fará ver as coisas com mais alguma clareza e compreender temporariamente ideias no comum demasiado metafísicas para eles.

O Sentimento Intelectual

O esforço mental não está totalmente desprovido de sentimento, pois ao menos há gozo intenso em elevar-se, mesmo quando se sente quase exclusivamente por meio do corpo mental. Todos dirigirão ao Sacerdote-Deva o pensamento por meio de suas formas, e farão esta oferenda individual como uma espécie de sacrifício ao LOGOS, do melhor que têm para dar. No Deva e por meio do Deva se darão em oferenda à Luz que arde no alto; nela se submergirão e sumirão. É o vermelho-branco da intelectualidade elevado a um máximo poder. Tal qual nos demais templos, o Sacerdote-Deva sintetiza as diferentes formas que lhe são dirigidas e entrefunde as correntes de força antes de as lançar ao círculo superior, constituído nesta ocasião pelos que chamaremos Devas amarelos, que desenvolvem a inteligência e se dedicam em ajudá-la e guiá-la no homem.

Como antes, absorvem a força para lançá-la de novo, enormemente intensificada, a um nível superior, ao Chefe de seu Raio, que é uma espécie de centro para a troca de forças. O aspecto intelectual do LOGOS atua do alto sobre ele e por meio dele, ao passo que todas as inteligências humanas chegam até ele e por meio dele, de baixo. Ele recebe e eleva o tributo do templo, e em troca, abre as comportas ao fluxo da Inteligência Divina, que, atenuada em muitos graus no caminho, se derrama sobre a atenta congregação e a levanta de seus diários aquilo que será no futuro. O temporário efeito de semelhante onda descendente é quase incalculável. Todos os egos presentes entram em vigorosa atividade, e a consciência do corpo causal se põe em ação em todos quantos sejam de algum modo capazes disso. Noutros significará, simplesmente, um grande aumento de atividade mental; alguns ficarão tão elevados sobre o normal, que chegarão a sair do corpo, ao passo que outros entrarão numa espécie de *Samadhi*, porque a consciência se transporta a um veículo ainda não bastante desenvolvido para expressá-la.

A resposta de cima não é um mero estímulo. Contém também uma vasta massa de formas; ao que parece, todas as formas possíveis em qualquer linha especial do dia. Estas formas são assimiladas pelos assistentes que podem utilizá-las, sendo de notar que a mesma forma significa mais para uns que para outros. Por exemplo, uma forma que transmita a um homem um detalhe interessante da evolução física, pode representar para outro a vasta evolução cósmica. Para muitos é como se estivessem vendo em forma visível as estâncias de Dzyân. Todos tratarão de pensar na mesma linha, mas de muitos modos distintos, e, por conseguinte, atrairão a si formas muito diferentes do vasto e ordenado sistema que está à sua disposição. Cada qual extrairá daquela multiplicidade o que mais lhe convier. Observei que alguns pareciam adquirir novos pontos de vista sobre o assunto, substituindo sua própria forma de pensamento por outra, não superior, senão simplesmente um outro aspecto da questão.

Há indivíduos que com esse método se elevam indubitavelmente à consciência intuicional. Por um pensar intenso, pela compreensão das correntes convergentes, alcançam primeiro um vislumbre intelectual da constituição do universo; e depois, por meio de uma intensa pressão para cima, o assimilam e realizam. Geralmente vem como uma onda, e quase domina o indivíduo, tanto mais quanto em sua linha tem tido até então pouca prática na compreensão dos sentimentos da humanidade. De seu ponto de vista intelectual, tem estado examinando e dissecando filosoficamente as pessoas como plantas ao microscópio, e num jato se lhes torna patente que todos são tão divinos como ele, cheios dos mesmos sentimentos e emoções, acertos e desacertos; que são mais que irmãos, já que estão nele mesmo e não fora. É este um grande choque para o homem que, depois de recebê-lo, necessita de tempo para voltar a equilibrar-se e desenvolver outras qualidades até então um tanto abandonadas.

O serviço religioso do templo termina como os demais, e a forma mental de cada homem melhora permanentemente pelo exercício.

Magia Mental

Aqui também temos a forma de ensino a que denominamos sermão, e neste caso é geralmente uma exposição das mudanças sofridas por determinada forma ou série de formas. O Deva parece que às vezes pronuncia palavras, ainda que muito poucas. É como se lhes mostrassem os quadros indefinidos de uma lanterna mágica, nomeando-os à medida que passam diante deles. Materializa clara e vigorosamente a forma de pensamento especial que lhes está ensinando, e cada membro da congregação trata de copiá-la em sua matéria mental. Numa das que se descrevem, observou-se a transferência de formas de plano em plano; uma espécie de magia mental que demonstra como um pensamento pode transformar-se noutro. No mental inferior mostrou como um pensamento egoísta pode converter-se em desinteressado. Ninguém, por certo, é cruamente egoísta, ou então não estaria na comunidade; mas podem restar sutis formas de pensamento concentradamente egoístas. Há também certo risco de orgulho intelectual, e ensina-se a convertê-lo no culto da sabedoria do LOGOS.

Noutros casos se mostram metamorfoses muito interessantes, como formas que se mudam uma em outra e se invertem como uma luva. Desta maneira, por exemplo, um dodecaedro se transforma em icosaedro. Não somente se ensinarão estas mudanças, mas também se explicará seu significado interno nos diferentes planos. Igualmente muito interessante é a apresentação dos sucessivos significados exotéricos e observar como alguns membros da congregação se detêm diante de um deles, sentindo-se uns sumamente satisfeitos consigo mesmos por compreendê-lo, enquanto outros penetram um ou dois graus além, no âmago do significado. O que a maioria dos congregantes vê apenas como uma mudança de seus próprios pensamentos, pode ser, para uns tantos mais adiantados, um transporte de força cósmica de um plano a outro. Semelhante sermão é um verdadeiro exercício de intensidade e atividade mental, e é necessária atenção muito fixa e atenta para acompanhá-la.

Em todos esses templos, é um ponto importante a educação da vontade, tão necessária para concentrar a atenção sobre as diferentes variações de pinturas, música ou formas de pensamento. Tudo isto se vê muito claro pelo intenso resplendor dos corpos causais, mas reage sobre os veículos mentais e mesmo sobre o cérebro físico que, regra geral, parece maior nesses precursores da sexta Raça Raiz, do que nos homens da quinta. Têm acreditado alguns que o muito estudo e desenvolvimento mental tendiam em grande parte para atrofiar ou destruir o poder de projeção de formas mentais; mas isto não parece ser o caso dos devotos do Templo Amarelo. Talvez a diferença esteja em que outrora o estudo era em grande parte de meras palavras, ao passo que essas pessoas têm estado durante muitas vidas a dedicar-se à meditação, que necessariamente envolve a prática constante da projeção mental em alto grau.

O Templo Verde

Resta ainda por descrever outro tipo de templo decorado de um encantador verde-pálido, porque as formas de pensamento nele produzidas são precisamente desta cor. Dos templos já descritos, o vermelho e o azul parecem ter muitos pontos comuns, e laço semelhante une o amarelo e o verde. Poderia dizer-se que o azul e o vermelho correspondem a dois tipos do que na Índia se chama Bhakti-Ioga. Neste sentido, o Templo Amarelo poderia ser imaginado como representando o Jnana-Ioga, e o Templo Verde o Carma-Ioga, ou então no Ocidente poderíamos caracterizá-los respectivamente como os templos do amor, da devoção, do intelecto e da ação. A congregação do Templo Verde opera também principalmente no Plano Mental; mas sua especialidade é traduzir o pensamento em ação: fazer as coisas. Parte de seu culto comum é enviar correntes de pensamento, intencionalmente dispostas, em primeiro lugar para a comunidade, e depois, por meio dela, para o mundo em geral. Nos demais templos também se pensa no mundo externo, porque o incluem em seus pensamentos de amor e devoção, ou discorrem sobre ele intelectualmente; mas a ideia dos fiéis do Templo Verde é a ação a respeito de todas as coisas, e consideram que não abrangem com segurança a ideia enquanto não a põem em ação.

Por outro lado, os fiéis do Templo Amarelo tomam a mesma ideia de um modo muito diferente, e consideram muito possível compreendê-la perfeitamente sem necessidade de ação. Mas os devotos do Templo Verde não creem cumprir sua missão no mundo, a menos que estejam constantemente em ativo movimento. A forma de pensamento não é efetiva para eles, se não contém algo de seu verde típico, porque – dizem – falta-lhes simpatia, e daí que todas as suas forças se expressem em ação e que sua felicidade esteja na ação; e por meio do autossacrifício na ação obtêm o almejado.

Têm em suas mentes, concentrados, planos poderosos, e em alguns casos observei que muitos deles se combinam para imaginar um plano e executá-lo. Têm extremo cuidado em acumular muitos conhecimentos sobre qualquer assunto que tomem como especialidade. Com frequência cada um traça uma área no mundo, na qual lança suas formas de pensamento com determinado objetivo. Por exemplo: um se encarrega de educação na Groenlândia ou da reforma social em Kamtchatka. Ocupam-se, naturalmente, de países afastados, porque nessa época já se fez tudo o que seja concebível nos comumente conhecidos. Contudo, não empregam o hipnotismo nem tratam de algum modo de dominar a vontade de alguém que desejam ajudar, senão simplesmente lhe revelam suas ideias e melhoras no cérebro.

A Linha dos Devas Curadores

O esquema geral dos ofícios desta categoria é idêntico ao dos demais. Não trazem consigo nenhum instrumento físico, mas têm suas formas mentais tanto como os do intelecto; apenas neste caso são sempre planos de atividade. Cada um se dedica a um plano especial e por seu meio se dedica ao mesmo tempo ao LOGOS. Ante si põem seus planos e sua realização, do mesmo modo como os outros homens põem seus pensamentos ou formas de cor. É de notar que esses planos são sempre de conceito muito elevado. Por exemplo, o plano de um indivíduo para a organização de um país atrasado: compreenderá, como eixo principal, a ideia da elevação mental e moral de seus habitantes. Os devotos do Templo Verde não são filantrópicos na antiga acepção do termo, por mais que seus corações transbordem de simpatia pelo próximo, expresso no mais belo matiz da cor característica. Na verdade, pelos vislumbres obtidos do mundo externo, parece evidente a completa desnecessidade da filantropia comum, por ter desaparecido a pobreza. Seus planos tendem todos ao auxílio do povo ou ao melhoramento das condições sociais.

Parece terem aqui seu lugar as indicações de toda classe e gênero de atividade, e os devotos deste templo apelam para os Devas ativos ou curadores, simbolizados pelos místicos cristãos no Arcanjo Rafael. Seu Sacerdote-Deva põe diante deles, como texto ou ideia dominante dos ofícios, um aspecto de suas ideias, que dá força a todas essas. Tratam de apresentar claramente os seus diversos esquemas, e por seu meio adquirem desenvolvimento para si mesmos, ao tratarem de se simpatizar com outros indivíduos e ajudá-los. Depois da harmonização preliminar e da bênção inicial, vem de novo a oferenda de seus planos. A bênção inicial pode ser considerada como portadora da simpatia dos Devas por todos os seus planos e identificação do Sacerdote-Deva com todos e cada um deles.

Quando chega o momento da aspiração, cada um oferece seu plano como algo próprio, que tem de dar em tributo de seu cérebro que apresenta ante o Senhor, assim como também crê que deste modo põe o seu ser e sua vida em seus planos como um sacrifício dedicado ao LOGOS. Uma vez mais se obtém o mesmo magnífico efeito, um mar de luminoso pôr do sol verde-pálido, e em meio dele a esplêndida savana e fontes, as labaredas de verde mais escuro lançadas pelo pensamento simpático dos circunstantes. Do mesmo modo que antes, o Sacerdote-Deva reúne tudo num foco, que envia para o alto, ao círculo de Devas curadores, e por seu meio ao Chefe do Raio, que por sua vez apresenta esse aspecto do mundo ao LOGOS.

Ao se oferecerem assim eles e os seus pensamentos, retorna o grande fluxo da resposta, a corrente de bênção e boa vontade que por sua vez ilumina o sacrifício oferecido mediante a linha ou aspecto pelo qual se tem dirigido cada um. Os Devas superiores parecem magnetizar o homem e aumentar seu poder neste aspecto e seus similares, elevando-o ao mesmo tempo aos mais altos níveis. A resposta não só fortalece os bons pensamentos que já têm, senão que também os faz conceber maiores atividades para seus pensamentos. É um ato definido de projeção que executam num momento de meditação silenciosa, depois de receber a bênção.

Há diversidade de tipos entre esses fiéis, já que põem em atividade diferentes centros do corpo mental, cujas correntes de força projetam às vezes de um chakra,[113] e às vezes de outro. Na bênção final parece como se o LOGOS se vertesse neles por meio de Seus Devas, e depois outra vez deles nos objetos de suas simpatias, de sorte que ocorre outra mudança adicional de força e o ato culminante deles ao serem agentes ativos de Sua ação. A simpatia intensa é o sentimento mais cultivado por esses fiéis; e pode-se dizer que é sua nota tônica, por meio da qual se elevam gradualmente através dos corpos mental e causal até o intuicional, onde encontram o auge da simpatia, porque ali o objeto da simpatia não está fora, mas dentro de si mesmo.

Neste caso o sermão parece ser, frequentemente, uma exposição da adaptabilidade de diversos tipos de essência elemental à força de pensamento requerida. É ilustrado à medida que é desenvolvido, pois o Deva constrói e materializa ante a congregação as formas-pensamento, de modo que os fiéis aprendem exatamente a melhor maneira de as produzir e os melhores materiais a empregar na sua construção.

Independentes

Nas linhas especiais de desenvolvimento desses templos aparece uma curiosa semi-indicação dos quatro subplanos inferiores do Plano Mental, segundo se apresentam durante a vida depois da morte. Pois deve-se recordar que o afeto é a característica principal de um desses planos; a devoção a do segundo; a ação por causa da Divindade, a do terceiro, e a clara concepção do reto pelo reto, a do quarto. No entanto, é evidente que não há diferença de adiantamento entre os Egos que seguem uma linha e os que seguem outra; todas essas sendas são indubitavelmente iguais e todas se assemelham a escadas que conduzem a humanidade de seu nível comum à Senda da Santidade, a qual ascende até a altura do Adeptado. A grande maioria da comunidade pertence a um ou outro destes tipos, de sorte que todos estes templos estão diariamente cheios de multidão de devotos.

Há algumas pessoas que parecem não assistir a nenhum destes ofícios, simplesmente porque nenhum lhe é o modo apropriado de desenvolvimento. Contudo, não existe a menor ideia de que essas poucas sejam irreligiosas ou de alguma maneira inferiores à maioria dos assistentes regulares. Reconhece-se universalmente que são muitos os caminhos que conduzem ao cume da montanha, e que cada homem tem absoluta liberdade de escolher o que lhe parece mais conveniente, sem que lhe ocorra censurar o vizinho por escolher outro, nem ainda por não querer escolher nenhum dos que se lhe ofereçam. Cada qual faz a seu modo o melhor que pode, para tornar-se mais apto à obra que lhe corresponde no futuro, assim como para levar a efeito a que lhe corresponde no presente. Ninguém alimenta o sentimento de: "Estou em melhor caminho que Fulano", por agir diferentemente de outro. Os fiéis habituais de um templo visitam também amiúde os outros templos. Realmente, há alguns que os visitam por turno, conforme o que combinam no momento, dizendo consigo: "Creio que necessito de um toque de amarelo esta manhã, para iluminar-me a inteligência"; ou, "Estou demasiado metafísico e me convém provar um tônico do Templo Verde"; ou ainda, "Ultimamente tenho trabalhado demasiado intelectualmente e me convém dar a vez ao amor ou à devoção".

Congregação de Mortos

Muitos costumam assistir aos magníficos, embora elementares, ofícios que com frequência se celebram nos templos ostensivamente para crianças, que descreverei ao tratar da educação. É interessante observar que a natureza especial dos ofícios dos templos dessa comunidade tem, evidentemente, chamado muito a atenção do mundo astral, pois grande número de pessoas falecidas costumam assistir a eles. Descobriram a participação dos Devas e das formidáveis forças que, como consequência, estão em atividade neles, e sem dúvida desejam aproveitar-se de tais vantagens. Deve-se entender por certo, que essa congregação de pessoas falecidas se compõe exclusivamente de indivíduos do mundo exterior, pois na comunidade não há mortos, já que cada indivíduo, assim que abandona seu corpo físico, assume logo outro, a fim de levar a cabo a obra a que está se dedicando.

O Mestre da Religião

O aspecto religioso e educativo da vida da comunidade está exclusivamente sob a direção do Mestre K. H. Ele se impõe como Seu dever visitar sucessivamente os templos, ocupando o lugar do Deva oficiante e demonstrando com isso que combina em Si mesmo, no mais alto grau, as qualidades de todos os tipos. Os Devas que se dedicam à religião e à educação estão sob as Suas ordens. Alguns indivíduos da comunidade são especialmente instruídos pelos Devas, e parece provável que passarão em seu devido tempo à linha da evolução dévica.

CAPÍTULO 25
A EDUCAÇÃO E A FAMÍLIA

A Educação das Crianças

Como é natural esperar-se, nessa comunidade se dedicará muita atenção à educação das crianças. Se considerará este ponto de tão capital importância que não se deixará de aproveitar nada que possa ajudá-lo, e se aproveitará toda a sorte de auxílios suplementares. A cor, a luz, o som, a forma, a eletricidade, são todos aplicados, e os Devas, que tomam parte fundamental na obra, se valem da ajuda dos exércitos de espíritos da natureza. Chegou-se a comprovar que muitos fatos, antes ignorados ou tidos por insignificantes, influem adequadamente no processo educativo. Por exemplo, o ambiente mais favorável ao estudo das matemáticas, não o é, de modo algum, para a música ou a geografia.

A gente saberá que se podem estimular as diversas partes do cérebro físico, pelo emprego de diferentes luzes e cores; que para alguns assuntos é muito útil a atmosfera ligeiramente carregada de eletricidade, mas para outros é positivamente prejudicial. Num extremo de cada habitação destinada às classes, haverá um transformador elétrico por cujo meio podem mudar-se à vontade as condições atmosféricas. Algumas habitações estarão atapetadas de amarelo, decoradas exclusivamente de flores amarelas e saturadas de luz amarela. Em outras, pelo contrário, predominará o azul, o vermelho, o violeta, o verde ou o branco. Também se tem observado que vários perfumes têm efeito estimulante, e, portanto, se empregam segundo um ordenado sistema.

Talvez a inovação mais importante seja a obra dos espíritos da Natureza, que sentem intenso prazer em executar as tarefas de que são incumbidos, e gozam em ajudar e estimular as crianças como os jardineiros gozam na produção de plantas escolhidas. Entre outras coisas, tomam as influências apropriadas da luz, cor, som e eletricidade, focalizam-nas, por assim dizer espalham-nas sobre as crianças, de maneira a produzirem os melhores efeitos possíveis. Igualmente as empregam os instrutores em casos individuais. Se, por exemplo, um discípulo não entende o tema que lhe tenha sido dado, ato contínuo se manda um espírito da Natureza tocar e estimular certo centro particular do seu cérebro, e logo compreende o que se lhe ensina. Todo instrutor tem de ser clarividente, pois esta faculdade é requisito indispensável para o desempenho de seu cargo. Esses instrutores serão indivíduos da comunidade (homens e mulheres indistintamente), os Devas se materializarão em ocasiões especiais para dar certas lições, mas parece que nunca assumirão toda a responsabilidade de uma escola.

Vê-se existirem também ali os quatro grandes tipos simbolizados nos templos. As crianças são observadas cuidadosamente e tratadas segundo o resultado da observação. Na maioria dos casos são classificadas, desde o começo, em uma ou outra ordem de desenvolvimento, e se lhes oferece todo gênero de oportunidades, para escolherem a de sua preferência, pois, tampouco existe aqui algo que se assemelhe a uma imposição. Até os retardados sabem perfeitamente qual o objetivo da comunidade e capacitam-se de maneira completa de que é seu dever, assim como seu direito, ordenar consequentemente a sua conduta. Deve-se ter presente que todos esses indivíduos são reencarnações imediatas, e que a maior parte traz, pelo menos, alguma recordação de suas vidas passadas. De sorte que para eles a educação é simplesmente o processo de obter, tão rapidamente quanto possível, uma nova série de veículos disciplinados, e recuperar com igual presteza o elo que acaso se haja perdido na transição de um corpo físico para outro.

Não se conclui disto que os filhos de um homem pertencente, por exemplo, à ordem musical, tenham de ser também músicos. Como suas vidas anteriores são sempre conhecidas dos pais e dos instrutores, se lhes proporciona todo gênero de facilidades para que se desenvolvam ou pela linha de sua última existência ou por alguma outra que lhe seja mais assimilável. Há sempre completa cooperação entre pais e professores. Um indivíduo particular, que se observou sob este aspecto, leva seus filhos ao mestre-escola, explica-lhe pormenorizadamente tudo o referente a eles e visita-o depois, com frequência, para discutirem o que lhes seria mais conveniente, Se, por exemplo, o professor crê que certa cor seja especialmente desejável para determinado discípulo, comunica sua ideia aos pais, então se rodeia o menino dessa cor, no lar e na escola, usa-a em sua vestimenta, etc. Todas as escolas estão, por certo, sob a direção do Mestre K. H., e cada mestre-escola é pessoalmente responsável perante Ele.

Exercício da Imaginação

Tomemos como exemplo a prática de uma escola anexa a um dos Templos Amarelos, e vejamos como se procede o desenvolvimento intelectual da classe de retardados. Primeiramente o professor lhes põe adiante uma pequena bola brilhante, e lhes diz que forjem mentalmente uma imagem dela. Alguns retardados muito crianças podem fazê-la muito bem. O professor lhes diz:

– Tu vês meu rosto: fecha os olhos. Podes vê-lo ainda? Olha esta bola. Podes fechar os olhos e continuar a vê-la?

Deve recordar-se que o mestre-escola, por meio de sua faculdade clarividente, vê se as crianças modelam ou não imagens perfeitas. Aos que podem fazê-lo, se lhes faz praticar diariamente, durante algum tempo, toda classe de formas simples e de cores. Depois se lhes diz que imaginem determinado ponto em movimento, deixando atrás de si um rastro, como o de uma estrela cadente; a seguir tem que se imaginar um rastro luminoso, isto é, uma linha. Depois se lhes diz que imaginem essa linha movendo-se em ângulos retos em relação a si mesma, deixando cada ponto nela um rastro semelhante, de modo a construírem mentalmente um quadrado. Afinal se lhes põe diante toda espécie de substituições e divisões de tal quadrado. Dividem-no em triângulos de várias classes e se lhes explica que todas essas coisas são símbolos viventes com seu peculiar significado. Até aos pequenos retardados se ensina algo como o que segue:
– Que significa o ponto para ti?
– Um.
– Que é o Uno?
– Deus.
– Onde está Ele?
– Em todas as partes.
E em seguida aprendem que dois significa a dualidade do Espírito e da matéria; que três pontos de certa classe e cor significam três aspectos

da Divindade, enquanto outros três de diferente espécie significam a alma do homem. Observei que uma espécie superior tem também um três intermediário, que claramente significa a Mônada. Deste modo, associando ideias capitais a objetos simples, até os retardados possuirão uma série de conhecimentos teosóficos que surpreenderiam qualquer pessoa acostumada a um sistema de educação mais antigo e menos racional. Observei também um engenhoso aparato próprio dos jardins de infância, uma espécie de bola de marfim (ao menos parecia marfim), que, ao tocar-lhe numa mola, se abre em forma de cruz, com uma rosa desenhada em cima como símbolo da Rosa-Cruz, da qual sai certo número de bolinhas, cada uma das quais se subdivide por sua vez. Por outro movimento volta a fechar-se, estando o mecanismo muito habilmente dissimulado. Isto é um símbolo explicativo da ideia do Uno tornando-se muitos e do retorno final dos muitos ao Uno.

Classes mais Adiantadas

Numa classe mais adiantada, o quadrado luminoso se move outra vez em ângulos retos e produz um cubo. Mais adiante o cubo se move em ângulo reto em relação a si mesmo, e produz um tesserato[114] que a maior parte dos meninos pode ver, e formar sua imagem muito claramente em sua mente. Aos meninos que têm aptidão para tal, ensina-se a pintar quadros, árvores e animais, vistas e cenas da história, como também a vivificar seu quadro, dizendo-lhes que a concentração de seu pensamento pode mudar o quadro físico, e os meninos se orgulham muito ao consegui-lo. Depois de pintarem um quadro o melhor que podem, os meninos se concentram nele e tratam de melhorá-lo com o seu pensamento. Numa semana, mais ou menos, trabalhando na concentração certo tempo cada dia, produzem modificações muito consideráveis, e um menino de quatorze anos poderá fazê-lo muito rapidamente, à força de muita prática.

Uma vez modificado o seu quadro, ensina-se o menino a plasmar com ele uma forma de pensamento, contemplando-o avidamente, e logo fechando os olhos e projetando-o diante de si. Primeiramente se exercita em quadros puramente físicos, e depois se lhe dá um recipiente de cristal que contém um gás colorido. Pelo esforço de sua vontade tem de modelar o gás, dando-lhe forma por meio do pensamento, e convertê-lo dentro do recipiente numa esfera, num cubo, num tetraedro ou em qualquer outra forma desse estilo. Muitos meninos poderão fazer isto bastante facilmente, depois de um pouco de prática. Depois se lhes diz que plasmem a forma de um homem, e depois a do quadro que antes viram. Quando já sabem manejar facilmente essa matéria gasosa, tratam de fazer o mesmo com a etérica, e depois com a matéria puramente mental. O professor fará materializações para eles, a fim de que as examinem quando necessário, e desta maneira progredirão gradualmente, em operações cada vez mais complicadas de criação do pensamento. Todas as classes estarão liberadas a visitas de parentes e amigos, e muitos adultos gostarão de assistir às aulas e praticar os exercícios que se derem aos meninos.

O Regime Escolar

Não parece que haverá internato nas escolas; todos os meninos viverão felizes em suas casas, frequentando a escola mais conveniente para eles. Observei uns poucos casos em que os Sacerdotes-Devas educavam meninos para ocuparem seu lugar; mas, ainda assim, não parece que o menino deixe a sua casa, estando porém protegido por um escudo que impede a perturbação das vibrações que o Deva verte nele.

O menino não pertence a uma classe exclusiva, como nos métodos antigos, mas terá um programa para estudar diferentes matérias, podendo frequentar a primeira classe para determinada matéria, a terceira para outra matéria, e a quinta para alguma outra. Mesmo para os menores, a disposição não parece ser tanto a de uma classe, e sim a de uma espécie de sala de conferência. Ao tratar de compreender o sistema, não se deve perder de vista nem por um momento o efeito das reencarnações imediatas, e que, por conseguinte, não só são esses meninos, em média, muito mais inteligentes e desenvolvidos que outros de sua idade, mas também estão, amiúde, desigualmente desenvolvidos. Alguns meninos de quatro anos se recordarão mais de sua encarnação anterior e do que então aprenderam do que outros de oito e nove anos. Haverá também os que recordarão de certa matéria, de modo completo e claro, e contudo terão perdido totalmente seus conhecimentos de outras que parecem muito fáceis. Por isto se verá que se trata de condições completamente anormais, e que os planos adotados têm que lhes ser espiritualmente adequados.

No momento do início das aulas, todos eles permanecem de pé e entoam um canto. Na sessão matinal há quatro lições, mas curtas, e entre elas medeia sempre um intervalo dedicado a jogos. Como todas as demais casas, as escolas não têm paredes; estão construídas sobre colunas, de maneira que toda a vida dos meninos, assim como do resto da comunidade, se passará ao ar livre; mas os meninos sairão desse simulado aposento, depois de cada lição, e brincarão no parque que rodeia a escola. Meninos e meninas assistem juntos às aulas. A sessão matinal compreende as matérias de cultura geral e o ensino obrigatório, isto é, que todos aprendem, e à tarde se dão lições extras sobre matérias adicionais para os que desejam aprendê-las; mas grande número de meninos se satisfará com o trabalho matinal.

O Currículo

O currículo escolar será diferente do adotado agora. As próprias matérias serão na maior parte diferentes, e mesmo as similares serão ensinadas por processos totalmente diversos. Por exemplo, a aritmética está muito simplificada, e os pesos e medidas se subordinam ao sistema decimal. Calcula-se muito pouco, e as excessivas operações com longas filas de números lhes pareceriam enfadonhas. Nada se ensina que não seja praticamente útil na vida posterior, e tudo o mais é matéria de referência. Nos séculos anteriores havia tábuas de logaritmos para evitar cálculos longos e complicados; agora adotarão o mesmo sistema, mas imensamente ampliado, e, contudo, muito mais intenso, e por meio das tábuas obterá, quem as saiba manusear, o resultado dos mais difíceis cálculos. Os meninos saberão calcular, exatamente como um adulto sabe fazer seus próprios logaritmos; mas habitualmente se empregarão as tábuas, para não desperdiçar tempo num processo tedioso que exige longas filas de algarismos.

Entre eles a aritmética não será bem uma matéria de estudo, mas a considerarão apenas como preparação para os cálculos geométricos dos corpos sólidos e das dimensões superiores. O plano em conjunto difere tanto do atual, que não é fácil descrevê-lo acertadamente. Por exemplo: os problemas de somar nunca se referirão a moedas e não haverá cálculos complicados. Bastará compreender a operação de somar e saber como fazê-la. O conceito dominante no professor é que se não deve sobrecarregar os cérebros infantis, mas desenvolver-lhes as faculdades e ensinar-lhes a descobrir os fatos. Ninguém, por exemplo, cogitaria de multiplicar dois fatores similares de seis algarismos, mas empregaria ou uma máquina calculadora, que será comum, ou uma das tábuas a que me referi.

Toda a questão de leitura e escrita é muito mais simples que a de hoje, pois a ortografia será fonética, e não poderá errar-se na pronúncia quando certa sílaba deve ter sempre determinado som. A escrita se parece um tanto com a estenografia. Demora-se em aprendê-la, porém ao mesmo tempo, depois de aprendida, está o menino de posse de um instrumento mais delicado e flexível do que qualquer das línguas antigas, pois pode, quando menos, escrever tão rapidamente como o falar comum. Sobre isso haverá uma porção de sinais convencionais, sendo que frequentemente toda uma sentença se expressa num traço de relâmpago.

A linguagem então falada será naturalmente a inglesa, por ter a comunidade surgido num país de língua inglesa, mas estará grandemente modificada. Desapareceram muitas formas participiais e algumas das palavras são diferentes. Diferente é também a maneira de se aprender todas as matérias. Ninguém estudará história, salvo alguns relatos isolados interessantes, mas todos disporão de uma síntese da história universal. Se aprenderá geografia até certo limite. Saberão, com grande precisão, onde vivem as raças, em que diferem e que qualidades estão desenvolvendo. Mas a geografia comercial não terá nenhum interesse; ninguém se preocupará, por exemplo, com as exportações da Bulgária, nem em saber onde se fabricam os tecidos de lã. Não interessará memorizá-lo, porque todos esses dados serão encontrados, quando necessários, em livros próprios da rotina doméstica, e se consideraria perder tempo carregar a memória com semelhantes ninharias.

O plano é estritamente utilitário, e os meninos não aprendem nada do que podem obter facilmente de uma enciclopédia. O plano restringe-se à educação para os conhecimentos necessários e úteis. Um menino de doze anos conserva, em seu cérebro físico, a recordação de quanto sabia em vidas anteriores. É costume levar, de uma vida para outra, um talismã que ajuda o menino a recuperar a memória nos novos veículos; pois, tendo-o usado na vida anterior, estará o talismã carregado do magnetismo dela e poderá despertar na atual as mesmas vibrações.

Os Ofícios Religiosos dos Meninos

Outro aspecto muito interessante da educação sãos os ofícios dos meninos nos templos. Assistem-nos muitos adultos, especialmente aqueles que não estão ainda em disposição de aproveitar os demais ofícios já descritos. Os ofícios infantis no templo da música são belíssimos. Os meninos praticam uma série de graciosas evoluções, e ao mesmo tempo cantam e tocam instrumentos ao marcharem. Os ofícios dos meninos no templo de cor são algo parecidos com uma brilhante e esplêndida mímica, que seguramente terá sido ensaiada repetidas vezes.

Num caso observei que representavam as danças corais dos sacerdotes de Babilônia, que simbolizam os movimentos dos planetas ao redor do Sol. Executa-se numa planície aberta, como se fazia na Assíria; e os grupos de meninos vestidos de cores emblemáticas (correspondentes aos diversos planetas) se movem harmoniosamente, de maneira que seus papéis lhes dão ao mesmo tempo uma lição de astronomia. Mas sabem muito bem que aquela é uma cerimônia sagrada, e que a sua execução perfeita não só lhes é útil como também constitui uma espécie de oferenda de seus serviços à Divindade. Ter-lhes-ão explicado que essa cerimônia costumava ser realizada numa antiga religião, há milhares de anos.

Os meninos terão grande prazer nisso, e haverá verdadeira competição para representar o papel do Sol. Os orgulhosos pais também se ocuparão disso, e lhes agradará dizer: "Meu filho faz hoje o papel de Mercúrio", e assim por diante. Todos os planetas têm satélites e em alguns casos mais do que os comumente conhecidos, de onde se conclui que a astronomia terá progredido. Os anéis de Saturno estão notavelmente bem representados por um grupo de meninos cujo movimento constante forma uma figura muito parecida com a "grande cadeia" no começo da quinta figura dos lanceiros. Ponto especialmente interessante é que o anel interno de "crepe" de Saturno está representado, pois os meninos situados na parte interior do anel seguinte estão vestidos de uma gaze flutuante, para representá-lo satisfatoriamente. Os satélites são meninos isolados ou pares de meninos que bailam fora do anel. Ao passo que gozam imensamente, os meninos nunca se esquecem de que estão oficiando numa função religiosa e que a oferecem a Deus. Outra das danças indica evidentemente a transferência de vida da Cadeia Lunar para a Terrestre. Desta sorte se instruem os meninos em jogos combinados com as cerimônias religiosas.

Danças Simbólicas

Há festividades solenes que cada templo celebra com funções especiais dessa espécie, e então todos fazem quanto podem para maior brilho da decoração. Os edifícios estão de tal modo dispostos, que fazem ressaltar suas linhas por uma espécie de fosforescência permanente, não em lâmpadas enfileiradas, num esplendor que parece surgir da própria argamassa. As linhas arquitetônicas são muito graciosas e de efeito magnífico.

Os ofícios dos meninos educam por meio de cores. As combinações são realmente maravilhosas, e o exercício dos meninos, perfeito. Vestem-se uniformemente, por grupos, com tecidos de deliciosas, suaves e, contudo, brilhantes cores; e movem-se para dentro e para fora, formando as mais complicadas figuras. Na dança coral se lhes ensina que não só devem usar a cor do planeta, porque assim o exige o espetáculo, porém que, mentalmente, devem produzir a mesma cor. Se lhes sugere a ideia de que são essa cor e que pensem serem realmente parte do planeta Mercúrio ou Vênus, segundo o caso. À medida que se movem, cantam e tocam ao mesmo tempo, tendo cada planeta seus coros peculiares, de sorte que, ao girarem os planetas ao redor do Sol, imitem a música das esferas. Nos ofícios infantis também costumam tomar parte os Devas, que ajudam com música e cores. Os Kamadevas e Rupadevas se misturam livremente com o povo e intervêm na vida diária.

Os ofícios dos meninos no Templo Amarelo são também sumamente interessantes. Dançam figuras geométricas, mas as evoluções são muito difíceis de descrever. Observei uma função muito linda e de muito efeito. Trinta e dois rapazes, vestidos de seda trabalhada e ouro, e colocados em níveis distintos, sobre estrados dispostos, sustinham em suas mãos grossas cordas de dourados fios que se enlaçavam de uns a outros, delineando os contornos de um dodecaedro. De repente, a um sinal combinado, deixam cair uma extremidade da corda ou a lançam a outro menino, e logo se muda o contorno para o de um icosaedro. Isto é de maravilhoso efeito, e produz completa ilusão de mudar uns em outros os corpos geométricos. Estas mudanças se sucedem em certa ordem, relacionada com a evolução da matéria dos planos no começo de um Sistema Solar. Outra evolução tem evidentemente por objetivo explicar a formação dos átomos com as borbulhas de matéria. Os meninos representam borbulhas, e certo número deles se lança do centro e se ordena de certo modo. Depois se lançam de novo para o centro e voltam a sair mais para fora que antes, agrupando-se de um modo diferente. Tudo isto requer muita prática, mas a criançada parece fazê-la com muitíssimo entusiasmo.

A Ideia Subjacente

A educação e a religião estarão muito misturadas, sendo difícil diferenciá-las claramente uma da outra. Os meninos brincarão no templo e se lhes repisará a ideia íntima de que tudo aquilo é o aspecto físico de algo muito mais elevado e grandioso dos planos superiores, de maneira a convence-rem-se de que em tudo quanto fazem há um aspecto subjacente, que chegarão a ver e compreender por si mesmos como recompensa final de seus esforços.

Nascimento e Morte

As várias influências que desempenham papel tão importante na educação das crianças, atuam sobre elas mesmo antes de seu nascimento. De novo reiteramos que antes do nascimento de uma criatura, os pais e todos os parentes interessados saberão perfeitamente que ego vem a eles, e, portanto, cuidarão com antecedência de que tudo quanto o rodeie lhe esteja adequado e favoreça o aperfeiçoamento do corpo físico. Atribui-se grandíssima influência à beleza do ambiente. A futura mãe terá sempre diante de sua vista quadros encantadores e estátuas graciosas. A vida inteira estará penetrada da ideia de beleza, até o ponto de reputar-se crime de lesa-comunidade qualquer objeto feio ou repugnante. Em arquitetura se atende antes de tudo à beleza da linha e da cor; o mesmo sucede nos acessórios menores da vida, de modo que antes do nascimento da criança se disponha tudo para ela, e a mãe se vista de certa cor e se rodeie de flores e luzes as mais apropriadas.

O parentesco é matéria de combinação entre as partes interessadas, e a morte é comumente voluntária, isto é, como os indivíduos da comunidade vivem completamente sãos e em condições perfeitamente higiênicas, não há enfermidades; de maneira que, excetuando algum raro caso de acidente, todos morrerão de velhice e ninguém abandonará o corpo enquanto lhe for útil. De modo algum terão a sensação de que deixam a vida, senão, somente, de que abandonam um veículo gasto. A ausência de pesares e de condições insalubres terão contribuído certamente para prolongar a vida. Ninguém pensará que envelhece antes de oitenta anos pelo menos, e muitos passarão de cem.

Quando um indivíduo nota que se enfraquecem as suas faculdades, se preparará para uma reencarnação favorável. Escolherá os progenitores que lhe convenham, e irá vê-los e perguntar-lhes se concordam em tomá-lo por filho; caso afirmativo, lhes dirá que espera morrer logo, e lhes entregará um talismã pessoal que tenha usado toda a vida, bem como todos os objetos pessoais que deseje possuir em sua próxima encarnação. O talismã será geralmente uma joia do tipo particularmente apropriado ao ego, segundo o signo do Zodíaco a que pertença e sob cuja influência alcançou a individualidade. Ele usa sempre essa joia, que deste modo deve estar completamente impregnada de seu magnetismo, e cuidará de que lhe seja entregue na sua seguinte encarnação, a fim de despertar no novo corpo a memória das vidas passadas e não interromper a continuidade de sua consciência do ego. Esse talismã corresponderá sempre ao seu nome como ego, que conservará em todas as suas vidas sucessivas. Em muitos casos os indivíduos usarão esse nome em sua vida comum, mas noutros, perpetuarão o nome que usavam ao entrar na comunidade, continuando-o de vida em vida, apenas lhe alterando a terminação em masculino ou feminino, segundo o sexo. Cada pessoa terá, portanto, nome próprio e permanente, ao qual em cada reencarnação acrescentará o da família em que nascer.

Nos bens pessoais não se inclui nada referente a dinheiro, que já não se usará, e ninguém terá interesse em casas, terras ou propriedade fora de sua vida presente; mas é possível que tenha livros ou joias que deseje conservar, e neste caso os entregará aos seus pais em perspectiva. Estes, ao saberem que se aproxima a morte do futuro filho, começam os preparativos para ele, que, por sua vez, nada fará que nem remotamente se pareça com o suicídio, mas simplesmente perderá a vontade de viver. Deixará que a vida se vá, e geralmente morrerá pacificamente durante o sono, ao fim de curto tempo. Comumente irá viver com seus futuros pais, depois de mútua combinação, em cuja casa morrerá.

Não haverá cerimônias fúnebres de nenhuma espécie, porque a morte não será acontecimento de importância, e em vez de incinerarem o corpo, o colocarão numa espécie de vaso no qual derramam algum ingrediente químico, talvez um ácido muito enérgico. Fechado depois inteiramente o vaso de vidro se fará passar através dele uma força semelhante à eletricidade, porém muito mais poderosa, que ative vagarosamente a ação do ácido. Em poucos minutos fica por completo dissolvido o cadáver, e terminada a operação e aberto o vaso, não resta mais que um pó fino e cimento, que conservarão com reverência. A operação de se dispor assim do corpo será facilmente executada em casa, e o vaso será transportado para onde for necessário. Como não haverá cerimônia de nenhuma espécie, os amigos do falecido não se reunirão em tal ocasião. Em compensação, irão visitá-lo com o intuito de que, pouco depois de seu nascimento, sua visão dos amigos contribua para despertar-lhe a memória em sua nova infância. Em tais circunstâncias não haverá nem orações nem cerimônias de nenhuma espécie pelos mortos, porque cada qual se recordará de suas vidas passadas e saberá perfeitamente que corpo vai tomar tão logo esteja disposto para tal. Muitos indivíduos da comunidade continuarão atuando como auxiliares invisíveis do resto do mundo; mas dentro da comunidade não será necessário nada disso.

O Manu ordenará o cuidadoso registro das sucessivas reencarnações de cada membro da comunidade, e em alguns raros casos intervirá na escolha dos pais de um ego. Em regra geral todos os membros da comunidade terão esgotado já o pesado carma que pudesse limitar-lhes a escolha; por outro lado, conhecerão também, e suficientemente, o seu próprio tipo e as condições requeridas para não se equivocarem na escolha, de modo que na maioria dos casos terão perfeita liberdade para tomar suas próprias disposições. Todavia, esse assunto será sempre do conhecimento do Manu, que assim pode alterar o plano, caso não o aprove.

Como regra geral, o indivíduo poderá escolher livremente o sexo de sua próxima reencarnação, e parece que muitos costumarão a nascer alternativamente como homem e mulher. Não haverá regras estabelecidas neste particular, e tudo será deixado na maior liberdade possível, contanto que se mantenha a devida proporção dos sexos na comunidade, e se um deles diminuísse do número normal, o Manu pediria voluntários para restabelecer-lhe o equilíbrio. Os pais se disporão comumente para ter dez ou doze filhos, e geralmente igual número de meninas e de meninos. Serão frequentes os gêmeos, e mesmo os trigêmeos. Entre o nascimento de um filho e de outro mediará na maioria um intervalo de dois ou três anos, e há evidentemente teorias referentes a este assunto. O objetivo importante é produzir filhos perfeitos, e não se verão aleijados nem deformados, nem mortalidade infantil. Seguramente haverão diminuído muitíssimo as dores do parto, e segundo parece, apenas será um pouco trabalhoso o primeiro parto.

Casamento

Isto nos leva à questão do matrimônio. Quanto a isto não haverá nenhuma restrição, a não ser que ninguém poderá casar-se fora da comunidade. Contudo, no geral se considerará inconveniente o matrimônio entre indivíduos do mesmo tipo de sentimentos religiosos. Não haverá regra alguma contrária, mas se entenderá que o Manu prefere que não se faça. Há uma expressão que bastará para tudo e terminará com a discussão de qualquer assunto: "Não é do seu desejo".

Cada qual escolherá seu cônjuge, isto é, se enamorará de um modo muito semelhante ao atual; mas prevalecerá sempre a suprema ideia do dever, e mesmo em assuntos do coração ninguém quererá fazer nem sentir nada que não concorra para o maior bem da comunidade. O motivo dominante não é a paixão, e sim o dever. As paixões sexuais comuns estarão dominadas, de sorte que o matrimônio terá o definido objetivo de perpetuar a comunidade e formar bons corpos para tal fim. Considerarão a vida conjugal, primordialmente, como uma oportunidade, com esse propósito, e o que se faz necessário para isso é uma ação religiosa e mágica, cuidadosamente dirigida como parte de um sacrifício ao LOGOS, de modo que ninguém deve perder o equilíbrio nem a razão neste ponto.

Quando um par se enamora e, como diríamos, assume o compromisso de se casar, vai ao Manu pedir-Lhe que abençoe sua união. Habitualmente também se combinam ambos com um filho em perspectiva, e assim, quando se dirigem ao Manu, Lhe dizem que um Fulano deseja nascer deles e Lhe pedem permissão para se casarem. O Manu os examina, para ver se se adaptam entre si, e aprovado o casamento, o confirma com esta fórmula: "Abençoada seja a vossa união". Considera-se o matrimônio quase inteiramente do ponto de vista da descendência em perspectiva. Às vezes é mesmo preparado pelos descendentes. Uma pessoa visita outra e lhe diz: "Espero morrer dentro de poucas semanas e desejaria que você e a senhora X fossem meus pais, pois tenho com ambos alguns laços cármicos que desejaria esgotar. Agrada-lhe a ideia?" Com frequência se aceita a indicação e realiza-se o plano com muito êxito. Um homem no qual me fixei ao acaso, com propósitos de investigação, tinha três egos que desejavam encarnar-se por seu intermédio, de modo que ao levar sua projetada esposa perante o Manu, Lhe perguntou: "Podemos casar-nos os dois, tendo em vista os três egos que desejam nascer de nós?" E o Manu deulhes o Seu consentimento.

Não há nenhuma outra cerimônia matrimonial além da bênção do Manu; casamento não é motivo de festas e presentes, nem há nada que se assemelhe a um contrato matrimonial. As uniões serão exclusivamente monogâmicas, e não haverá divórcio, embora se possa terminar o convênio por mútuo acordo. O fim do matrimônio é proporcionar um veículo para certo ego, e conseguido isso, ficam os cônjuges em liberdade para renovar ou não o convênio. Mas como na maioria dos casos os pais são escolhidos cuidadosamente, renova-se o convênio e permanecem marido e mulher toda a vida; no entanto, haverá casos em que se rescinde o convênio e ambas as partes formam novos matrimônios. Neste ponto, como em tudo o mais, predominará o dever, e todos estarão dispostos a sacrificar suas preferências particulares pelo bem geral da comunidade. Assim haverá muito menos paixões nessas vidas do que nas dos séculos anteriores, e entre pais e filhos se estabelecerá provavelmente o maior afeto.

Em alguns casos se revogará a não estrita proibição de se casar com pessoa do mesmo tipo, como, por exemplo, quando se desejem procriar filhos a serem educados pelos Devas, para o ofício de sacerdote em um ou em outro templo. No raro caso de morrer alguém por acidente, ficará imediatamente encerrado no corpo astral e tomam-se providências quanto ao seu próximo renascimento. Muitos desejam ser filhos dos membros do Conselho, os quais, no entanto, só têm o número normal de filhos para que não se prejudique a qualidade. Encarnar-se na família do Manu é a mais apreciada das honras; mas, logicamente, Ele próprio escolhe os Seus filhos. Ambos os sexos gozam de igualdade de direitos e assumem indistintamente qualquer tarefa que se tenha de fazer. Sobre este ponto manifestarei a opinião de um indivíduo que observei de propósito. Este homem não parece dar importância alguma ao sexo. Diz ele que devem existir ambos para o estabelecimento da Raça, porém que as mulheres terão melhor futuro. Ele sente que na obra da educação dos filhos as mulheres assumem a parte mais difícil, e que, portanto, merecem carinho e proteção. Todavia, o Conselho está totalmente constituído de homens presididos pelo Manu, e seus membros fazem experiências na criação de corpos procriados pela mente. Têm produzido alguns notáveis exemplares humanos que, porém, ainda não satisfizeram plenamente o Manu.

CAPÍTULO 26
EDIFÍCIOS E COSTUMES

Características Raciais

A aparência da comunidade se assemelhará ainda à sexta sub-raça da qual brotou, isto é, será uma Raça branca, embora haja em seu meio indivíduos com cabelo e olhos mais escuros e compleição espanhola ou italiana. A estatura da Raça aumentou acentuadamente, pois os homens não medirão menos de 1,85 metro e as mulheres serão pouco mais baixas. Todos serão de tipo bem proporcionado e forte musculatura, pois parece que se cuidará muito do exercício e desenvolvimento harmônico dos músculos. É de notar que até a sua velhice conservarão um porte gracioso e desembaraçado.

Edifícios Públicos

Dissemos no começo que, ao fundar-se a comunidade, erigiu-se um quarteirão central de edifícios, em cujo redor foram agrupadas as casas dos primeiros colonos, embora com amplos espaços entre elas, para belos jardins. Por essa época se ergueram no distrito muitas cidades subalternas, ainda que, talvez, a palavra cidade induza a erro um leitor deste século, pois em nada se parece com o tipo de cidade a que está habituado. As colônias podem ser consideradas mais como grupos de vilas espaçadamente disseminadas entre amenos parques e jardins; mas todas as colônias possuem seus templos, de modo que todo habitante estará sempre muito próximo de um templo da variedade que preferir. Não é muito grande a parte habitada da colônia, pois terá de quarenta a cinquenta milhas de diâmetro, de maneira que mesmo os edifícios centrais são de muito fácil acesso para quem quer que os queira visitar. Geralmente, cada templo tem vizinho um quarteirão de outros edifícios públicos, consistentes de uma espécie de salão público, uma vasta biblioteca e uma série de edifícios escolares.

As Casas

As casas construídas para a comunidade antes de seu estabelecimento obedecem a um plano geral que, sem descrédito do gosto individual, se conservou posteriormente como princípio básico. As duas características capitais da arquitetura, que a diferenciarão muito de tudo quanto a antecedeu, são a ausência de paredes e de esquinas. Casas, templos, escolas, fábricas, serão cobertas e sustentadas por colunas, na maior parte tão altas como as dos templos egípcios, embora muito mais esbeltas e elegantes. Contudo, quando necessário, haverá possibilidade de fechar os espaços entre as colunas com algo remotamente parecido com as portas das lojas comerciais dos séculos anteriores, automáticas e rolantes, que poderão fazer-se transparentes, à vontade. Todavia, essas invenções são raramente empregadas, e a vida toda do povo, diurna e noturna, se passará de fato ao ar livre.

Traços destacados serão as cúpulas de muitas formas e tamanhos. Algumas terão a forma da de São Pedro, embora de tamanho menor; outras, baixas e largas, como as de São João dos Eremitas, de Palermo, e outras terão a forma do botão de lótus, como as da mesquita maometana. Essas cúpulas estarão crivadas de janelas, e às vezes construídas de alguma substância policrômica transparente. Cada templo terá uma cúpula central, e cada casa uma pelo menos. A planta geral das casas consistirá de uma grande sala circular ou oval, debaixo da cúpula, que é a sala de estar geral. Pelo menos três quartas partes de sua circunferência é aberta, e atrás da outra quarta parte haverá, frequentemente, aposentos e escritórios de várias espécies, que, geralmente, só se elevarão até a metade da altura das colunas, tendo sobre elas outros aposentos pequenos que servirão de dormitórios. Essas habitações, ainda que separadas umas de outras por tapumes, não têm paredes externas, pelo que estarão também ao ar livre. Não haverá esquinas por serem todos os cômodos circulares ou ovais, e existirá uma parte do teto sobre a qual se poderá andar. Todas as casas estão cheias de flores e estátuas, com a surpreendente característica da abundância de fontes de água por toda parte, como lagos em miniatura e tanques em todos os sentidos.

As casas recebem invariavelmente luz do teto. Não se veem lâmpadas nem lanternas, pois a cúpula é feita de uma fluorescente massa luminosa, cuja cor pode ser modificada à vontade; e nos cômodos menores uma seção do forro está disposta para brilhar de forma idêntica. Os parques e as ruas estarão inteiramente iluminados à noite por uma luz suave como o luar, porém penetrante e mais próxima da luz solar do que até então se conseguira.

Mobiliário

Em matéria de móveis, o mais notável é a sua ausência. Nas casas há muito poucas cadeiras, e nos templos e salões públicos não se encontra nenhum assento. Os seus frequentadores se sentarão sobre almofadas, ao estilo oriental, ou melhor, como os antigos romanos, pois não cruzarão as pernas. Contudo, as almofadas são muito curiosas, por serem de uma matéria vegetal, estofadas com uma fibra macia, um tanto parecida com a do coco. São laváveis e, com efeito, são frequentemente lavadas. Ao ir ao templo, à biblioteca ou a qualquer reunião pública, cada qual levará sua almofada consigo, porém nas casas residenciais as haverá em grande quantidade para serem usadas por qualquer um. Existirão mesinhas baixas, ou melhor, estantes, que podem abrir-se para transformar-se em mesas. O pavimento será de mármore ou de uma pedra polida como o mármore, de formosa cor carmesim. As camas, da mesma matéria vegetal que as almofadas, estarão estendidas no solo, e às vezes suspensas tal qual macas, mas sem armações. Nos poucos lugares onde existem tapumes permanentes, como, por exemplo, entre os dormitórios e escritórios e o salão principal, estarão belissimamente pintados com vistas e cenas históricas. É muito notável que todas estas disposições poderão ser mudadas, pois haverá um departamento que estará sempre preparado para fazer as modificações, uma espécie de biblioteca ambulante de decorações, de que qualquer pessoa poderá servir-se para modificar os painéis ou estátuas murais que decoram sua residência, toda vez que o desejar.

Trajes

Os trajes serão simples e graciosos, ao mesmo tempo que práticos. Em sua maioria se parecerão com os da Índia, embora às vezes com certa aproximação do grego antigo, mas sem uniformidade, pois se usará toda espécie de peças diferentes, embora todas harmoniosas e do melhor gosto. Parece que não haverá diferença entre os trajes de ambos os sexos, e tanto as mulheres como os homens usarão cores por igual brilhantes e delicadas. Nada se fará de lã, que jamais se usará. Só se empregará linho ou algodão, impregnados de algum preparado químico, que conserva suas fibras para as vestes durarem muito tempo, mesmo que se lavem diariamente. O processo químico produz uma superfície lustrosa como cetim, sem prejudicar em nada a resistência e a flexibilidade do tecido. Os membros da comunidade não usarão sapatos nem sandálias nem nenhuma espécie de calçado, e muito poucos usarão chapéus, conquanto eu tenha visto alguns como os do Panamá e um ou dois gorros de linho. Desapareceu a ideia de uniformes para certos funcionários públicos. Não se usa qualquer espécie de uniforme, a não ser o do Deva oficiante, que sempre materializa em volta de si trajes da cor do seu templo, enquanto dirige um serviço religioso, e o das crianças, que, como já foi descrito, se vestem de certas cores quando tomam parte nos festivais religiosos.

Alimento

A comunidade será completamente vegetariana, em obediência a uma das regras decretadas, proibindo matar. O resto do mundo será já vegetariano, em sua maioria, pois estará generalizada a opinião de quão grosseiro, vulgar e, sobretudo, antiquado, é o hábito de comer carne. Relativamente poucos serão os que se darão ao trabalho de preparar refeição, ou que comerão em casa, embora sobre esse particular gozem de plena liberdade. A maioria se servirá dos que poderíamos chamar refeitórios públicos que, por estarem ao ar livre, se parecerão mais com jardins. As frutas serão abundantes e assombrosamente variadas no regime dietético, pois se terão empregado séculos no cuidadoso cruzamento das espécies, para obter as mais perfeitas formas alimentícias e ao mesmo tempo os mais delicados sabores.

Se observarmos uma granja frutífera, veremos que a seção dedicada a cada espécie de fruta está sempre dividida em seções menores, com o letreiro indicativo de seu sabor peculiar. Por exemplo, uvas ou maçãs com sabor de morango, cravo, baunilha, e assim por diante; misturas que pareceriam curiosas aos não habituados a elas. Nessa região não há quase chuvas, de sorte que o cultivo é por irrigação, em cujas águas dissolvem o que chamam "alimento do vegetal", que, segundo a sua espécie, dará sabor distinto às frutas e aumentará ou retardará o crescimento da árvore, podendo também regular o tamanho da fruta. O território da comunidade estará em aclive, elevando-se até as colinas, de maneira que a população será favorecida com diferentes níveis para o cultivo de quase todas as espécies de frutas.

O alimento mais adotado será uma substância parecida com o manjar branco, de todas as cores, cada cor indicando um sabor tal qual se fazia no antigo Peru. Talvez a diversidade de sabores no alimento substitua até certo ponto muitos costumes anteriores já desaparecidos, tais como fumar, beber vinho e comer doces. Haverá também uma substância açucarada, semelhante ao queijo, mas que seguramente não o é, pois não se usará nenhum produto animal e na colônia só existirão animais caseiros. O leite será exclusivamente vegetal, obtido da chamada árvore-vaca, ou antes, uma perfeita imitação do leite confeccionado com certa espécie de favas. Não se veem facas nem garfos, mas continuarão a usar-se colheres, das quais muitos levarão a sua consigo. Quem servir à mesa, partirá as frutas e sementes com uma espécie de machadinha, cuja substância é uma liga com todas as propriedades do ouro e de fio tão aguçado que não necessitará ser afiado. É possível que seja de algum material raro, como o irídio. Nos jardins-refeitórios também não haverá cadeiras; cada qual se recostará a uma depressão de mármore no pavimento, havendo em sua frente uma laje de mármore móvel, sobre a qual pode pôr seu alimento, e uma vez terminada a refeição, vira-a para cima e a enxágua.

Em geral se comerá bem menos do que atualmente. O costume será uma refeição regular ao meio-dia, e um ligeiro repasto de manhã e à noite. Quase todos fazem seu primeiro repasto ao nascer do Sol, pois a essa hora ou pouco antes já estarão levantados. O repasto da tarde é às dezessete horas, porque a maioria se deita cedo. Pelo visto, ninguém comerá muito à tarde; mas neste ponto será completa a liberdade individual, de maneira que cada um faça o que lhe apraz. Não observei beberem chá nem café, e, na verdade, parece que as bebidas serão poucas, talvez por comerem tanta fruta.

Em todas as partes haverá abundância de água, apesar da escassez das chuvas, pois disporão de enormes obras para destilar a água do mar, que elevarão a elevada altura para distribuí-la prodigamente. É digno de nota que a água potável não ficará diretamente pura por meio da destilação, senão que terão de lhe acrescentar, em pequena porção, certos ingredientes químicos para tornar-se potável. O diretor das obras me disse que beberão a água dos mananciais enquanto bastar; mas como não haverá o suficiente, será necessário recorrer à água destilada com adição de certos sais para que, fresca e espumosa, extinga a sede.

Bibliotecas

As disposições relativas à literatura são estranhas, embora perfeitas. Cada residência estará provida, como sua parte integrante e grátis para o inquilino, de uma espécie de enciclopédia contendo uma síntese de todos os conhecimentos, expressa com a maior simplicidade possível, mas com riqueza de pormenores, de modo a proporcionar as informações necessárias sobre um assunto. Não obstante, a quem necessitar mais, lhe bastará ir à biblioteca mais próxima do distrito, pois haverá uma anexa a cada templo. Ali encontrará uma enciclopédia muito mais completa, com a bibliografia de tudo que se tenha escrito sobre a matéria, o que supõe um colossal trabalho literário. Se ainda necessitar saber mais, e desejar consultar obras originais, impressas em línguas antigas ou nos antiquados tipos romanos, que já não se usam, terá que ir à Biblioteca Central da Comunidade, organizada ao estilo do Museu Britânico. As obras originais serão acompanhadas da tradução em inglês da época, impressa na escrita semelhante à estenografia. Deste modo se poderá esgotar o estudo de qualquer assunto que interesse, pois tanto dos livros como dos meios de investigação disporá livremente quem deles necessitar com essa finalidade. Como é de se supor, constantemente estarão se escrevendo novos livros sobre todas as matérias. Observei que os romances se baseiam quase por completo na reencarnação, e as personagens passam sempre de uma vida para outra, como exemplos do funcionamento do carma; mas o romancista não escreve visando fama ou lucro, e sim ao bem da comunidade. Alguns escreverão artigos curtos, que se exporão sempre ao público no pátio do templo de seu distrito, para que todos os possam ler e peçam um exemplar se lhes interessar. Se um autor escreve um livro, exibe-se do mesmo modo, capítulo por capítulo; desta maneira a vida é comum, e cada qual reparte com os demais o seu trabalho, na proporção em que o realiza.

Jornais

O jornal diário terá desaparecido, ou talvez possamos melhor dizer que sobrevive numa forma muito modificada. Para tornar isto compreensível, deve-se saber preliminarmente que em cada residência existe uma máquina, que é uma espécie de combinação de telefone e aparelho registrador. Este se acha ligado a um escritório central da capital, e disposto de maneira que não só se pode falar verbalmente por meio dele, como também todo o escrito ou desenhado numa lâmina especialmente preparada e colocado na caixa grande do escritório central, será reproduzido automaticamente em papéis que cairão na caixa da máquina residencial. E é assim que se comporá o substituto do jornal matutino. Pode-se dizer que toda pessoa terá o seu jornal impresso em sua própria residência. Ao chegar uma notícia importante, a qualquer hora, é imediatamente transmitida por este processo a todas as residências da Comunidade; mas todas as manhãs, bem cedo, é transmitido um sumário especial dessas notícias, que se chama comumente: O Primeiro Repasto Locutório da Comunidade. É um trabalho relativamente de pouca importância e se parece com um índice de assuntos, pois dá as notícias muito condensadamente, mas com os assuntos numerados e com as diferentes seções impressas em cores diferentes. Se alguém necessita de informação completa sobre qualquer dos assuntos condensados, lhe bastará tocar a campainha do escritório central e pedir os detalhes do número correspondente, o que se lhe enviará prontamente por sua respectiva linha. Mas os jornais diferem muito dos de antigamente, serão escassas as notícias políticas, pois até o mundo exterior terá sofrido grande mudança, predominando as informações sobre assuntos científicos e novas teorias. Há ainda notas sobre os fatos privativos das famílias reais, embora muito breves. Haverá um departamento para as notícias da Comunidade, porém refere-se principalmente a documentos científicos, invenções e descobrimentos, conquanto também registrem matrimônios e nascimentos.

Emprega-se o mesmo processo para acrescentar o necessário às enciclopédias domésticas. Enviam-se diariamente papéis adicionais, sempre que haja algo a comunicar; e do mesmo modo que o jornal é enviado durante o dia aos trechos, assim de vez em quando vêm pequenas tiras para serem acrescentadas aos diferentes capítulos da enciclopédia.

Reuniões Públicas

Em relação a cada templo haverá um plano definido de edifícios escolares, de maneira que, geralmente falando, a obra educativa de cada distrito estará sob a proteção de seu templo. O grande templo central terá anexos vastos espaços ao ar livre para congregar-se toda a comunidade em casos necessários. Mas, geralmente, quando o Manu deseja publicar algum edital ou informação a todo o povo, Ele próprio fala no grande templo central, e Seu discurso é simultaneamente reproduzido nos demais templos por uma espécie de sistema fonográfico altamente aperfeiçoado. Parece que cada templo distrital terá uma espécie de fonógrafo representativo no templo central, que registrará no outro extremo da linha tudo quanto ali ocorre, de maneira que todos os pormenores são imediatamente reproduzidos.

Departamentos Científicos

Já temos falado da grande biblioteca anexa ao Templo Central. Além dessa, como outra parte do grande corpo de edifícios, haverá um completo e bem organizado museu, bem como o que se poderia chamar uma universidade. Aqui se cursarão muitos ramos de estudo, mas por métodos muito diferentes dos de outrora. Por exemplo, a zoologia e a botânica são estudadas exclusivamente pela clarividência e jamais por destruição, pois só serão professores e estudantes destas ciências os que tiverem desenvolvido suficientemente essa visão para trabalhar com ela. Haverá um departamento que poderíamos chamar de geografia física, que traçou mapas de toda a Terra, por meio de um vasto número de modelos em escala grande, que, com sinais de cores e inscrições, mostram não só a natureza do solo, como também os minerais e fósseis até a consideráveis profundidades.

Existirá também um departamento etnográfico muito completo com estátuas em tamanho natural das Raças humanas que têm existido, assim como das de outros planetas de nossa Cadeia. Igualmente haverá um departamento dedicado às outras Cadeias do Sistema Solar. Cada estátua tem uma detalhada descrição com diagramas, mostrando em que diferem os seus veículos superiores. Tudo está pautado e disposto segundo o ponto de vista do Manu, para demonstrar o desenvolvimento da humanidade nas diversas Raças e sub-raças. Também se mostra uma boa parte do futuro, apresentando-se disso modelos com explicações muito detalhadas. Haverá, além disso, o departamento de anatomia do corpo humano e dos animais, no passado, no presente e no futuro. Não existirá departamento médico, pois as enfermidades já estarão eliminadas. Contudo, subsistirá a cirurgia para casos de acidente, embora também pareça estar muito aperfeiçoada. Serão necessários muito poucos professores deste ramo, porque os acidentes serão raros. Nada haverá que corresponda aos grandes hospitais antigos, mas apenas umas tantas habitações arejadas, onde, se for necessário, repousem temporariamente os acidentados.

Ligado ao centro de instrução haverá também um acabado museu das artes e ofícios que têm existido desde o princípio do mundo. Inclui modelos de toda espécie de máquinas, a maior parte das quais não conheço, porque terão sido inventadas entre os séculos vinte e vinte e oito. Existirá também muito maquinário atlante, esquecido havia muito tempo, de modo que se disporá de um programa completo para qualquer estudo desses ramos.

Continua-se a escrever histórias, o que se virá fazendo há cem anos, mas pela leitura dos Anais Akáshicos. É ilustrada por um processo totalmente novo para nós, que precipita uma cena dos Anais, quando considerada importante. Ademais, existirá uma série de modelos que ilustrarão todos os períodos da história universal. Na biblioteca central haverá pequenos aposentos, semelhantes a cabinas telefônicas, onde os estudantes poderão anotar o registro de qualquer acontecimento histórico importante, e reproduzir audível e visivelmente, por meio de uma máquina, toda a cena, com a exata apresentação da aparência dos atores e de suas palavras no mesmo tom em que as pronunciaram.

Haverá ainda um observatório astronômico com interessantíssimo maquinário que indica a posição exata, em qualquer momento, de tudo quanto exista visível no firmamento, e grande caudal de dados acerca dos mundos. Constará de dois departamentos: um para a observação direta por meios diversos, e outro para o resumo dos dados adquiridos por testemunho. Muitos desses dados foram proporcionados por Devas relacionados com diversos planetas e estrelas; mas isto é por completo independente das observações diretas.

A química terá progredido de maneira maravilhosa em todos os sentidos. Já se conhecem todas as combinações possíveis, e a ciência tem um ramo relacionado com a essência elemental, que trata dos espíritos da Natureza e dos Devas, como um departamento científico definido, estudados com modelos ilustrativos. Haverá também um departamento de talismãs, para que as pessoas sensitivas possam, pela psicometria, ir além dos modelos e ver as coisas em si mesmas.

Artes

Não parece que as conferências ocupem lugar de destaque. Algumas vezes quem estuda um assunto fala a seu respeito com alguns amigos; mas, fora disso, se tem algo a dizer, submete-o aos oficiais encarregados de o incluir nas notícias do dia. Se alguém escreve poesias ou um ensaio, o comunica à sua família ou talvez o coloque no salão do distrito. Haverá ainda pintores, porém mais como recreio; ninguém consagra todo o seu tempo a essa incumbência. Não obstante, a arte influi na vida de então mais do que noutros tempos, porque todas as coisas, mesmo os objetos mais simples do uso diário, serão artísticos; todos porão algo de si em tudo quanto fizerem, e sempre estarão tentando novas experiências.

Nada vejo correspondente ao teatro, e ao sugerir esta ideia a um dos habitantes, a define como um lugar onde se costuma declamar e ir de um lado para outro, fingindo ser diferentes do que eram e representando o papel de grandes personagens. Parece considerarem isso como antigo e próprio de crianças. A grande dança coral e as procissões poderiam ser consideradas teatrais, mas para eles são atos religiosos.

Os jogos e exercícios atléticos têm muita importância nessa nova vida. Há ginásio e dá-se muita atenção ao desenvolvimento físico, tanto dos homens como das mulheres. Um dos jogos mais favoritos terá muita semelhança com o tênis. As crianças se divertem quase tanto como os adultos, e gozam de muita liberdade.

Poder da Vontade

A força de vontade é universalmente reconhecida na comunidade, e muitas coisas se executarão por sua ação direta. Os espíritos da Natureza são muito conhecidos e tomam parte destacada na vida diária das pessoas, cuja maioria os pode ver. Quase todas as crianças os veem e deles se valem de diferentes modos, porém tendem a perder esta faculdade à medida que crescem. O uso desses métodos, assim como da telepatia, é uma espécie de diversão entre as crianças; as pessoas adultas reconhecem a superioridade infantil neste ponto, de maneira que, quando querem enviar uma mensagem a alguém distante, chamam com frequência a criança mais próxima e lhe pedem que a transmita em seu lugar. Podem enviar telepaticamente a mensagem a uma criança que se ache em outro extremo, a qual imediatamente a leva à pessoa interessada, e isto parece constituir um método de comunicação de muita confiança. Os adultos costumam perder esta faculdade na época de seu matrimônio, mas alguns a conservam, por mais que neles requeira esforço muito maior que nas crianças.

Condições Econômicas

Esforçamo-nos por compreender as condições econômicas da colônia, mas não nos foi fácil entendê-las. A comunidade se bastará inteiramente a si mesma, produzindo tudo o necessário. A única importação são manuscritos antigos, livros e objetos de arte, pagos sempre pelos oficiais da comunidade, que dispõem de certa soma de dinheiro do mundo exterior, trazido pelos turistas ou visitantes. Terão também aprendido o segredo de fazer, por meios químicos, ouro e joias de várias espécies, que empregam com frequência para pagar o pouco que trazem de fora. Se um indivíduo da comunidade deseja algo do mundo exterior, avisa o oficial mais próximo, e então se lhe determina algum trabalho, além do normal para satisfazer o valor correspondente.

Todos trabalharão pelo bem da comunidade, mas, geralmente, se deixa a cada qual que escolha a profissão que quiser. Não se considerará nenhum trabalho mais nobre que outro, nem haverá a menor ideia de castas. A criança, em certa idade, escolhe o que quer fazer, e sempre pode mudar de trabalho, dando o necessário aviso. A educação será gratuita, mas a instrução gratuita da universidade central só se dará aos que tiverem demonstrado aptidão especial nos ramos a que desejam dedicar-se. A alimentação e o vestuário serão fornecidos gratuitamente a todos; ou melhor, a cada pessoa será entregue periodicamente certo número de fichas em troca das quais pode ela comer em qualquer refeitório da colônia, ou, se o preferir, adquirir em certos grandes armazéns os gêneros que puder levar para sua casa e preparar como quiser. Este mecanismo parece complicado aos forasteiros, mas funciona com a maior simplicidade entre aqueles que o entendem bem.

Todos trabalharão para a comunidade, e nesse trabalho está incluída a produção da alimentação e vestuário, que depois se repartem. Consideremos, por exemplo, o caso de uma fábrica de tecidos. É a fábrica do Governo, e produz certa quantidade de tecido por termo médio, mas sua produção pode ser aumentada ou diminuída à vontade. Em sua maior parte, esse trabalho está em mãos de moças, que a ele se dedicam voluntariamente, e há concorrência para consegui-lo, porque se necessita só de certo número de tecelãs. O que não se necessita não se fabrica. Se se necessita de tecido, ali está a fábrica que o produz; do contrário, aguarda manifestar-se a necessidade. O superintendente encarregado do depósito de tecidos do Governo, calcula que durante tal época precisará de certa quantidade de tecido, e que tendo em conta os estoques, necessita de completar com tanto, e isto é o que ele pede. Se não necessita de nenhum, diz simplesmente que há o suficiente. A fábrica jamais se fechará, embora variem consideravelmente as horas de trabalho.

Ao observar essa fábrica, vejo que os operários são, em sua maioria, mulheres muito jovens, que trabalham muito pouco, limitando-se a dirigir as máquinas, e a cuidar de seu bom funcionamento. Cada uma delas maneja uma espécie de tear, em que coloca certo número de modelos. Imagine-se algo como uma grande esfera de relógio, com certo número de cavilhas. Quando uma operária faz funcionar a máquina, dispõe as cavilhas de certo modo, conforme suas ideias, e, ao operar a máquina, as cavilhas reproduzem determinado desenho. A operária pode dispor a máquina de maneira a produzir cinquenta tecidos, cada um de modelo distinto, e a deixa funcionar sozinha. Cada moça dispõe sua máquina diferentemente, segundo sua arte, e cada peça é distinta das demais, a menos que a máquina reproduza a mesma lista depois de haver concluído as cinquenta. Entretanto, depois de postas em marcha as máquinas, as moças não têm a fazer outra coisa senão observá-las de vez em quando, pois o maquinismo é tão perfeito que jamais falha. Está construída de maneira a trabalhar em silêncio quase absoluto, de forma que, enquanto vigiam, uma moça lê um livro para as suas colegas.

A Nova Força

Uma das características mais interessantes é o processo de fornecimento de força. Não existe mais fogo em nenhuma parte, portanto, nem calor, nem sujeira, nem fumaça, nem mesmo poeira. O mundo todo ultrapassou já o uso do vapor ou de qualquer força gerada pelo calor. Parece ter havido um período intermediário, em que se descobriu o meio de transmitir a energia elétrica, sem nenhuma perda, a enormes distâncias, e se monopolizaram todas as quedas d'água, inclusive as da África Central e demais paragens afastadas, para concentrar sua força em grandes estações centrais e distribuí-la internacionalmente. Por formidável que fosse a força utilizável por esse processo, está então totalmente superada, tornando inútil todo aquele bem elaborado aparelhamento, com a descoberta do processo ainda melhor de se aproveitar o que o falecido Keely chamava força dinasférica, isto é, a força concentrada em cada átomo de matéria física.

É de se recordar que em 1907 sir Oliver Lodge calculou que "em cada milímetro cúbico de espaço existe, permanentemente e inaproveitável por agora, uma força equivalente ao rendimento total de uma estação de um milhão de quilowatts durante trinta milhões de anos".[115] Na época que estamos descrevendo, essa força é aproveitável, e, por conseguinte, se obtém ilimitada e absolutamente gratuita para todo mundo. Dispõe-se dela por meio de uma chave, como se fosse água ou gás, e está em todas as casas e em todas as fábricas, assim como onde quer que se necessite, e pode ser utilizada para toda espécie de trabalho mecânico. Em todo o mundo, toda a espécie de trabalho se faz agora deste modo. O calor e a luz são simples manifestações dessa força. Por exemplo, quando se necessita de calor, ninguém perde o tempo no grosseiro processo de acender fogo, mas simplesmente por meio de um pequeno instrumento que se pode levar no bolsinho, convertem a força em calor até o ponto exato em que o necessitam. Pode-se produzir instantaneamente uma temperatura de muitos milhares de graus numa superfície não maior que a cabeça de um alfinete.

Por meio dessa força, funcionavam todas as máquinas na fábrica que inspecionamos, e especialmente me chamou a atenção os operários saírem da fábrica sem haver sujado as mãos. Outra consequência é que as fábricas já não dão o espantoso e estéril horror a que outrora estivemos penosamente acostumados. Estarão belamente adornadas com as colunas esculpidas de complicados adornos, ao passo que por todas as partes se verão estátuas brancas, róseas e purpúreas, estas últimas de mármore formosamente polido. Do mesmo modo que os demais edifícios, as fábricas não terão paredes, senão apenas colunas. As moças usarão flores no cabelo, e as flores adornarão profusamente a fábrica, cuja arquitetura será tão bela como a de uma casa particular.

Condições de Trabalho

Um visitante que veio ver a fábrica interrogou muito cortesmente a diretora, jovem de negra cabeleira adornada de vistosa grinalda de flores, que lhe respondeu:

Dizem-nos o que temos de fazer. O administrador dos armazéns de tecidos considera que necessita de certa quantidade de tecido para tal época. Umas vezes é necessária pouca, outras muita, mas sempre alguma, e nós trabalhamos nessa conformidade. Digo às moças que venham no dia seguinte para trabalhar uma, duas ou quatro horas, segundo o que requer o pedido e o que tiver de ser feito. Comumente a jornada é de três horas, mas trabalham até cinco quando se aproxima uma festa solene; não tanto por necessitar-se de muito tecido novo para as festas, senão por desejarem as moças estar livres do trabalho durante uma semana para assistir às festas. Nós sabemos de antemão quanto se tem de fabricar em determinada semana ou mês, e calculamos que, por exemplo, o podemos fazer trabalhando duas horas e meia por dia. Mas se as moças desejam uma semana livre para uma festa, podemos fazer numa semana o trabalho de duas, trabalhando cinco horas por dia nessa semana, e na seguinte folgamos por completo, entregando a requerida quantidade de tecido no tempo devido. Por certo, muito raras vezes trabalhamos cinco horas, pois, comumente, repartimos o trabalho da semana de festas em várias anteriores, de sorte que uma hora diária a mais de trabalho basta para conseguir o necessário. Cada moça necessita com frequência de um dia livre, e sempre pode dispor dele, ou seja, pedindo a uma amiga que a substitua, ou seja, trabalhando suas colegas, com satisfação, uns minutos a mais para ela, a fim de completar a quantidade que lhe corresponde. Todas são amigas muito boas e felizes. Quando têm um dia livre, geralmente vão visitar a biblioteca central ou a catedral, e para isso necessitam todo o dia.

Um visitante do mundo exterior se admirava de que alguém trabalhasse sem que ninguém o obrigasse, e perguntou a razão, mas tal pergunta causou estranheza aos colonos.

– Como? – respondeu um deles. – Estamos aqui para trabalhar. Se há trabalho para fazer, o fazemos por Ele; se não o há, é uma coisa calamitosa, mas Ele sabe o que faz.

– Este é outro mundo! – exclamou o visitante.

– Mas que outro mundo é possível? – perguntou o colono. — Para que existe o homem?

O visitante evita a discussão e pergunta:

– Mas quem o manda trabalhar; quando e onde?

– Quando a criança atinge certa idade – replicou o colono –, os pais e professores o observaram já cuidadosamente, para ver em que sentido se orientam as suas atividades. Então a criança escolhe livremente segundo sua vocação, mas tendo em conta os conselhos daqueles que o ajudam. Dizemos que o trabalho deve principiar a esta ou aquela hora; mas isto é questão de convênio diário entre os operários.

Houve alguma dificuldade em manter esta conversação, porque ainda que o idioma seja o mesmo, introduziram-se muitas palavras novas e a gramática está muito modificada. Por exemplo, há um pronome genérico comum, que significa "ele" ou "ela". É provável que essa inovação tenha sido necessária, porque as pessoas se lembram, e com muita frequência têm de falar, de encarnações em ambos os sexos.

Em todas as demais fábricas que vimos, os métodos de trabalho eram pouco mais ou menos idênticos, isto é, em todas as partes se trabalhava vigiando o funcionamento das máquinas, e de vez em quando se ajustava alguma peça ou as punha de novo em marcha. Em todas se trabalha poucas horas, menos nos refeitórios públicos, cujo pessoal não se pode ausentar simultaneamente porque as refeições têm de ser postas a toda hora, de sorte que sempre precisa haver quem as sirva e ninguém pode retirar-se o dia todo sem prévia combinação. Em todos os lugares em que se requer assistência constante, como sucede nos refeitórios, em certas tendas e outros departamentos que vimos, parece que existe uma esmerada escala de revezamentos. Há mais pessoal do que se necessita no momento, de modo que só uma parte se acha em serviço. Por exemplo, o cozimento ou preparação dos alimentos nos refeitórios, faz um homem ou uma mulher ao meio-dia, outro pela manhã, e outro à tarde, tendo cada qual umas três horas de serviço.

A arte culinária sofreu completa transformação. A cozinheira se senta diante de uma espécie de quadro em que há um denso amontoado de botões ao seu alcance. Por um telefone lhe chegam os pedidos dos alimentos solicitados. Ela comprime certos botões que esguicham o sabor solicitado no manjar branco, por exemplo, que em seguida é lançado numa espécie de tubo, pelo qual se desliza até o servente, que o aguarda e recebe no jardim embaixo. Em alguns casos se requer a aplicação do calor; mas isto também o faz a cozinheira sem deixar seu assento, por meio de outra série de botões. Certo número de mocinhas de oito a quatorze anos se aglomera ao seu redor, esperando suas ordens. São, indubitavelmente, aprendizes que se veem a despejar líquidos de garrafinhas e também misturar outros alimentos em tigelinhas. Mas, mesmo entre essas mocinhas, se uma delas necessita de um dia ou semana de folga, solicita de uma ou-

296

tra que a substitua, ao que nunca se nega; e ainda que a substituta costume ser pouco hábil, suas companheiras se comprazem em ajudá-la, para que não surja nenhuma dificuldade. Sempre há nesses assuntos muita troca de ajuda mútua; mas talvez o mais notável seja a boa vontade demonstrada, pois todo mundo anseia por ajudar os demais, sem que a ninguém ocorra pensar que está sendo tratado com injustiça ou abuso.

Também agrada ver, como já dissemos, que nenhum trabalho é considerado inferior a outro, pois já não existem serviços degradantes nem sujos. O de minas não há, porque tudo o necessário se pode produzir alquimicamente, com menor esforço. É tal o conhecimento do lado interno da química, que se pode fazer tudo por seu intermédio; mas algumas coisas são difíceis e, portanto, impraticáveis para o uso comum. Há muitas combinações que não eram conhecidas no mundo antigo.

Todos os trabalhos agrícolas são então executados mecanicamente, e ninguém mais necessita de cavar nem arar à mão. Nem mesmo o faz com o seu jardim particular, pois se vale de uma curiosa maquininha parecida com um barril com pés, que faz covas no solo a qualquer profundidade e distância que se desejem, segundo sua posição, e também se locomove automaticamente ao longo de um sulco, necessitando unicamente que a vigiem e a revertam no extremo do sulco. Parece não haver trabalho manual, na antiga acepção da palavra, porque até as máquinas são construídas mecanicamente, e ainda que necessitem de lubrificantes, são muito limpas. Realmente, não há nenhum trabalho inferior nem sujo. Nem mesmo esgotos existem, pois tudo é transformado quimicamente, que depois se recolhe como um pó cinzento e inodoro, algo semelhante a cinza, que é utilizada como adubo para o jardim. Cada casa tem o seu próprio transformador de detritos.

Nesse gênero de vida não há criados, porque não são necessários; mas em compensação há muita gente disposta a ajudar, quando preciso.

A mulher tem épocas em que se acha incapacitada para os afazeres domésticos, e em tais casos sempre vem alguém ajudá-la; às vezes as vizinhas, e outras, uma espécie de ajudante de senhoras, que as assistem por prazer e não por salário. Quando se faz necessária tal assistência, a pessoa que a requer recorre aos conhecidos meios de comunicação, e imediatamente há quem se oferece.

A Propriedade Privada

É muito fraco o conceito de qualquer propriedade privada. Toda a colônia pertence à comunidade. Um homem vive em sua casa e os jardins são seus, de maneira que pode dispô-los ou variá-los como achar conveniente; mas não impede que os demais estejam nele, nem tampouco abusa do vizinho. O princípio vigente na comunidade é não ser proprietário particular das coisas, mas usufruir delas. Quando um homem morre, geralmente por sua vontade, trata de dispor previamente os seus assuntos. Se tem esposa, fica com esta a casa até sua morte ou nova boda. Salvo casos raros, como todos morrem de velhos, é quase impossível a orfandade; mas se tal suceder, sempre haverá quem voluntariamente adote os órfãos. Com a morte dos pais, se os filhos estão casados, a casa reverte para a colônia e se transfere para o primeiro par dos vizinhos que se case. Geralmente, ao contraírem matrimônio, os filhos tomam casa nova; mas às vezes os pais lhes pedem que permaneçam na sua e a administrem. Num caso observei que se havia construído um anexo a uma casa para uma neta que havia se casado, a fim de continuar ao lado dos avós; mas isto é raríssimo.

Não há restrição quanto à transmissão de propriedade móvel; o indivíduo, ao morrer, pode legá-la aos pais escolhidos para a sua próxima vida. Assim se faz sempre com o talismã, segundo dissemos, e com frequência o acompanham alguns livros, um quadro ou objeto de arte favorito. Igualmente quem o desejar poderá ganhar dinheiro, bem como comprar artigos da maneira comum; mas não terá necessidade disso, por serem gratuitas a alimentação, vestimenta e habitação, e não lhe ser vantajosa a propriedade privada de outros objetos.

A Cidade Jardim

Apesar do grande número de habitantes na capital e outras populações subalternas, não há aglomeração, nem nada que se pareça com o que em anteriores séculos se considerava o centro de uma cidade. O coração da capital é a catedral, com os edifícios anexos do museu, universidade e biblioteca. Tem certa semelhança com os edifícios do Capitólio e Biblioteca do Congresso em Washington, embora em escala ainda maior. Tal como neste caso, rodeia-o um grande parque. Toda a cidade e mesmo toda a comunidade se acham num parque povoado de multidão de estátuas, fontes e flores. A abundância d'água por todas as partes é uma das características que mais chamam a atenção. Por toda a parte se veem esplêndidas fontes com esguichos, como no Palácio de Cristal da antiguidade. Em muitos casos reconhecemos com prazer cópias exatas de antigas belezas familiares; por exemplo, há uma fonte que é exata imitação da de Trevis em Roma. As vias de comunicação não se parecem em nada com as antigas ruas, com as casas bastante apartadas, pois não é permitido construí-las em distância menor da mínima estabelecida entre elas.

Como praticamente não existe pó, não há varredores de rua. A estrada é toda pavimentada com macadame, e não feita de paralelepípedos, pois não existem mais cavalos que possam escorregar. Sua superfície é de uma formosa pedra polida, semelhante a mármore, mas com aspecto de granito. As estradas são muito largas, com pedras ligeiramente curvas em ambos os lados; ou melhor diríamos que a estrada se afunda ligeiramente abaixo do nível da grama marginal e que suas guias estão ao nível da grama. O conjunto se assemelha a um canal de mármore polido, que se inunda de água cada manhã, de maneira que as estradas se mantêm impecavelmente limpas, sem necessidade do tradicional exército de varredores. A pedra é de várias cores. A maioria das ruas principais é de um delicado róseo pálido, e algumas de verde-claro.

Assim é que, realmente, só se anda sobre grama e pedras esmeradamente polidas, o que explica o fato de se poder andar sempre descalço, não só sem inconvenientes, mas com a máxima comodidade. Mesmo após um longo passeio, os pés raramente se sujam; contudo, na entrada de cada residência ou fábrica há na pedra uma cavidade pela qual flui constantemente uma corrente d'água fresca. As pessoas, antes de ali entrarem, pisam nessa cavidade, ficando com os pés imediatamente refrescados e limpos. Todos os templos estão circundados por canalzinho raso d'água corrente, em que cada pessoa pisa antes de entrar. É como se um dos degraus que conduzem ao templo fosse uma espécie de cavidade de maneira a ninguém introduzir no templo nem uma mancha de sujeira.

Locomoção

Sua disposição à maneira de parque e o espaço separando as casas fazem da capital de nossa comunidade, por excelência, a "cidade das magníficas distâncias". Contudo, isto não causa o menor inconveniente, porque todas as casas possuem veículos leves e de belo aspecto, não parecidos com automóveis, mas antes em forma de liteiras, de metal muito leve, provavelmente alumínio, de execução filigranada, com aros de uma substância sumamente elástica, mas aparentemente não pneumática. Correm em completo silêncio e podem atingir alta velocidade, mas são tão leves que os de maior tamanho podem ser facilmente empurrados com um dedo. São acionados pela força universal; ao empreender uma viagem o interessado carrega de uma tomada de força uma espécie de caixa rasa e chata que se ajusta sob o assento. Isso lhe basta para ir de um extremo a outro da comunidade sem necessidade de nova carga; porém, se necessitar mais, bate à casa próxima e pede permissão para ligar seu acumulador à tomada de força por breves instantes. Esses pequenos veículos se usam constantemente e são o meio comum de locomoção pelas formosas e polidas estradas, pois os pedestres caminham geralmente pelas pequenas trilhas do gramado. Há pouco transporte pesado, e nenhum veículo enorme e tosco. As mercadorias são transportadas em grande número de pequenos veículos e as vigas e travessões são transportados num grande número de pequenos vagões abertos em que se distribui o peso. No mundo exterior se empregam comumente aeronaves de que a comunidade desdenha, porque seus membros sabem que podem atuar livremente em corpo astral e não necessitam de outro meio de locomoção aérea. Na escola se lhes ensina a usar a consciência astral, e têm um curso regular de lições para a projeção do corpo astral.

Higiene e Irrigação

Não há preocupação alguma com referência à higiene. O método de transformação química, já mencionado, abrange a desinfecção, sem que os gases desprendidos sejam de qualquer modo prejudiciais. Parecem ser, principalmente, carbono e nitrogênio com algo de cloro, mas sem anidrido carbônico. Todos os gases passam por certa solução aquosa muito ácida, e tornam-se perfeitamente inofensivos, como o pó cinzento, do qual existe muito pouca quantidade. Toda espécie de mau cheiro é já absolutamente contrária à lei, mesmo no mundo exterior; e tampouco existem bairros comerciais na cidade, embora algumas fábricas estejam relativamente próximas, por conveniência do intercâmbio de produtos. Contudo, também não há diferença de uma fábrica para uma casa residencial, pois é difícil distingui-las; e como a fábrica não produz ruídos nem odores, sua vizinhança não é incômoda.

Uma das grandes vantagens desse povo é o seu clima. Não existe um inverno verdadeiro; em sua estação correspondente o campo está ainda coberto de flores, como nas demais épocas do ano. Regam até os terrenos que não cultivam; o sistema se estendeu a numerosos casos, nos campos, bosques e país em geral, mesmo onde não existe o cultivo direto. Especializaram a escholcia, tão comum na Califórnia século atrás, cultivando muitas variedades dela, como a escarlate e a alaranjada brilhante, que semearam por toda a parte, deixando-a crescer nativamente. No começo importaram grandes quantidades de sementes de todas as espécies e de todas as partes do mundo, e há também os que cultivam em seus jardins plantas que necessitam de mais calor no inverno, mas não se valem de estufas, e sim as rodeiam de pequenos jorradores de força transformada em calor. Não tiveram necessidade de construir valas limítrofes da comunidade, nem parece haver também populações fronteiriças. O território era, antes de sua compra, uma vastíssima fazenda, e continua rodeado de outras menores. As leis do mundo exterior em nada afetam a comunidade, e o governo do continente a deixa em completa autonomia, pois anualmente recebe dela a sua contribuição territorial. Os da comunidade estão muito bem informados a respeito do mundo exterior, e observei que os escolares sabem perfeitamente o nome e a situação das principais cidades do mundo.

CAPÍTULO 27
CONCLUSÃO

Federação das Nações

O único objetivo desta investigação foi obter todas as informações possíveis do começo da sexta Raça Raiz e da comunidade fundada para isso pelo Manu e o Sumo Sacerdote. Portanto, não se prestou atenção especial a nenhum outro país do mundo, embora, incidentalmente, se tivessem obtido vislumbres dignos de anotação, sem intenção de ordená-los nem completá-los, senão tal qual foram observados.

  O mundo todo está politicamente confederado. A Europa parece uma confederação, com uma espécie de Parlamento, ao qual todos os países enviam seus representantes. Esse corpo central acerta os assuntos, e os chefes dos diversos Estados presidem por turno a confederação. Esse maravilhoso organismo político foi obra de Júlio César, reencarnado no século vinte em conexão com a vinda do Cristo, para reproclamar a SABEDORIA. Realizaram-se progressos colossais em todos os sentidos e maravilha o acúmulo de riquezas investidas nisso. Quando César conseguiu formar a federação e persuadir todos os países a renunciar à guerra, dispôs que cada um deles separasse durante certo número de anos a metade ou a terça parte das somas dedicadas anualmente a armamentos e a empregasse em determinadas melhorias sociais. Mercê desse plano, diminuíram-se gradualmente os impostos em todo o mundo, e houve dinheiro suficiente para alimentar os pobres, destruir os bairros imundos e introduzir surpreendentes melhoramentos em todas as cidades. Conseguiu-se que os países onde vigorava o serviço militar obrigatório, continuassem mantendo-o de modo que os recrutas trabalhassem para o Estado, construindo parques e estradas, demolindo os bairros miseráveis e abrindo vias de comunicação por toda parte. Ele fez com que as antigas obrigações desaparecessem gradualmente, mas com o que delas restou traçou a regeneração do mundo. Foi com efeito um grande homem, um dos gênios mais maravilhosos.

No princípio parece ter havido distúrbios e disputas; mas César reuniu um grupo de homens plenamente hábeis, uma espécie de gabinete dos melhores organizadores que o mundo tem produzido (reencarnações de Napoleão, Cipião, o Africano, Akbar e outros), uma das mais seletas equipes de homens como jamais houve, para agir praticamente. Tudo foi feito em grande escala. Quando os reis e chefes de Estado se reuniram para discutir as bases da confederação, César preparou para esse fim um recinto circular com grande número de portas, de maneira que todos puderam entrar simultaneamente, sem que nenhum potentado fosse preferido a outro.

A Religião do Cristo

César dispôs o mecanismo dessa maravilhosa revolução; mas, em grande parte, sua obra foi possibilitada pela vinda e pregação do Cristo, que abriu uma nova era sob todos os conceitos, não só no aspecto externo como também no sentimento interno. Por certo que já passou muito tempo desde então, se nos situamos na época que estamos considerando, e o Cristo é já um tanto mítico para as pessoas, como sucedia a nós nos princípios do século vinte. A religião do mundo é agora a que Ele fundou, isto é, a Religião; e não há outra de real importância, ainda que sobrevivam algumas em geral toleradas desdenhosamente como religiões fantásticas ou estranhas superstições. Há indivíduos que professam a antiga forma de Cristianismo e os que, em nome do Cristo, se recusaram a recebê-lo quando reapareceu em nova figura. A generalidade considera esse povo como irremediavelmente fora da época. Considerada em conjunto, a situação do mundo inteiro é evidentemente mais satisfatória do que nas anteriores civilizações. Os exércitos e as armadas desapareceram totalmente ou só resta deles uma resumida força policial. A pobreza também desapareceu dos países civilizados, e os bairros miseráveis das cidades populosas foram demolidos, sendo substituídos por parques e jardins.

O Novo Idioma

Essa curiosa variação do inglês, escrita numa espécie de estenografia, com muitos sinais diacríticos, tem sido adotada como língua internacional, comercial e literária. As pessoas educadas de todos os países a conhecem, além da sua própria, e entre as classes elevadas e comerciais substitui rapidamente as línguas dos diversos povos. O povo fala ainda os antigos idiomas; mas reconhece que o primeiro passo para se ser algo no mundo depende de aprender a língua universal. A maioria dos livros está impressa nela, a menos que se tenham expressamente escrito para os homens comuns. Desta maneira é possível que um livro circule muito mais que antes. Há ainda professores universitários e eruditos que sabem as línguas antigas, mas estão em escassa minoria; os livros bons de todas as línguas foram há muito tempo traduzidos para a língua universal.

Em todo país, grande parte das classes média e elevada conhece outra língua, e só emprega a do país as palavras necessárias para se entenderem com criados e operários. Contribuiu poderosamente para essa mudança o novo e aperfeiçoado método de escrita e impressão, aplicado primeiro ao inglês, e que por esta razão se adapta melhor que qualquer outra língua. Observei que na comunidade os livros estão impressos em papel verde pálido, com tinta azul-escuro, por causa, segundo entendo, de ser muito menos prejudicial à vista do que o antigo processo de negro sobre o branco. Esse processo está se difundindo pelo resto do mundo. A civilização abrange já muitos países antes selvagens e caóticos, pois naqueles rápidos vislumbres que tive, nada vi que se parecesse com selvagens.

As Nações Antigas

Os povos não transcenderam ainda o sentimento nacional, e ainda que tenham cessado as guerras, cada nação pensa orgulhosamente em si mesma. A maior vantagem é que já não se temem umas às outras, nem há receios, havendo pois maior fraternidade. Mas no conjunto, os povos não mudaram muito; apenas o seu lado bom terá mais oportunidade para se expandir. Não se operou ainda uma grande fusão das nações; a maioria continua a casar-se com seus vizinhos, pois os cultivadores do solo tendem a radicar-se no mesmo lugar. O crime aparece de quando em quando, ainda que muito menos que antes, pois, no geral, todos sabem mais do que antes e estão muito mais satisfeitos.

304

A nova religião se estendeu muito, e sua influência é indubitavelmente forte. É uma religião inteiramente científica, de sorte que, embora a religião e a ciência permaneçam ainda como instituições separadas, não se acham mais em oposição, como outrora. Naturalmente o povo ainda discute, mas assuntos diferentes dos que tão bem conhecemos. Por exemplo: discutem-se as diversas classes de comunicações espiritistas, e se é ou não prejudicial dar atenção aos cascarões astrais, excetuando os permitidos e garantidos pelas autoridades ortodoxas da época. Em todas as partes há escolas, mas não sob a inspeção e domínio da igreja, que só educa seus ministros. Não há mais necessidade de filantropia, pois desapareceu a pobreza. Há ainda hospitais dependentes do Governo. Todos os artigos necessários à subsistência estão controlados, não havendo, pois, sérias flutuações em seus preços. Todos os artigos luxuosos e supérfluos estão ainda em mãos do comércio particular, como também os objetos de arte e outros semelhantes. Mesmo nisto, porém, não parece haver tanta competição e divisão de negócios; se alguém abre uma loja para a venda de adornos e artigos semelhantes, não é provável que outro se estabeleça ali próximo, simplesmente porque não haveria consumo suficiente para os dois. De todos os modos, não está restringida a liberdade de comércio.

Terras e Minas

Estão muito mudadas as condições da propriedade privada das terras, minas e indústrias. Grande parte, pelo menos, da terra, se obtém do Estado mediante uma espécie de arrendamento, e reverte incondicionalmente ao Estado ao fim de mil anos, com o direito de reavê-la em qualquer época, sob certas compensações. Enquanto isso, pode-se transmitir de pais a filhos, ou vendidas e divididas, mas nunca sem o consentimento das autoridades. Há também consideráveis restrições relacionadas com muitas dessas propriedades, quanto à espécie de edifícios que ali se podem construir. Todas as fábricas de artigos de primeira necessidade pertencem ao Estado, sem prejuízo de quem queira estabelecer outra semelhante. As minas são ainda exploradas, porém muito menos que antes. Os poços e galerias de muitas das antigas minas do norte da Europa, servem agora de sanatórios para os raros casos de definhamento por doenças, de afecções bronquiais e outras, por ser sua temperatura igual no verão e no inverno. Observei também instalações para extrair o metal de grandes profundidades, que não posso chamar propriamente de minas, porque são mais poços. Poderia bem ser um moderno tipo de mina muito aperfeiçoado, pois os mineiros efetuam pouco trabalho no fundo; as máquinas é que escavam o solo, cortando e extraindo grandes fatias de minérios. Tudo isto é, em suma, propriedade do Estado; mas em muitos casos são arrendados por particulares. O ferro é extraído de diversas terras por diferentes processos, com muito menos trabalho que antigamente.

O Governo da Grã-Bretanha

O governo da Inglaterra mudou consideravelmente. O poder está em mãos do rei, com ministros à frente de cada departamento. Não há regime parlamentar, e sim um sistema cujo funcionamento não me foi fácil compreender por completo no rápido vislumbre de minha observação. É pouco mais ou menos da natureza do *referendum*. Todo cidadão tem direito de representações por meio de um corpo de funcionários encarregados de receber as reclamações ou petições. Se as representações mostram alguma injustiça, esta é imediatamente reparada, sem se recorrer a autoridades superiores. As petições são atendidas, se são razoáveis, mas geralmente não chegam até o rei, a menos que haja muitas solicitações idênticas. A monarquia continua sendo hereditária por direito de descendência da estirpe de Cerdic. O império britânico parece-nos muito com o do século vinte, mas constituiu uma federação anterior à das nações, e, portanto, tem um monarca vitalício, ao passo que a federação mundial muda por turno de Presidente. Alguns governadores de colônias têm agora o cargo hereditário e são, por assim dizer, monarcas contribuintes.

Londres

Londres existe ainda, maior que nunca, porém muito mudada, pois agora já não se acendem fogos no mundo, e portanto, não há fumaça. Algumas ruas e praças antigas conservam seu aspecto geral, mas tem havido grandes demolições e melhoras em vasta escala. A catedral de São Pedro ainda existe, conservada cuidadosamente como um monumento antigo. A Torre foi reconstruída em parte. O aproveitamento de uma força ilimitada produziu também aqui notáveis efeitos, e parece que a maior parte das coisas de que se necessita, obtém-se dando volta numa chave. Também aqui muito pouca gente cozinha em suas residências, porém come fora, tal qual na comunidade, embora sejam muito diferentes as iguarias servidas em Londres.

Outros Lugares

Lançando de passagem uma vista por Paris, observei que está muito mudada. Todas as ruas são mais largas e a cidade mais aberta. Derrubaram quarteirões inteiros, convertendo-os em jardins. As casas variaram radicalmente.

Observando a Holanda, vejo um país tão densamente povoado que parece ser todo ele uma só cidade. Contudo, Amsterdã é ainda distinguível, e aumentou o número de canais, obtendo muita água diariamente. Não há correntes naturais d'água, mas um curioso sistema de sucção central, uma espécie de enorme tubo com uma profunda escavação no centro. Os detalhes não estão claros, mas de algum modo esgotam a área e derramam ali as matérias imundas, que um grande canal conduz até considerável distância, por baixo do mar, para depois lançá-las com tão enorme força que nenhum barco pode passar perto daquele lugar. Também aqui, como na comunidade, destilam a água do mar e extraem dela diferentes substâncias de que se fazem muitas coisas, entre as quais, produtos alimentícios e tintas. Anotei, como coisa curiosa, que em algumas ruas crescem árvores tropicais ao ar livre, mantendo-se em torno delas uma corrente constante de força transformada em calor.

Há séculos começaram a colocar telhados sobre as ruas, conservando-as quentes, à maneira de estufas; mas quando apareceu a força ilimitada, decidiram suprimir os telhados, que apresentavam muitos inconvenientes. De passagem pudemos deitar uma vista em outras partes do mundo, mas não observamos coisa digna de menção especial. A China parece haver passado por alguns reveses. A raça chinesa existe ainda, e não parece haver diminuído. Há muita mudança superficial em algumas cidades, mas não se alterou a civilização do grosso da raça. A maioria da povoação campestre fala mais a sua língua própria, mas todas as classes dirigentes sabem a língua universal.

A Índia é outro país onde se observa pouca mudança. A imemorável aldeia indiana permanece a mesma, ainda que, pelo visto, já não se padece fome. O país se agrupa em dois ou três enormes reinados, mas continua formando parte do grande império. Evidentemente há agora muito mais mistura nas classes superiores do que antes, e muito mais matrimônios com as raças brancas, de maneira que grande parte do povo educado tem abandonado o regime de castas. O Tibete parece muito mais aberto, pois se pode penetrar nele por meio das aeronaves. Contudo, mesmo estas deparam às vezes com dificuldades, devido à pouca densidade do ar nas grandes alturas. A África Central mudou radicalmente, e a vizinhança do Vitória Nyanza se converteu numa espécie de Suíça, semeada de grandes hotéis.

Adyar

Como é natural, grande era o meu interesse em ver o que havia sucedido nesse tempo ao nosso Quartel General de Adyar, e me alegrei muito de encontrá-lo sempre florescente e em proporção muito mais grandiosa do que nos antigos tempos. Indubitavelmente subsiste a Sociedade Teosófica, mas cumprindo em grande parte o seu primeiro objetivo, tem-se dedicado principalmente ao segundo e ao terceiro. Desenvolveu-se numa grande Universidade Central para o estímulo do estudo destes dois aspectos, com centros subsidiários filiados a ela em várias partes do mundo.

O atual edifício do Quartel General foi substituído por uma espécie de esplêndido palácio, com uma enorme cúpula cuja parte central é certamente uma imitação do Taj Mahal de Agra, embora muito maior. Neste grande edifício estão assinalados certos lugares por colunas e inscrições comemorativas. Por exemplo: "Aqui foi a habitação da Senhora Blavatsky"; "Aqui se escreveu o quarto livro"; "Aqui estava o primeiro santuário", e assim sucessivamente. Existem estátuas de alguns de nós, e no recinto principal reproduziram em mármore as dos Fundadores, como relíquias de remotas idades. A Sociedade Teosófica é proprietária do rio Adyar e do terreno à margem oposta, a fim de que nele nada se construa que possa tirar a vista, e se revestiu o leito do rio com certa espécie de pedras, para mantê-lo limpo. Toda a propriedade está coberta de edifícios e adquiriu-se outra milha quadrada à margem do mar. Para lá dos Jardins de Olcott, há um departamento para química oculta, onde as lâminas originais estão reproduzidas em escala maior, assim como também esplêndidos modelos das diferentes classes de átomos químicos. Existem um museu e uma biblioteca magníficos, e vi algumas, embora poucas, das casas que havia em princípios do século vinte. Ainda existe um belo manuscrito esmaltado, mas duvido que haja livros que remontem ao século vinte. Há exemplares de *A Doutrina Secreta* traduzidos para a língua universal.

308

A Sociedade Teosófica

A Sociedade Teosófica conquistou proeminente lugar no mundo. É um definido departamento da ciência mundial, e conta com extenso campo de especialidades que ninguém mais parece ensinar. Está produzindo uma vasta literatura, provavelmente o que chamaríamos textos, e mantém vivo interesse acerca das religiões antigas e das coisas esquecidas. Está publicando em vastíssima escala uma grande série parecida com *Os Livros Sagrados do Oriente*. O volume recentemente publicado tem o número 2.159. Parece haver muitos pandits, que são autoridades em estudos antigos. Cada um parece ter por especialidade um livro que sabe de memória, e conhece tudo o relativo ao mesmo, havendo lido absolutamente todos os comentários sobre a matéria. O departamento de literatura é enorme; é o centro de uma grande organização mundial. Observei que ainda quando usam o inglês, o falam diferentemente, mas conservam o antigo lema da Sociedade em sua forma original. As dependências da Sociedade em outras partes do mundo são autônomas e consistem em grandes estabelecimentos e universidades nos principais países; mas todos consideram Adyar como o centro e origem do movimento, e acorrem ali em peregrinação. O Coronel Olcott, ainda que trabalhe na comunidade da Califórnia, como um dos lugar-tenentes do Manu, continua sendo o Presidente nominal da Sociedade, e pelo menos uma vez a cada dois anos, visita o seu Quartel General, para presidir às honras prestadas às estátuas dos seus fundadores.

Três Métodos de Reencarnação

Como ao examinar a comunidade da Califórnia reconheci distintamente muitos amigos do século vinte, quis investigar como haviam chegado até lá: se haviam se reencarnado muitas vezes em rápidas existências, ou se haviam calculado sua permanência no mundo celeste para voltar à Terra no momento oportuno.

Esta investigação me levou por inesperadas direções e com mais dificuldades do que havia suposto; mas descobri, pelo menos, três métodos de aproveitar o tempo intermediário. Em primeiro lugar, alguns colaboradores passam a vida celeste muito abreviada e resumida. Esse processo de abreviar condensado produz notáveis e fundamentais diferenças no corpo causal, sem que se possa dizer que seus efeitos sejam melhores nem piores, e sim muito diferentes. É um tipo muito mais sujeito à influência dévica do que os outros, e serve de meio para as modificações levadas a cabo. Essa abreviada vida celeste não se contrai, como a nossa, a um pequeno mundo subjetivo, senão que está aberta em grande parte à influência dévica. O cérebro daqueles que vão por essa senda conserva sulco de receptividade atrofiado em outros casos. Influem mais fácil e beneficamente neles os seres invisíveis, mas também são mais suscetíveis de influências sinistras. A personalidade está relativamente menos desperta que o homem interno. Os de longa vida celeste concentram a sua consciência num só ponto, mas os do tipo de abreviada vida celeste distribuem por igual a sua consciência nos diferentes níveis, por conseguinte, estão menos concentrados no plano físico, com menor capacidade de atuar nele.

Há outros aos quais se ofereceu diferente oportunidade, pois se lhes perguntou se se sentiam capazes de passar por uma rápida série de encarnações de duro trabalho, empregado na formação da Sociedade Teosófica. Naturalmente, este oferecimento só se faz aos que definitivamente podem ser úteis, ou seja, os que trabalham com a suficiente firmeza para prometer satisfatórios resultados no futuro. É oferecida a eles a oportunidade de continuarem a sua obra, reencarnando-se uma e outra vez, sem intervalo, em diferentes partes do mundo, para conduzirem o movimento teosófico até o ponto de poder oferecer esse numeroso contingente à comunidade. Na época observada a comunidade é muito maior que a Sociedade Teosófica atual, a qual, por sua vez cresceu em proporção geométrica durante os últimos séculos. E ainda que os cem mil membros da comunidade tenham passado pelas fileiras da Sociedade (a maioria deles muitas vezes), subsiste ainda uma numerosa Sociedade para continuar a obra de Adyar e demais centros do mundo.

Citamos já dois métodos pelos quais poderão os membros da Sociedade Teosófica atual formar parte da comunidade do século vinte e oito: 1º – pela abreviada intensificação da vida celeste; 2º – pelas repetidas reencarnações especiais. O terceiro método, muito mais notável que os precedentes, se restringe, talvez, a muito limitado número de casos. Chamou-me a atenção o caso de um homem que ao fim de sua encarnação do século vinte se havia comprometido com o Mestre para cooperar nesta obra, e imediatamente se preparou para ela. A preparação indicada foi realmente extraordinária, já que ele necessitava desenvolver certa qualidade para lhe retocar o caráter e torná-lo de fato útil; e tal desenvolvimento só se poderia conseguir sob as condições existentes em outro planeta da Cadeia. Por isso, foi transferido durante algumas existências para esse planeta e depois regressou para aqui, sendo essa uma experiência especial feita com permissão do próprio Maha-Chohan. Permissão idêntica a obtiveram outros Mestres para discípulos seus, embora tal medida extrema seja raramente necessária.

A maioria dos membros da comunidade tem se encarnado especialmente várias vezes, conservando durante essas vidas os mesmos corpos emocional e mental, portanto, a mesma memória, pelo que souberam tudo o relativo à comunidade durante várias vidas e tiveram sempre em mira a ideia dela. Normalmente, a série de encarnações especiais e rápidas se destina somente àqueles que receberam a primeira grande iniciação, pois sabe-se que um termo médio de sete encarnações os conduzirá ao Arhatado, e outras sete bastarão depois para quebrar os cinco grilhões que ainda os atam, e alcançar a libertação perfeita do nível Asekha. Essas quatorze encarnações são um termo médio, pois é muito possível reduzir bastante o tempo por um trabalho especialmente apaixonado e desinteressado, e, por outro lado, se pode dilatá-lo por indolência ou descuido. A preparação para a obra da comunidade constitui uma exceção à regra, e ainda quando todos os seus membros se encaminhem decididamente para a Senda, não devemos supor que todos eles tenham alcançado já as maiores alturas.

Certo número de pessoas do mundo exterior, já impregnadas das ideias da comunidade, solicita de quando em quando o ingresso nela e admitem-se algumas, sem se lhes consentir casarem-se na comunidade, para não adulterar a pureza da raça; mas lhes é permitido conviver sem diferença de trato, e ao morrerem reencarnam-se em corpos pertencentes às famílias da comunidade.

O Manu sabe com antecedência quanto progredirá a comunidade num tempo dado. No templo principal Ele conserva um registro disto, um tanto parecido com um diagrama, cujas linhas indicam o que Ele esperou e o que mais ou menos obteve. Os dois Mestres traçaram o plano da comunidade, e a luz de Seu vigilante cuidado paira sempre sobre ela. Tudo o que se escreveu dá apenas um frágil vislumbre dessa luz, um prognóstico parcial do que Eles realizarão.

Como nos Devemos Preparar

Certamente foi com definido objetivo que nesta época da história da Sociedade Teosófica se permitiu dar por este processo o primeiro prognóstico definido e detalhado da magna obra que se tem de realizar. Não resta dúvida de que um dos propósitos dos Grandes Seres que o permitiram é, pelo menos, não só animar e estimular nossos fiéis membros, senão mostrar-lhes a senda que devem seguir, se anseiam pelo inestimável privilégio de participação desse glorioso futuro, assim como lhes ensinar o que em todos os casos devem fazer para facilitar o caminho para as mudanças que têm de vir. A fim de nos dispormos para essa gloriosa manifestação, podemos agora e aqui estimular entusiasmadamente nosso primeiro objetivo de irmanar as diferentes nações, castas e crenças.

A todas essas podemos ajudar, por limitadas que sejam nossas forças, pois cada qual pode compreender e apreciar as qualidades de outras nações além das da sua, e ao ouvir reparos ignorantes ou prejudiciais contra outras nações, pode aproveitar a oportunidade para reverter a questão às boas qualidades, apartando-as dos defeitos. Cada qual pode aproveitar a oportunidade portando-se amavelmente com os estrangeiros, pois quem visita nosso país é nosso hóspede. Se vamos ao estrangeiro (e não deve desperdiçar esta oportunidade quem com ela depare), nos recordemos de que no momento representamos nosso país entre o povo junto do qual nos encontramos, e que devemos torná-lo agradavelmente simpático com a nossa apreciação das múltiplas belezas que se nos ofereçam, ao passo que lhe dissimulamos as deficiências.

Também podemos preparar-nos promovendo a beleza em todos os seus aspectos, mesmo nas coisas mais triviais. Uma das principais características da futura comunidade será o seu vivo amor à beleza, de maneira que até o utensílio mais comum se torne, em sua simples esfera, um objeto de arte. Devemos procurar, consequentemente, ao menos em nossa esfera de influência, proceder assim na época, sem que isso signifique de modo algum que devamos rodear-nos de valiosos tesouros, e sim que, na seleção das coisas mais simples e necessárias da vida, devemos considerar sempre a questão da harmonia, conveniência e graça. Neste sentido e até este ponto, devemos todos ser artistas e educar a faculdade de percepção e compreensão, que é a característica capital do artista.

Porém, por outro lado, enquanto fazemos tal esforço para desenvolver em nós as qualidades do artista, nos cabe evitar cuidadosamente os defeitos que algumas vezes as acompanham. O artista pode elevar-se muito acima de seu eu, por amor à sua arte, e a intensidade desse amor não só o realçará maravilhosamente, como também aos capazes de responder a seu estímulo. Mas, a não ser que seja um indivíduo altamente equilibrado, essa maravilhosa exaltação irá invariavelmente seguida de um grande abatimento, não só muito mais duradouro, como também suas vibrações afetarão quase todos dentro de uma área considerável, ao passo que somente uns tantos poderão responder à elevadora influência da arte. É, com efeito, o caso de indagar se muitos indivíduos de temperamento artístico não estão, no conjunto, fazendo muito mais mal do que bem; mas o artista do futuro aprenderá a necessidade e o valor do perfeito equilíbrio, e assim produzirá o bem sem prejudicar. E é isto que devemos ter em vista.

É evidente que são necessários auxiliares para a obra do Manu e do Sumo Sacerdote, e que em tal obra cabe toda a classe de talentos e vocações. Ninguém se desespere quanto à sua utilidade, por se julgar sem intelecto ou emoção estética. Há seguramente lugar para todos, e as qualidades que agora faltem, podem ser prontamente desenvolvidas nas condições especiais proporcionadas pela comunidade. O necessário é que haja boa vontade, docilidade, absoluta confiança na sabedoria e capacidade do Manu, sobretudo, a resolução de esquecer por completo seu eu e só viver para a obra que se tem de realizar em benefício da humanidade. Sem esta última, as demais qualidades "regarão o deserto".

Os que se oferecem para auxiliar, têm de ter algo do espírito militar: completo sacrifício do eu, devoção ao Chefe e confiança n'Ele. Sobretudo devem ser leais, obedientes, operosos e desinteressados. Podem ter também outras qualidades que se sobressaiam, e quanto mais tiverem, melhor; mas pelo menos devem ter aquelas. Haverá amplo campo para o entendimento agudo e toda modalidade de engenho e habilidade; mas tudo será inútil sem a obediência imediata e a absoluta confiança nos Mestres. A pretensão é um obstáculo insuperável para se ser útil. Quem nunca obedece porque sempre pensa que sabe mais que as autoridades; quem não exclui por completo sua personalidade na obra de que o incumbiram para cooperar harmoniosamente com seus companheiros de trabalho, não tem lugar no exército do Manu, por transcendentes que sejam as suas demais qualidades. Tudo isto se acha diante de nós para ser realizado, e se realizará, tomemos ou não parte; mas já que se nos oferece a oportunidade, ineptos e criminosos seríamos se a desperdiçássemos. A obra de preparação está começada. A colheita é abundante, mas até agora são poucos os lavradores. O Senhor da Colheita clama por auxiliares voluntários; quem está pronto para responder?

EPÍLOGO

Evidentemente, o esboço da comunidade californiana e da situação do mundo no século vinte e oito não é mais que um fragmento infinitesimal do "Para onde?" do caminho que a humanidade percorrerá. Um ou dois centímetros dos inumeráveis quilômetros que se estendem entre nós e a meta de nossa Cadeia; e ainda, então, um novo "Para onde?" se estenderá para mais além.

    O esboço nos fala dos primeiros vagidos da sexta Raça Raiz, que em proporção à sua vida inteira, são como o conjunto dos poucos milhares de indivíduos, que reunidos à margem do mar que banhou o Sudeste de Ruta, deram começo à quinta Raça Raiz, hoje governadora do mundo. Não sabemos quanto tempo transcorrerá desde aqueles pacíficos dias até que a América fique destroçada por terremotos e erupções vulcânicas e um novo continente se erga do Oceano Pacífico para habitação da sexta Raça Raiz. Vemos que a faixa do extremo ocidental do México onde há de existir a comunidade chegará a ser o extremo oriental do novo continente, enquanto o México e os Estados Unidos cairão em ruínas. A energia vulcânica destruirá gradualmente o continente americano, e a terra que há tempo foi Lemúria se despertará de seu milenário sonho para voltar a receber os raios solares do nosso dia terreno.

    É de supor-se que estas grandes alterações sísmicas levarão um período de tempo muito longo, antes que o novo continente esteja pronto para a nova Raça e que para ali a conduzam seu Manu e seu Bodhisattva.

    Suceder-se-ão depois as épocas em que as suas sete sub-raças nascerão, e reinarão e decairão. E da sétima o futuro Manu escolherá os germes da sétima Raça Raiz, e sucederão os longos trabalhos desse novo Manu e de Seu Irmão o novo Bodhisattva, até torná-la uma definida nova Raça que habitará a Terra. Também terá sete sub-raças, que nascerão, e reinarão e decairão. A própria Terra cairá no sono e passará para o seu quarto obscurecimento.

O Sol da Vida amanhecerá numa nova Terra, no planeta Mercúrio, e essa magnífica esfera terá seu dia milenar, até que, posto de novo o Sol, chegue a noite milenar. Depois de outra aurora e outro ocaso nos globos F e G de nossa Cadeia, terminará a quarta Ronda cujos frutos recolherá o Manu-Semente.

Depois, as quinta, sexta e sétima Rondas, antes que a Cadeia Terrestre se dissipe no passado. Mais adiante ainda, após o Nirvana Intercatenário, começará a findar as quinta, sexta e sétima Cadeias, antes que decline o Dia dos Deuses Maiores, e a suave e tranquila Noite cubra o repousante sistema e o grande conservador descanse na policéfala serpente do Tempo.

Mas ainda então se estenderá o "Para Onde?" pelos séculos infindos da Vida Imortal. Os ofuscados olhos se fecham, e o entorpecido cérebro se aquieta. Mas em cima, embaixo, por toda a parte, palpita a ilimitada Vida, anima Deus em quem eternamente vivem, movem-se e existem os filhos dos homens.

PAZ A TODOS OS SERES

APÊNDICES

1
A CADEIA LUNAR

Os nomes dos indivíduos que acompanhamos através dos séculos, tomados de *Rasgaduras no Véu do Tempo*, com muitas adições subsequentes, foram por nós relegados o mais possível para alguns Apêndices. Num livro destinado ao público em geral, teria sido enfadonha a enumeração de tais nomes. Por outro lado, são eles muito interessantes para os membros da Sociedade Teosófica, muitos dos quais podem, até, assinalar algumas de suas primeiras encarnações. Os conservamos no texto nas passagens em que o exigia a natureza do relato e em forma de Apêndices expusemos muitos outros, bem como suas relações de parentesco.

Página 42. Marte e Mercúrio se individualizaram na quarta Ronda da Cadeia Lunar e provavelmente alguns outros que chegaram a ser Mestres na Cadeia Terrestre. Contudo, os seres mais elevados se individualizaram nas Cadeias precedentes à Lunar. Assim, o MAHAGURU e SÚRYA foram excluídos do globo D na sétima Ronda da segunda Cadeia, no Dia do Juízo, e passaram para o globo D da Cadeia Lunar, na quarta Ronda, como homens primitivos, em companhia dos animais da segunda Cadeia preparados para a individualização. Entre esses animais se achavam provavelmente JÚPITER, bem como VAIVASVATA, que depois deveria ser o Manu da quinta Raça na quarta Ronda da Cadeia Terrestre.

Páginas 42-43. Na quinta Ronda da Cadeia Lunar, no globo D, se individualizaram Héracles, Sírio, Alcione, Mizar e provavelmente todos os mais tarde chamados servos que trabalharam juntos através dos séculos. Muitos outros que progrediram notavelmente em outros aspectos, se individualizaram com toda a probabilidade nesta Ronda. Também se individualizaram no globo D, durante a mesma Ronda, Escorpião e outros de seu tipo; mas foram eliminados no Dia do Juízo da sexta Ronda. São vistos pela primeira vez na sexta Ronda, no mesmo nível de Héracles, Sírio, Alcione e Mizar, pelo que deviam se ter individualizado na quinta Ronda.

2
NA CIDADE DAS PORTAS DE OURO
(Pelo ano 220000 a.C.)

PÁGINA 96

Nesta lista enumeraremos os nomes de todos os indivíduos reconhecidos em nossas observações, constem ou não do texto, a fim de que o próprio leitor componha, se lhe apraz, uma tábua genealógica.

Imperador . . . . Marte.

Principe Herdeiro . . . . Vajra.

Hierofante do Estado . . . . Mercúrio.

Capitão da Guarda Imperial . . . . Ulisses.

Soldados da Guarda Imperial . . . . . . Héracles, Píndaro, Beatriz, Gêmini, Capela, Lutécia, Belona, Ápis, Arcor, Capricórnio, Teodoro, Escoto e Safo.

Escravos tlavatlis cativados
numa batalha e presenteados
a Héracles por seu pai. . . . . Alcmene, Higeia e Bootes.

3
O ANTIGO PERU[116]

Quando, ao escrever sobre a clarividência, me referi às magníficas possibilidades que o exame dos registros do passado abrem ao estudante de história, diversos leitores me sugeriram o vivo interesse com que o público teosófico receberia alguns fragmentos dos resultados das investigações, se lhes fosse dado conhecê-las. Indubitavelmente é assim; mas não é tão fácil como parece satisfazer este desejo, pois convém recordar que não se empreendem as investigações por simples prazer de fazê-las, nem para satisfação de mera curiosidade, senão quando as requer o devido cumprimento de alguma parte do trabalho ou o esclarecimento de algum ponto obscuro de nosso estudo. A maioria das cenas da história universal, que tanto têm interessado e agradado nossos leitores, se nos depararam no transcurso da indagação de um ou outro dos aspectos das vidas que sucessivamente temos seguido desde os tempos primitivos, em nossos esforços para reunir dados referentes à atuação das leis capitais do Carma e Reencarnação. Assim é que tudo quanto sabemos da remota antiguidade, provém mais de uma série de vislumbres do que de uma restrita visão. É antes uma galeria de quadros do que uma história.

Todavia, mesmo dessa maneira relativamente eventual e inconstante, nos foram revelados muitos sucessos interessantíssimos, não só a respeito das esplendorosas civilizações do Egito, Índia, Grécia e Assíria, mas também das nações mais modernas como a Pérsia, Grécia e Roma, além de outras muitíssimo mais antigas, vastas e grandiosas, em comparação das quais são aquelas frutos de ontem. Foram poderosos impérios, cujas origens remontam às auroras primitivas, embora alguns vestígios de sua história subsistam ainda na Terra para aqueles que tenham olhos e vejam.

Talvez o mais poderoso de todos aqueles primeiros impérios tenha sido o magnífico e universal domínio dos Reis Divinos da Cidade das Portas de Ouro dos Atlantes. Porque exceto a primitiva civilização ária, estabelecida na costa do mar da Ásia Central, quase todos os impérios que desde então a história considerou grandes, não foram senão frágeis e imperfeitos arremedos de sua maravilhosa organização, ao passo que anterior a ele nada existiu que se lhe pudesse comparar. Pois a única tentativa de instituição do regime de governo político a encontramos na sub-raça lemuriana de cabeça ovoide e nas mil tropas tlavatlis que se entrincheiravam no extremo ocidental da primitiva Atlântida.

Num dos anuários da Loja de Londres já foi apresentado um rascunho da política que durante muitos milhares de anos se centralizou na gloriosa Cidade das Portas de Ouro. Meu atual propósito é oferecer um ligeiro esboço de uma de suas últimas cópias que, embora em menor escala, comparada com a sua poderosa matriz, conservou, até os tempos que costumamos chamar de históricos, grande parte do espírito público e profundíssimo sentimento do dever, que era a alma daquele grandioso regime da antiguidade.

A este propósito temos que retornar nossa atenção ao antigo reino do Peru, que abrangia muito maior porção do continente sul-americano do que a compreendida hoje pela República do mesmo nome, e também maior do que o império que os espanhóis encontraram em poder dos incas no século XVI. Verdade é que o regime político neste último império, que tanto excitou a admiração de Pizarro, reproduziu as condições da primitiva e mais resplandecente civilização que vamos considerar. Mas por admirável que fosse a cópia, não deixava de ser uma cópia, organizada milhares de anos mais tarde e por uma raça muito inferior, empenhada em reavivar tradições em sua melhor parte esquecidas.

Como se declarou, nossos investigadores tiveram a primeira representação dessa interessantíssima época enquanto esquadrinhavam uma longa série de encarnações. Viram que depois de duas vidas de nobre linhagem e muito trabalho (em consequência, sem dúvida, de um grave fracasso na precedente), o personagem (Erato) cuja história se indagava, havia nascido sob favoráveis circunstâncias no grande império peruano, onde passava uma vida, se bem que não trabalhosa como qualquer outra das anteriores, muito mais honrada, feliz e venturosa do que as da generalidade das pessoas.

Ainda que não o pudéssemos examinar então detidamente, atraiu-nos logo a atenção o país onde estava resolvida a maioria dos problemas sociais e não havia pobres nem descontentes. Quando, porém, mais tarde, notamos que vários outros personagens, cuja história indagávamos, haviam vivido na mesma época naquele mesmo país, nos familiarizamos cada vez mais com seus usos e costumes, até nos convencermos de haver encontrado uma verdadeira Utopia, isto é, um tempo e um país onde em todos os conceitos a vida física do homem estava melhor regulada, e era mais feliz e proveitosa do que talvez jamais o tenha sido em parte alguma.

Por certo perguntará alguém: "Como é admissível divergir este relato do de outras Utopias e não haverem se enganado os investigadores com belos sonhos e teorias de sua invenção, tomados talvez por visões de realidades? Como se ter convicção de que tudo isto não é um bonito conto?"

A única resposta adequada a tais perguntas é que para os que as fazem não há segurança, porém que os investigadores estão bem seguros por copiosa acumulação de múltiplas provas, frequentemente pequenas em si, talvez, mas no entanto irresistíveis no seu conjunto, além de estarem igualmente seguros, por mui demoradas experiências da diferença entre a observação e a imaginação. Sabem muito bem os investigadores que amiúde depararam com o que menos esperavam ou presumiam; e quão frequentemente se dissiparam por completo suas mais aduladoras suposições.

Além do grupo dos atuais investigadores, há uns tantos que adquiriram praticamente a mesma certeza, já por sua própria intuição, já por conhecimento pessoal daqueles que realizavam o trabalho. Todavia, para o resto das pessoas há de ser necessariamente incerto o resultado de toda investigação relativa a um tão remoto passado, e podem tomar por um lindo conto este relato da antiga civilização peruana, embora se possa esperar que admirem a beleza do conto.

Parece-me que, a não ser pelos métodos da clarividência, seria hoje impossível restabelecer qualquer indício da civilização que vamos examinar. Não me resta dúvida de que ainda subsistem vestígios dela, mas foram necessárias muito amplas e trabalhosas escavações para separá-los conscienciosamente dos das raças posteriores. É possível que, no futuro, antiquários e arqueólogos voltem sua atenção, mais do que o têm feito até agora, para aqueles maravilhosos países da América do Sul, e consigam então distinguir ordenadamente as diversas pegadas das raças que uma após outra os ocuparam e governaram. Mas, hoje em dia, fora o que nos mostra a clarividência, tudo quanto sabemos do antigo Peru, e o pouco que nos deixaram os conquistadores espanhóis, e, contudo, a civilização tão admirada por eles, foi fraco e longínquo reflexo de outra mais antiga e resplandecente.

A própria raça havia sofrido mudança, pois embora os que os espanhóis encontraram em sua chegada fossem ainda filhos da esplêndida terceira sub-raça dos atlantes, aparentemente dotada de muito mais permanente energia e vitalidade do que qualquer das que a sucederam, é evidente que tais descendentes se achavam, sob muitos aspectos, no último estágio de decadência, mais bárbaros, mais degradados, menos refinados do que o ramo muito mais antigo de que vamos falar.

Esta página da verdadeira história universal, este vislumbre de um dos quadros do vasto museu da natureza, nos revela que o antigo Peru foi uma Nação ideal em comparação a quantas hoje existem, e parte de seu interesse para nós consiste em que todas as soluções aspiradas pelos modernos sociólogos, tiveram ali positividade, embora por processos diametralmente opostos à maioria dos que hoje se declaram. Os indivíduos eram pacíficos e prosperavam, pois se desconheciam a miséria e a criminalidade, e ninguém tinha motivos de desgosto, porque cada qual encontrava caminho aberto para o seu talento (se o tivesse), e escolhia por si mesmo a sua profissão ou gênero de atividades, fosse o que fosse. Não havia trabalho demasiado duro nem cansativo, e a todos sobrava tempo para se ocuparem de coisas do seu gosto. A educação era completa, gratuita e eficiente, e os velhos e enfermos eram assistidos com perfeito e mesmo abundante zelo. Contudo, este bem acabado sistema social para promover o bem-estar físico dos indivíduos, foi levado a cabo sob o regime de uma autocracia das mais absolutas que o mundo jamais conheceu.

4
O ANTIGO PERU, PELO ANO 12000 a.C.
Capítulo XI

Esta é uma das maiores concentrações dos que estão atualmente trabalhando na Sociedade Teosófica. MARTE foi imperador nessa época, começando a lista com seu pai e mãe. Havia então três famílias entre as quais estavam distribuídos descendentes de JÚPITER, SATURNO e Psiquis.

JÚPITER casou-se com VULCANO, e tiveram dois filhos: MARTE e URANO. MARTE casou-se com BRHASPATI, tendo dois filhos: Siva e Píndaro, que se casaram respectivamente com Proteu e Tolosa. Siva e Proteu tiveram também dois filhos: Corona e Orfeu. Corona casou-se com Palas e tiveram dois filhos: Ulisses e OSÍRIS, e mais uma filha: Teodoro. OSÍRIS casou-se com ATHENA, e Teodoro com Deneb. Orfeu casou-se com Héstia e tiveram dois filhos: Thor e Rex, que contraíram matrimônio, respectivamente, com Ifigênia e Ajax. Píndaro e Tolosa tiveram um filho: Olímpia, e três filhas: Héracles, Adrona e Ceteu.

Olímpia casou-se com Diana; Héracles com Castor; Adrona com Berenice, e Ceteu com Procion. URANO casou-se com Hespéria e tiveram três filhos: Sírio, Centauro e Alcione; e duas filhas: Aquário e Sagitário. Sírio casou-se com Espiga e tiveram três filhos: Polux, Vega e Castor; e duas filhas: Alcestes e Minerva. Fides foi filho adotivo e casou-se com Glauco. Polux casou-se com Melpômene e tiveram três filhos: Cirene, Ápis e Flora, e duas filhas: Eros e Camaleão. Ápis casou-se com Bootes, Eros com Piscis, e Camaleão com Gêmini. Vega casou-se com Pomona e tiveram um filho: Ursa, que se casou com Rex. A família de Ursa compôs-se de duas filhas: Câncer e Fócea, e dois filhos: Alastor e Tétis. Alastor casou-se com Ciro e tiveram uma filha: Trapézio, e um filho: Markab. Castor casou-se com Héracles e foram seus filhos: Vajra e Aurora, e suas filhas: Lacerta, Alcmene e Safo. Aurora casou-se com Wenceslau; e Lacerta, Alcmene e Safo, respectivamente, com Ursa, Higeia e Dourado. Alceste casou-se com Nicósia e foi seu filho Formator. Minerva casou-se com Beato. Centauro, o outro filho de URANO, casou-se com Gimel, e tiveram um filho: Beato. Alcione foi marido de Mizar e tiveram por filhos Perseu, Leo, Capela, Régulo e Irene, e por filha Ausonia. Perseu casou-se com Alexandre. Leo casou-se com Concórdia e seus filhos foram: Deneb (casado com Teodoro), Egeria (casada com Telêmaco), Calíope (casado com Partênope), Ifigênia (casada com Thor), e Daleth (casada com Polares). Capela casou-se com Soma e tiveram dois filhos: Telêmaco e Áquila, e uma filha: Partênope, cujo marido foi Calíope. Telêmaco casou-se com Egeria e tiveram um filho: Beth. Ausonia casou-se com Rama; Régulo casou-se com Matemático e tiveram uma filha: Trebol, que se casou com Áquila. Irene casou-se com Flos. Das filhas de URANO, Aquário casou-se com Virgo e Sagitário com Apolo.

A segunda grande família daquele período foi a de SATURNO e sua esposa VÊNUS, que tiveram seis filhos: Hespéria (filha), que se casou com URANO; MERCÚRIO (filho), que se casou com Lira, de quem teve dois filhos: SÚRYA e Apolo, e uma filha, Andrômeda, que se casou com Argo; Calipso (filho), que se casou com Aveledo, de quem teve um filho, Rhea (que se casou com Zama e teve dois filhos: Sirona e Lachesis) e uma filha: Amaltea; Cruz (filha) casou-se com NETUNO, e tiveram cinco filhos: Melete, filho (casado com Erato; filhos: Hebe, Estela), Tolosa, filha (casada com Píndaro), Virgo, filho (casado com Aquário, tendo por filho Eufrosino, que se casou com Canopo), Alba, filha (casada com Altair), Leopardo, filho (casado com Auriga); Selene (filho) que se casou com Beatriz, teve seis filhos: Erato, filha, que se casou com Melete, Aldebaran, filho, que se casou com Órion (filhos: Teseu, casado com Dáctilo; Arcor, casada com Capricórnio, filhos: Higeia, esposa Alcmene; Bootes, marido Ápis; Gêmini, esposa Camaleão; Polaris, esposa Daleth -– Fomalhaut, filho; Arcturus, marido Nitocris; e Canopo, marido Eufrosina); Espiga, casada com Sírio; Albireu, casado com Heitor; Leto, casado com Fons (filhos: Norma, casado com Aulus; Escoto, casado com Elza; Sextano, casada com Oegaso) e Elektra; Vesta, casado com Mira, tendo um filho, Belatrix (casado com Tifis, tendo por filhos: Juno, casado com Minorca, e Prosérpina, casado com Colosso), e quatro filhas: Órion, casada com Aldebaran; Mizar, com Alcione; Aquiles, com Demétrio; e Filoe, com Cisne. De Aquiles e Demétrio nasceram: Elza, casada com Escoto; Aleteia, marido de Ofioco; Áries e Tauro, solteiros; e Procion, casado com Ceteu. Aleteia e Ofioco tiveram dois filhos: Dourado e Fortuna, que se casaram respectivamente com Safo e Eudóxia.

A terceira família foi a de Psiquis e sua esposa Libra. Deste matrimônio nasceram: Rigel, casada com Betelgeuse; Mira, casada com Vesta, e Algol, marido de Íris. De Betelgeuse e Rigel nasceram seis filhos: Altair, marido de Alba (filho: Ara, casado com Pepino; Heitor, casada com Albireu (filhos: Pégaso, marido de Sextano; Berenice, marido de Adrona); Auriga, casada com Leopardo (filha: Flos, casada com Irene); Viola, marido de Elektra (filha: Aula, casada com Norma, tendo tido um filho, Nitocris, casado com Arcturus; Cisne, casado com Filoe (filha: Minorca, casada com Juno); Demétrio, esposo de Aquiles. Do matrimônio Argol-Íris nasceram cinco filhos: Hélios, esposo de Lomia (filha: Matemático, casada com Régulo); Draco, esposo de Fênix (filho: Atalanta, casado com Hermínia); Argos, esposo de Andrômeda (filhas: Pepino, casada com Ara, e Dactilo com Teseu); Fons, filha e Xantos, filho. Também notamos Bóreas entre os personagens.

5
NAS COSTAS DO MAR DE GOBI, CERCA DE 72000 ANOS a.C.
Página 176

O MANU teve MARTE, Vajra, Ulisses, VIRAJ e Apolo como netos. MARTE casou-se com MERCÚRIO, e tiveram como filhos: Sírio, Aquiles, Alcione e Órion, e uma filha: Mizar.

Sírio casou-se com Vega, sendo sua prole: Mira, Rigel, Ajax, Belatrix Prosérpina, que pereceram todos numa matança.

Aquiles casou-se com Albireu e tiveram uma filha: Heitor.

Alcione casou-se com Leo e tiveram dois filhos: URANO e NETUNO, e duas filhas: SÚRYA e BRHASPATI. Os quatro foram salvos da matança.

SÚRYA casou-se com SATURNO (salvo ao mesmo tempo que ela), e tiveram três filhos: VAIVASVATA (o Manu), VIRAJ e MARTE. Na geração seguinte, Héracles foi filho de MARTE. Voltando aos filhos de MARTE e MERCÚRIO, temos que Mizar se casou com Héracles, filho de VIRAJ, e tiveram três filhos: Capricórnio, Arcor e Fides, e duas filhas: Psiquis e Píndaro.

Corona casou-se com Deneb e tiveram dois filhos, um dos quais foi Dourado. Polux foi filho de Adrona.

Ceteu casou-se com Clio. Também vimos Orfeu, VULCANO e VÊNUS, salvos ambos, e JÚPITER, chefe da comunidade.

Vega e Leo eram irmãs e também o eram Albireu e Hélios. Esta última era uma senhorita muito linda e namoradeira. Escorpião aparece entre os invasores turânios.

6
EM SHAMBALLA, PELO ANO 60000 a.C.
Página 179

MARTE, príncipe tolteca de Poseidonis, casou-se com JÚPITER, filha do MANU. Seu filho foi VIRAJ, que se casou com SATURNO, de cujo matrimônio nasceu VAIVASVATA MANU.

7
NA CIDADE DA PONTE, E NO VALE DA SEGUNDA
SUB-RAÇA, PELO ANO 40000 a.C.
Página 192

Os emigrantes procederam principalmente de duas famílias: a de Corona e Teodoro, que enviaram dois filhos: Héracles e Píndaro; e a de Demétrio e Fomalhaut, que enviaram dois filhos: Vega e Aurora, e duas filhas: Sírio e Dourado. De Demétrio ficou um filho na cidade: Mira; e uma filha: Draco.

Também estavam na cidade Castor e Rea; Lachesis, casado com Amaltea (filho: Velleda), e Calipso, que fugiu com Amaltea. Visitaram a cidade os forasteiros Cruz e Focea.

Héracles casou-se com Sírio, e seus filhos foram: Alcione, Mizar, Órion, Aquiles, URANO, Aldebaran, Siva, Selene, NETUNO, Capricórnio e outros que não nos foi possível reconhecer.

Alcione casou-se com Perseu e tiveram por filhos VULCANO, Belatrix, Rigel, Algol e Arcturus.

Mizar casou-se com Deneb e os da sua prole foram: Wenceslau, Ofioco, Cisne e outros não reconhecidos.

Órion casou-se com Eros e entre sua prole vemos Sagitário: Teseu e Mu.

Aquiles casou-se com Leo e tiveram Ulisses, Vesta, Psiquis e Cassiopeia.

URANO casou-se com Andrômeda, de cujo matrimônio nasceram MARTE e VÊNUS.

Aldebaran casou-se com Pégaso, e uma de suas filhas foi MERCÚRIO, que tomou por marido a MARTE e tiveram o VAIVASVATA MANU.

Capricórnio casou-se com seu primo Polaris e seus filhos foram: Vajra, Adrona, Polux e Diana.

Píndaro casou-se com Beatriz e lhes nasceram Gêmini, Arcor e Polaris. Gêmini casou-se com uma forasteira, Ápis, nascendo-lhes os gêmeos Espiga e Fides.

Vega (irmão de Sírio) casou-se com Hélios e tiveram Leo, Prosérpina, Canopo, Aquário e Ajax.

Aurora casou-se com Heitor, e um de seus filhos foi Albireu. Dourado teve uma filha, Aleteia, casada com Argos.

8
NA CIDADE DA PONTE, E NO VALE DA TERCEIRA
SUB-RAÇA, PELO ANO 32000 a.C.
Página 203

O MANU estava casado com MERCÚRIO, e Sírio era o Seu filho menor. Sírio casou-se com Mizar, tendo sido sua prole: Alcione, Órion, VÊNUS, UIisses, Albireu e SATURNO. Todos seguiram para o vale.

Alcione casou-se com Aquiles (filha de Vesta e Aldebaran, e irmã de Libra).

Órion casou-se com o acadiano Héracles, e tiveram seis filhos varões: Capela, hábil ginete; Fides, excelente corredor, de compleição ágil e flexível; Dourado, esperto na montaria e campeão nos jogos, era apaixonado por um jogo parecido com o de discos, arremessando arcos sobre mastros; Electra, Canopo e Arcor.

Foram filhas de Órion e Héracles: Gêmini,[117] Fortuna, Draco e Higeia.[118] Albireu casou-se com Heitor, e entre sua prole vemos Pégaso, Leo e Berenice.

Palas e Hélios estavam no vale, como já foi dito no texto.

9
NA EMIGRAÇÃO, PELO ANO 30000 a.C.
Página 204

O Chefe foi VAIVASVATA MANU; Seus capitães: MARTE (esposa NETUNO); seu irmão Corona (esposa OSIRIS); VULCANO (esposa VÊNUS); Teodoro (esposa Aldebaran) e Vajra. Na guarda real vemos Ulisses, Héracles, Sírio, Arcor, Leo, Alcione e Polaris.

MERCÚRIO casou-se com Rama; Vajra com URANO, e Ulisses com Espiga. Héracles, filho de MARTE, casou-se com Psiquis e tiveram quatro filhos: Capela, Delfino, Lutécia e Canopo; e uma filha: Dafne.

Sírio casou-se com Aquiles; Aurora com Dourado; Capela com Belatrix; e Leo com Leto.

Alcione casou-se com Fides e tiveram Cisne, Mira, Perseu, Prosérpina e Demétrio.

Polaris casou-se com Minerva; Vega com Helios, e Castor com Arios, de cujo matrimônio nasceu Lachesis, casado com Rea.

Calipso casou-se com Amaltea, um de cujos filhos foi Tolosa.

Velleda teve entre outros Cirene e Sirona.

Markab foi soldado e casou-se com Clio.

Também vimos Vesta, Mizar, Albireu, Órion, Ajax, Heitor, Cruz e Selene.

Trapézio foi um chefe militar que se insurgiu.

10
PRIMEIRA EMIGRAÇÃO ÁRIA PARA A ÍNDIA,
NO ANO 18875 a.C.
Páginas 224 e 225

MARTE casou-se com MERCÚRIO e tiveram três filhos: URANO, Héracles e Alcione; e duas filhas: BRHASPATI e Demétrio. BRHASPATI casou-se em primeiras núpcias com VULCANO, e morto este, com Corona, filho de VIRAJ. Do segundo matrimônio teve um filho: Trebol, casado com Arcturus, e cinco filhas: Fides, casada com Betelgeuse; Thor, com Ifigênia; Rama, com Perseu; Dédalo, com Elza, e Reitor, com Fomalhaut.

SATURNO era rei da Índia meridional, e tinha um filho: Cruz. SÚRYA era o Sumo Sacerdote, e OSÍRIS o Vice-Sumo Sacerdote.

Héracles casou-se com Capela e tiveram três filhos: Cassiopeia, Altair e Leto; e duas filhas: Argos e Centauro.

Alcione casou-se com Teseu e tiveram quatro filhos: Andrômeda, Betelgeuse, Fomalhaut e Perseu, e três filhas: Draco, NETUNO e Arcturus.

Demétrio casou-se com Wenceslau e tiveram três filhos: Elza, Ifigênia e Diana, cujas respectivas esposas foram Dédalo, Thor e Draco.

Cassiopeia casou-se com Capricórnio e tiveram três filhos: Ceteu, Espiga, e Adrona; e uma filha: Sirona.

Espiga casou-se com Kudos; Altair, com Polaris (filho, Tolosa); Leto, com Gêmini.

Argos casou-se com Andrômeda e tiveram entre outros filhos, Arcor, casado com Mizar, filha de NETUNO e Heitor, e irmã dos varões Siva e Orfeu.

Diomedes casou-se com Orfeu. Régulo e Irene foram filhas de Arcor e Mizar. Argos casou-se em segundas núpcias com Matemático, de quem teve três filhas: Diomedes, Judex (casada com Beato) e Kudos. Centauro casou-se com Concórdia. Dos filhos de Alcione, Andrômeda casou-se com Argos e morreu prematuramente; Betelgeuse casou-se com Fides (filhos: Flos e Beato, casado com Judex); Fomalhaut, com Reitor; Perseu, com Rama; Draco, com Diana; NETUNO, com Heitor, e Arcturus, com Trebol.

326

Teseu, esposa de Alcione, era filha de Glauco e Telêmaco, e este último, irmão de Soma. Alastor estava na Ásia Central. O mongol Tauro era marido de Procion e tinham uma filha, Cisne, casada com Áries.

11
UMA EMIGRAÇÃO ÁRIA PARA A ÍNDIA, NO ANO 17455 a.C.
Páginas 226-227

JÚPITER casou-se com SATURNO e MARTE foi seu filho. MERCÚRIO foi irmã de JÚPITER.

MARTE casou-se com NETUNO e tiveram três filhos: Héracles, Siva e Mizar; e três filhas: OSÍRIS, Píndaro e Andrômeda.

Héracles casou-se com Ceteu e tiveram dois filhos: Gêmini e Arcor, e três filhas: Polaris, casada com Diana; Capricórnio, com Glauco, e Adrona.

Siva casou-se com Prosérpina, e Mizar com Rama. Deste matrimônio nasceram Diana e Dédalo (filhos), e Diomedes e Kudos (filhas).

OSÍRIS casou-se com Perseu.

VULCANO casou-se com Cirina, cujas três filhas: Rama, Reitor e Thor se casaram, respectivamente, com Mizar, Trebol e Leto.

Psiquis, amigo de MARTE, casou-se com Arcturus e seus filhos foram: Alcione, Albireu, Leto e Ajax; e suas filhas: Beatriz, Procion e Cisne.

Alcione casou-se com Rigel e tiveram três filhos: Cassiopeia, esposo de Diomedes; Cruz, casado com Kudos; e Wenceslau, com Régulo. Também tiveram três filhas: Tauro, esposa de Concórdia; Irene, que o foi de Flos, e Teseu, de Dédalo.

Albireu casou-se com Heitor e tiveram uma filha: Beatriz, casada com Ifigênia.

Leto casou-se com Thor e tiveram um filho: Flor.

Ajax casou-se com Elza; Beatriz com Matemático, e Cisne com Fomalhaut. Capela, amigo também de MARTE, casou-se com Judex e tiveram dois filhos: Perseu, casado com OSÍRIS, e Fomalhaut, marido de Cisne. Suas filhas foram: Heitor, Demétrio, casada com Áries, e Elza, esposa de Ajax.

Vajra casou-se com Orfeu e tiveram dois filhos: Draco e Altair; e três filhas: BRHASPATI, URANO e Prosérpina.

Draco casou-se com Argos, cujo filho foi Concórdia, casado com Tauro. Altair casou-se com Centauro, e sua filha Régulo foi esposa de Wenceslau. Betelgeuse casou-se com Canopo e tiveram dois filhos: Espiga e Olímpia; e uma filha: Rigel.

Espiga casou-se com Telêmaco e tiveram dois filhos: Glauco e Ifigênia, cujos cônjuges foram mencionados acima.

Castor casou-se com Polux, de cujo matrimônio nasceram dois filhos: Áries e Alastor, e três filhas: Minerva, Sirona e Pomona.

12
UMA IMIGRAÇÃO ÁRIA PARA A ÍNDIA, NO ANO 15950 a.C.
Página 253

SÚRYA era pai de MARTE e MERCÚRIO.

MARTE casou-se com BRHASPATI e tiveram três filhos: JÚPITER, Siva e VIRAJ; e três filhas: OSÍRIS, URANO e Ulisses.

JÚPITER casou-se com Héracles e tiveram três filhos: Beatriz, casado com Píndaro; Aleteia, esposo de Tauro; e Betelgeuse. Suas filhas foram: Canopo, casada com Fomalhaut; Polux, esposa de Melpômene; e Heitor, mulher de NETUNO.

URANO casou-se com Leo e Ulisses com Vajra. Deste último matrimônio nasceram três filhos: Clio, esposo de Concórdia; Melpômene; e Alastor, casado com Gêmini. Foram suas filhas: Irene, esposa de Adrona; Sirona, casada com Espiga; e Beato, mulher de Soma.

MERCÚRIO casou-se com SATURNO, de cujo matrimônio nasceram quatro filhos: Selene, Leo, Vajra e Castor; e três filhas: Héracles, Alcione e Mizar.

Selene casou-se com Aurora e tiveram três filhos: Wenceslau, casado com Cruz; Teseu, com Ligno; e Polaris, com Prosérpina. Suas filhas, foram: Tauro, casada com Aleteia; Arcturus, com Perseu; e Argos, com Draco.

Leo casou-se com URANO e tiveram três filhos: Leto (casado com Demétrio), Draco e Fomalhaut (cujos consortes já foram indicados acima). Foram suas filhas: Centauro (casada com Altair), Prosérpina e Concórdia (esposa de Clio). Castor casou-se com Ifigênia, e Alcione com Albireu. Deste último matrimônio nasceram quatro filhos: NETUNO, casado com Heitor; Psiquis, esposo de Clarion; Perseu, que se casou com Arcturus; e Ajax com Capela. As filhas foram: Rigel, casada com Centurião; Demétrio, esposa de Leto, e Algol, mulher de Príamo.

Mizar casou-se com Glauco e tiveram dois filhos (Soma e Flor) e duas filhas: Diomêdes e Telêmaco, casadas respectivamente com Trebol e Betelgeuse.

VULCANO casou-se com Ceteu e tiveram um filho: Procion; e três filhas: Olímpia, Minerva e Pomona.

Arcor casou-se com Capricórnio e tiveram quatro filhos: Altair, Adrona, Espiga e Trebol; e quatro filhas: Píndaro, Capela, Cruz e Gêmini.

Corona casou-se com Orfeu e tiveram três filhos: Rama, casado com VÊNUS, Cassiopeia, marido de Reitor; e Áries. As filhas foram: Andrômeda, casada com Dédalo; Elza, esposa de Matemático; e Palas, de Diana.

Thor casou-se com Kudos e tiveram Matemático, Diana e Dédalo (que se casaram respectivamente com as três irmãs filhas de Corona) e Judex, com uma filha: Reitor. No polo positivo da evolução humana estiveram na época desta emigração, os quatro KUMARAS, o MANU e o MAHAGURU. No negativo esteve Escorpião, o sumo sacerdote Yauli.

13
NA ÍNDIA SETENTRIONAL, ANO 12800 a.C.
Página 228

MARTE e MERCÚRIO são irmãos.

MARTE casou-se com SATURNO e tiveram dois filhos (Vajra e VIRAJ) e duas filhas (VULCANO e Héracles).

Vajra casou-se com Prosérpina e tiveram três filhos (Ulisses, Fides e Selene), e três filhas (Beatriz, Heitor e Hestia).

VIRAJ casou-se com OSÍRIS; VULCANO com URANO, e Héracles com Polaris.

Ulisses casou-se com Filoe e tiveram três filhos: Cisne, esposo de Diana; Calíope, de Partênope, e Piscis, de Ajax. As filhas foram: Belatrix, casada com Thor; Aquário com Clarion, e Pepino, com Ligno.

Voltando aos filhos de Vajra, temos: Fides, que se casou com Ifigênia, e tiveram três filhos: Áquila, casado com Safo; Kudos, com Concórdia e Beato, com Gimel. As filhas foram quatro: Herminio, Sextano, Sagitário e Partênope, casadas respectivamente com Nicósia, Virgo, Clio e Calíope.

Selene casou-se com Aquiles e tiveram dois filhos: Aldebaran, esposo de Electra, e Hélios, de Lomia. As filhas foram cinco: Vega, Rigel, Alceste, Colosso e Eros, cujos maridos foram respectivamente: Leo, Leto, Aurora, Áries e Juno.

Das filhas de Vajra, Beatriz casou-se com Albireu e tiveram dois filhos: Berenice (esposo de Canopo) e Deneb. As filhas, Píndaro e Lira, casaram-se respectivamente com Capela e Eufrosina.

Heitor foi esposa de Wenceslau e tiveram três filhos: Leo, Leto e Norma (casado com Melete) e Nicósia (marido de Hermínio). As filhas foram: Ajax, esposa de Piscis, e Cruz, de Demétrio.

Hestia casou-se com Telêmaco e tiveram dois filhos: Thor e Diomedes (casado com Crisos); e quatro filhas: Safo, Trebol, Minorca (mulher de Lobélia) e Magno (esposa de Calipso).

Héracles, filha de MARTE, casou-se com Polaris e tiveram três filhos: Viola, Dourado e Olímpia, casados respectivamente com Egéria, Dáctilo e Mira. A filha, Fênix, casou-se com Atalanta.

Do matrimônio Viola-Egéria nasceram quatro filhos: Betelgeuse, Nitocris, Tauro e Perseu, casados respectivamente com Íris, Brunilda, Tifis e Fons. As filhas, Lomia e Libra, casaram-se com Hélios e Bóreas. Dourado e Dactilo tiveram

329

três filhos: Centurião, Pégaso e Escoto, cujas esposas foram Teodoro, Príamo e Ausonia. As filhas Arcturus e Brunilda se casaram com Reitor e Nitocris.

Olímpia casou-se com Mira e tiveram quatro filhos: Clarião, Polux, Procion e Capricórnio, que se casaram respectivamente com Aquário, Câncer, Aveledo e Zama. A filha, Arcor, casou-se com Centauro.

Fênix, filha de Héracles, casou-se com Atalanta e tiveram três filhos: Gêmini, Ligno e Virgo, que se casaram respectivamente com Adrona, Pepino e Sextano. As filhas foram três: Daleth, Delfino e Dafnis, casadas com Régulo, Formator e Ápis.

Até aqui a descendência de MARTE.

Seu irmão MERCÚRIO casou-se com VÊNUS e tiveram dois filhos (NETUNO e URANO) e três filhas (OSÍRIS, Prosérpina e Tolosa).

URANO casou-se com VULCANO e tiveram dois filhos: Rama e Albireu, casados com Glauco e Beatriz; e duas filhas: BRHASPATI e ATHENA, esposas respectivas de Apolo e JÚPITER.

Rama e Glauco tiveram dois filhos: Juno e Ara, que se casaram com Eros e Ofíoco. Suas filhas foram quatro: Canopo, Diana, Crisos e Judex, casadas, respectivamente, com Berenice, Cisne, Diomedes e Irene.

BRHASPATI e Apolo tiveram três filhos: Capela (casado com Píndaro), Corona e Siva; e uma filha, Proteu, casada com Rex.

OSÍRIS casou-se com VIRAJ e tiveram dois filhos: JÚPITER e Apolo, casados com BRHASPATI, e uma filha, Palas, casada com Castor.

Deste último matrimônio nasceram cinco filhos: Clio, Markab, Áries, Aglaia e Sirona, cujas respectivas esposas foram: Sagitário, Ceteu, Colosso, Pomona e Quies.

Até aqui a descendência de MERCÚRIO.

Argol casou-se com Teseu e tiveram Alcione, cuja esposa foi Mizar, filha de Orfeu e irmã de Psiquis.

Alcione e Mizar tiveram cinco filhos: Fomalhaut, Altair, Wenceslau, Telêmaco e Soma, que se casaram respectivamente com Alexandre, Alba, Heitor, Hestia e Flor. Suas três filhas foram: Ifigênia, Glauco e Filoe, casadas com Fides, Rama e Ulisses.

Fomalhaut e Alexandre tiveram três filhos: Rex (casado com Proteu), Reitor (casado com Arcturus) e Leopardo; e três filhas: Melete, Ausonia e Concórdia, cujos respectivos maridos foram: Norma, Escoto e Kudos.

Altair e Alba tiveram três filhos: Ápis, casado com Dafnis; Centauro, com Arcor; e Flora. As filhas foram: Camaleão, Gimel (casada com Beato) e Príamo (casada com Pégaso).

Os filhos de Wenceslau enumeram-se entre os descendentes de MARTE, assim como os de Telêmaco, Ifigênia e Filoe, enquanto a prole de Glauco está entre os descendentes de MERCÚRIO.

Soma e Flor tiveram quatro filhos: Alastor, Bóreas, Régulo e Irene, cujas mulheres foram Melpômene, Libra, Daleth e Judex. Suas duas filhas, Focea e Dédalo, casaram-se com Zéfiro e Leopardo.

Aleteia casou-se com Esperança e tiveram dois filhos: Mona e Fortuna; e quatro filhas: Aquiles, Aulo, Flor e Alba.

Mona casou-se com Andrômeda e tiveram dois filhos: Lobélia, casado com Minorca, e Zéfiro, com Fócea. Suas filhas foram: Adrona, Ceteu, Melpômene e Aveledo, casadas respectivamente com Gêmini, Markab, Alastor e Procion.

Fortuna casou-se com Auriga e tiveram dois filhos: Hebe e Estrela, casados com Trebol e Camaleão. As filhas foram: Íris, Tifis, Eudóxia (casada com Flora) e Pomona (mulher de Aglaia).

Aulo casou-se com Argos e sua prole foram: filhos, Calipso, casado com Magno; Formator, com Delfin, e Minerva. Foram suas filhas: Electra e Ofíoco, casadas, respectivamente, com Aldebaran e Ara.

Psiquis, irmão de Mizar, casou-se com Matemático e tiveram três filhas: Egéria, Elza (casada com Beth) e Mira.

Elza e Beth tiveram Aurora, Demétrio e Eufrosina, casados, respectivamente, com Alceste, Cruz e Lira. Foram suas filhas: Teodoro e Fons, mulheres respectivas de Centurião e Perseu.

Draco casou-se com Cassiopeia. Deste matrimônio nasceram quatro filhos: Argos, Beth, Atalanta e Castor (casado com Palas); filhas: Andrômeda, Dáctilo, Alexandre e Auriga. Também esteve presente Vesta.

14
ARIANIZAÇÃO DO EGITO

No texto nos referimos por três vezes[119] à expedição enviada pelo MANU ao sul da Índia, com o decidido propósito de arianizar a nobreza egípcia. Enquanto estava no prelo a presente obra, levamos a cabo posteriores investigações, que projetam nova luz no assunto e o enlaça até certo ponto com a aceita história do Egito. Portanto, incluímos em forma de apêndice a explicação das últimas investigações.

Com relação ao que dissemos, sobre o que o historiador Maneto fala da dinastia ária, vemos que houve razão ao darmos como certa a reunificação do Egito sob o governo do MANU; e que, segundo nossas investigações, a data dessa reunificação (embora ainda não comprovada com exatidão), inicia-se muito perto do ano 5510 a.C., em que os mais eminentes egiptólogos contemporâneos fixam o começo da primeira dinastia. Os novos cômputos egiptológicos assinalam a data do faraó Unas, cerca de duzentos anos antes da fixada por nós.[120]

* * *

Na sexta vida de Alcione seguimos a primeira grande emigração ária desde as costas do mar da Ásia Central até o sul da Índia. O reino religioso que estabeleceram os ários, foi ao fim de séculos utilizados pelo MANU como um centro secundário de irradiação, segundo já dissemos.

Do sul da Índia saiu igualmente a expedição destinada a arianizar o Egito, o que por meios muito semelhantes levaram a cabo muitos dos mesmos egos que cinco mil anos antes haviam tomado parte na emigração saída da Ásia Central, a que acabamos de nos referir.

Pelo ano 13500 a.C.[121] regia VIRAJ o grande império da Índia meridional. Estava casado com BRHASPATI e era MARTE um de seus filhos. O MANU apareceu astralmente ao imperador e lhe disse que enviasse MARTE pelo mar ao Egito, tomando a via de Ceilão. Obedeceu VIRAJ e empreendeu MARTE sua longa viagem, levando consigo, segundo as instruções recebidas, uma tropa de jovens de ambos os sexos, entre os quais reconhecemos doze: Ajax, Betelgeuse, Deneb, Leo, Perseu, Teodoro (homens) e Arcturus, Canopo, Olímpia, VULCANO, Palas e OSÍRIS (mulheres).

Ao chegarem no Egito, então sob domínio tolteca, recebeu-os JÚPITER, faraó reinante, que tinha uma só filha, SATURNO, cuja mãe havia morrido de parto.

O MAHAGURU havia instruído, mediante uma visão, o Sumo Sacerdote egípcio, SÚRYA, para que recebesse honrosamente os estrangeiros e aconselhasse JÚPITER a casar sua filha com MARTE, como assim o fez. Em tempo relativamente curto se contrataram outros matrimônios entre a nobreza egípcia e os recém-chegados.

Embora fosse frágil essa importação do sangue ário, em poucas gerações tingiu toda a nobreza egípcia, pois como o faraó havia dado o seu sublime consentimento aos matrimônios mistos, as famílias conterrâneas disputavam ansiosamente a honra de se aparentarem com os forasteiros. O cruzamento de ambas as raças produziu um novo e distinto tipo, que tinha os ressaltados traços ários com a cor tolteca, isto é, o conhecidíssimo tipo dos monumentos egípcios. Tão poderoso é o sangue ário, que ainda mostra inconfundíveis pegadas após séculos de diluição; e desta época em diante, toda encarnação na aristocracia egípcia equivaleu a um nascimento na primeira sub-raça da quinta Raça Raiz.[122]

Com o tempo sucederam muitas mudanças, e pouco a pouco foi decaindo o vigor enxertado pelo rejuvenescimento ário. Mas não baixou tanto o nível como na semelhante civilização de Poseidonis, principalmente porque a tradição ária reteve uma estirpe cujos indivíduos se consideravam descendentes diretos de MARTE e SATURNO. Durante mais de mil anos, a contar da arianização, esse clã governou o país, sendo seu chefe o faraó, até que veio um tempo em que, por motivos políticos, o monarca então reinante esposou uma princesa estrangeira, que acabou por apartar seu marido da tradição de seus antepassados, e induzi-lo a estabelecer um novo culto, que a família real não podia de modo algum aceitar.

O país, cansado do rigor ário, seguiu o monarca na sensualidade e libertinagem; mas a família real estreitou ainda mais suas fileiras em severa desaprovação àquelas novidades, e desde então seus indivíduos se mantiveram em significativo afastamento. Ainda que continuassem aceitando cargos públicos no exército e na administração, só contraíram matrimônio entre si mesmos, com vivo empenho de conservar os costumes tradicionais, e o que eles chamavam a pureza da religião e da raça.

Passados cerca de quatro mil anos, vemos em igual decadência a religião e o idioma do império egípcio, e unicamente na estirpe incontaminada descobrimos um pálido reflexo dos primeiros dias do Egito. Por essa época, entre os sacerdotes de pura linhagem se levantaram alguns profetas, que reanunciaram no Egito a mensagem que se estava dando em Poseidonis, isto é, o aviso de que a maldade daquelas poderosas e seculares civilizações as condenava à destruição e que convinha as poucas pessoas justas escaparem quanto antes do iminente cataclismo. Assim como grande parte da raça branca de montanheses sairá de Poseidonis, assim também os indivíduos da estirpe tradicional sacudiram de suas sandálias o pó do Egito e por via do Mar Vermelho se refugiaram nas montanhas da Arábia. Segundo sabemos, a profecia se cumpriu a seu devido tempo, e no ano 9564 a.C. afundou-se no Atlântico a ilha de Poseidonis. Gravíssimos foram em toda a Terra os efeitos desse cataclismo e mais nocivos ainda no Egito, que até então havia tido uma extensa costa ocidental; e ainda que o Mar de Sahara fosse raso, bastava para os numerosos navios de pouca proporção que negociavam com os atlantes e as ilhas argelianas. Em consequência daquele espantoso cataclismo, levantou-se o leito do Sahara e uma enormíssima onda inundou o Egito, de modo que pereceram quase todos os seus habitantes, ficando o assolado país convertido num ermo, cujo limite ocidental era, em vez do formoso e tranquilo mar, um vasto pântano de sal que os séculos dessecaram em inóspitos desertos. Das glórias egípcias só subsistiram as pirâmides, erguidas sobre aquela solitária desolação que cobriu o país durante século e meio, até que a estirpe tradicional voltou de seu voluntário desterro e refúgio nas montanhas para fundar uma grande nação.

Mas como muito tempo antes haviam se aventurado no país umas tribos meio selvagens, travaram com elas as primeiras batalhas, nas margens do abundante rio, em que num tempo cortaram os pequenos barcos de uma poderosa civilização e de novo ia testemunhar o ressurgimento de passadas glórias e refletir em suas águas os soberbos templos de Osíris e Amon-Rá.

O egiptólogo Flinders descreve cinco dessas tribos primitivas, que infestaram diferentes distritos do país e de vez em quando guerrearam entre si.

1ª) Tribo de traços aquilinos e tipo líbio-amorita, que ocupou grande parte do país e manteve nele seu domínio mais tempo do que as demais, mantendo durante séculos um notável nível de civilização.

2ª) Tribo hitita, de cabelo crespo e barba arrepiada.

3ª) Montanheses de nariz pontiagudo e longas tranças de cabelo.

4ª) Gente de nariz curto e afinado, que se estabeleceu durante algum tempo na parte central do país.

5ª) Variedade da tribo anterior, de nariz longo e barba saliente, que ocuparam principalmente os lodaçais vizinhos do Mediterrâneo.

Todas essas tribos podem ser observadas por clarividência; mas se entrecruzaram de tal modo, que às vezes se torna muito difícil distingui-las. Além disso, provavelmente muito antes que todas elas, incursionara pelo país uma selvagem tribo negra do interior da África, que não deixou traços visíveis de sua passagem.

Em meio desse torvelinho de entrecruzadas raças, chegou a linhagem tradicional, guiada por seus sacerdotes através do mar, desde as montanhas da Arábia. Pouco a pouco assentaram com segurança o pé no Alto Egito e estabeleceram a capital em Abidos, apoderando-se gradualmente das terras confrontantes, até que, por influência de sua civilização, se lhes reconheceu supremacia de poder.

Durante os primeiros séculos sua política foi mais de atração do que de conquista, com o propósito de formar dentre aquele caos de povos uma raça em que se pudessem imprimir seus traços característicos. Mil anos haviam transcorrido desde a sua chegada, quando na 21ª vida de Alcione vemos que MARTE rege um já muito superiormente organizado império. Mas até 1.400 anos mais tarde, não veio o MANU[123] em pessoa para unificar todo o país sob seu cetro e fundar ao mesmo tempo a primeira dinastia e a grande cidade de Mênfis, iniciando com isso outra etapa da obra começada sob sua direção no ano 13500 a.C.

NOTAS

(1) Seus nomes aparecem no texto em letras maiúsculas. (N. do T.)
(2) São João, I:1,4.
(3) Alcorão, XI:17.
(4) Termos empregados respectivamente pelos hinduístas e cristãos, para assinalar a conclusão da evolução puramente humana.
(5) Bhagavad Gita, XV:7.
(6) O estudante pode consultar, com este propósito, as seguintes obras: Blavatsky, *A Doutrina Secreta*; Sinnett, *Budhismo Esotérico* e *Desenvolvimento da Alma*; Besant, *A Sabedoria Antiga*, etc. Há ligeiras diferenças quanto aos nomes que Blavatsky e Sinnett dão aos globos da Cadeia Terrestre, mas os pontos capitais são idênticos.
(7) Têm sido chamados Logos Planetários; mas deixemos este nome, devido à confusão que geralmente ocasiona.
(8) Veja-se *Química Oculta*, por Annie Besant e C. W. Leadbeater.
(9) A matéria física é aquela com a qual estamos em contato durante a vigília. Matéria emocional é a que vibra pelas emoções e desejos, chamada astral em nossos primitivos livros, denominação que conservaremos até certo ponto. Matéria mental é a que, semelhantemente, vibra aos impulsos do pensamento. Matéria intuicional (*bûddhica* em sânscrito) é a que serve de meio à suprema intuição e ao amor unilateral. Matéria espiritual (*âtmica* em sânscrito) é aquela em que a Vontade Criadora atua com todo o Seu poder.
(10) O globo superior da esquerda é A; o imediato inferior é B, e assim sucessivamente, até G, o globo superior à direita.
(11) Veja-se o Diagrama I.
(12) Convém recordar que Herschel descobriu o satélite de Vênus.

(13) Os reinos elementais são as três etapas de vida em sua descida para a matéria (involução). Os sete reinos podem ser representados num arco descendente e outro ascendente, como as cadeias e globos:

Elemental 1º   Humano
Elemental 2º   Animal
Elemental 3º   Vegetal
Mineral.

(14) Estas sete correntes de Vida com as sete entradas adicionais pelo inferior reino elemental nas Cadeias restantes constituem treze no total, e são os sucessivos impulsos que em relação a este Esquema formam a que os teosófos chamam "Segunda Onda de Vida", isto é, o influxo de Vida evolucionante nas formas e procedente do Segundo Logos, o *Vishnu* da Trindade hinduísta e o *Filho* da Trindade cristã.

(15) "Meu Pai não cessa de agir até agora, e eu também." S. João, V:17. Veja-se no capítulo V a descrição deste ponto em nossa Terra, quando aqui se encarnaram os Espíritos Lunares.

(16) Salmos 103:2l.

(17) O que transpôs a quarta Grande Iniciação.

(18) Os que transpuseram a quinta Grande Iniciação.

(19) Veja-se no Diagrama IV o círculo superior da direita da primeira Cadeia.

(20) Nos três primeiros globos, nem sequer o mental inferior.

(21) Convém recordar que também em nosso mundo atual as primeira e segunda Raças oferecem algo desta particularidade, ainda que em nível muito inferior.

(22) Os hindus dividem o tempo em ciclos compostos de quatro idades sucessivas (yugas), a primeira das quais, a Satya, é a mais longa e espiritual. Ao terminar a quarta idade, abre-se um novo ciclo com outra época Satya.

(23) Os Pitris Barishad de *A Doutrina Secreta*.

(24) O uso limitou posteriormente este nome aos seres viventes em que se desenvolveu o intelecto e não a emoção.

Os Asuras atuaram como Pitris Barishad na segunda Cadeia, e como Pitris Anishvatta na terceira, formando uma das categorias superiores dos Mansaputras super-humanos, os quais, segundo *A Doutrina Secreta*, vieram à nossa Terra. Convém recordar que todas estas etapas são super-humanas, e evidentemente indicam as etapas das quinta e sétima Sendas citadas em *A Doutrina Secreta*. Leva à confusão mencionar com o mesmo nome de Asuras as entidades que deixaram a Cadeia Lunar no primeiro globo de sua sétima Ronda e perturbaram a Terra por "se negarem a procriar". Os leitores da *Genealogia do Homem* devem esclarecer tal confusão com o que aqui se expõe e os detalhes posteriores, pois me induziu a errar o duplo sentido da palavra Asuras em *A Doutrina Secreta*. Os seres humanos não podem nunca existir como *tais seres humanos* em mais de duas Cadeias sucessivas, pois passado este ponto, são já super-humanos. *A. B.*

(25) São os Pitris Barishad, segundo a nomenclatura de *A Doutrina Secreta.*

(26) Fundada a 17 de novembro de 1875 em Nova York, Estados Unidos, por Helena P. Blavatsky e o Coronel Henry Steel Olcott, e atualmente com sua sede central em Adyar, Madras 20, Índia (N. do T.).

(27) Títulos oficiais dos Chefes – O Rei e o Sacerdote, ou o Governante e Instrutor – de uma Raça Raiz.

(28) Veja-se *Rents in the Veil of Time* (*Rasgaduras no Véu do Tempo*), de *The Theosophist* de 1910 e 1911. O Mahaguru é o Senhor Gautama, e Súrya é o Senhor Maitreya. Por que estiveram aqueles animais em tão íntima relação com quem haveria de ser seus Mestres na então longínqua Terra? Haviam sido plantas cuidadas por eles em circunstâncias superiores, como hoje o fazemos com nossas plantas (pois os Senhores Gautama e Maitreya eram já homens na segunda Cadeia), ou em circunstâncias inferiores, animais e plantas reciprocamente afins?

(29) Veja-se a este propósito, "Modalidades de individualização", em *A Vida Interna,* vol. II, parágrafo 6, de C. W. Leadbeater.

(30) Em casa de Marte estavam: Héracles, Siva, Corona, Vajra, Capela, Píndaro, Beatriz, Lutécia, Teodoro, Ulisses e Aurora. Na de Mercúrio viviam: Sírio, Alcione, Mizar, Órion, Aquiles, Heitor, Albireu, Olímpia, Aldebaran, Leo, Castor e Rea.

(31) Atma, Buddhi, Manas.

(32) Veículo do desejo ou *Kâma.*

(33) Por certo, os intervalos de sete e doze séculos estão computados em termo médio, pois sua duração exata dependerá do que por sua vez dure a vida precedente e das condições em que esta haja ocorrido. Entre ambos os subgrupos se nota a diferença de que os indivíduos de um deles vivem muitíssimo mais intensamente que os do outro grupo no mundo celeste, e por isso conseguem quase a mesma colheita em menos tempo.

(34) Recorde-se que a este grupo só pertencem os que já têm completamente formado o corpo causal.

(35) Portanto são também Servidores, embora demasiado distanciados do primeiro grupo para formar parte dele.

(36) Cf. pág. 102.

(37) Veja-se o sugestivo livro de E. E. Fournier d'Albe, intitulado: *Dois Mundos Novos.*

(38) Não se deve confundir o Manu-Raiz Vaivasvata com o Manu-Vaivasvata da Raça Ária. O primeiro foi um Ser muito mais elevado, como verá o leitor pelo que diz o texto sobre a Sua longa ascensão, no mesmo parágrafo.

(39) Convém recordar que quando um homem alcança o nível fixado para a Cadeia em que ele evolui, pode permanecer nela e continuar evoluindo, da mesma maneira que os Adeptos que agora vêm para o nosso globo podem alcançar nele os níveis superiores da Hierarquia.

(40) *The Secret Doctrine*, III, pág. 560.

(41) *A Doutrina Secreta* dá o nome de Mânasaputras não somente a esses Senhores da Chama, mas também a todos os Egos suficientemente adiantados para avivar a atividade mental em outras entidades, da mesma maneira que a avivamos nós nos animais. Assim é que a palavra compreende numerosa porção de seres com graus muito diferentes de evolução.

(42) Essas quatro classes estão designadas genericamente em *A Doutrina Secreta* com o nome de Pitris Barishad.

(43) Cf. págs. 53 e 54.

(44) Enquanto estava na imprensa a 1ª edição desta obra, vários jornais publicaram a notícia do descobrimento de alguns crânios do referido tipo, conquanto não haja ainda, sobre esse particular, pormenores valiosos. Veja-se *On the Watch-Tower* em *The Theosophist* de agosto de 1912.

(45) O emprego destes símbolos ocultos conduziu os leitores em *A Doutrina Secreta* (e talvez também a sua autora) ao erro de identificar o "Polo" e a "Estrela" mencionados no Comentário Oculto, com o Polo Norte físico e a Estrela Polar do firmamento. Também incorri no mesmo engano em meu livro *Genealogia do Homem. A. B.*

(46) *A Doutrina Secreta*, Vol. II, págs. 294 e 295, ed. inglesa.

(47) Talvez haja curiosidade em saber como o medimos. Primeiramente nos colocamos frente a frente, de modo que lhe chegássemos um pouco mais abaixo dos joelhos. Depois o sentamos encostado ao balcão do primeiro andar do Quartel General, onde ele podia conservar suas mãos sobre o parapeito e sobre elas colocar o seu queixo. Por fim medimos a altura do parapeito. A pobre imagem não foi bem recebida ao pousar sua cabeça sobre o balcão, pois exclamou o ocupante deste: "Tire isso daí, que é demasiado feio e capaz de assustar qualquer um". Talvez o fosse, tal o seu mísero aspecto!

(48) Notar-se-á que, como regra geral, embora os menos evoluídos fossem os primeiros a ser enviados para a Terra, faziam-se exceções quando, como no caso deste carregamento especial, era necessário prestar ajuda.

(49) Esses intervalos devem ser tomados provisoriamente, tanto em relação a este grupo como ao que logo se mencionará.

(50) *Sir* Thomas More e Thomas Vaughan (Filaletes).

(51) Conhecido mais tarde na história com o nome de Júlio César.

(52) Veja-se o Prólogo, para estes e outros nomes.

(53) Convém notar que Blavatsky fala de indivíduos chegados de Mercúrio à Terra.

(54) Em algarismos redondos, fixa-se no ano 80000 a.C. a data deste cataclismo.

(55) Veja-se: *Rasgaduras no Véu do Tempo*, de *The Theosophist* de maio de 1910.

(56) Entidades de forma entre animal e humana, que serviram de tipo às sátiras dos gregos.

(57) Chamado posteriormente "Reino de Pã", segundo já dissemos.

(58) Carruagens que andavam pelos ares. Os antigos aeroplanos.

(59) *A Doutrina Secreta,* voI. II, págs. 445 e 446, ed. inglesa.

(60) O leitor poderá encontrar abundância de informes sobre essa matéria, na *História dos Atlantes*, por W. Scott-Elliot, que tão habilmente dispôs e apresentou os materiais coligidos por vários colaboradores, entre os quais se contavam os autores da presente obra, já familiarizados, portanto, com o assunto.

(61) Hoje os chamaríamos aeroplanos.

(62) Os Senhores da Chama trouxeram de Vênus o trigo, as abelhas e as formigas, cujo cruzamento com outras espécies, já existentes na Terra, produziu os resultados referidos. Os espíritos da Natureza, que têm a seu cargo alguns ramos das evoluções vegetal e animal, também tentaram imitar por sua conta o cruzamento dessas espécies trazidas de outro planeta, com os recursos puramente terrestres de que dispunham. Seus esforços tiveram êxito incompleto, e a eles se devem alguns dos mais ingratos resultados acima referidos.

(63) Instrumento musical indiano, geralmente consistindo de sete cordas de aço estiradas sobre um braço de bambu ligado a duas cabaças. (N. do T.)

(64) Poderíamos suprimir o *ainda* ao recordar a tartaruga de nossos antepassados.

(65) Convém recordar que a exclusão da mulher do poder político coincidiu com o predomínio da democracia e seu erro consequente de que os governos se devem basear na força física e não na inteligência e no caráter. Isto é o nadir da vida política, como o sistema oculto é o seu zênite.

(66) As páginas preliminares desta descrição do antigo Peru, tal como se publicaram em *The Theosophical Review*, se encontrarão no Apêndice III, com uma breve exposição das circunstâncias em que se escreveram originalmente.

(67) Os conhecedores da antiga literatura hindu reconhecerão logo a semelhança entre este regime e o predominante nos primitivos tempos da Raça Ária. É muito natural esta semelhança, pois que todos os Manus pertencem à mesma Hierarquia e estão ocupados em obra semelhante.

(68) Cães plantígrados (animais que andam sobre as plantas dos pés) alemães, também chamados "cães de goteira". (N. do T.)

(69) Veja-se o Apêndice IV.

(70) Com efeito, a teoria caldeia sobre a matéria é a mesma que atualmente sustentam muitos teósofos. No *Compêndio de Teosofia* e *O Lado Oculto das Coisas* expõe Leadbeater, como resultado de suas investigações, a respeito das influências dos planetas, afirmações idênticas às crenças reconhecidas há milhares de anos pelos sacerdotes caldeus, também como resultado de suas próprias investigações.

(71) Erato, um dos membros da Sociedade Teosófica. Algumas de suas vidas aparecem em *Rasgaduras no Véu do Tempo*, em *The Theosophist*.

(72) Nessa condição se achavam cerca de 75000 anos a.C., quando o Manu Vaivasvata passou por eles com Sua pequena caravana.

(73) Veja-se o capítulo XVIII.

(74) Geralmente chamado o dos 80000 a.C.

(75) Dos nove mil, cinco sextos pertenciam à quinta sub-raça; um doze avos era de acadianos, e o um doze avos restante, de toltecas. Todos eram os melhores de suas respectivas sub-raças.

(76) Veja-se o Apêndice IV.

(77) Se tal nome merece o conglomerado embrionário da raça que contava umas sete mil almas.

(78) Foi grande nossa surpresa ao notar nesses nomes uma evidente forma de sânscrito numa época tão remotíssima. Parece que a linguagem trazida de Vênus pelos Senhores da Chama foi esse primitivo sânscrito, um idioma verdadeiramente divino, que não sofreu alteração notável enquanto os Senhores da Chama estiveram em contato com o povo.

(79) Os leitores de *Rasgaduras no Véu do Tempo*, de *The Theosophist* de julho de 1910, se recordarão da descrição feita na vida X de Alcione sobre a reunião neste Salão dos Chefes da emigração, e sobre a aparição dos quatro Kumaras.

(80) Naquela época o Mar de Gobi era um pouco menor do que o atual Mar Negro, da Europa.

(81) Se os autores desta obra houvessem sabido, no devido tempo, da existência dessas esculturas, seguramente teriam se poupado muitos incômodos em suas anteriores investigações de *Química Oculta*.

(82) Também a chamaram Manova, isto é, a cidade do Manu.

(83) Shamballa é ainda a Imperecível Terra Sagrada, em que moram os quatro Kumaras, e se reúnem a cada sete anos os Iniciados de todas as nações.

(84) Ainda está de pé essa ponte, tão poderosa como sempre, embora agora só fluem por baixo dela as movediças areias do deserto.

(85) Em épocas posteriores, quando já havia crescido muito o número de habitantes, os administradores é que recebiam o fogo sagrado, para distribuí-lo às casas de seus distritos.

(86) Esta raiz troncal se chama genericamente "primeira sub-raça" na literatura teosófica; mas convém notar que ela é a originária Raça Raiz da qual derivaram os ramos ou sub-raças. A primeira emigração recebe o nome de segunda sub-raça, e assim sucessivamente. Os que emigraram para a Índia constituíram a primeira sub-raça ária.

(87) A sétima sub-raça atlante.

(88) A quarta sub-raça atlante.

(89) A segunda sub-raça atlante.

(90) A terceira Raça Raiz.

(91) Veja-se o capítulo XIV.

(92) Eles estão fazendo de novo o que antes fizeram tantas vezes, isto é, preparando o caminho para um novo tipo de humanidade e civilização. São os pioneiros, os soldados e mineiros de um grande exército em marcha, para o qual estão abrindo picadas, fazendo estradas, construindo pontes sobre rios. Esta obra pode ser ingrata, mas é necessária e para muitos adequada ao seu temperamento.

(93) Veja-se a lista completa no Apêndice VII.

(94) Como este personagem tem de aparecer mais tarde, o distinguiremos com o nome de Alastor.

(95) Veja-se a lista completa no Apêndice VIII.

(96) Veja-se o Apêndice IX.

(97) Provavelmente derivou deste postulado o futuro ensino sobre Ormuzd e Ahriman. Há passagens que demonstram que o reverso de Ormuzd não foi originalmente um poder maligno, mas antes a matéria, ao passo que Ormuzd era o Espírito.

(98) Nossa tropa de Servos não tomou parte na fundação das quarta e quinta sub-raças. Trabalhavam em muitos países, e podem ser encontrados na obra *Vidas de Alcione*.

(99) Gente indouta e incapaz e alheia à beleza artística. (N. do T.)

(100) Quinta sub-raça atlante, à que originariamente pertenceu o nome de semita, dado também à sub-raça árabe, a segunda da Raça Ária.

(101) Fundada no mesmo local da sua atual homônima. A Atenas histórica data do ano 1000 a.C., e o Partenon foi construído no ano 480 da era pré-cristã.

(102) Porque, segundo vimos, o sexto grupo emigratório da sub-raça celta se encaminhou para a Escandinávia, onde introduziu a tradição do Cantor de Hellas.

(103) A vanguarda da mais formidável emigração que registra a história universal.

(104) Veja-se o Apêndice X.

(105) Veja-se o Apêndice X.

(106) Maneto fixa a época deste monarca no ano 3900 a.C., enquanto nós a remontamos ao ano 4030 a.C. Os reis Hirsos da raça árabe correspondem ao ano 1500 a.C.

(107) Veja-se o Apêndice XI.

(108) Veja-se o Apêndice XII. Para conhecer uma descrição sua, veja-se a décima vida no livro *Vidas de Alcione*.

(109) Veja-se o Apêndice XIII.

(110) Refere-se à Sociedade Teosófica, cuja sede central é em Adyar, Madras 20, Índia. (N. do T.)

(111) Como veremos adiante, a cor varia segundo o templo.

(112) Plural de Logos, em grego. (N. do T.)

(113) Termo sânscrito equivalente à roda ou centro dinâmico. Há sete de tais centros no corpo emocional do indivíduo, correspondentes a outros tantos centros de seu corpo físico. Veja-se o livro *Chakras* de C. W. Leadbeater. (N. do T.)

(114) Corpo de quatro dimensões correspondente à formação n4. (N. do T.)

(115) *Philosophical Magazine*, de abril de 1907, pág. 493.

(116) Quando os artigos sobre o antigo Peru apareceram na *Theosophical Review*, Leadbeater escreveu em 1889 a seguinte introdução, que é útil reproduzir aqui. Veja-se o capítulo XI.

(117) Por curiosa repetição do sucedido oito mil anos antes, Gêmini casou-se com o árabe Ápis, vindo de longínquo país.

(118) Jovem obesa, a quem tinha muito apego o pequeno Capricórnio. Além disso, vimos que levavá às costas uma enfurecida menina (Polaris), que berrava com toda força, porque um animal lhe havia arrebatado o brinquedo.

(119) Páginas 190, 192 e 226-227.

(120) Além dos personagens que MARTE levou consigo, estavam outros no Egito no ano 13500 a.C. Deles se dá a lista completa na obra *Vidas de Alcione*.

(121) Pouco depois da 13ª vida de Alcione e da 12ª de Órion, quando tantos de nossos personagens haviam se encarnado na sub-raça tlavatli, que povoava a parte meridional da ilha de Poseidonis.

(122) Entre os políticos egípcios que se declararam contra a imigração ária, descobrimos Clio e Markab, que tramaram uma conspiração com suas respectivas mulheres, Adrona e Aveledo, e Câncer, irmão de Adrona. Os cinco foram desterrados do país.

(123) Nome corrompido no de Menes.

Impressão e acabamento:

tel.: 25226368